陕西师范大学出版总社　西安

陕西师范大学
图书馆藏精品集萃

陕西师范大学图书馆　编

珍典撷英

陕西师范大学优秀学术著作出版资助

图书代号　SK24N0855

图书在版编目（CIP）数据

珍典撷英：陕西师范大学图书馆藏精品集萃 / 陕西师范大学图书馆编 . -- 西安：陕西师范大学出版总社有限公司，2024. 10. -- ISBN 978-7-5695-4450-3

Ⅰ. Z422

中国国家版本馆 CIP 数据核字第 2024D9H097 号

珍典撷英：陕西师范大学图书馆藏精品集萃

ZHEN DIAN XIE YING : SHAANXI SHIFAN DAXUE TUSHUGUAN CANG JINGPIN JICUI

陕西师范大学图书馆 编

出 版 人 / 刘东风
出版统筹 / 侯海英　曹联养
责任编辑 / 付玉肖
责任校对 / 张爱林
装帧设计 / 飞铁广告
出版发行 / 陕西师范大学出版总社
（西安市长安南路 199 号　邮编 710062）
网　　址 / http://www.snupg.com
印　　刷 / 西安五星印刷有限公司
开　　本 / 787 mm × 1092 mm 1/8
印　　张 / 39
插　　页 / 4
字　　数 / 360 千
版　　次 / 2024 年 10 月第 1 版
印　　次 / 2024 年 10 月第 1 次印刷
书　　号 / ISBN 978-7-5695-4450-3
定　　价 / 398.00 元

电话：（029）85307864　85303629　　传真：（029）85303879

编委会

主　编　沙武田　刘继波

副主编　孙　茜　胡明韶

编　委（按姓氏笔画排序）
沙武田　年成娟　田向阳　丁献峰
胡明韶　芮国星　吕现斌　马冠芳
徐　涛　李永明　刘继波　王　楣
惠　刚　陈典平　孙　茜　王昊聪

撰　稿　王昊聪　陈典平　马冠芳　王　楣

序言

陕西师范大学是国家教育部直属高校，国家『211工程』重点建设院校，坐落于十三朝古都西安。学校自1944年建校以来，对图书馆建设一直非常重视。雁塔校区馆舍毗邻巍巍雁塔、曲江池畔，建成于1956年，庄重典雅，古朴大方，2016年被列为西安市第四批市级文物保护单位；长安校区馆舍位于终南山下、上林苑内，建成于2004年，端正宏伟，气势轩昂。两校区馆舍面积共计5.78万平方米。

同时，经过以黄永年、郭子直、任天夫、康万武等学者为代表的几代前辈学人数十年辛勤耕耘，图书馆积累了非常丰富的馆藏资源，目前藏有古籍线装图书24万余册，其中包含善本700余部、9000余册，并有15部古籍入选《国家珍贵古籍名录》，51部古籍入选《陕西省珍贵古籍名录》；历代石刻拓片12000余通；历代字画2000余件；瓦书、敦煌写经、墓志刻石等各类文物100余件。图书馆收藏规模位居西北高校图书馆首位，是最早获得全国古籍重点保护单位称号的陕西省高校图书馆。

时值甲辰建校80周年之际，图书馆秉承守望文明、传承文化的理念，深入挖掘馆藏特色资源，精心遴选出文物8件、古籍50部、拓片45通、书画41幅，总计144件藏品，分为四个单元，高清摄影，制成《珍典撷英：陕西师范大学图书馆藏精品集萃》（以下简称《集萃》）图录一册，既为怀念我校、我馆前辈学人，向他们的殷勤心血致敬，兼向学界及社会展示我馆丰富馆藏资源，弘扬我国优秀传统文化。

文物单元由战国晚期陶质文书1件、唐代写经3部、明清两代圣旨4封共同组成。其中以作于秦惠文王四年（前334）的《秦封宗邑瓦书》年代最早，《秦封宗邑瓦书》于1981年入藏图书馆，2023年入选第五批中国档案文献遗产名录，堪称镇馆之宝。《合部金光明经》《金光明最胜王经》《佛说无量大慈教经》等3部唐代写经同样非常珍贵，它们是黄永年先生在20世纪70年代末为图书馆购藏，其中《合部金光明经》残卷为民国时期收藏家部章旧藏。此外，明嘉靖十八年、万历十二年及清乾隆五十二年、嘉庆十三年4封明清时期的诰封圣旨亦是寻常难得一观的珍贵文物，此次均被收入《集萃》之中。

古籍单元由《国家珍贵古籍名录》《陕西省珍贵古籍名录》中著录的50部馆藏善本古籍构成，上起南宋，下迄清代，以明清刻本居多，均是各个时期具有代表性的善本。如宋庆元三年（1197）

四川眉山咸阳书隐斋刻《新刊国朝二百家名贤文粹》残页为馆藏唯一的宋版书，且是较为稀见的蜀本，蝴蝶装，虽仅存二卷六页，仍不失为镇馆之宝。又如明万历闵齐伋刻朱墨套印本《韦苏州集》十卷、朱墨蓝三色套印本《三经评注》五卷、朱墨套印本《空同诗选》一卷、朱墨蓝三色套印本《韩文杜律》二卷等套印本，刻工精湛，色彩精艳，字体精美，堪称明代套印本中的精品。总而言之，此次《集萃》所收录的古籍，内容丰富，版本、装帧形式多样，直观且较为完整地反映了我国古代书籍发展变迁的历史。

拓片单元集中了馆藏拓片在内容、书法、形制等方面较有代表性的作品。碑刻原石多为汉、唐名碑，拓片则以清代、民国旧拓为主。如东汉延光二年（123）刻《开母庙石阙铭》为著名的《嵩山三阙》之一，篆书，书法雄厚华滋，为汉篆上品，馆藏拓片系清代所拓，为清末著名金石学家、收藏家端方旧藏。又如东汉建和二年（148）刻《石门颂》，隶书，摩崖刻石，结字放纵舒展，体势瘦劲开张，意态飘逸自然，为汉隶中奇纵恣肆一路的代表，是汉中『石门十三品』最著名者，此次《集萃》收入馆藏清代朱拓本。此外，又如唐永徽四年（653）刻《大唐三藏圣教序》《大唐三藏圣教序记》两碑，两碑均由褚遂良书丹，其字时见行书笔法，又含分隶笔意，远溯二王，流丽婉畅，绰约多姿，在书法艺术上享有唐碑之冠的盛誉，此次《集萃》收入馆藏清拓本。其余所收碑刻拓片在文献资料和书法艺术方面亦别具一格。

书画单元主要收录明清时期名人字画。书法作品中有明代张瑞图行书单条，张瑞图善画山水，尤工书，以金刚杵笔法著称于世；有清代扬州八怪之一郑板桥行书单条，其书法瘦硬古拙，墨色有浓淡，笔笔有来历，有乱石铺街之喻；另有清代翁方纲、铁保之墨宝，时人将二人与刘墉、成亲王永瑆并称为『乾隆四大家』。历代画作中有明代宋旭《山水》，该图苍劲古拙，敷色清淡，潇洒出尘；又如清上官周的《唐十八学士访道图》，将十八位学士刻画得形象生动，神态各异，整幅笔法潇洒，独树一帜，书香气息浓郁。其余所收书画作品亦均为名家名作，兹不赘举。

陕西师范大学已经走过了80年的光辉历程。80年来，陕西师范大学弦歌不辍，滋兰树蕙，桃李芬芳，所培养的数十万名优秀学子奋战在基础教育一线，为祖国的基础教育事业做出了卓越贡献。其中绝大多数扎根在祖国辽阔的西部，他们胸怀教育报国之志，传承西部红烛精神，用爱与责任托举起西部万千少年的光明未来。图书馆古籍特藏事业的发展壮大，正是学校80年发展历程的缩影。老一辈图书馆人以富有远见的眼光、无私奉献的精神、卓有成效的工作，为图书馆古籍特藏事业的持续发展奠定了坚实的基础；正是一代又一代图书馆人赓续接力的精心呵护，才使这些精美的文献典籍完好保存，流传至今。他们也正守护着祖国宝贵的文化遗产，为传统文化的薪火相传、发扬光大做出自己应有的贡献。

此次《集萃》的编纂、出版，既是对图书馆特藏文献的宣传、展示，同时也是对《关于推进新时代古籍工作的意见》的贯彻落实。2022年，中共中央办公厅、国务院办公厅印发了《关于推进新时代古籍工作的意见》，其中明确提出要做好古籍普及传播，要求各古籍存藏机构应加大古籍宣传推广力度，多渠道、多媒介、立体化做好古籍大众化传播。近年来，图书馆紧跟学校学科建设发展，立足馆藏古籍资源，为学校人文社科专业师生的教学科研提供文献支持和学科服务；同时，图书馆深入挖掘馆藏资源，将图书馆特藏建设与学校立德树人、书香育人的培养目标紧密结合，通过定期举办以展示馆藏精品和特色的古籍文献展、古籍知识专家讲座及古籍修复与保护等读者体验活动，为青年学子普及和宣传中华优秀传统文化。

我国历史悠久，文明源远流长，各民族创造的文化璀璨夺目，异彩纷呈。文物、古籍、拓片、书画等是传统文化的主要载体，借助这些载体，传统文化才能变得可感可知，传承与弘扬才有依托和凭借。希望读者在阅读本书时，能够从丰富的内容、多样的形式、众多的艺术门类等多角度来欣赏这些藏品，在获取传统文化知识，欣赏品味各种艺术之美的同时，受到传统文化的熏陶，培养对传统文化的兴趣，进而立志做传统文化的传承者和践行者。

目录

文物篇

古籍篇

拓片篇

书画篇

陕西师范大学图书馆藏精品集萃

文物篇

珍典撷英

秦封宗邑瓦书

战国

陶

6.5cm×24cm

中厚 1.0cm

两边厚 0.5—0.6cm

瓦书作于秦惠文王四年（前334）。在抗日战争时期，因户县（今西安市鄠邑区）乡民修浚沣河出土，为西安段绍嘉购得，1981年入藏陕师大图书馆，2023年入选第五批中国档案文献遗产名录。瓦书由陶坯刻字烧制而成，青灰色，长条板状，正反两面刻字，正面6行，背面3行，共119字（不含重文、合文）。字体为小篆，但带有早期隶书意味，笔画多方折，苍峻有力，率意而成，大小相间，互相呼应，疏密有度。

秦封宗邑瓦书正面

秦封宗邑瓦书背面

■秦封宗邑瓦书拓片正面

■秦封宗邑瓦书拓片背面

唐写本《合部金光明经》

唐

纸

24cm×147cm，一纸长 49cm

纸张呈淡褐色，质地厚硬，楷书。卷轴装。共3纸，一纸存字28行，共84行，行约17字。乌丝栏，行文自上而下，自右而左。经文内容为释宝贵《合部金光明经》第二卷第五品《业障灭品》中的一段，为真谛所译，起自『（竖）大法幢，一切众生皆蒙法施』，至『于三宝所若于他所』，主要是讲解法施、随喜、回向、忏悔等消除业障、增长功德的方法。见《大正新修大藏经》第16册，第368—372页。

写经背面以绢托裱，上下边有钉衵，为近代托裱，配和合轴，轴头包锦，半圆形木制天竿，枣红缥带。包首背部有『敦皇唐人写经』题签、『倬庵珍藏』题识、『邵』『章』连珠印，可知本卷为民国时期著名藏书家、目录学家、书法家邵章（1872—1953）旧藏。

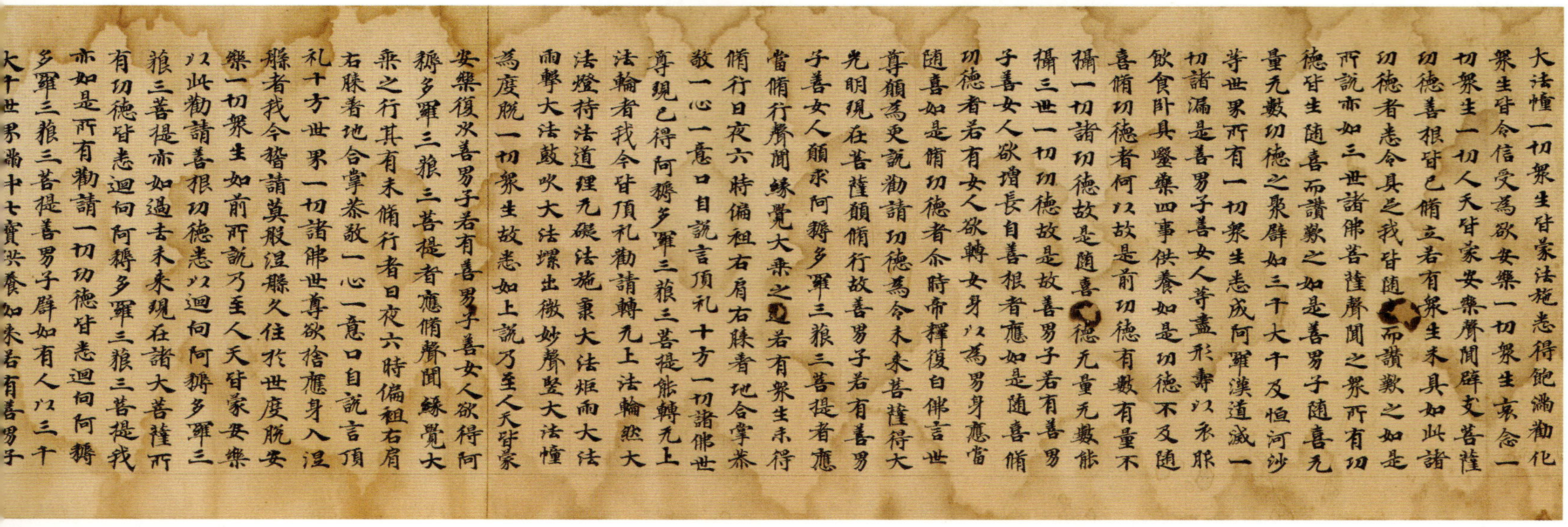

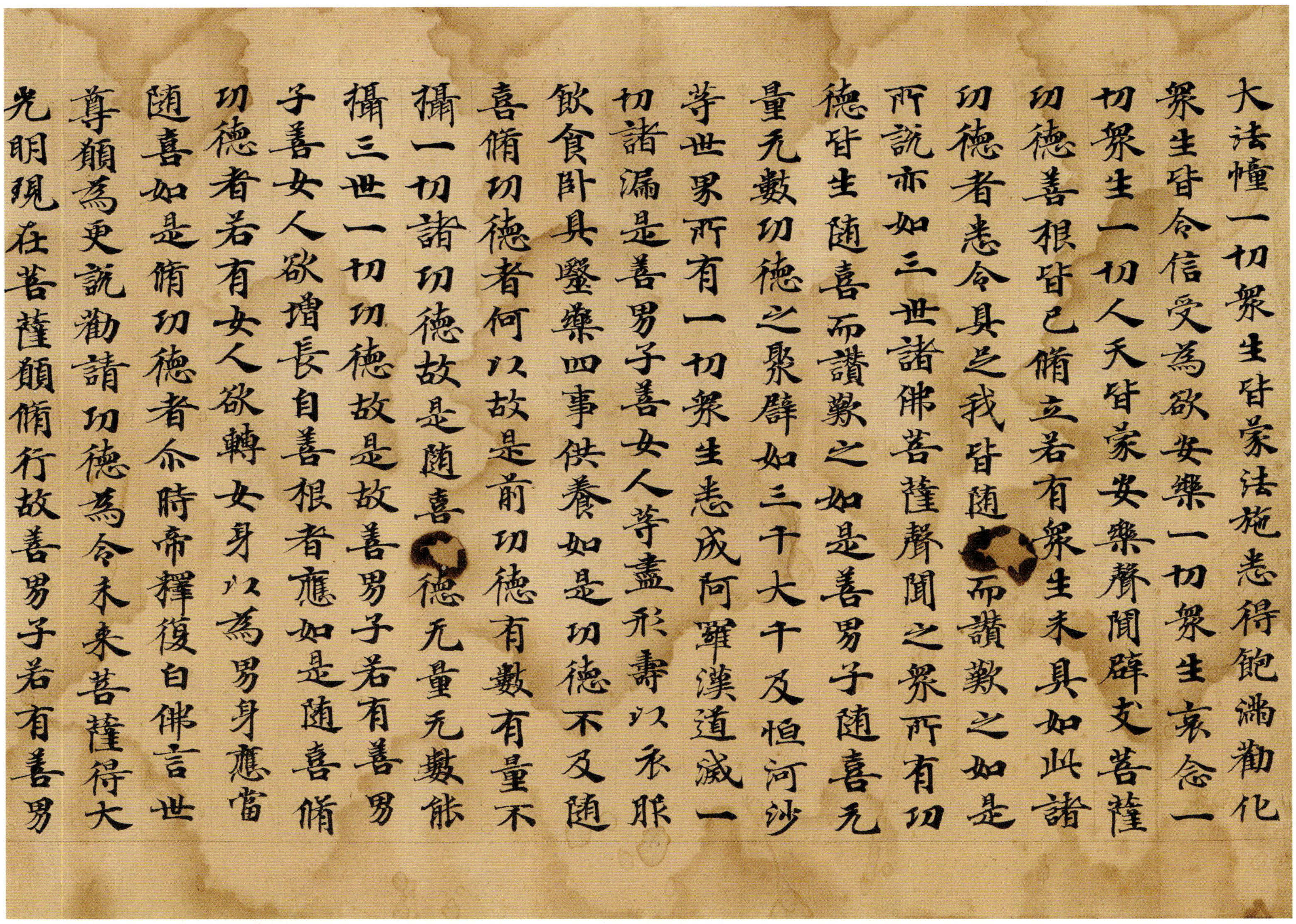

大法幢一切衆生皆蒙法施悉得飽滿勸化
衆生皆令信受為欲安樂一切衆生哀念一
切衆生一切人天皆蒙安樂聲聞辟支菩薩
功德善根皆已脩立若有衆生未具如此諸
功德者悉令具之我皆隨喜而讚歎之如是
所說亦如三世諸佛菩薩聲聞之衆所有功
德皆生隨喜而讚歎之如是善男子隨喜无
量无數功德之聚辟如三千大千及恒河沙
等世界所有一切衆生悉成阿羅漢道滅一
切諸漏是善男子善女人等盡形壽以衣服
飲食卧具醫藥四事供養如是功德不及隨
喜脩功德者何以故是前功德有數有量不
攝一切諸功德故是隨喜德无量无數能
攝三世一切功德故是故善男子若有善男
子善女人欲增長自善根者應如是隨喜脩
功德者若有女人欲轉女身以為男身應當
隨喜如是脩功德者尒時帝釋復白佛言世
尊頗為更說勸請功德為令未來菩薩得大
光明現在菩薩願脩行故善男子若有善男

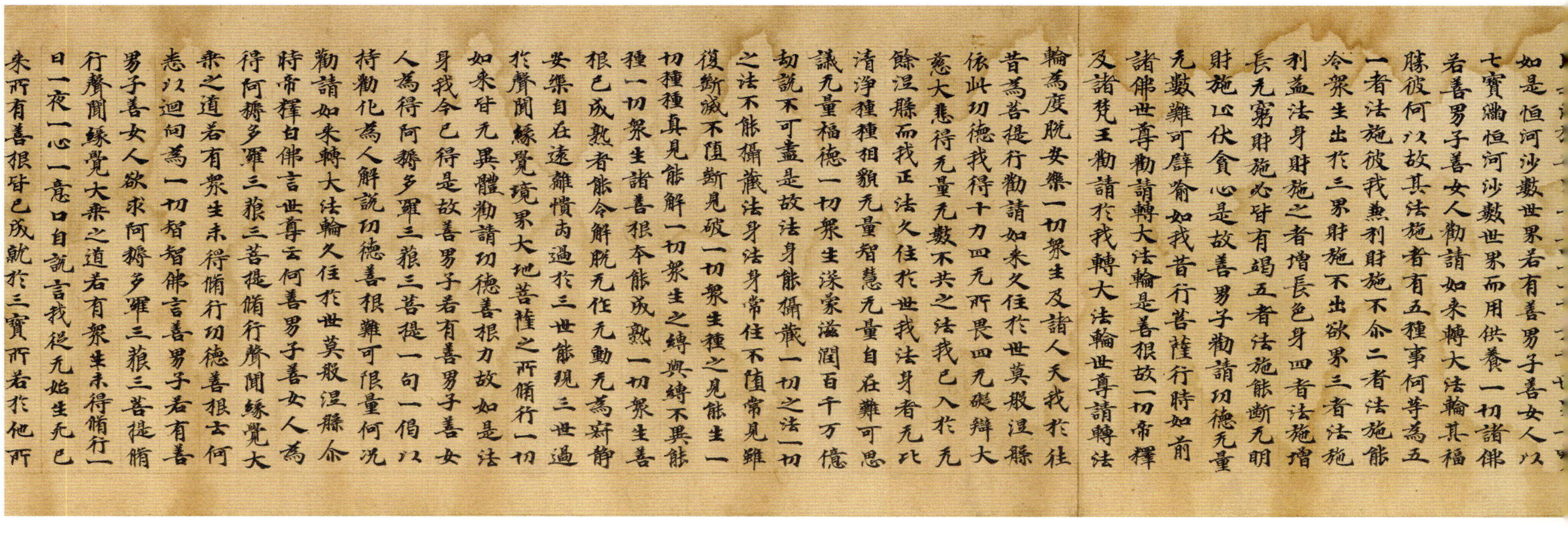

如是恒河沙數世界若有善男子善女人以
七寶滿恒河沙數世界而用供養一切諸佛
若善男子善女人勸請如來轉大法輪其福
勝彼何以故其法施者有五種事何等為五
一者法施彼我兼利財施不尒二者法施能
令衆生出於三界財施不出欲界三者法施
利益法身財施之者增長色身四者法施增
長无窮財施必皆有竭五者法施能斷无明
財施正伏貪心是故善男子勸請功德无量
无數難可辟喻如我昔行菩薩行時如前
諸佛世尊勸請轉大法輪是善根故一切帝釋
及諸梵王勸請於我轉大法輪世尊請轉法
輪為度脫安樂一切衆生及諸人天我於往
昔為菩提行勸請如來久住於世莫般涅槃
依此功德我得十力四无所畏四无礙辯大
慈大悲得无量无數不共之法我已入於无
餘涅槃而我正法久住於世我法身者无比
清淨種種相貌无量智慧无量自在難可思
議无量福德一切衆生深蒙滋潤百千万億
劫說不可盡是故法身能攝藏一切之法一切
之法不能攝藏法身法身常住不墮常見雖
復斷滅不墮斷見破一切衆生種之見能生一
切種種真見能解一切衆生之縛與縛不異能
種一切衆生諸善根本能成熟一切衆生善
根已成熟者能令解脫无作无動无為寂靜
安樂自在遠離憒鬧過於三世能現三世過
於聲聞緣覺境界大地菩薩之所脩行一切
如來皆无異體勸請功德善根力故如是法
身我今已得是故善男子若有善男子善女
人為得阿耨多羅三藐三菩提一句一偈以
持勸化為人解說功德善根難可限量何況
勸請如來轉大法輪久住於世莫般涅槃尒
時帝釋白佛言世尊云何善男子善女人為
得阿耨多羅三藐三菩提脩行聲聞緣覺大
乘之道若有衆生未得脩行功德善根云何
悉以迴向為一切智智佛言善男子若有善
男子善女人欲求阿耨多羅三藐三菩提脩
行聲聞緣覺大乘之道若有衆生未得脩行一
日一夜一心一意口自說言我從无始生死已
來所有善根皆已成就於三寶所若於他所

唐写本《金光明最胜王经》

唐

纸

27cm×571cm，1纸长44.5—46.5cm

纸张呈黄褐色，质地厚韧，楷书。末纸有残损。卷轴装。用纸12整张、1个少半张，整纸长44.5—46.5厘米。除第2纸书27行、末纸书10行以外，余皆28行，共345行，经文行约17字；咒语多为三、四言，行8—16字；偈颂为七言，行14字；双行小注行22—23字。乌丝栏，行文自上而下，自右而左。这一古卷字体秀丽、气韵贯通、整饬自如，外裹以黄缎，配楠木匣，确为珍品。经文录自《金光明最胜王经》第六卷第十二品《四天王护国品》中的一段，内容从『听是经王，于法师所，起大师想』至全品终，约占全文的三分之二。见《大正新修大藏经》第16册，第427—432页。

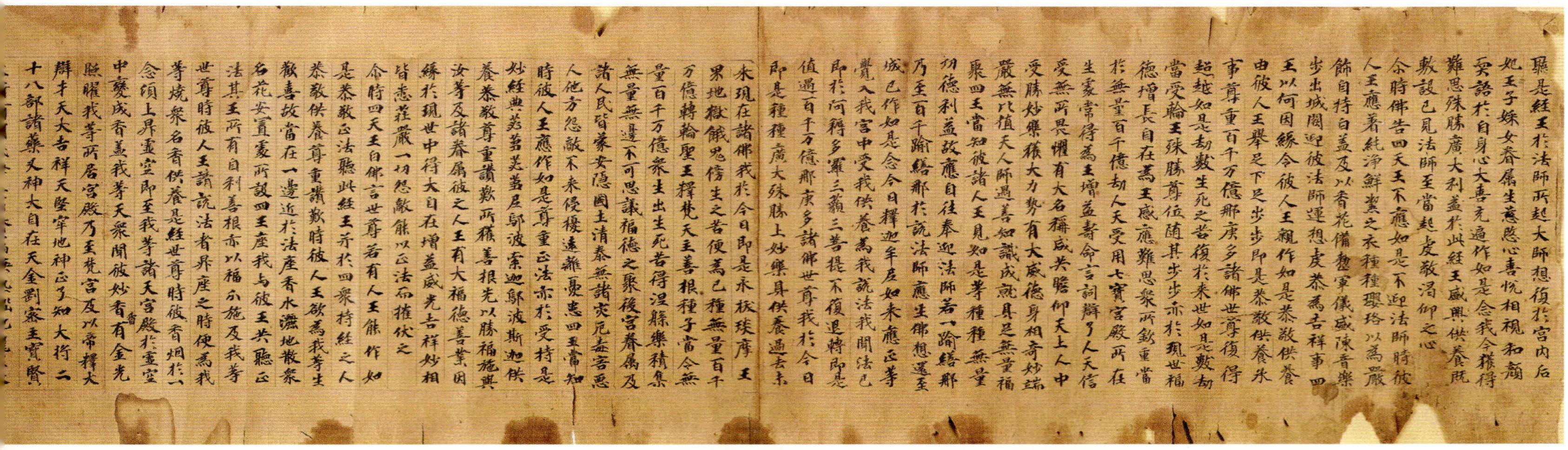

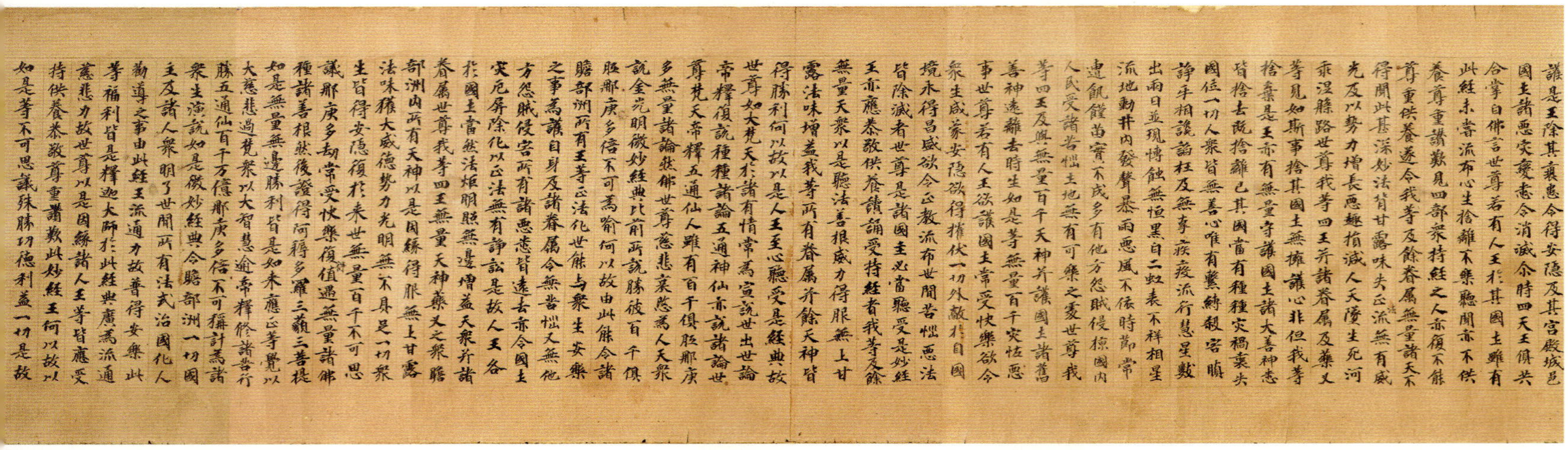

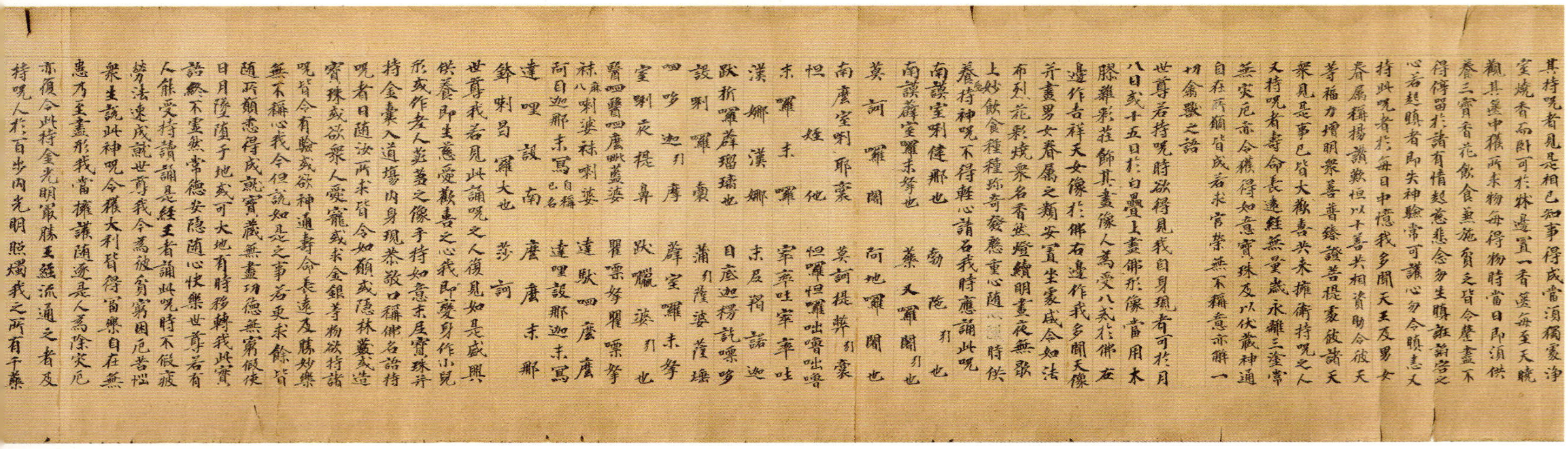

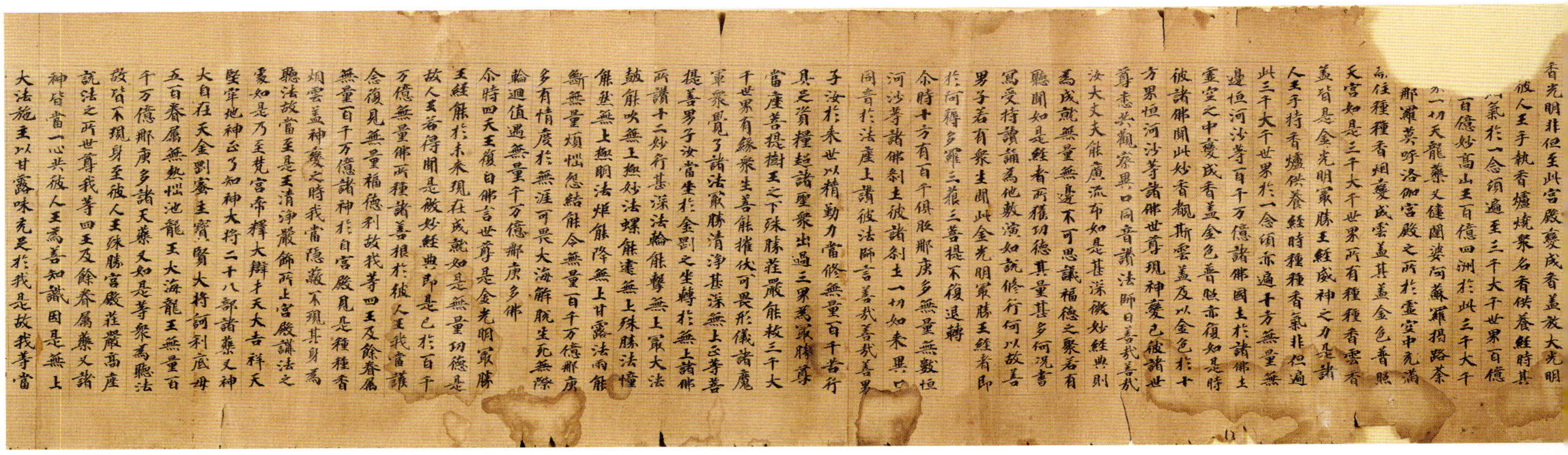

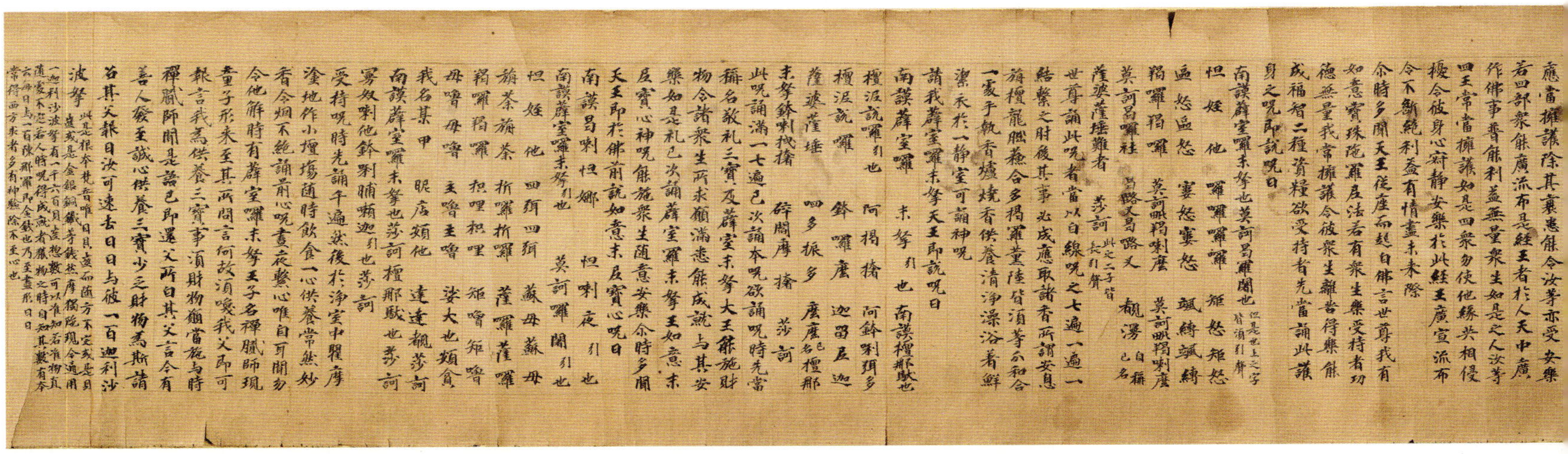

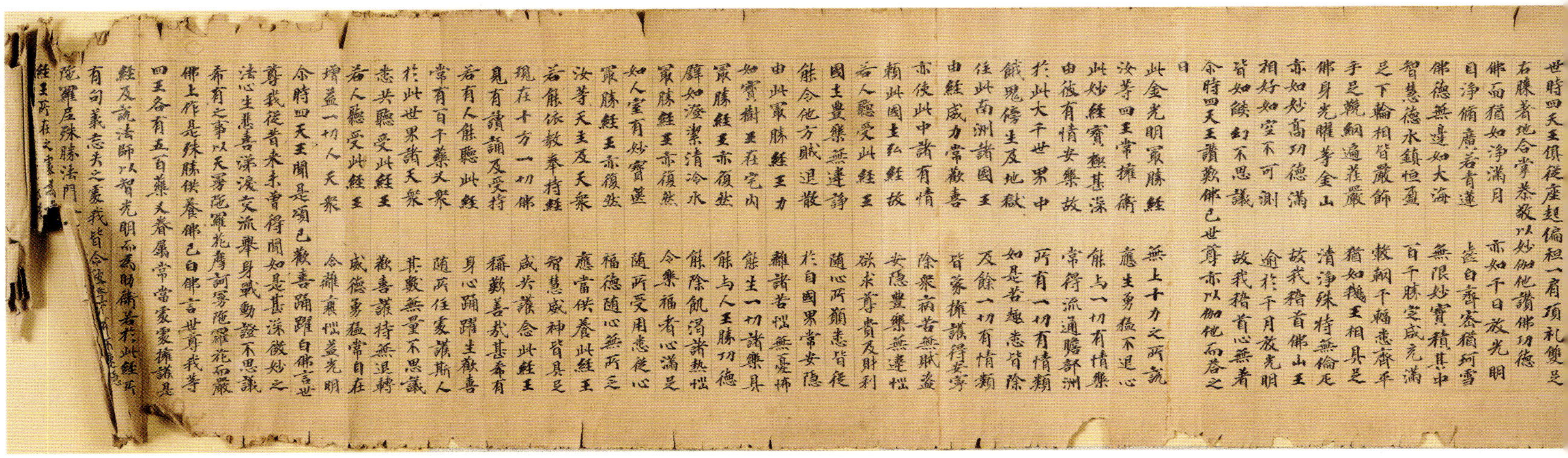

唐写本《佛说无量大慈教经》

唐

纸

24cm×125cm，一纸长 49cm

纸张呈茶色，楷书。卷轴装。用纸 2 整张、一个半张，整纸长 49cm，第一纸 18 行，后二纸 28 行，共 74 行，行约 16 字。乌丝栏，行文自上而下，自右而左。经首缺，第一纸前三行下部亦有残损，后文全，经文从『尔时世尊答言阿（难，我为阎浮众生难化）难育』至卷终，末题『佛说无量大慈教经一卷』。见《大正新修大藏经》第 85 册，第 1445—1446 页。

写经背面以绫托裱，方木作轴，包首配绫，紫红缥带，为近现代托裱。

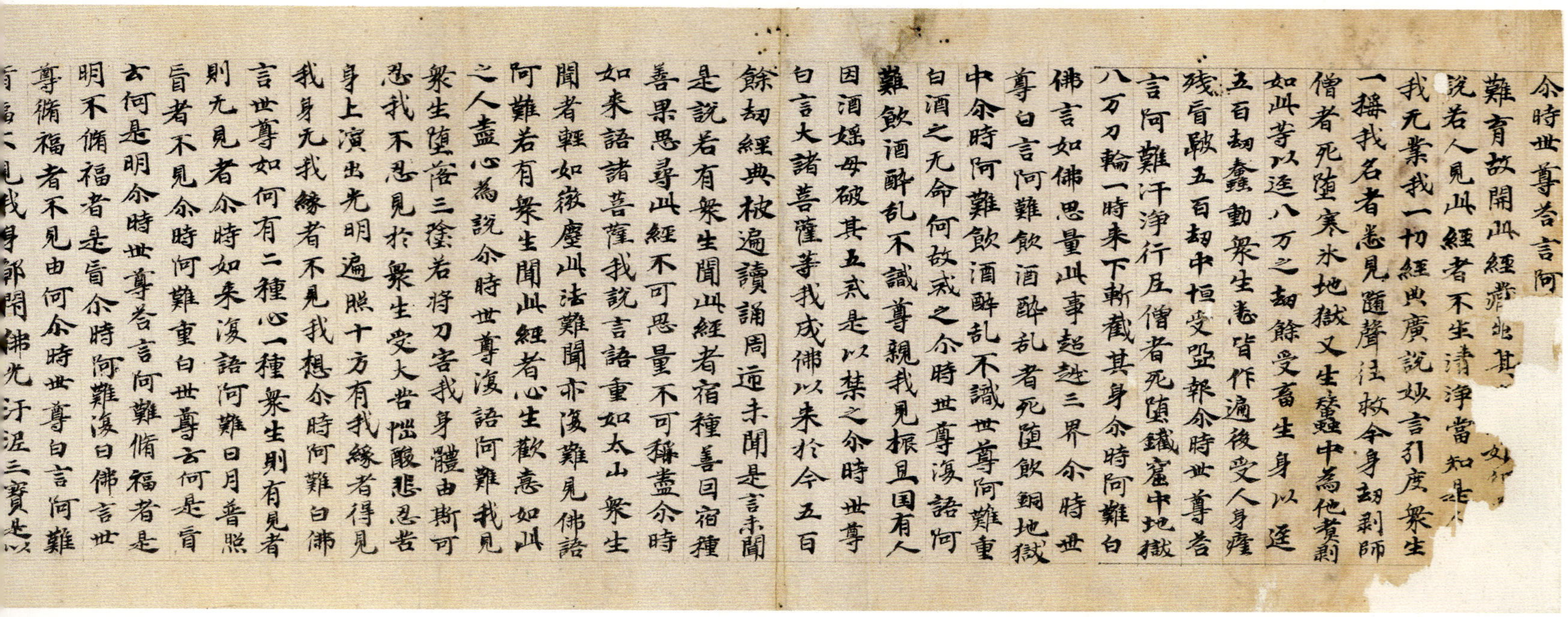

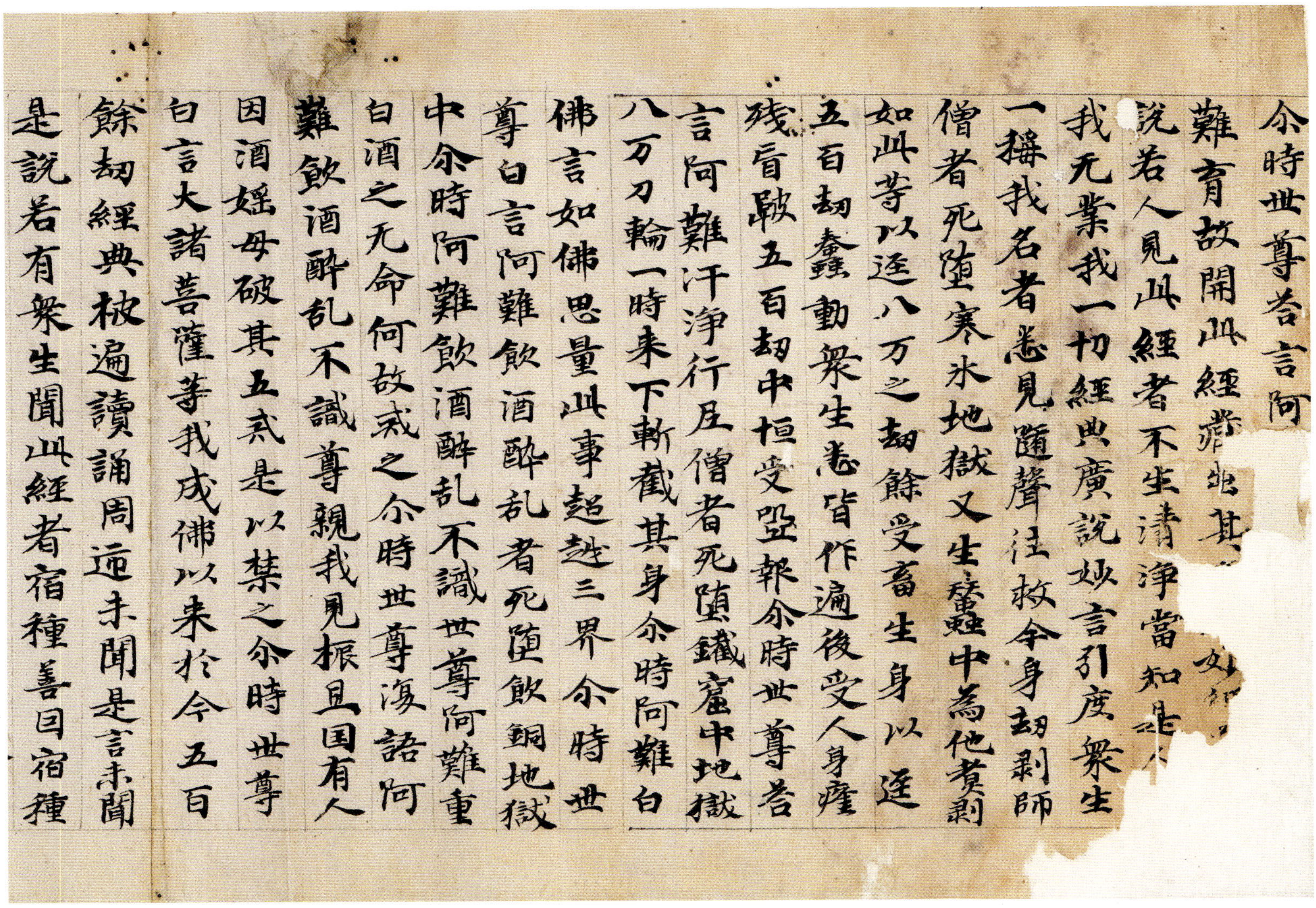
尒時世尊告言阿
難育故開此經當出其…如…
說若人見此經者不生清淨當知是人
我无業我一切經典廣說妙言引度衆生
一揲我名者悉見隨聲往救令身刧剥師
僧者死墮寒氷地獄又生蠶蟲中為他煑剥
如此等以逕八万之劫餘受畜生身以逕
五百劫蠢動衆生悉皆作適後受人身癃
殘盲聧五百劫中恒受盈報尒時世尊告
言阿難汙淨行足僧者死墮鐵窟中地獄
八万刀輪一時來下斬截其身尒時阿難白
佛言如佛思量此事超越三界尒時世
尊白言阿難飲酒醉乱者死墮飲銅地獄
中尒時阿難飲酒醉乱不識世尊阿難重
白酒之无命何故戒之尒時世尊復語阿
難飲酒醉乱不識尊親我見振旦国有人
因酒婬母破其五戒是以禁之尒時世尊
白言大諸菩薩等我成佛以來於今五百
餘劫經典被遍讀誦周逈未聞是言未聞
是說若有衆生聞此經者宿種善因宿種

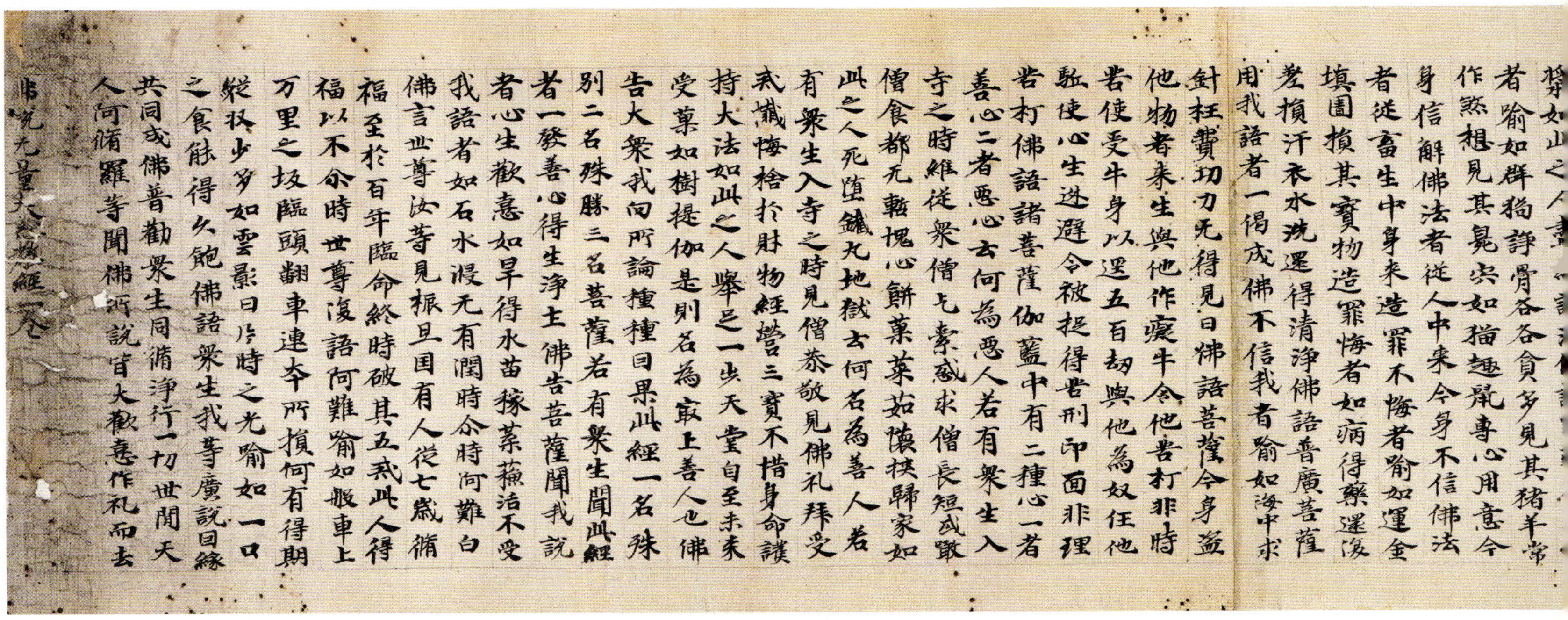
者喻如群猪諍骨各各貪多見其猪羊常
作然想見其鼠肉如猫趣鼠專心用意令
身信解佛法者從人中來今身不信佛法
者從畜生中身來造罪不悔者喻如運金
填圄損其寶物造罪悔者如病得藥還復
差損汗衣水洗還得清淨佛語普廣菩薩
用我語者一偈成佛不信我者喻如海中求
針枉費功力无得見日佛語菩薩令身盜
他物者來生與他作癡牛令他告打非時
告使受牛身以逕五百劫與他為奴任他
驅使心生逃避令被捉得告刑印面非理
告打佛語諸菩薩伽藍中有二種心一者
善心二者惡心云何為惡人若有衆生入
寺之時維從衆僧乞索或求僧長短或歎
僧食都无慚愧心餅菓菇懷挾歸家如
此之人死墮鐵丸地獄云何名為善人若
有衆生入寺之時見僧恭敬見佛礼拜受
戒懺悔捨於財物經營三寶不惜身命護
持大法如此之人舉足一步天堂自至未來
受菓如樹提伽是則名為最上善人也佛
告大衆我向所論種種因果此經一名殊
別二名殊勝三名菩薩若有衆生聞此經
者一發善心得生淨土佛告菩薩聞我說
者心生歡憙如旱得水苗稼菓蓏活不受
我語者如石水漫无有潤時尒時阿難白
佛言世尊汝等見振旦国有人從七歲脩
福至於百年臨命終時破其五戒此人得
福以不尒時世尊復語阿難喻如般車上
万里之坂臨頭翻車連本所損何有得期
縱求少多如雲影日片時之光喻如一口
之食餘得久飽佛語衆生我等廣說因緣
共同或佛普勸衆生同脩淨行一切世間天
人阿脩羅等聞佛所說皆大歡憙作礼而去
佛說无量大慈教經一卷

明嘉靖十八年诰封圣旨

明嘉靖十八年（1539）

锦本

29cm × 228cm

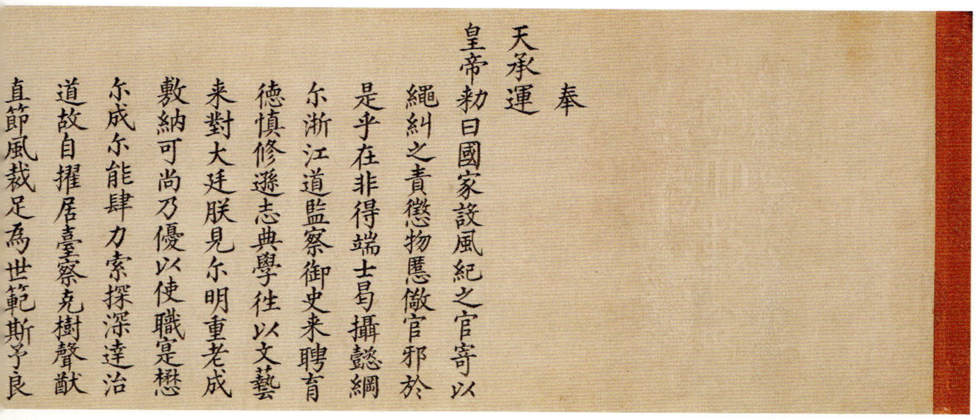

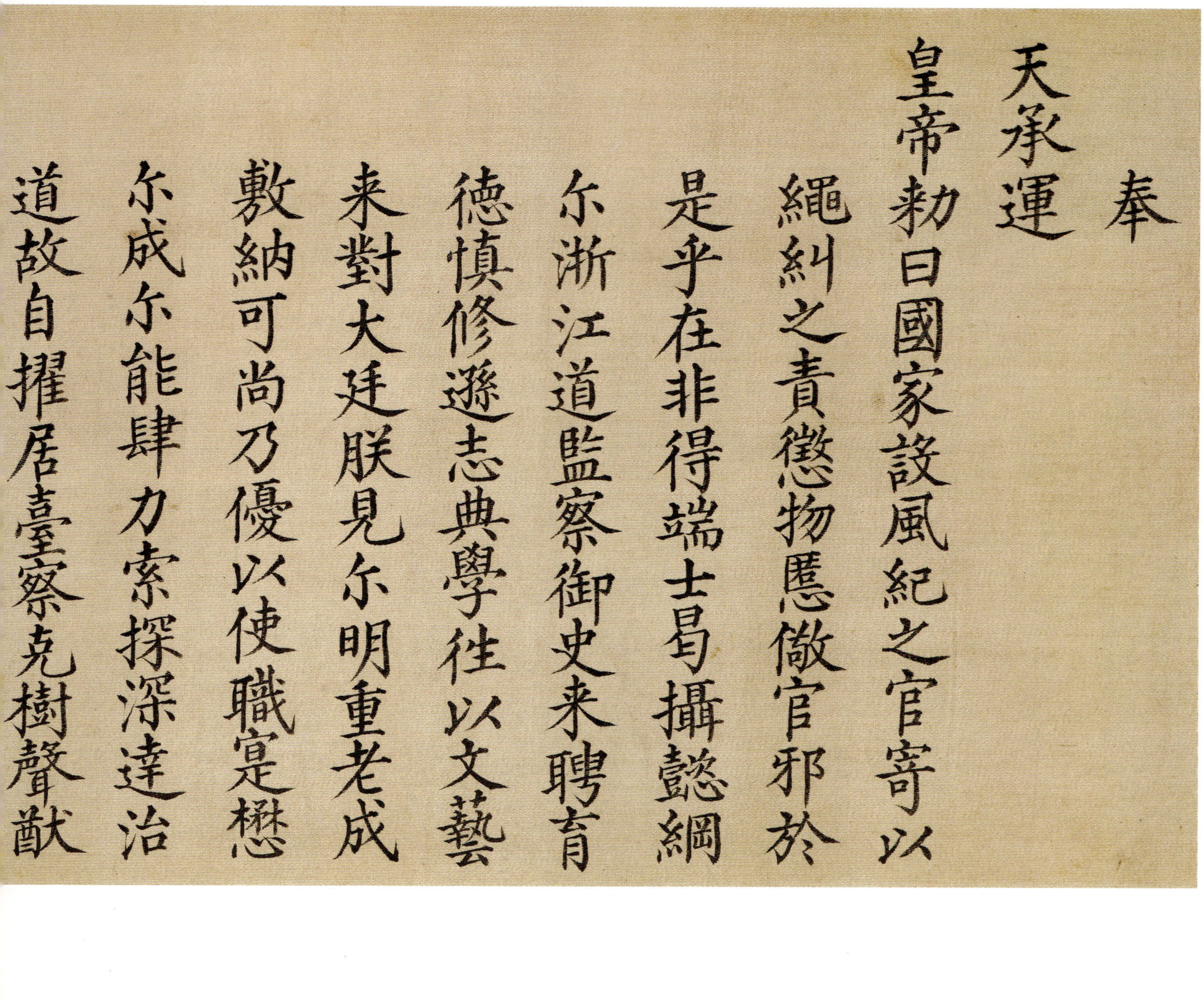

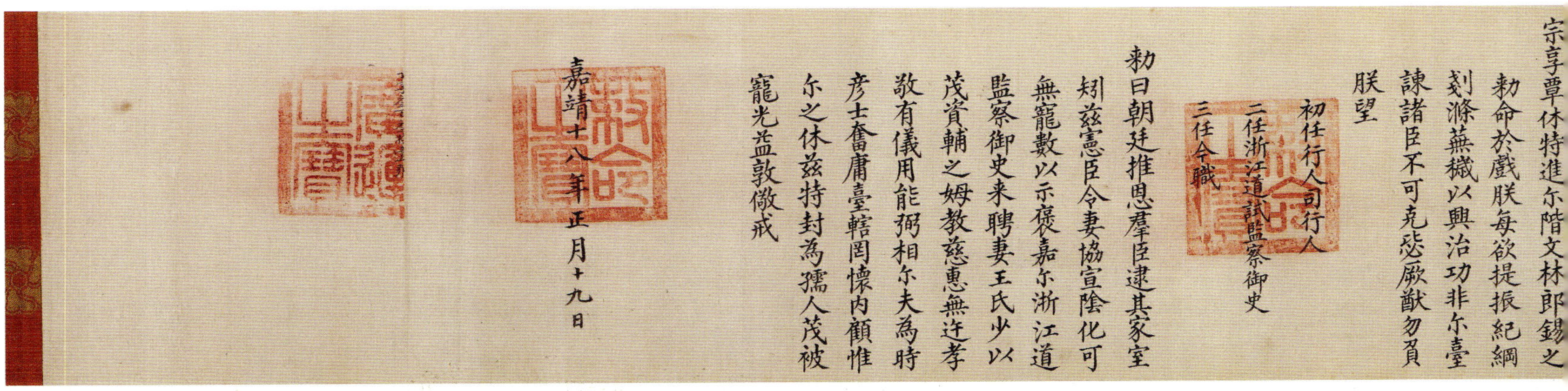
宗享覃休特進尓階文林郎錫之
勅命於戲朕每欲提振紀綱
剗滌蕪穢以興治功非尓臺
諫諸臣不可克毖厥猷勿負
朕望
初任行人司行人
二任浙江道試監察御史
三任今職
勅曰朝廷推恩羣臣逮其家室
矧兹憲臣令妻協宣陰化可
無寵數以示褒嘉尓浙江道
監察御史來聘妻王氏少以
茂資輔之姆教慈惠無違孝
敬有儀用能弼相尓夫為時
彦士奮庸臺轄罔懷內顧惟
尓之休兹特封為孺人茂被
寵光益敦儆戒
嘉靖十八年正月十九日

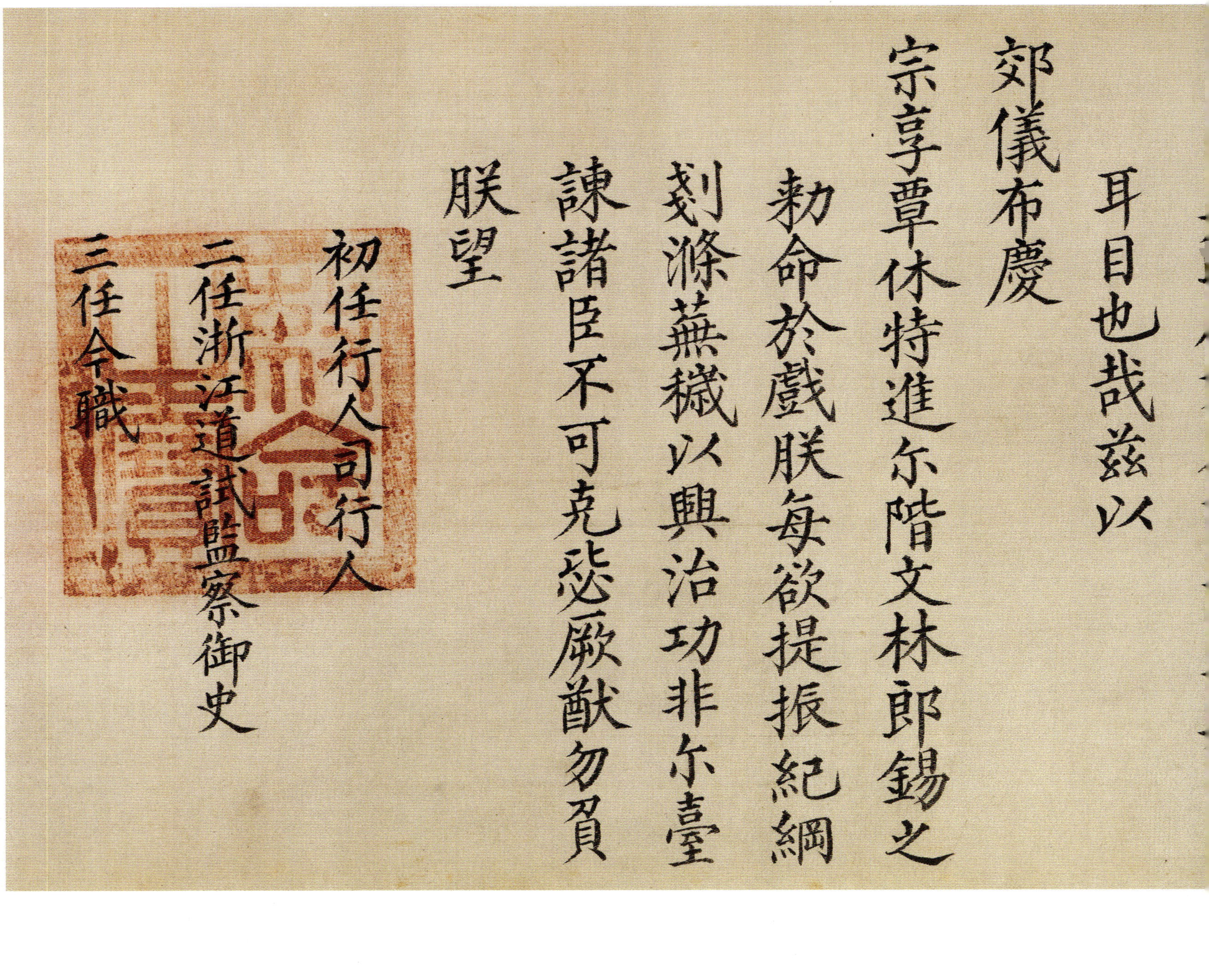
耳目也哉兹以
郊儀布慶
宗享覃休特進尓階文林郎錫之
勅命於戲朕每欲提振紀綱
剗滌蕪穢以興治功非尓臺
諫諸臣不可克毖厥猷勿負
朕望
初任行人司行人
二任浙江道試監察御史
三任今職

奉
天承運
皇帝制曰名卿體國致慎
一成之刑拓士傳家
在積百年之德勲望
昭于執法褒寵遡其
詒謀爾贈中大夫光
禄寺卿温淮乃大理
寺卿純之祖父抱道
隱人函光君子居貞
守介一言之然諾不
侵樹義敦仁九族之
範模攸繫有孫能繩
其祖武為士克協乎
祥刑是用加贈爾為

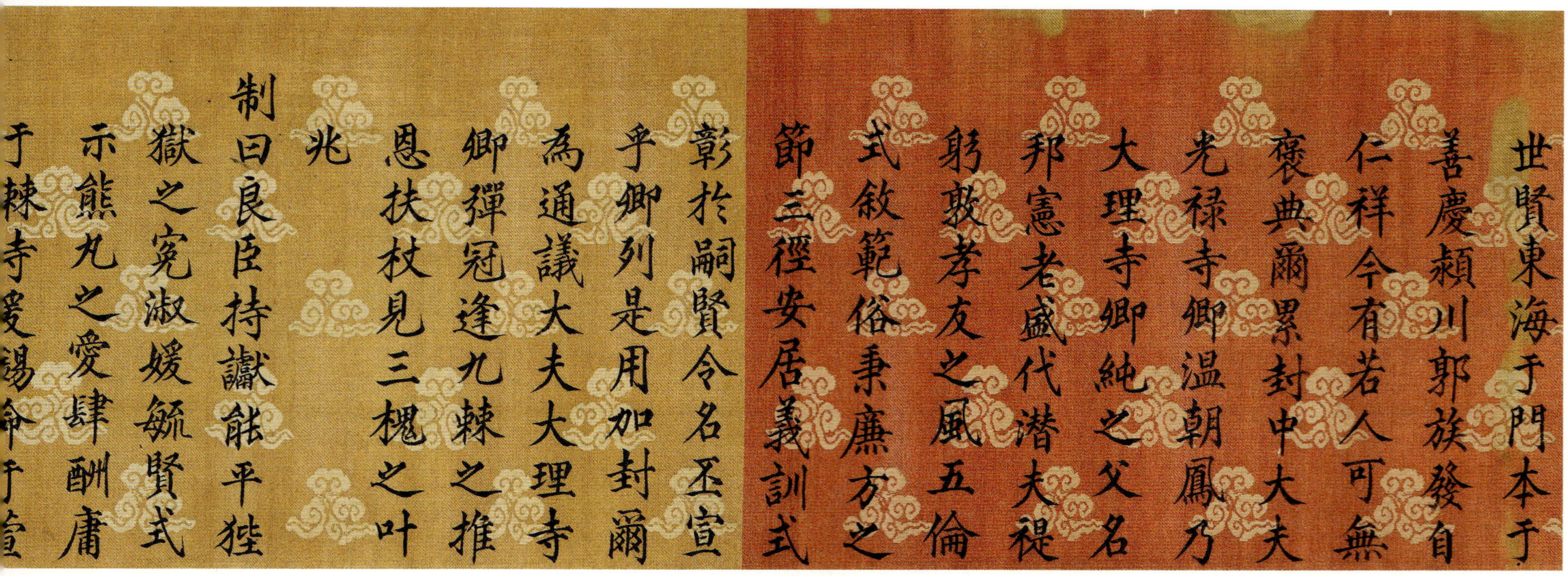

世賢東海于門本于
善慶穎川郭族發自
仁祥今有若人可無
褒典爾累封中大夫
光禄寺卿温朝鳳乃
大理寺卿純之父名
邦憲老盛代潜夫褆
躬敦孝友之風五倫
式敘範俗秉廉方之
節三徑安居義訓式
彰於嗣賢令名丕宣
乎卿列是用加封爾
為通議大夫大理寺
卿蟬冠逢九棘之推
恩扶杖見三槐之叶
兆
制曰良臣持讞能平狴
獄之寃淑媛毓賢式
示熊丸之愛肆酬庸
于棘寺爰錫命于宣

明万历十二年诰封圣旨

明万历十二年（1584）
锦本
30cm × 330cm

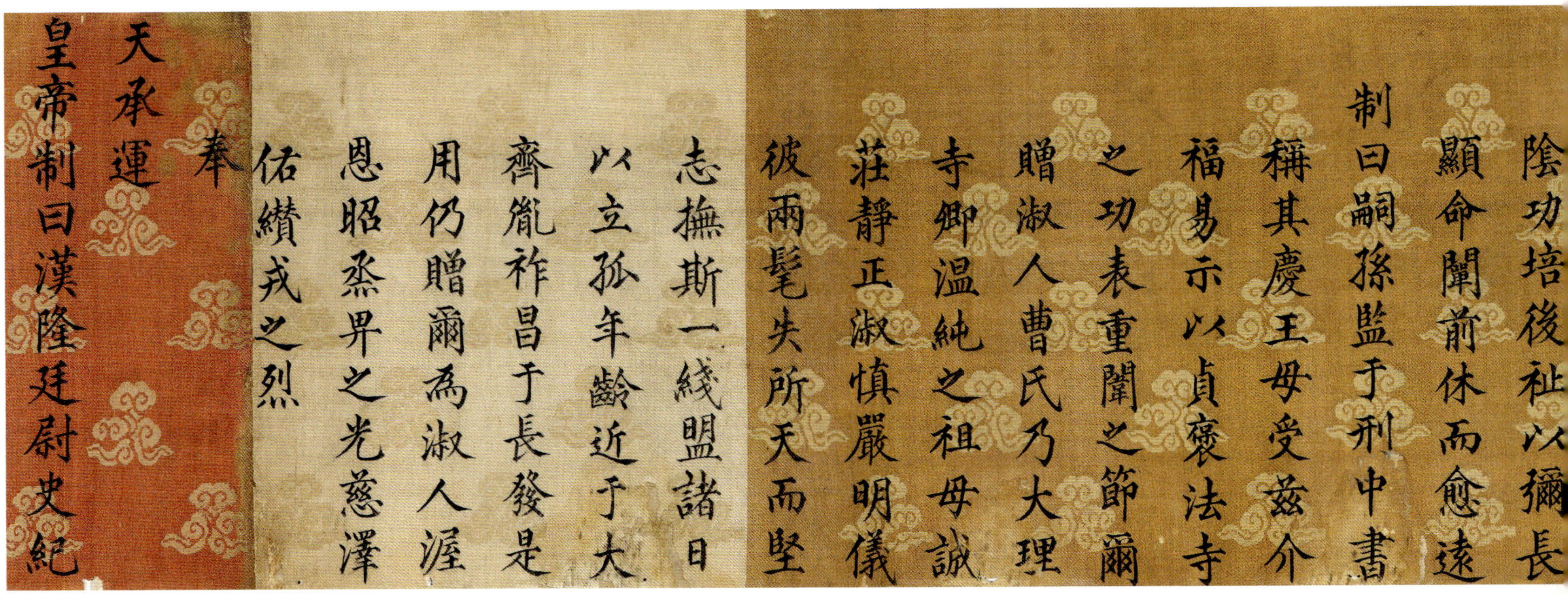
陰功培後祉以彌長
顯命闡前休而愈遠
制曰嗣孫監于刑中書
稱其慶王母受茲介
福易示以貞褒法寺
之功表重闈之節爾
贈淑人曹氏乃大理
寺卿温純之祖母誠
莊静正淑慎嚴明儀
彼兩髦失所天而堅
志撫斯一綫盟諸日
以立孫年齡近于大
齊亂祚昌于長發是
用仍贈爾為淑人渥
恩昭叅畀之光慈澤
佑纘戎之烈
奉
天承運
皇帝制曰漢隆廷尉史紀

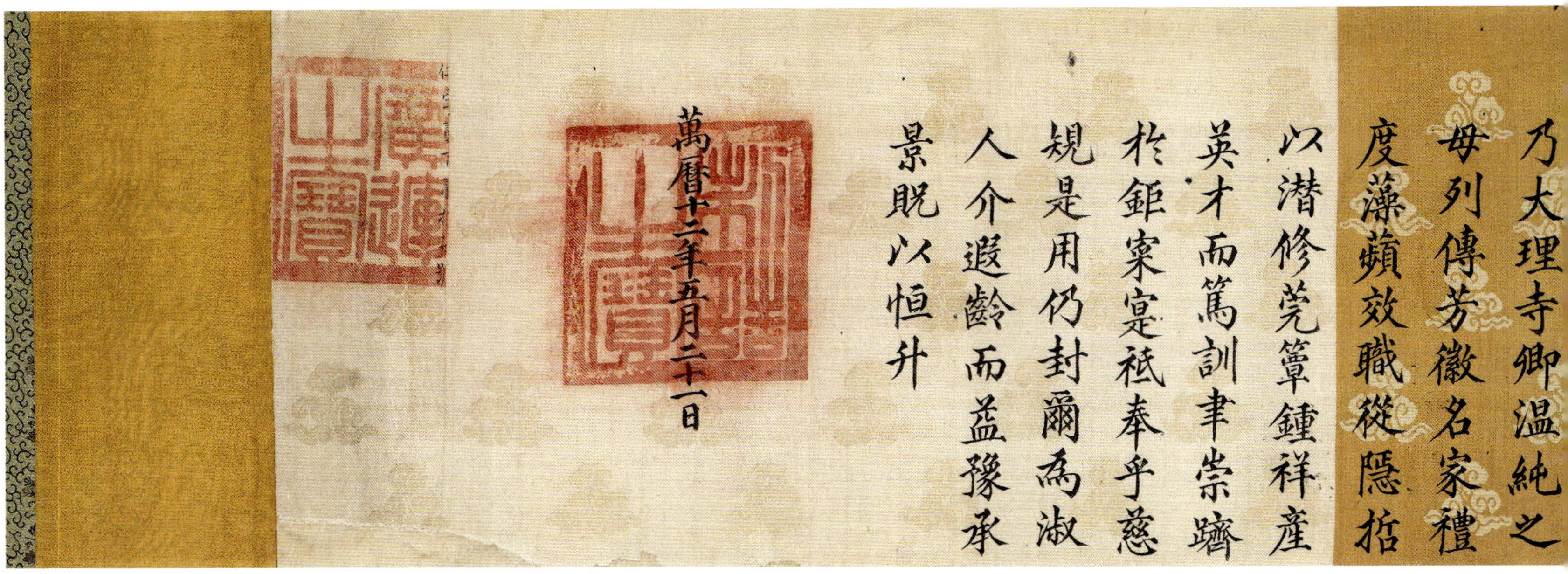
乃大理寺卿温純之
母列傳芳徽名家禮
度藻蘋效職從隱括
以潛修莞箪鍾祥產
英才而篤訓聿崇躋
於鉅案寔祗奉乎慈
規是用仍封爾為淑
人介遐齡而益豫承
景貺以恒升
萬曆十二年五月二十一日

清乾隆五十二年诰封圣旨

清乾隆五十二年（1787）

锦本

31cm×156cm

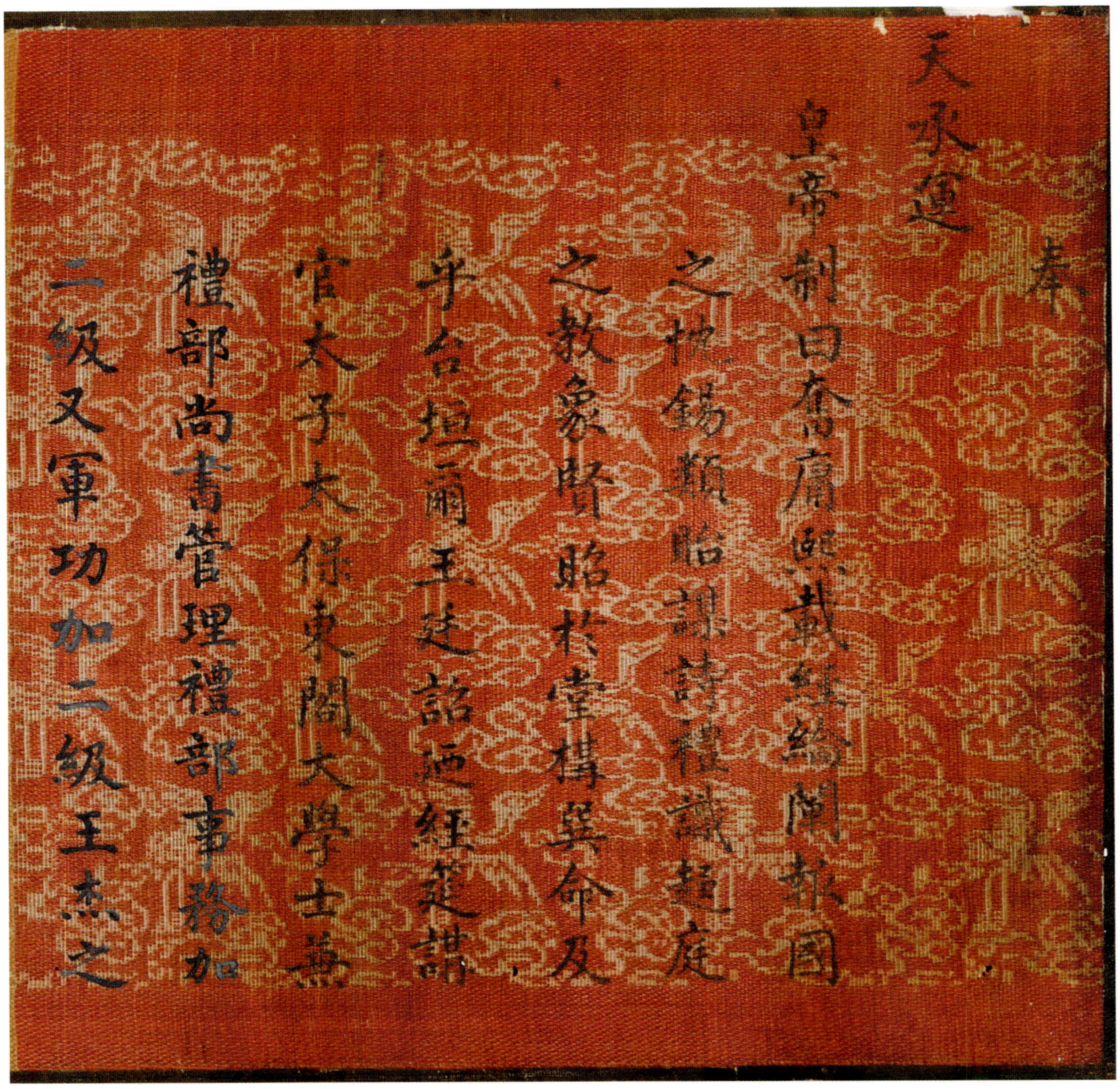
奉
天承運
皇帝制曰奮庸熙載經綸闡邦國
之猷錫類貽謀詩禮識趨庭
之教象賢貽於堂構異命及
乎台垣爾王廷詔延經筵講
官太子太保東閣大學士兼
禮部尚書管理禮部事務加
二級又軍功加二級王杰之

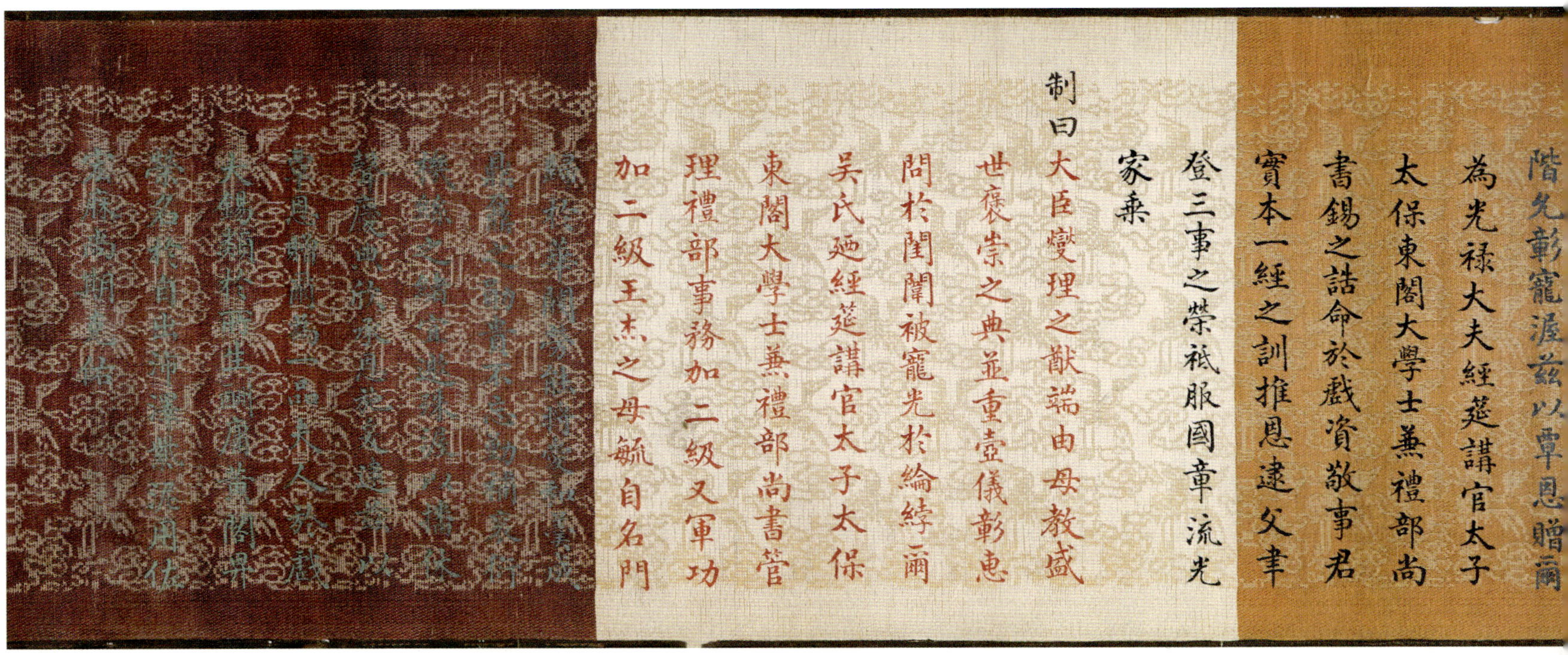
階光彰寵渥茲以覃恩贈爾
為光祿大夫經筵講官太子
太保東閣大學士兼禮部尚
書錫之誥命於戲資敬事君
實本一經之訓推恩逮父聿
登三事之榮祇服國章流光
家乘
制曰大臣燮理之猷端由母教盛
世褒崇之典並重壼儀彰恵
問於閨闈被寵光於綸綍爾
吴氏廼經筵講官太子太保
東閣大學士兼禮部尚書管
理禮部事務加二級又軍功
加二級王杰之母毓自名門

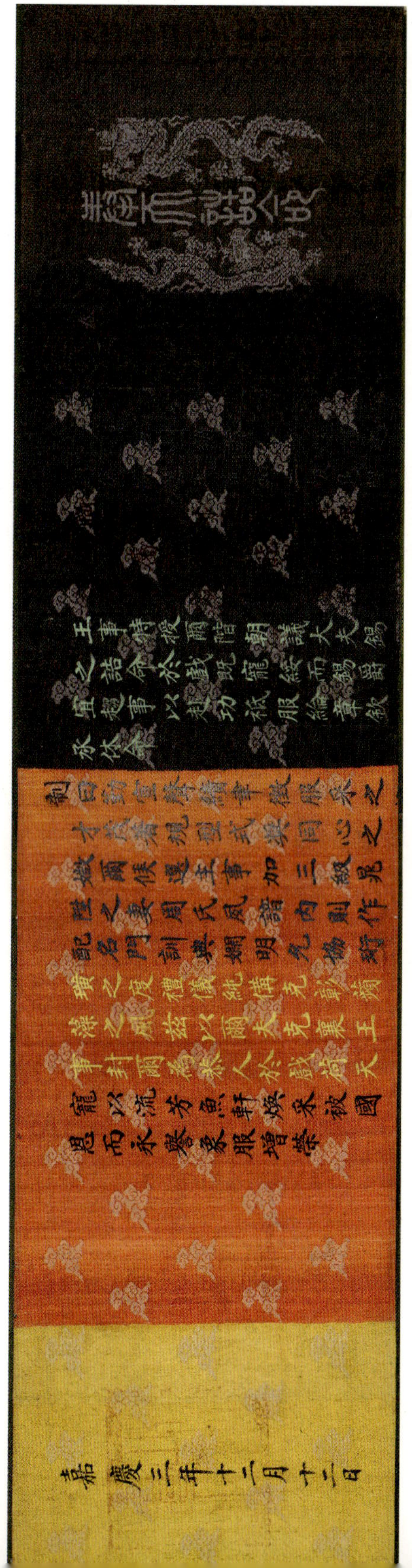

清嘉庆十三年诰封圣旨

清嘉庆十三年（1808）

锦本

31cm×253cm

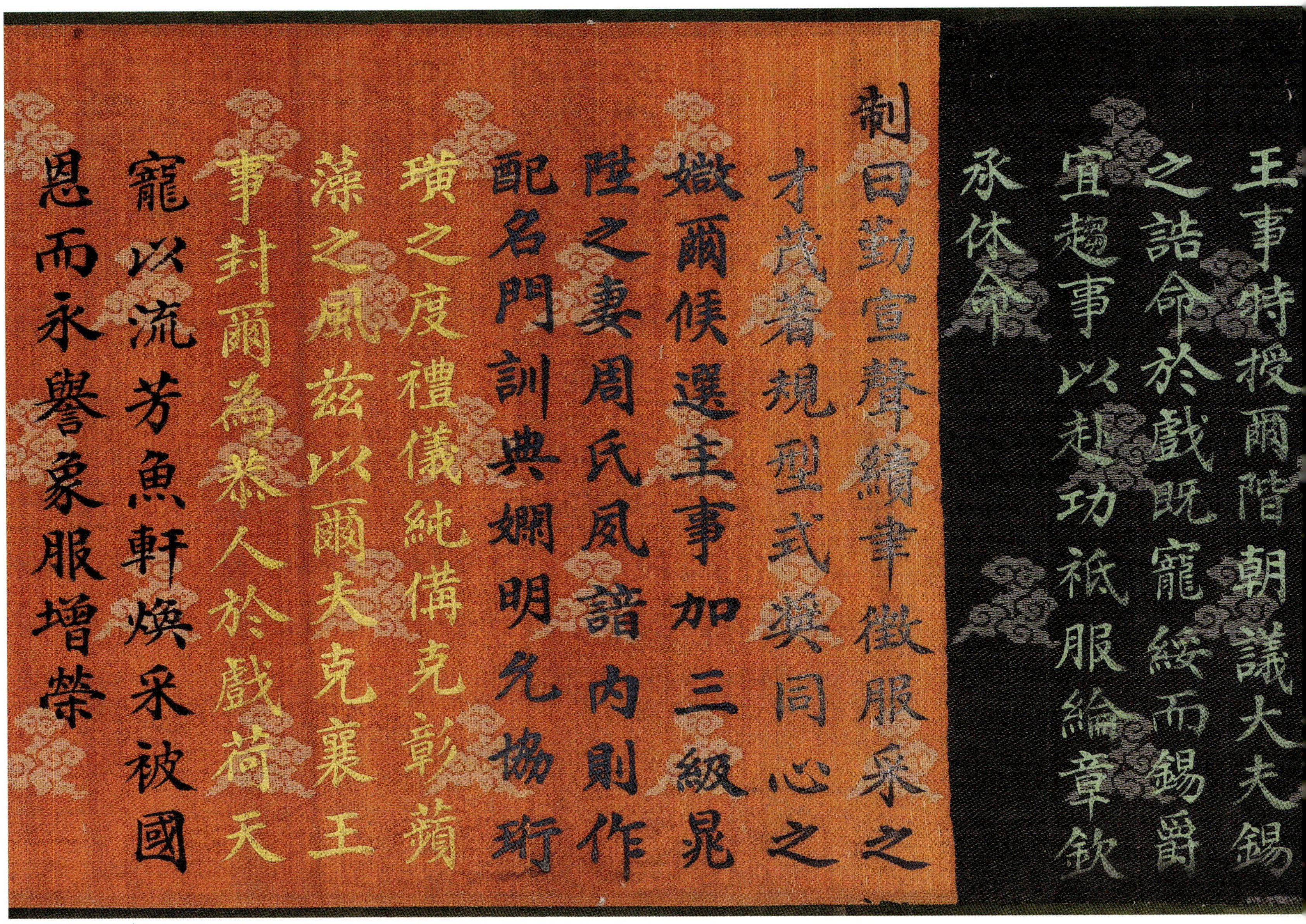
王事特授爾階朝議大夫錫
之誥命於戲既寵綏而錫爵
宜趨事以赴功祇服綸章欽
承休命
制曰勤宣聲績聿徵服采之
才茂著規型式獎同心之
職爾侯選主事加三級晁
陞之妻周氏夙諳內則作
配名門訓典嫻明允協珩
璜之度禮儀純備克彰蘋
藻之風茲以爾夫克襄王
事封爾爲恭人於戲荷天
寵以流芳魚軒煥采被國
恩而永譽象服增榮

陕西师范大学图书馆藏精品集萃

古籍篇

珍典撷英

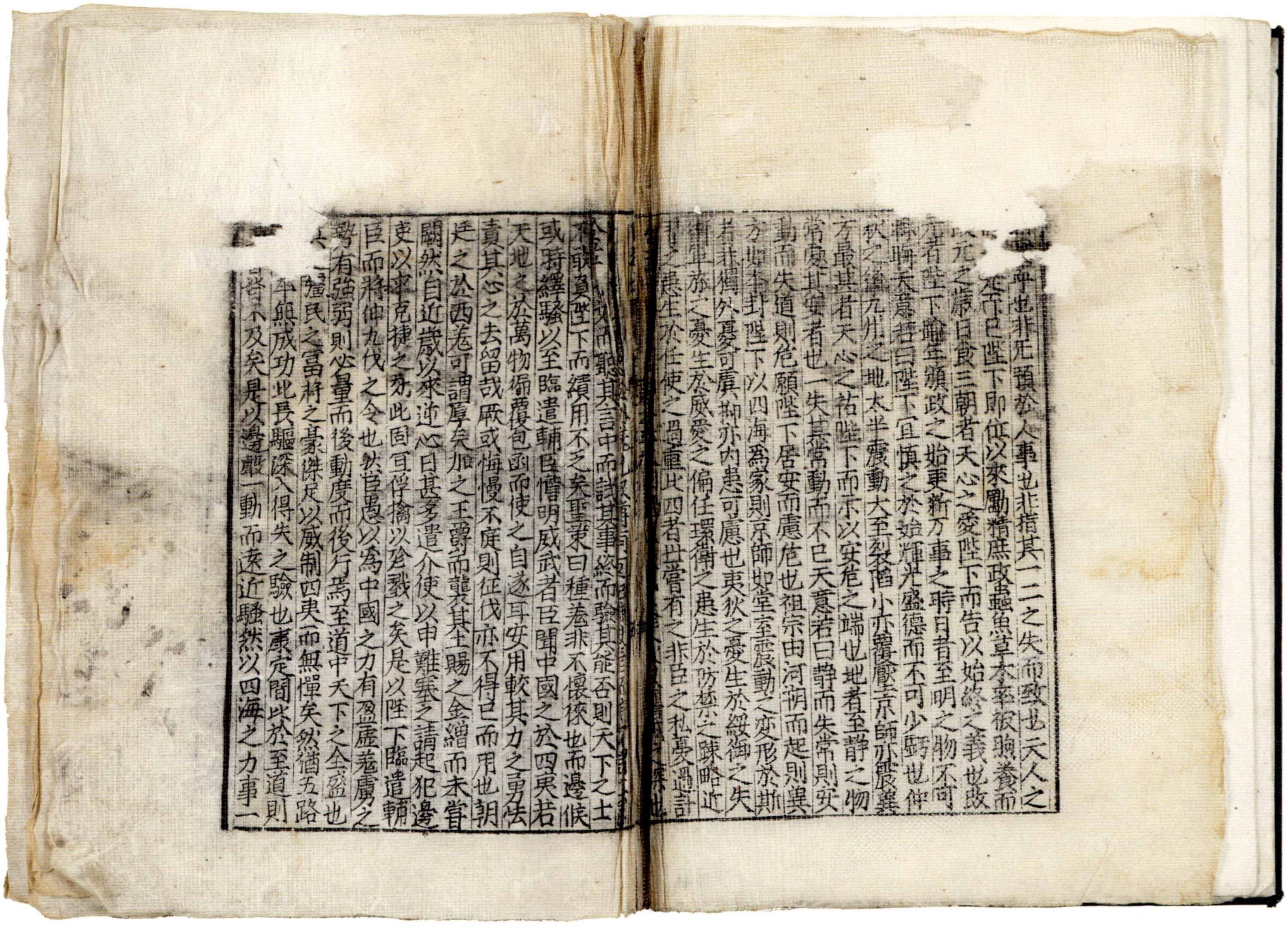

新刊国朝二百家名贤文粹三百卷

宋庆元三年（1197）四川眉山咸阳书隐斋刻本

佚名辑

一函一册

版框：25.2cm×18.2cm

开本：26.4cm×34.2cm

半页14行，每行24字。白口，左右双边。蝴蝶装。书前有宋庆元二年（1196）六月眉山王称季平父序。书后有宋庆元三年（1197）咸阳书隐斋跋。

存二卷（卷一百三十八至一百三十九）6页。

一级古籍，入选《陕西省珍贵古籍名录》，名录号：0033。

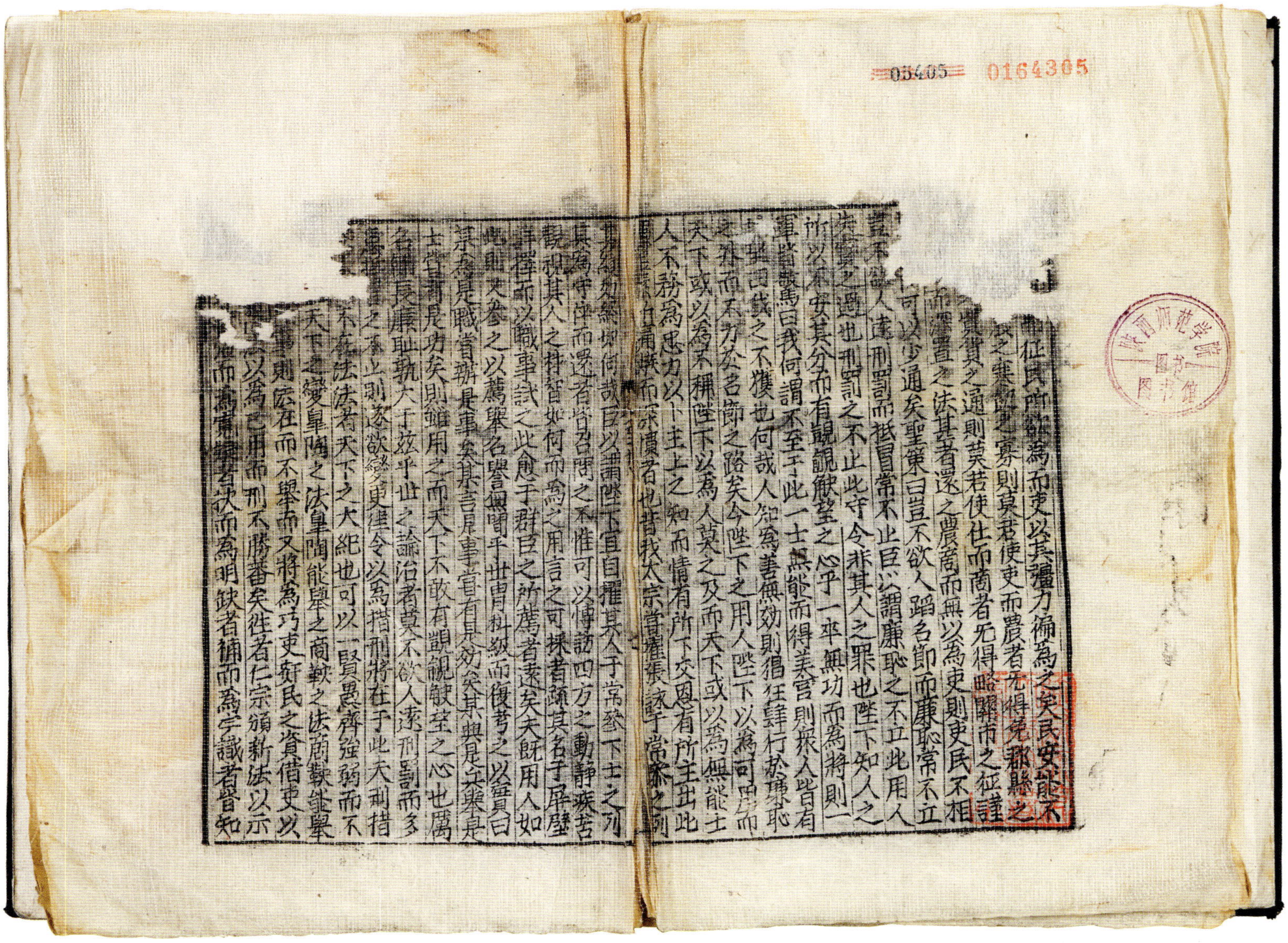
[illegible]征民所[illegible]爲而吏以其彊力偏爲之矣民安能不
[illegible]之寒[illegible]之寡則莫君使吏而農者无得[illegible]縣之
貫賃之通則莫君使仕而商者无得略關市之征謹
[illegible]置之法其者還之農商而無以爲吏則吏民不相
可以少通矣聖策曰豈不欲人蹈名節而廉恥常不立
豈不[illegible]人違刑罰而抵冒常不止臣以謂廉恥之不立此用人
[illegible]之過也刑罰之不止此守令非其人之罪也陛下知人之
所以爲安其分而有覬覦僥望之心乎一卒無功而爲將則一
軍皆驚焉曰我何謂不至于此一士無能而得美官則衆人皆有
[illegible]曰哉之不獲也何哉人知爲善無效則猖狂肆行於廉恥
之外而不力於名節之路矣今陛下之用人陛下以爲可用而
天下或以爲不稱陛下以爲人莫之及而天下或以爲無能士
人不務爲忠力以下主上之知而情有所下交恩有所主出此
[illegible]而僥倖者也昔我太宗嘗[illegible]張詠于常参之列
[illegible]何哉臣以謂陛下宜自擢其人于常参下士之列
其爲守倅而還者皆召問之不惟可以傳訪四方之動靜疾苦
觀視其人之材智如何而爲之用言之可採者顯其名于屏壁
時省而以職事試之此愈于群臣之所薦者遠矣夫既用人如
此則又參之以薦舉名譽偏問乎世胄材緻而復考之以[illegible]曰
某爲是職嘗辦是事矣其言是事嘗有是効矣其與是必舉是
士嘗有是功矣則雖用之而天下不敢有覬覦僥望之心也厲
名節長廉恥孰大于茲乎世之論治者莫不欲人遠刑罰而多
[illegible]之不立則遂欲變更律令以爲措刑將在于此夫刑措
不在法法者天下之大紀也可以一賢愚齊強弱而不
天下之變皐陶之法皐陶能舉之商鞅之法商鞅能舉
[illegible]則法在而不舉而又將爲巧吏姦民之資借吏以
[illegible]以爲己用而刑不勝者矣往者仁宗頒新法以示
[illegible]而爲[illegible]者[illegible]而爲明鋭者補而爲學識者皆知

诗地理考六卷

元至元六年（1269）庆元路儒学刻明嘉靖南京国子监修补印本

［南宋］王应麟撰

一函六册

版框：21.8cm×13.5cm

开本：29.6cm×18cm

半页10行，每行20字，小字双行同。白口，左右双边，双黑鱼尾。卷首钤有『汉鹿斋金石书画印』白文长方印、『如皋祝寿慈印』朱文长方印、『稺农』朱文方印，书中钤有『稺农过眼』朱文方印。

二级古籍，入选《陕西省珍贵古籍名录》，名录号：0034。

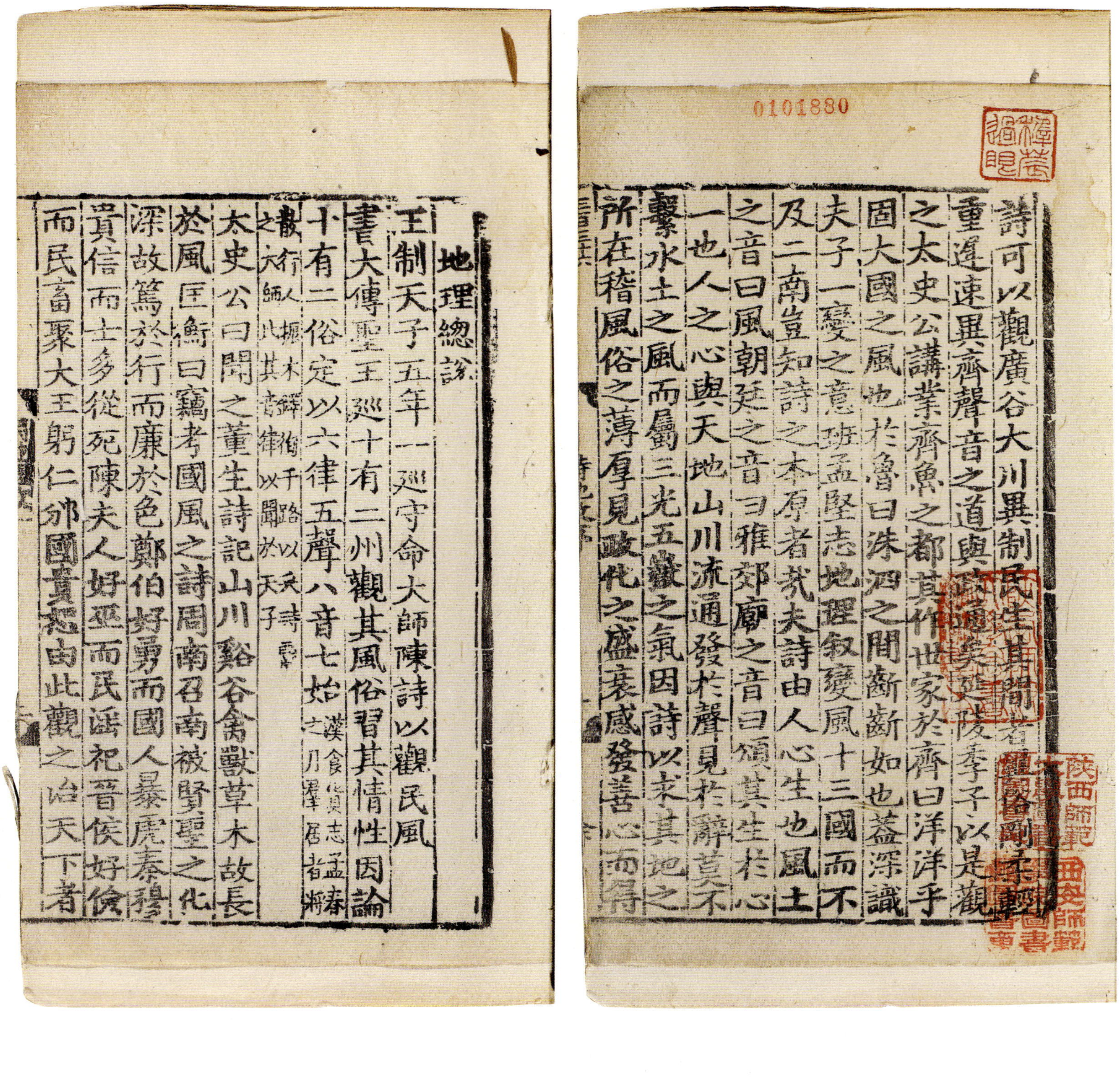

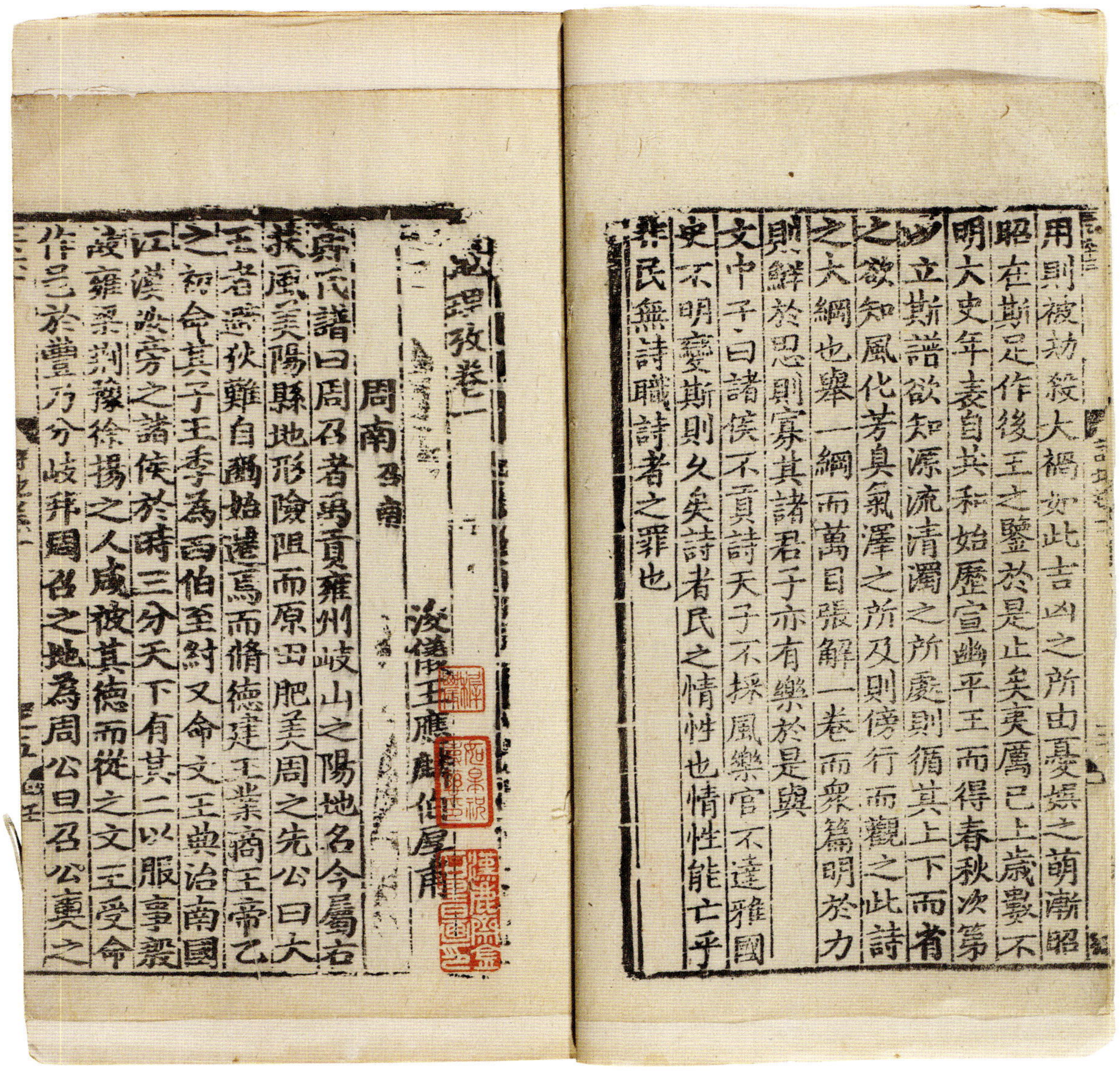
用則被劫殺大禍如此吉凶之所由憂娛之萌漸昭
昭在斯足作後王之鑒於是止矣夷厲已上歲數不
明太史年表自共和始歷宣幽平王而得春秋次第
以立斯譜欲知源流清濁之所處則循其上下而省
之欲知風化芳臭氣澤之所及則傍行而觀之此詩
之大綱也舉一綱而萬目張解一卷而衆篇明於力
則鮮於思則寡其諸君子亦有樂於是與
文中子曰諸侯不貢詩天子不採風樂官不達雅國
史不明變斯則久矣詩者民之情性也情性能亡乎
非民無詩職詩者之罪也

詩地理攷卷一
周南 召南　浚儀王應麟伯厚甫
鄭氏詩譜曰周召者禹貢雍州岐山之陽地名今屬右
扶風美陽縣地形險阻而原田肥美周之先公曰大
王者避狄難自豳始遷焉而脩德建王業商王帝乙
之初命其子王季為西伯至紂又命文王典治南國
江漢汝旁之諸侯於時三分天下有其二以服事殷
故雍梁荊豫徐揚之人咸被其德而從之文王受命
作邑於豐乃分岐邦周召之地為周公旦召公奭之

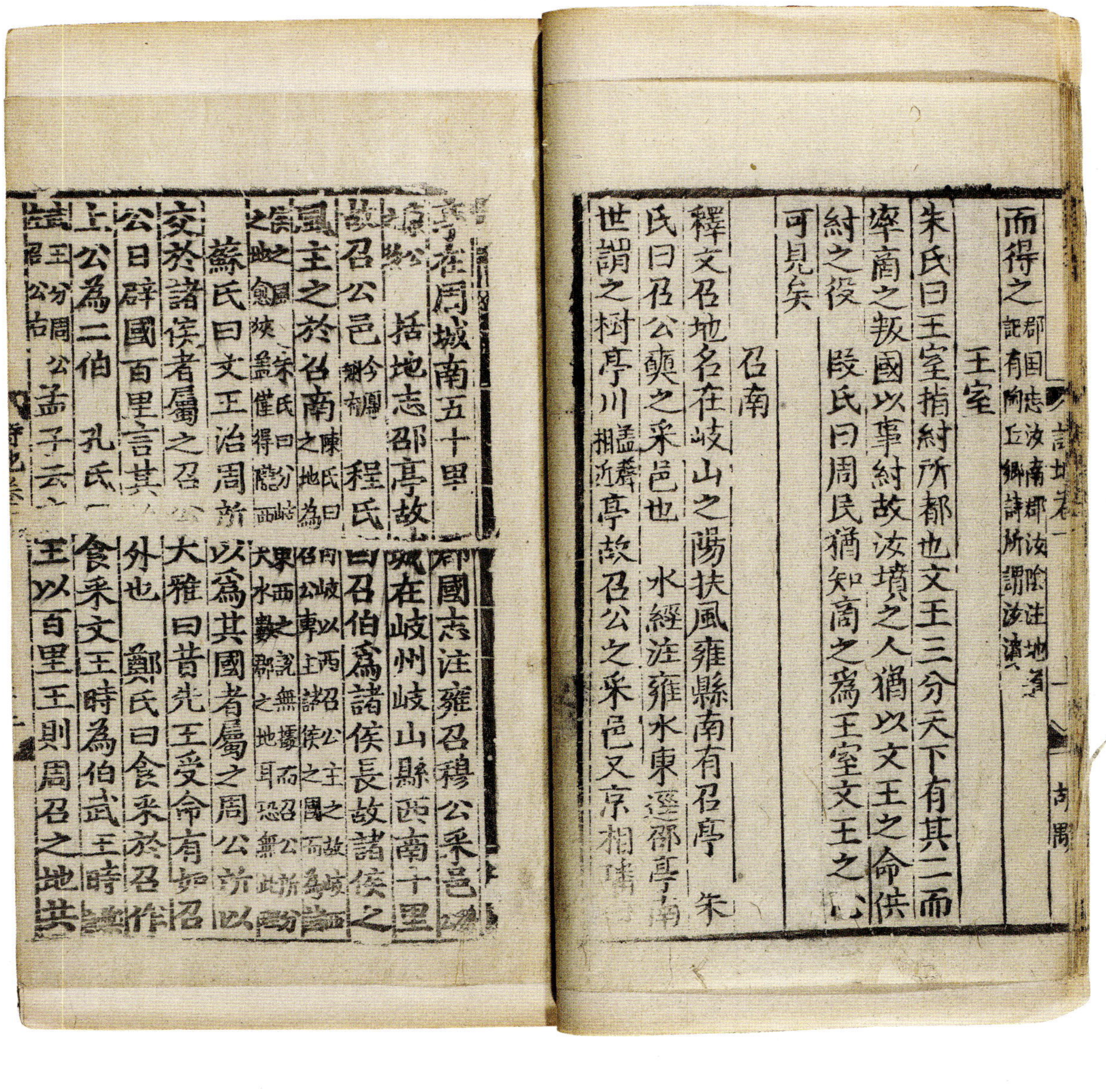
而得之
王室
朱氏曰王室指紂所都也文王三分天下有其二而
率商之叛國以事紂故汝墳之人猶以文王之命供
紂之役　段氏曰周民猶知商之為王室文王之心
可見矣
召南
釋文召地名在岐山之陽扶風雍縣南有召亭　朱
氏曰召公奭之采邑也　水經注雍水東逕邵亭南
世謂之樹亭川　亭故召公之采邑又京相璠

亭在周城南五十里　郡國志注雍召穆公采邑
括地志邵亭故城在岐州岐山縣西南十里
程氏曰召伯爲諸侯長故諸侯之
蘇氏曰文王治周所以爲其國者屬之周公
交於諸侯者屬之召公　大雅曰昔先王受命有如召
公日辟國百里　外也　鄭氏曰食采於召作
上公爲二伯　孔氏　食采文王時爲伯武王時
王以百里王則周召之地共

纂图互注南华真经十卷

元建阳书坊刻本

［西晋］郭象注，［唐］陆德明音义

一函五册

版框：18.5cm×12cm

开本：26.2cm×15.6cm

半页11行，每行21字，小字双行，每行25字。黑口，左右双边，双鱼尾。金镶玉装。书前有郭象撰《南华真经序》。书中钤有『卧雪庐袁氏藏书』朱文方印、『嘉福藏書』小长方朱文方印。

存五卷（卷一至五）。

一级古籍，入选《国家珍贵古籍名录》，名录号：03078。

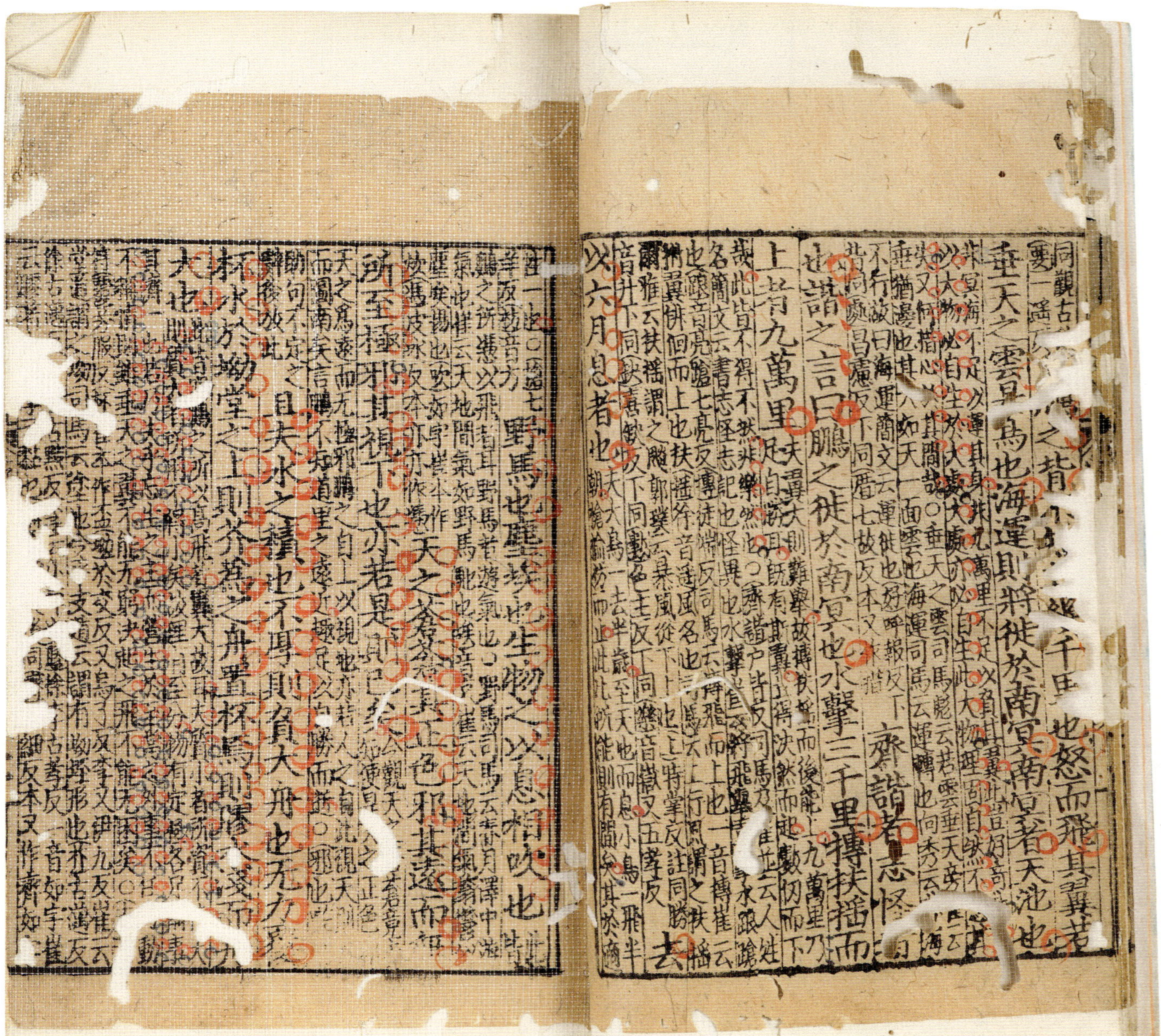

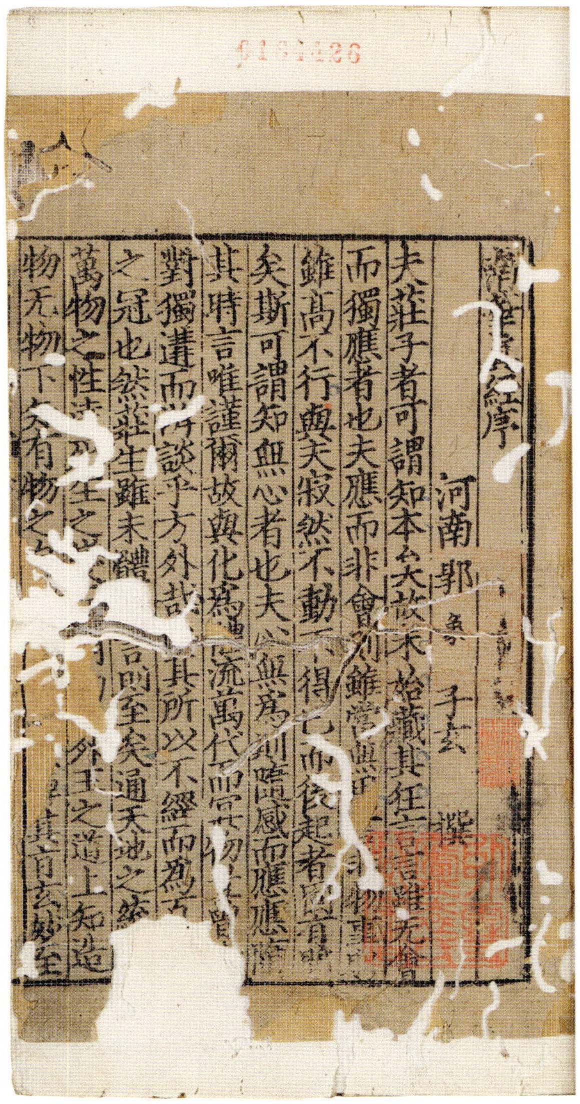

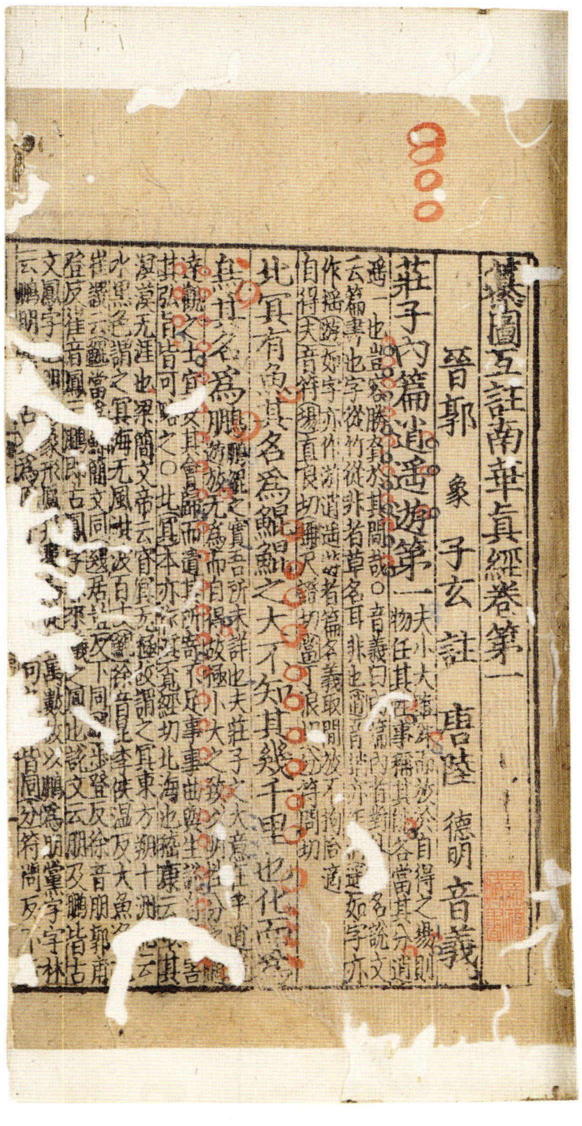

论语集注十卷

明正统十二年（1447）司礼监刻四书集注本

［南宋］朱熹撰

一函四册

版框：23.3cm×16.4cm

开本：30.8cm×18.8cm

半页8行，每行14字，小字双行，每行17字。大黑口，四周双边，双黑鱼尾。书封钤有『养拙书斋』白文方印，题签钤有『家藏万卷书』白文长方印。

二级古籍，入选《陕西省珍贵古籍名录》，名录号：0066。

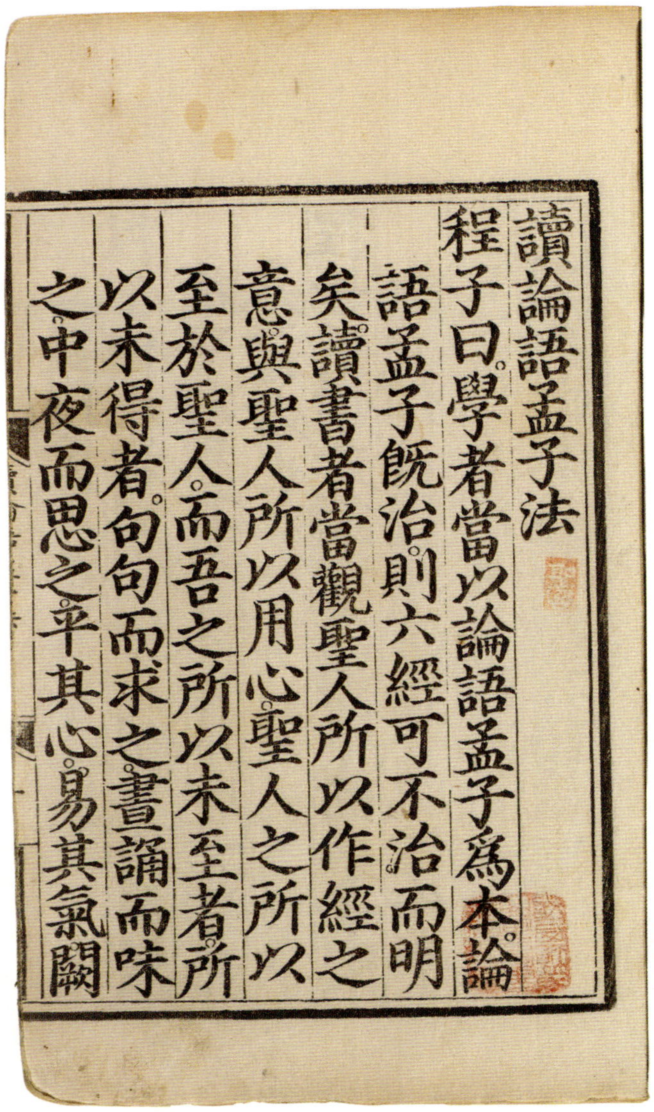

讀論語孟子法

程子曰。學者當以論語孟子爲本。論語孟子旣治。則六經可不治而明矣。讀書者當觀聖人所以作經之意。與聖人所以用心。聖人之所以至於聖人。而吾之所以未至者所以未得者。句句而求之。晝誦而味之。中夜而思之。平其心。易其氣。闕

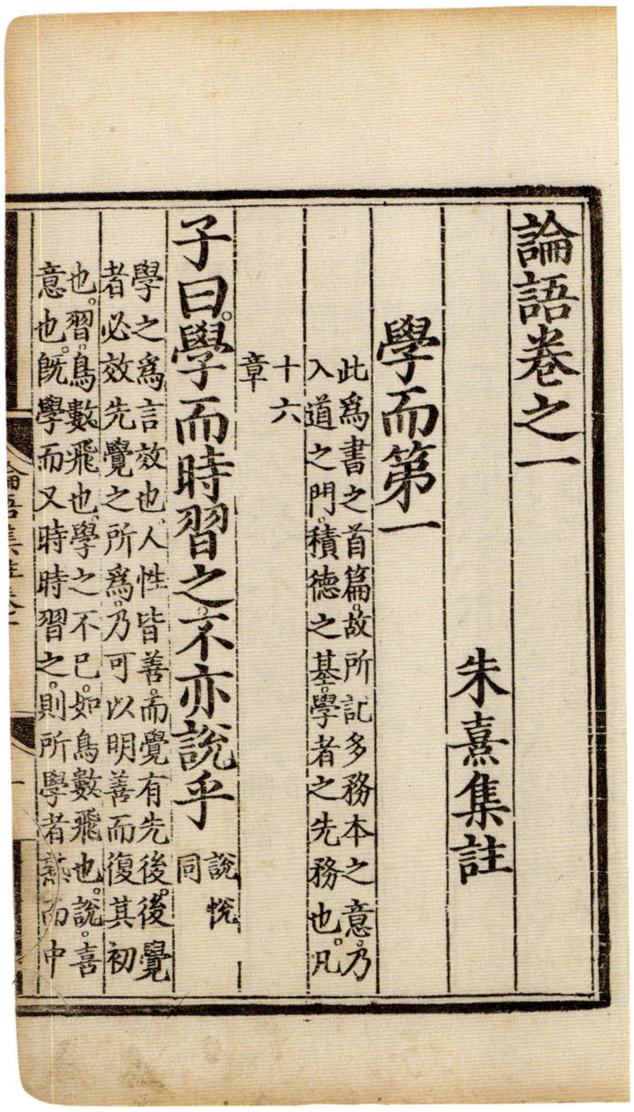

論語卷之一

朱熹集註

學而第一

此爲書之首篇。故所記多務本之意。乃入道之門。積德之基。學者之先務也。凡十六章。

子曰。學而時習之。不亦說乎。

說悅同。

學之爲言效也。人性皆善。而覺有先後。後覺者必效先覺之所爲。乃可以明善而復其初也。習。鳥數飛也。學之不已。如鳥數飛也。說。喜意也。旣學而又時時習之。則所學者熟。而中

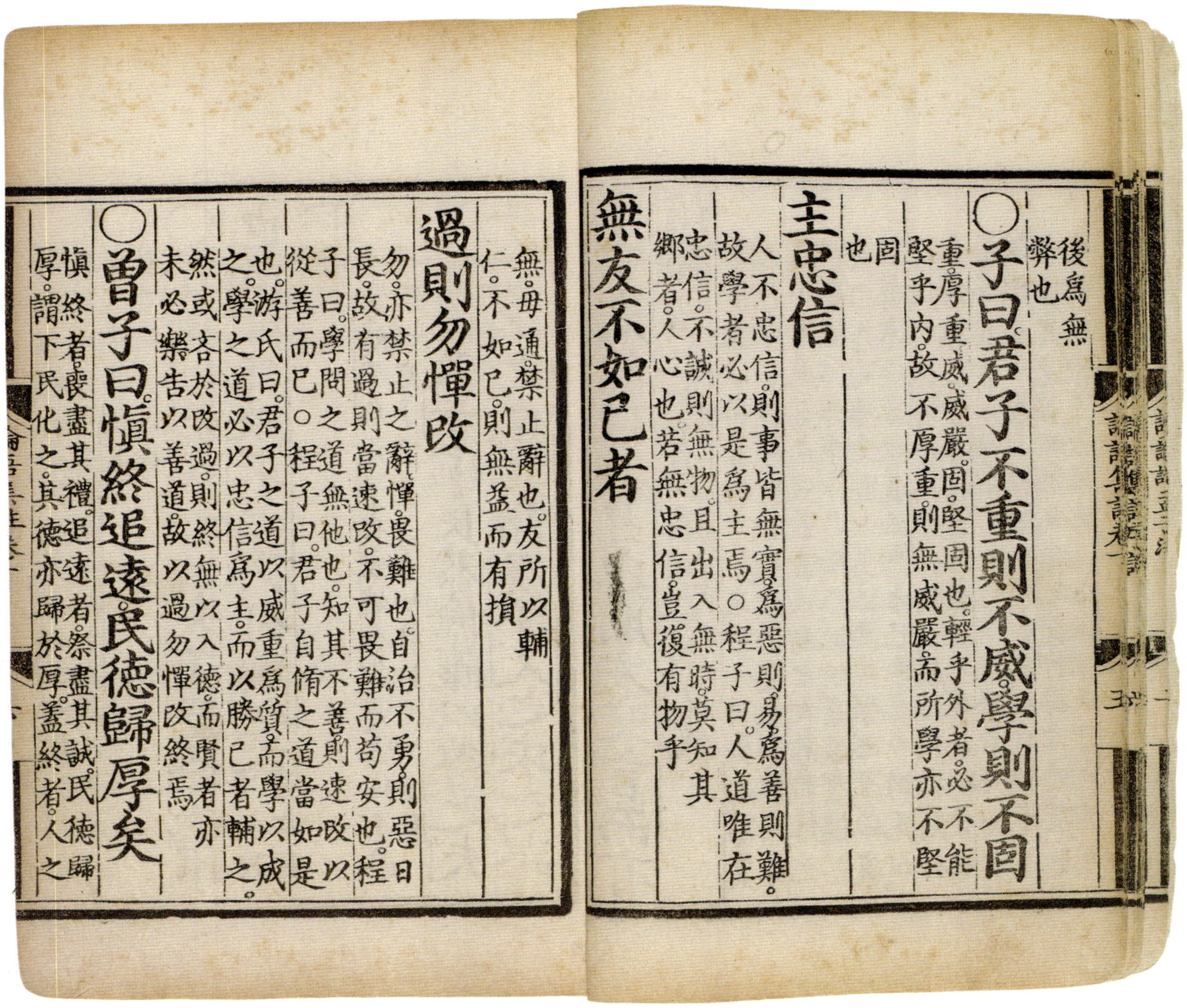

後爲無弊也。

○子曰。君子不重則不威。學則不固。

重。厚重。威。威嚴。固。堅固也。輕乎外者。必不能堅乎內。故不厚重則無威嚴。而所學亦不堅固也。

主忠信。

人不忠信。則事皆無實。爲惡則易。爲善則難。故學者必以是爲主焉。○程子曰。人道唯在忠信。不誠則無物。且出入無時。莫知其鄉者。人心也。若無忠信。豈復有物乎。

無友不如己者。

無。毋通。禁止辭也。友所以輔仁。不如己。則無益而有損。

過則勿憚改。

勿。亦禁止之辭。憚。畏難也。自治不勇。則惡日長。故有過則當速改。不可畏難而苟安也。○程子曰。學問之道無他也。知其不善。則速改以從善而已。○程子曰。君子自脩之道當如是也。游氏曰。君子之道以威重爲質。而學以成之。學之道必以忠信爲主。而以勝己者輔之。然或吝於改過。則終無以入德。而賢者亦未必樂告以善道。故以過勿憚改終焉。

○曾子曰。愼終追遠。民德歸厚矣。

愼終者。喪盡其禮。追遠者。祭盡其誠。民德歸厚。謂下民化之。其德亦歸於厚。蓋終者。人之

大學章句序

大學之書。古之大學所以教人之法
也。蓋自天降生民。則既莫不與之以
仁義禮智之性矣。然其氣質之稟或
不能齊。是以不能皆有以知其性之
所有而全之也。一有聰明睿智能盡
其性者出於其間。則天必命之以為
億兆之君師。使之治而教之。以復其

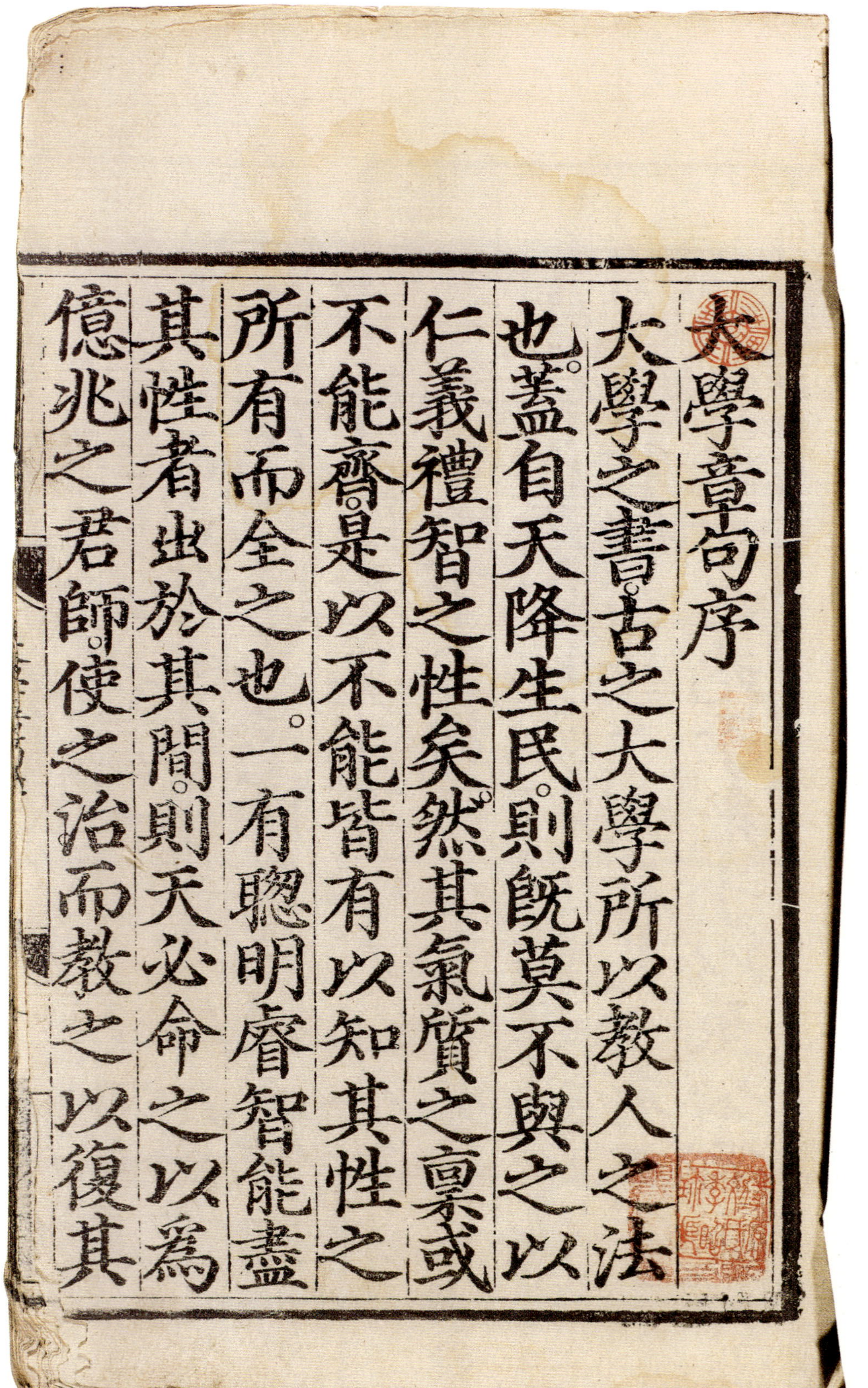

大学章句 一卷
或问 一卷

明正统十二年（1447）司礼监
刻四书集注本

［南宋］朱熹撰

一函一册

版框：：23.3cm×16.4cm

开本：30.8cm×18.8cm

半页8行，每行14字，
小字双行，每行17字。大黑
口，四周双边，双黑鱼尾。
序首钤有『三原刘氏季昭珍
藏』朱文长方印、『半耕主
人李』朱文瓦当印。

二级古籍，入选《陕西
省珍贵古籍名录》，名录号：：
0065。

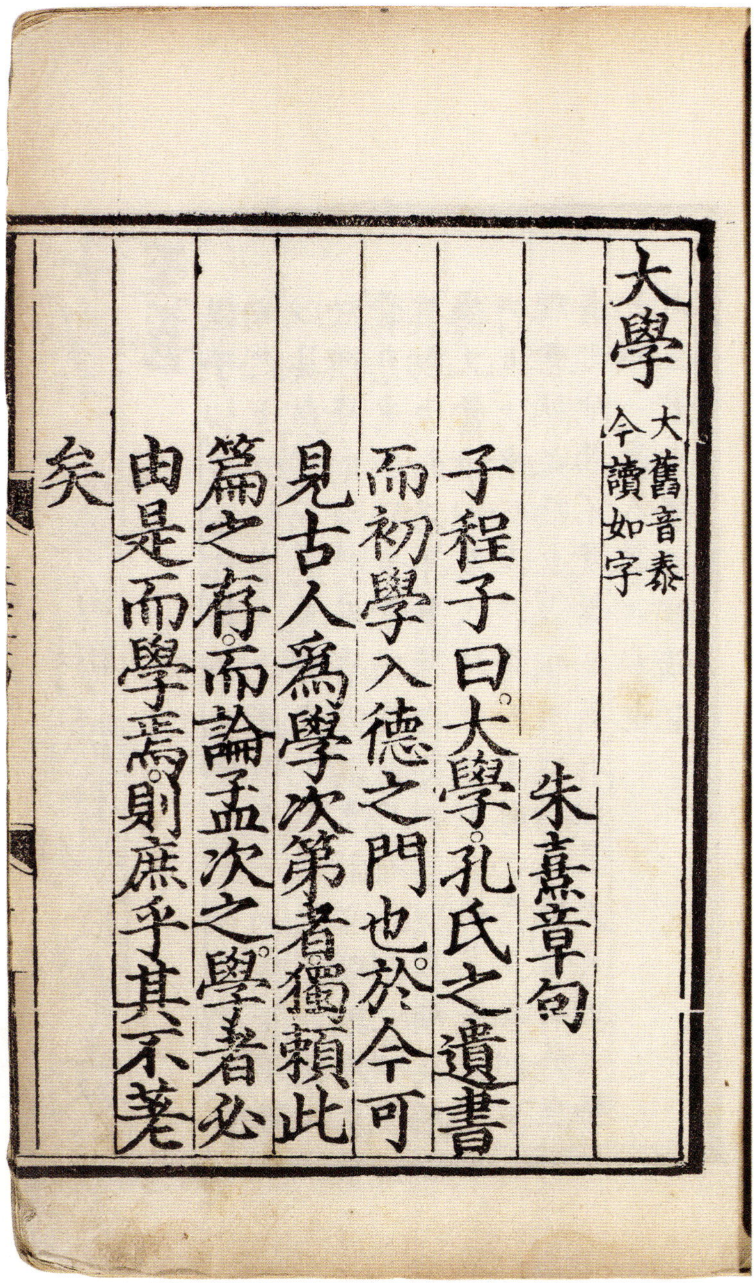

大學 大舊音泰 今讀如字

朱熹章句

子程子曰。大學。孔氏之遺書而初學入德之門也。於今可見古人爲學次第者。獨賴此篇之存。而論孟次之。學者必由是而學焉。則庶乎其不差矣。

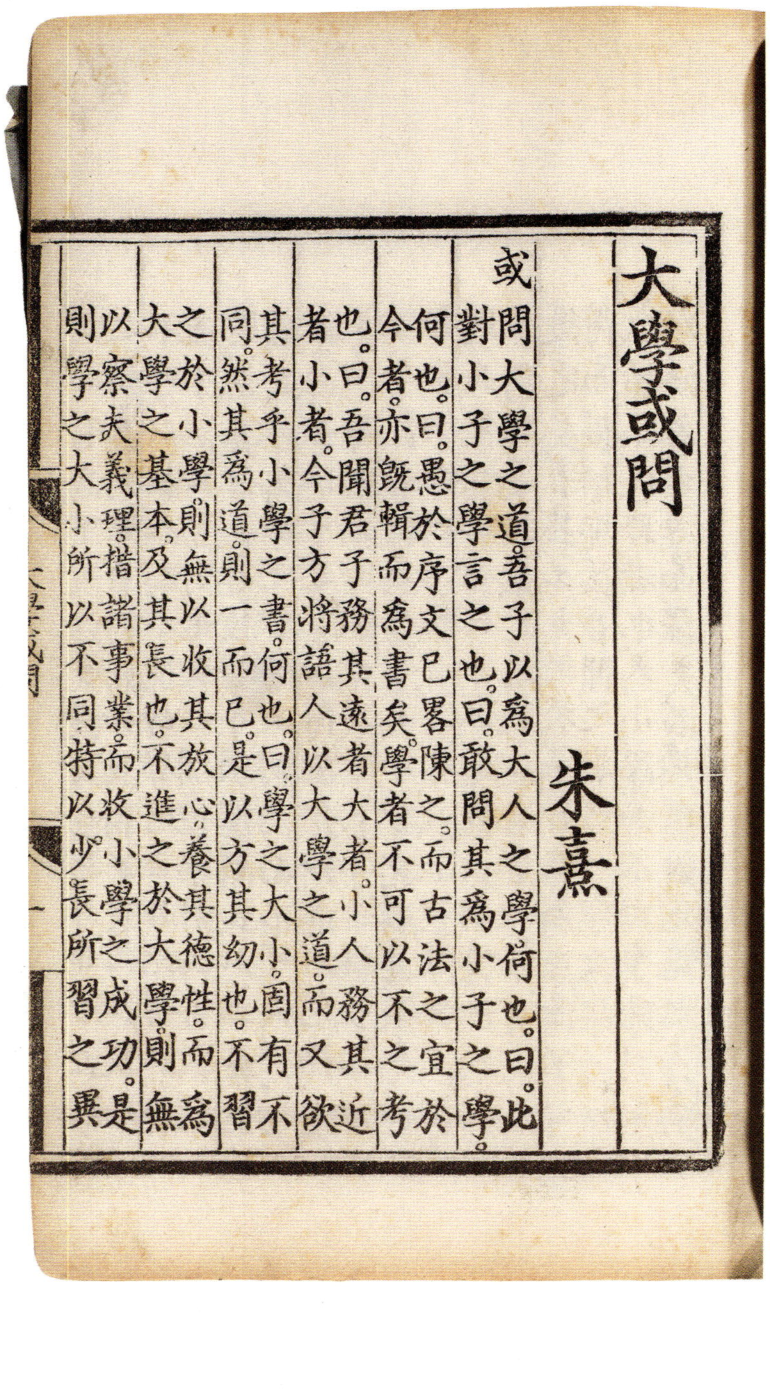

大學或問

朱熹

或問大學之道。吾子以爲大人之學。何也。曰。此對小子之學言之也。曰。敢問其爲小子之學。何也。曰。愚於序文已畧陳之。而古法之宜於今者。亦旣輯而爲書矣。學者不可以不之考也。曰。吾聞君子務其遠者大者。小人務其近者小者。今子方將語人以大學之道。而又欲其考乎小學之書。何也。曰。學之大小。固有不同。然其爲道。則一而已。是以方其幼也。不習之於小學。則無以收其放心。養其德性。而爲大學之基本。及其長也。不進之於大學。則無以察夫義理。措諸事業。而收小學之成功。是則學之大小所以不同。特以少長所習之異

大明一統志九十卷

明天顺五年（1461）司礼监刻本
［明］李贤等奉敕撰修
六函三十八册
版框：26.8cm×17.8cm
开本：36.7cm×21.5cm

半页 10 行，每行 22 字，小字双行，每行 21 字。大黑口，四周双边，双黑花鱼尾。书前有天顺五年明英宗序。书中钤有『丁氏祇斋藏书』『广运之宝』朱文方印等。

一级古籍，入选《国家珍贵古籍名录》，名录号：04110。

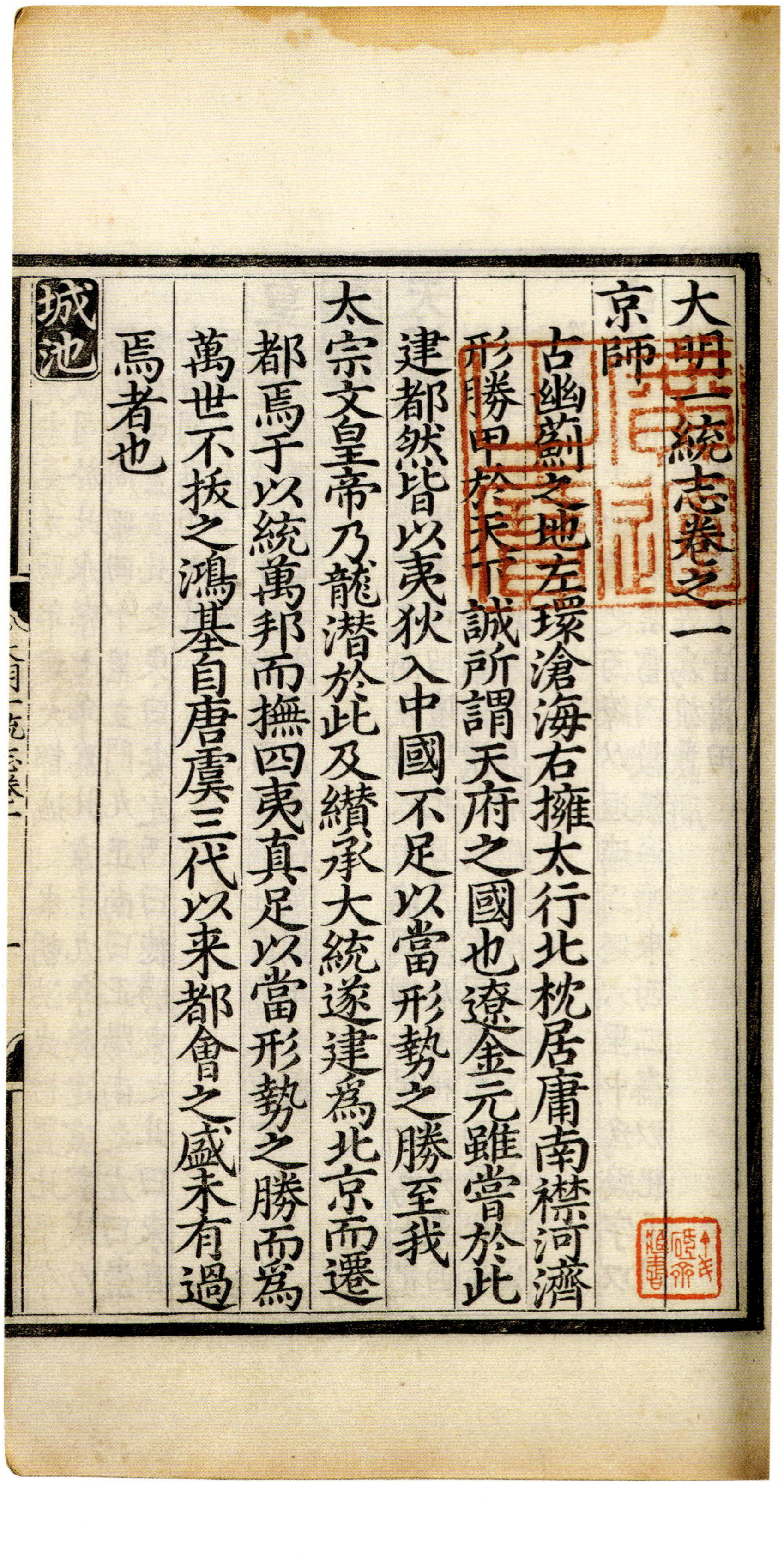
大明一統志卷之一
京師
古幽薊之地左環滄海右擁太行北枕居庸南襟河濟
形勝甲於天下誠所謂天府之國也遼金元雖嘗於此
建都然皆以夷狄入中國不足以當形勢之勝至我
太宗文皇帝乃龍潛於此及纘承大統遂建爲北京而遷
都焉于以統萬邦而撫四夷真足以當形勢之勝而爲
萬世不拔之鴻基自唐虞三代以来都會之盛未有過
焉者也
城池

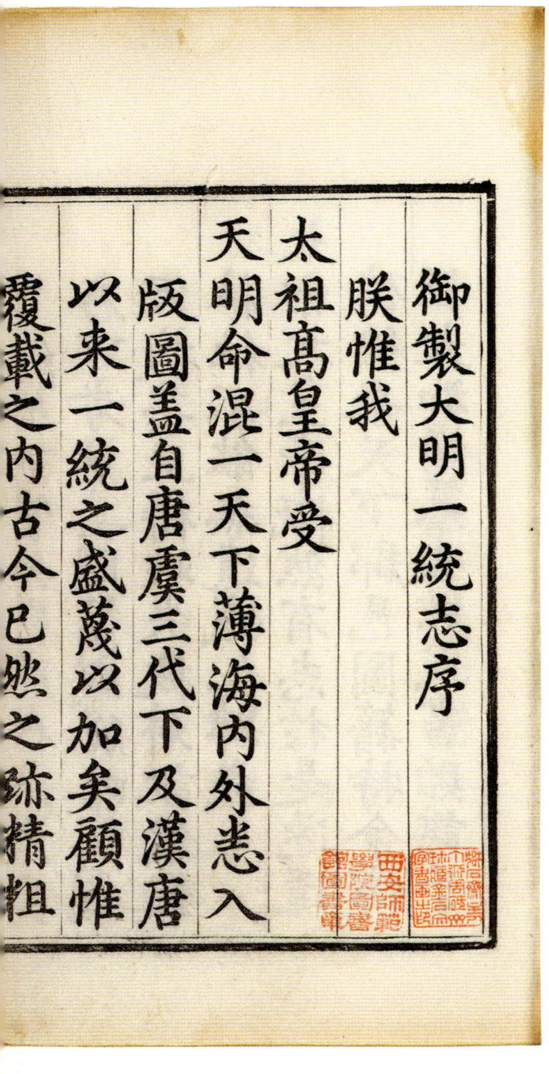
御製大明一統志序
朕惟我
太祖高皇帝受
天明命混一天下薄海内外悉入
版圖盖自唐虞三代下及漢唐
以来一統之盛蔑以加矣顧惟
覆載之内古今已然之跡精粗

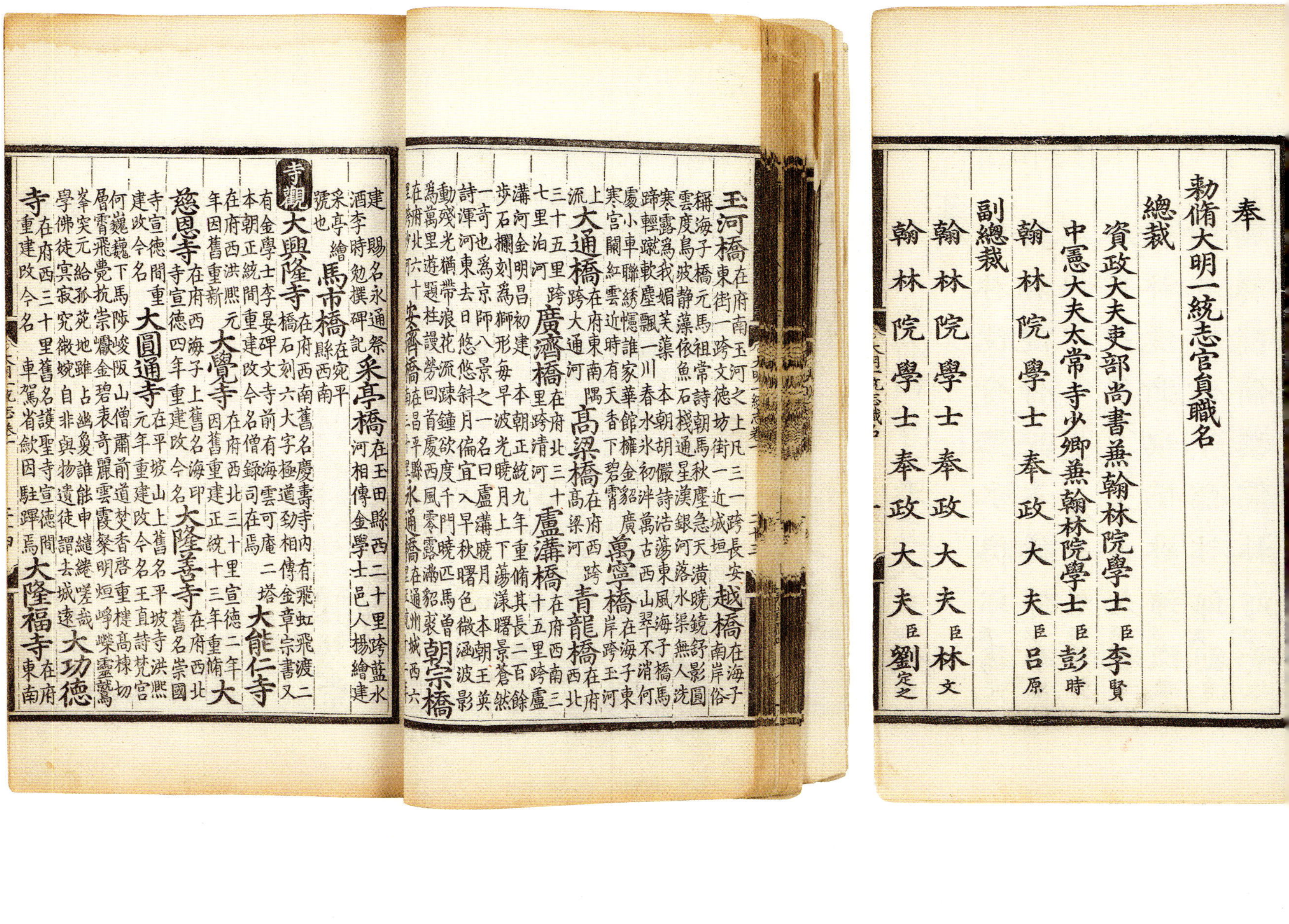

成化丁亥重刊改并五音类聚四声篇十五卷

明成化北京大隆福寺刻本

［金］韩道昭撰

一函五册

版框：23.3cm×15.5cm

开本：31.8cm×18.9cm

半页10行，每行字数不等，小字双行不等。大黑口，四周双边，双黑鱼尾。书前有金泰和八年（1208）韩道升序、明成化七年（1471）万安序。

二级古籍，入选《陕西省珍贵古籍名录》，名录号：0082。

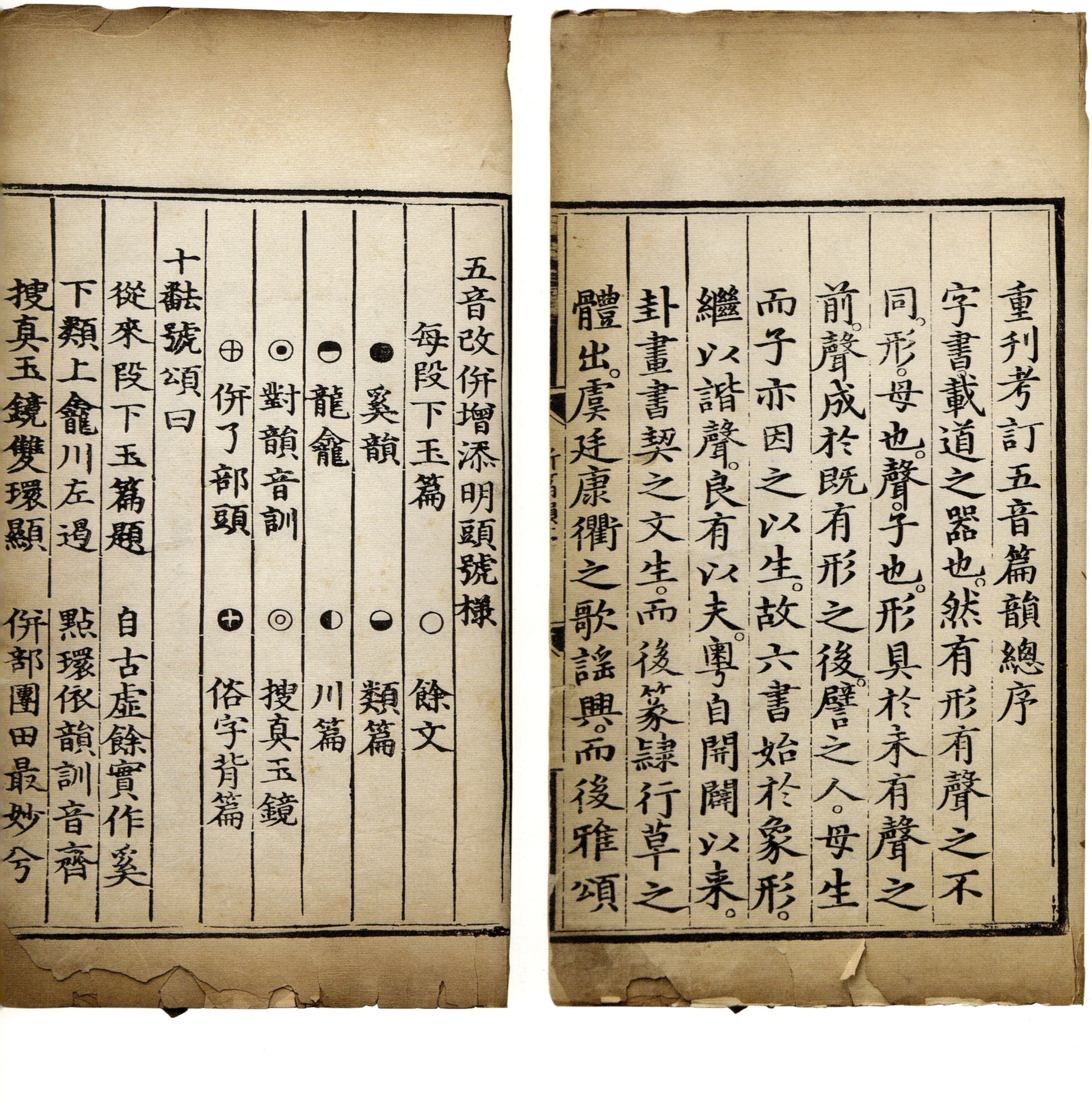

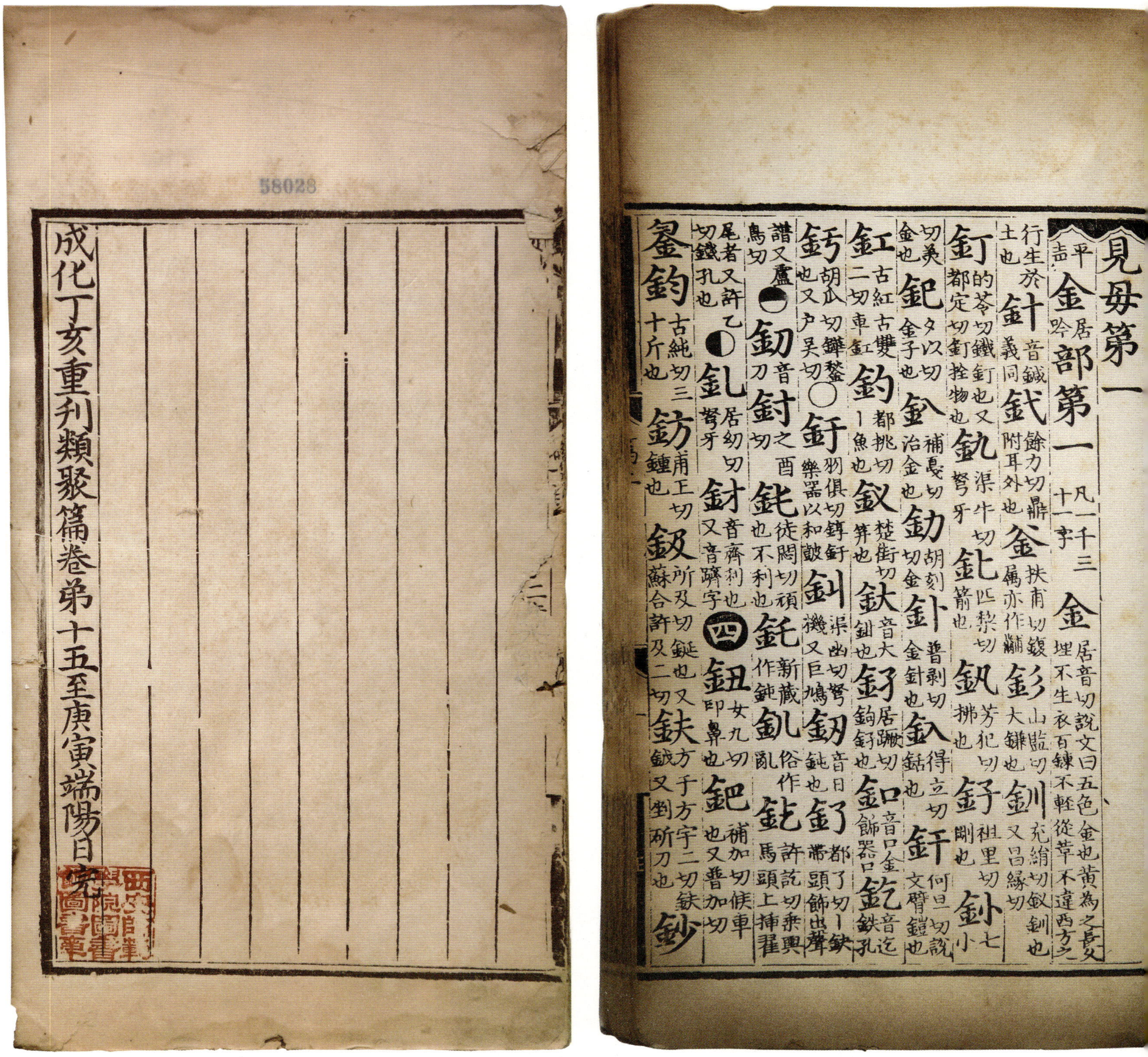
58028
成化丁亥重刊類聚篇卷第十五至庚寅端陽日完
見母第一
金部第一

張道詵　劉道遇　賈德琛　馬杲祥　李道昇
張道祐　張道濟　宋守昌　王德欽　賓慶進
趙道甫　彭道普　周天壽　崔德惠　崔德實
王守智　安德亨　劉守津　王守成　項德瓊
夏道遇　張德溫　郭守琛　高德成　劉德章

已上諸公同詳校正

昌黎門人　洨川扶風郡賓慶進重校正

泰和增改併類聚五音篇序目卷第一

成化丁亥重刊改併五音類聚四聲篇海總目録

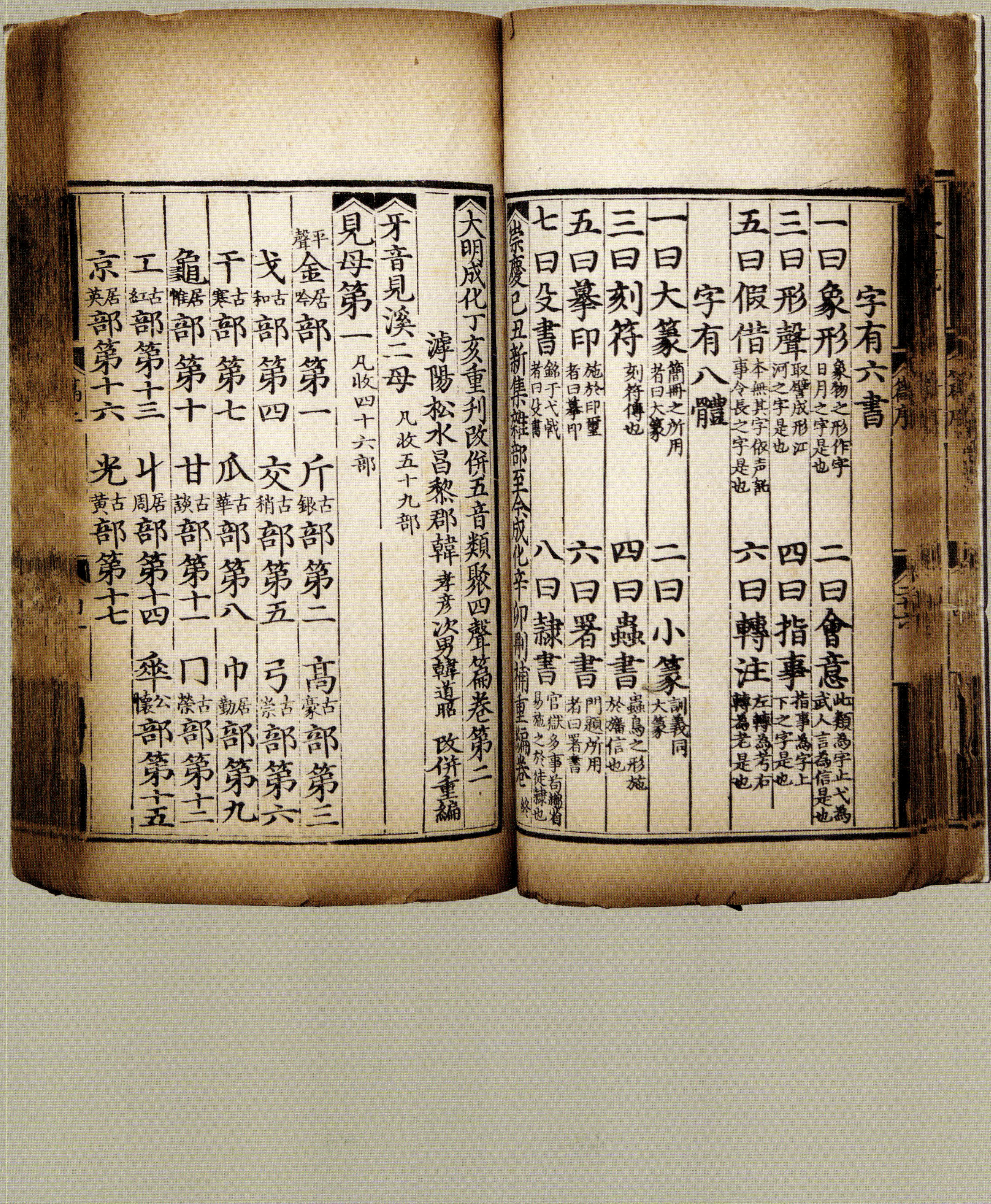

字有六書

一曰象形象物之形作字日月之字是也　二曰會意此類為字止戈為武人言為信是也

三曰形聲取譬成形江河之字是也　四曰指事指事為字上下之字是也

五曰假借本無其字依声託事令長之字是也　六曰轉注左轉為考右轉為老是也

字有八體

一曰大篆簡冊之所用者曰大篆　二曰小篆訓義同大篆

三曰刻符刻符傳也　四曰蟲書蟲鳥之形施於旛信也

五曰摹印施於印璽者曰摹印　六曰署書門題所用者曰署書

七曰殳書銘于弋戟者曰殳書　八曰隸書官獄多事苟趨省易施之於徒隸也

崇慶已丑新集雜部至今成化辛卯刪補重編卷終

大明成化丁亥重刊改併五音類聚四聲篇卷第二

滹陽松水昌黎郡韓孝彥次男韓道昭　改併重編

牙音見溪二母　凡收五十九部

見母第一　凡收四十六部

平聲金居吟部第一　斤古銀部第二　高古豪部第三

戈古和部第四　交古稍部第五　弓古崇部第六

干古寒部第七　瓜古華部第八　巾居動部第九

龜居帷部第十　甘古談部第十一　冂古滎部第十二

工古紅部第十三　丩居周部第十四　乑公懷部第十五

京居英部第十六　光古黃部第十七

大学衍义补一百六十卷

明弘治元年（1488）建阳书坊刻本

［明］丘濬撰

六函六十册

版框：20cm×12.9cm

开本：25.4cm×14.6cm

半页10行，每行20字。大黑口，四周双边，双黑鱼尾。书前有丘濬自序。

二级古籍，入选《国家珍贵古籍名录》，名录号：04437。

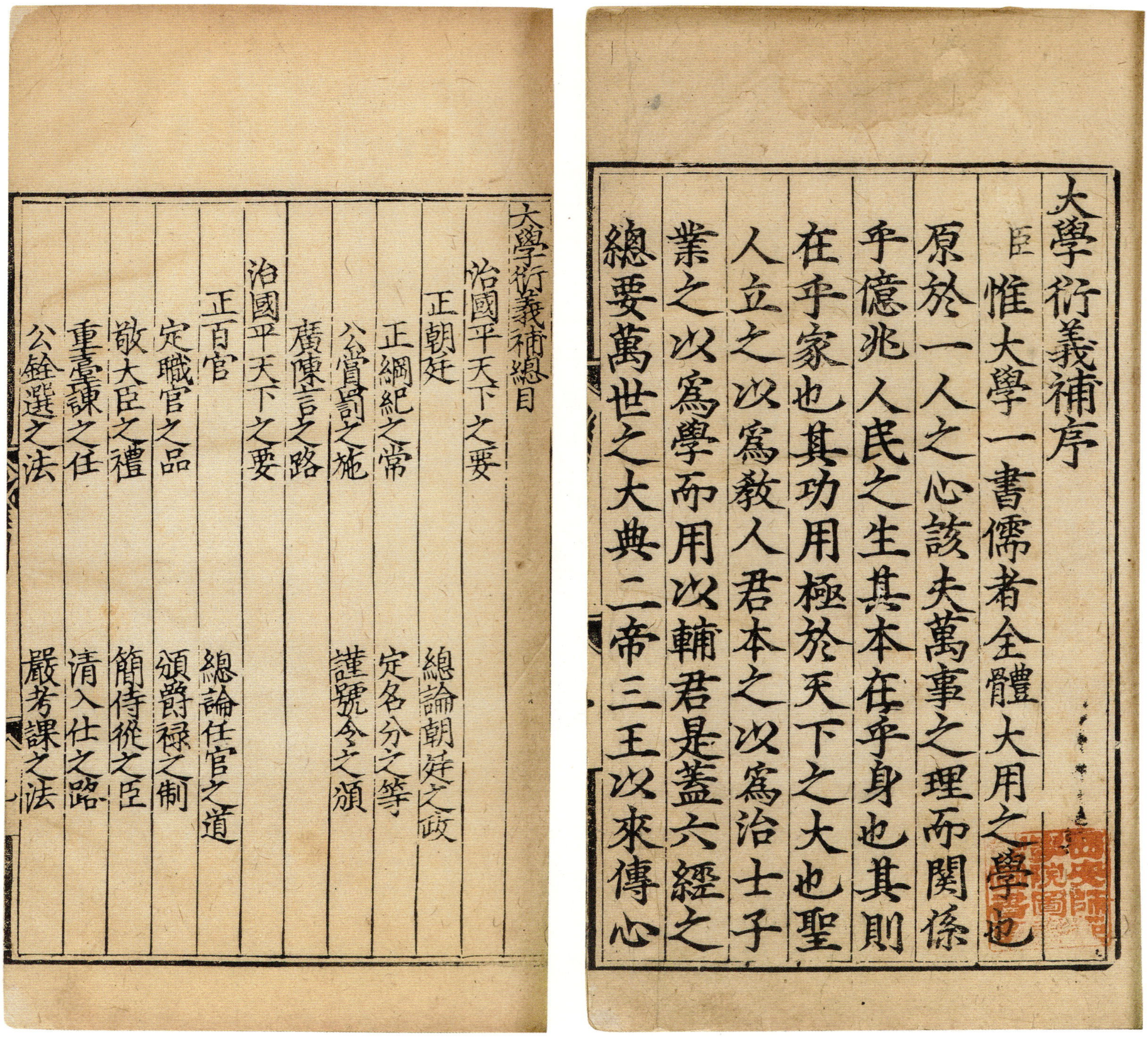

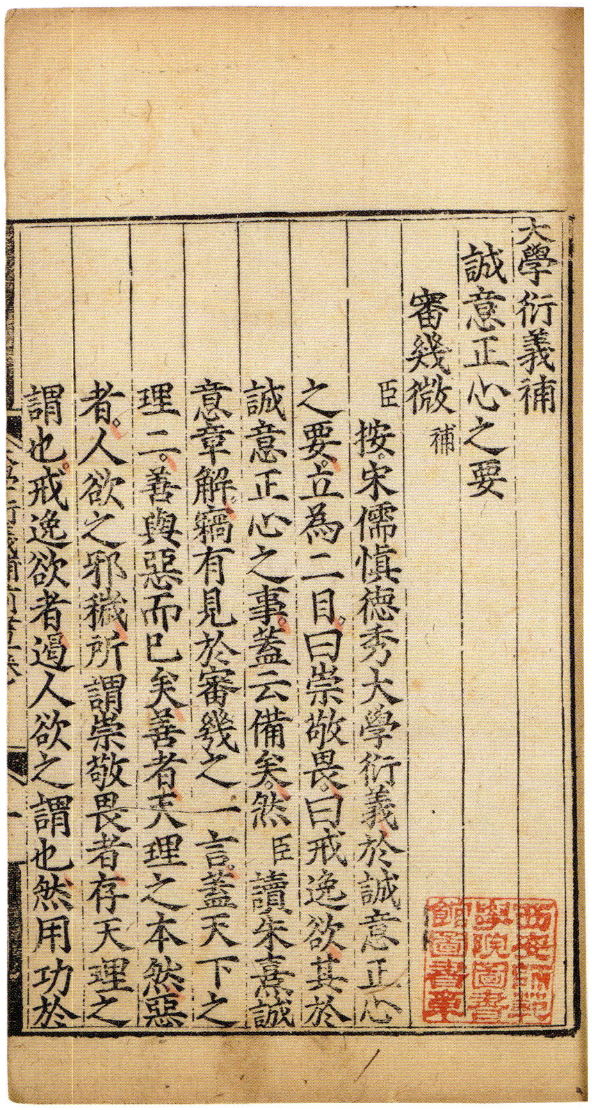

大學衍義補

誠意正心之要

審幾微 補

臣按宋儒真德秀大學衍義於誠意正心之要立為二目曰崇敬畏曰戒逸欲其於誠意正心之事蓋云備矣然臣讀朱熹誠意章解竊有見於審幾之一言蓋天下之理二善與惡而已矣善者天理之本然惡者人欲之邪穢所謂崇敬畏者存天理之謂也戒逸欲者遏人欲之謂也然用功於

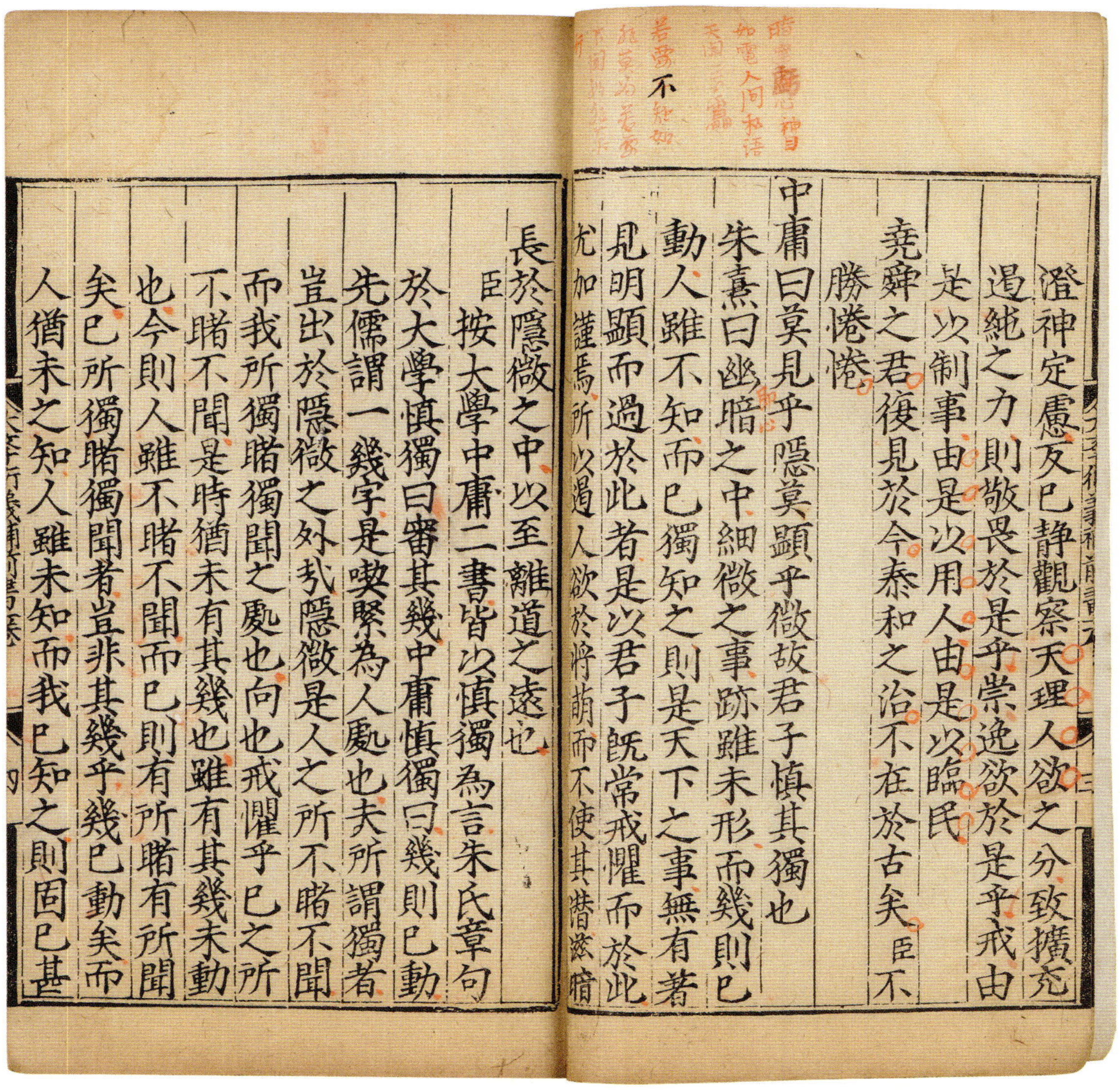

澄神定慮反已静觀察天理人欲之分致擴充遏絶之力則敬畏於是乎崇逸欲於是乎戒由是以制事由是以用人由是以臨民堯舜之君復見於今泰和之治不在於古矣臣不勝惓惓

中庸曰莫見乎隱莫顯乎微故君子慎其獨也

朱熹曰幽暗之中細微之事跡雖未形而幾則已動人雖不知而已獨知之則是天下之事無有著見明顯而過於此者是以君子既常戒懼而於此尤加謹焉所以遏人欲於將萌而不使其潜滋暗長於隱微之中以至離道之遠也

臣按大學中庸二書皆以慎獨為言朱氏章句於大學慎獨曰審其幾中庸慎獨曰幾則已動先儒謂一幾字是喫緊為人處也夫所謂獨者豈出於隱微之外哉隱微是人之所不睹不聞而我所獨睹獨聞之處也向也戒懼乎已之所不睹不聞是時猶未有其幾也雖有其幾未動也今則人雖不睹不聞而已則有所睹有所聞矣已所獨睹獨聞者豈非其幾乎幾已動矣而人猶未之知人雖未知而我已知之則固已甚

百川学海一百七十九卷

明弘治十四年（1501）华珵刻本

［南宋］左圭编

二函十七册

版框：19.1cm×14.4cm

开本：25.2cm×17.8cm

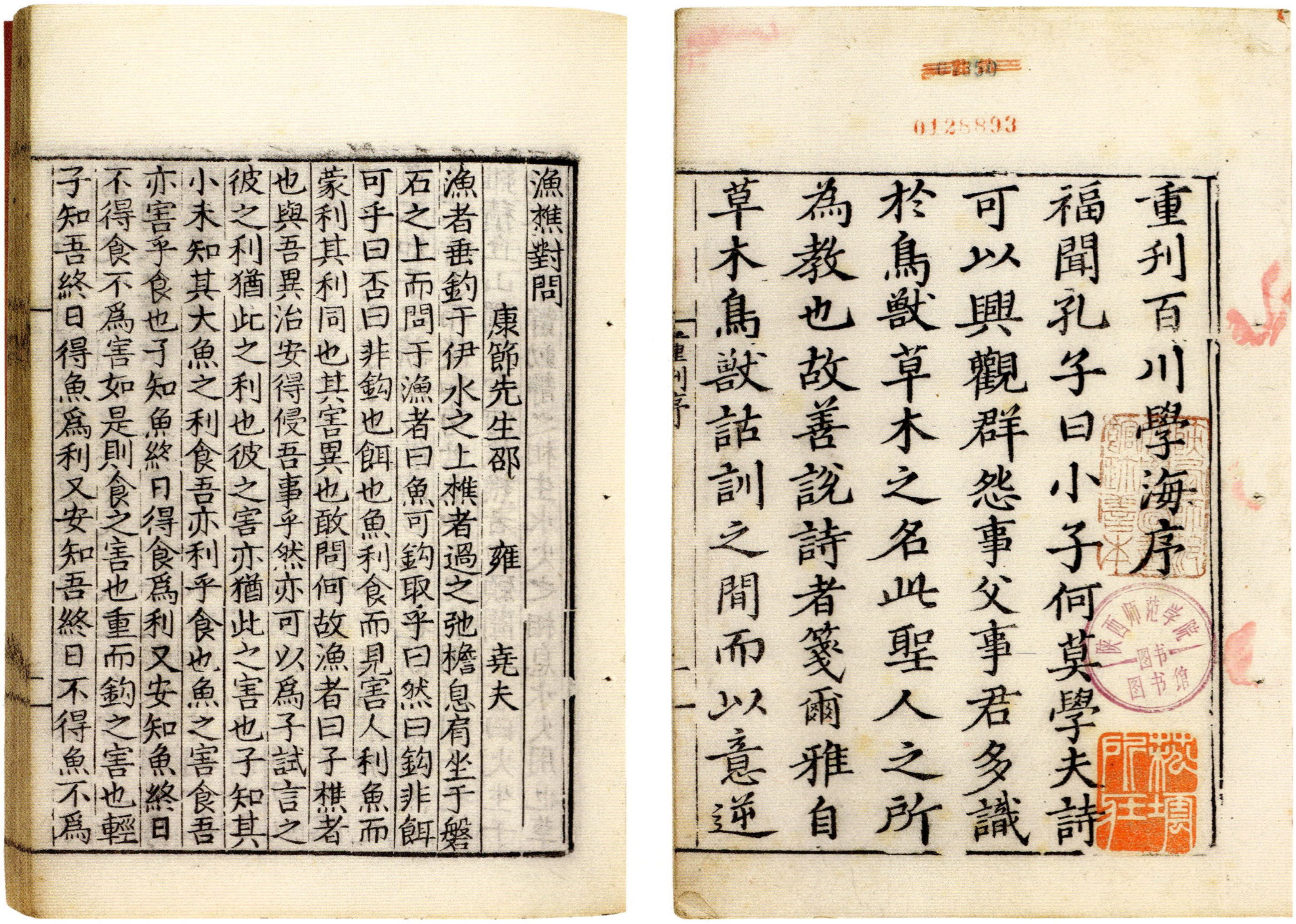

重刊百川學海序

福聞孔子曰小子何莫學夫詩可以興觀群怨事父事君多識於鳥獸草木之名此聖人之所為教也故善說詩者箋爾雅自草木鳥獸詁訓之間而以意逆

漁樵對問

康節先生邵　雍　堯夫

漁者垂釣于伊水之上樵者過之弛檐息肩坐于磐石之上而問于漁者曰魚可鉤取乎曰然曰鉤非餌可乎曰否曰非鉤也餌也魚利食而見害人利魚而蒙利其利同也其害異也敢問何故漁者曰子樵者也與吾異治安得侵吾事乎然亦可以爲子試言之彼之利猶此之利也彼之害亦猶此之害也子知其小未知其大魚之利食吾亦利乎食也魚之害食吾亦害乎食也子知魚終日得食爲利又安知魚終日不得食不爲害如是則食之害也重而鉤之害也輕子知吾終日得魚爲利又安知吾終日不得魚不爲

半页12行，每行20字，小字双行，每行字数不等。白口，左右双边。书前有弘治十四年（1501）八月钱福序、宋左圭序、宋李元纲序。书中钤有『菘坛所在』白文方印。

二级古籍，入选《陕西省珍贵古籍名录》，名录号：0320。

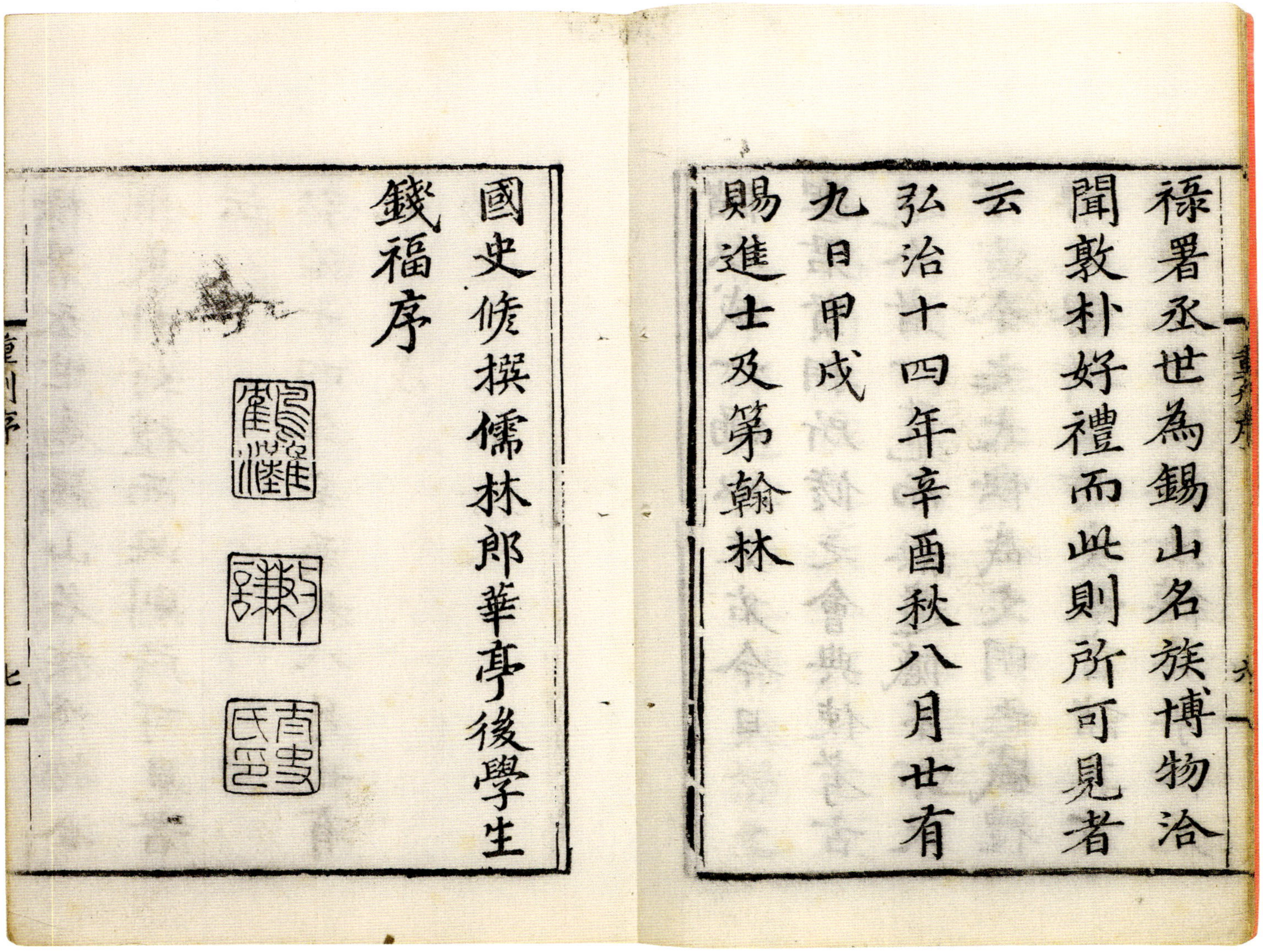
祿署丞世為錫山名族博物洽
聞敦朴好禮而此則所可見者
云
弘治十四年辛酉秋八月廿有
九日甲戌
賜進士及第翰林
國史脩撰儒林郎華亭後學生
錢福序

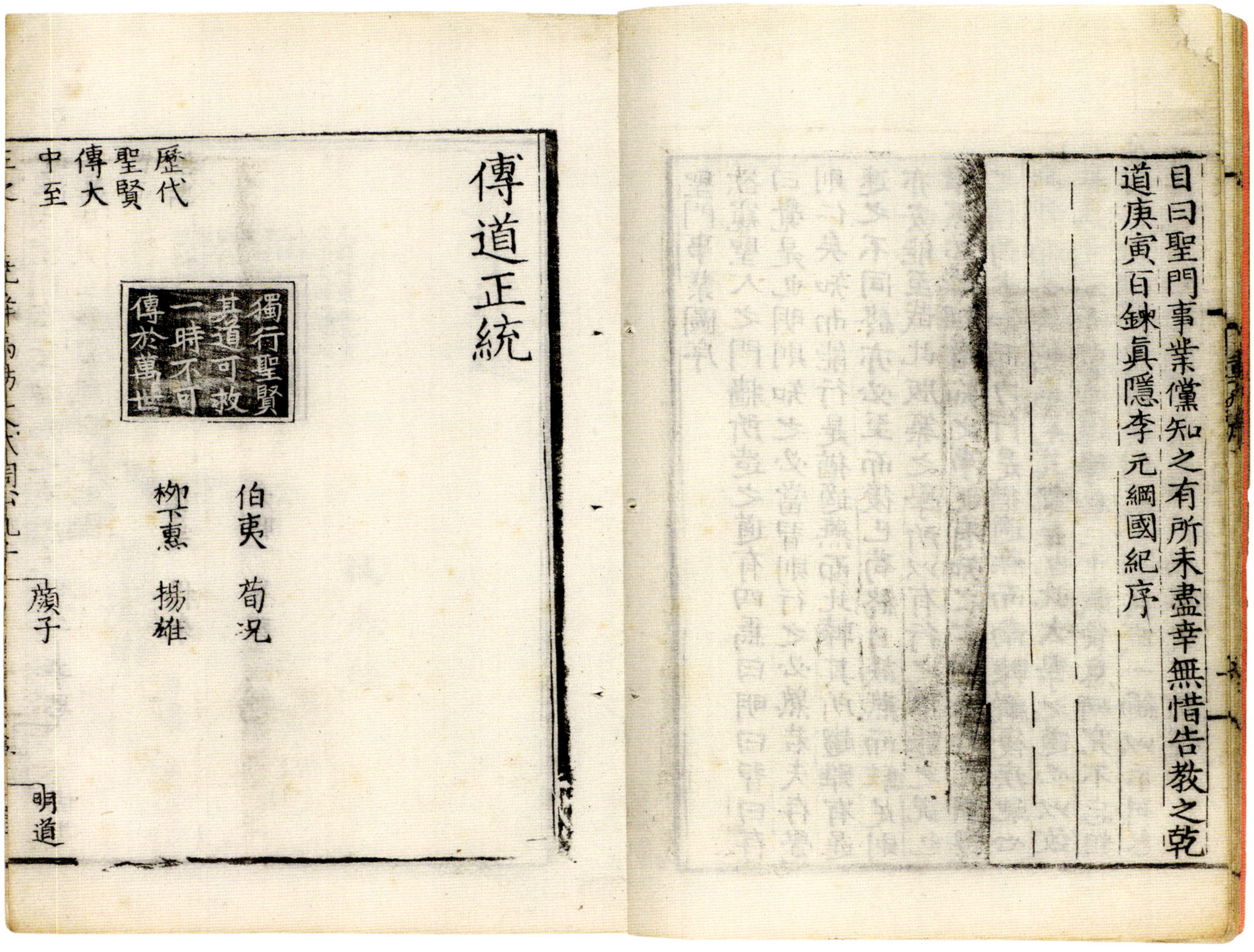
目曰聖門事業儻知之有所未盡幸無惜告教之乾
道庚寅百鍊眞隱李元綱國紀序

傳道正統
歷代
聖賢
傳大
中至
伯夷　荀況
柳下惠　揚雄
顏子
明道

洪武正韵十六卷

明正德十年（1515）张淮刻本
［明］乐韶凤、宋濂等撰
二函十册
版框：21.3cm×14.6cm
开本：28.3cm×16.9cm

半页8行，每行字数不等，小字双行，每行24字。大黑口，四周双边，双黑鱼尾。书前有明洪武八年（1375）宋濂序。书后有『正德岁次乙亥仲夏月巡按河南监察御史张淮命工翻刊』二行字样。

二级古籍，入选《国家珍贵古籍名录》，名录号：03461。

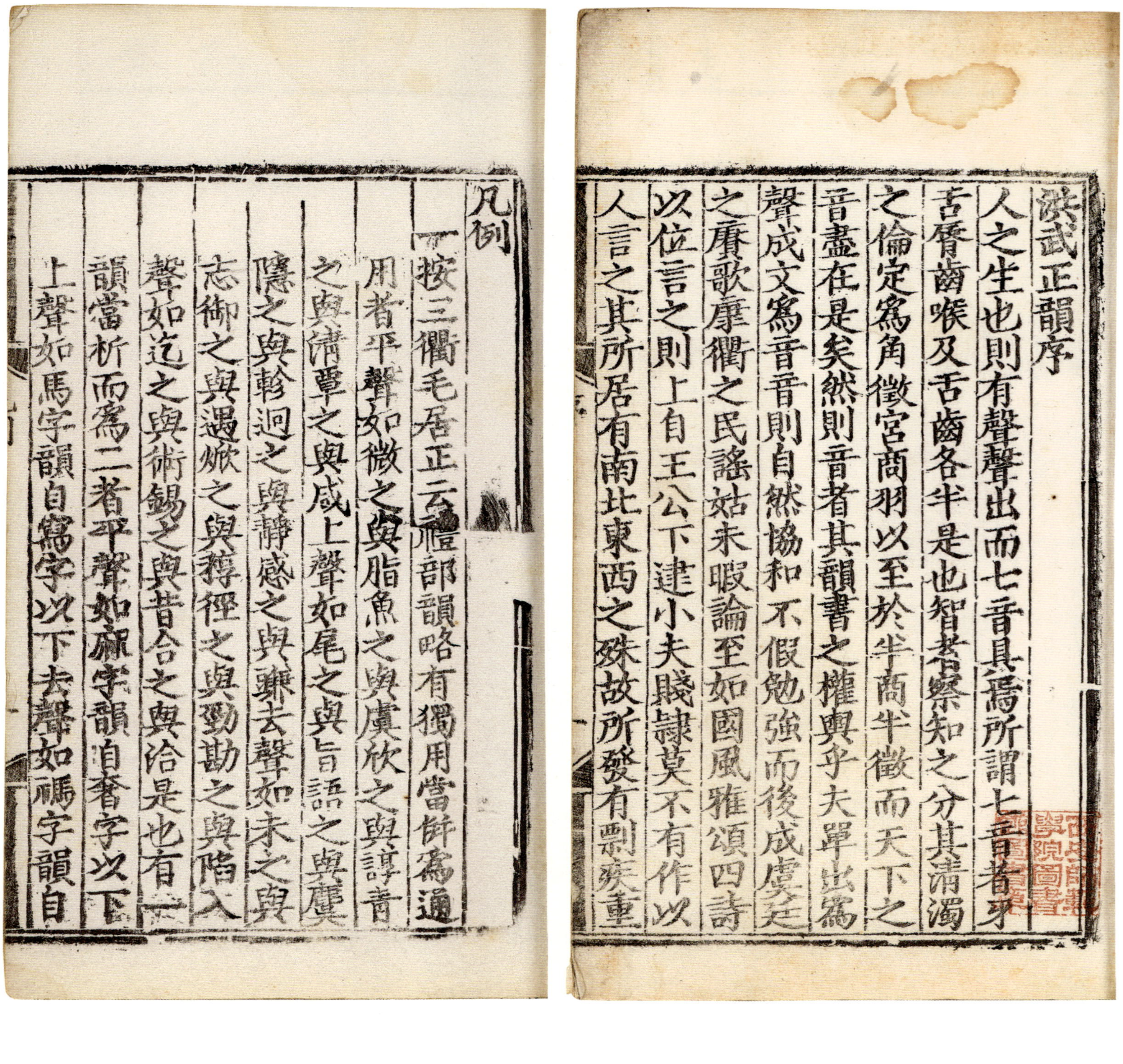
洪武正韻序
人之生也則有聲聲出而七音具焉所謂七音者牙
舌脣齒喉及舌齒各半是也智者察知之分其清濁
之倫定爲角徵宫商羽以至於半商半徵而天下之
音盡在是矣然則音者其韻書之權輿乎夫單出爲
聲成文爲音音則自然協和不假勉强而後成虞廷
之賡歌康衢之民謠姑未暇論至如國風雅頌四詩
以位言之則上自王公下逮小夫賤隷莫不有作以
人言之其所居有南北東西之殊故所發有剽疾重

凡例
一按三衢毛居正云禮部韻略有獨用當併爲通
用者平聲如微之與脂魚之與虞欣之與諄青
之與清覃之與咸上聲如尾之與旨語之與麌
隱之與軫迥之與静感之與豏去聲如未之與
志御之與遇焮之與稕徑之與勁勘之與陷入
聲如迄之與術錫之與昔合之與洽是也有一
韻當析而爲二者平聲如麻字韻自奢字以下
上聲如馬字韻自寫字以下去聲如禡字韻自

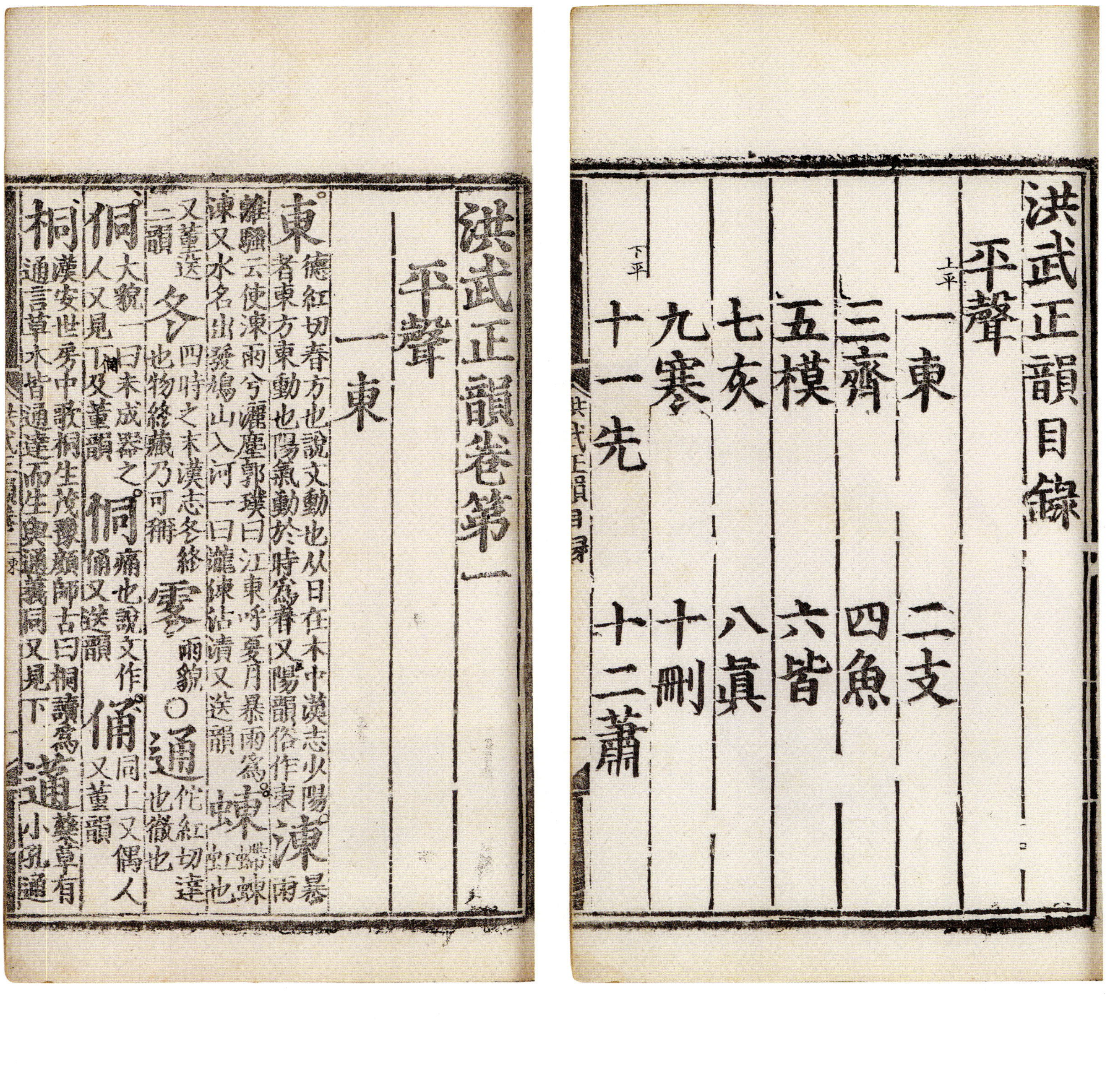

洪武正韻目錄

平聲

上平 一東 二支

三齊 四魚

五模 六皆

七灰 八眞

九寒 十刪

下平 十一先 十二蕭

洪武正韻卷第一

平聲

一東

東 德紅切春方也說文動也从日在木中漢志少陽者東方東動也陽氣動於時爲春又陽韻俗作東 涷 暴雨

離騷云使涷雨兮灑塵郭璞曰江東呼夏月暴雨爲涷又水名出發鳩山入河一曰瀧涷沾漬又送韻 蝀 螮蝀虹也

又董送二韻 冬 四時之末漢志冬終也物終藏乃可稱 䨴 雨貌 ○ 通 佗紅切達也徹也

侗 大貌一曰未成器之人又見下 侗 又董韻 恫 痛也說文作俑又送韻 俑 同上又偶人又董韻

桐 漢安世房中歌桐生茂豫顏師古曰桐讀爲通言草木皆通達而生與通義同又見下 蓪 藥草有小孔通

大明正德乙亥重刊改并五音类聚四声篇十五卷五音集韵十五卷新编经史正音切韵指南一卷新编篇韵贯珠集八卷直指玉钥匙门法一卷

明正德十五年（1520）金台衍法寺刻嘉靖三十八年（1559）重修本

《五音类聚四声篇》《五音集韵》，［金］韩道昭撰

《新编经史正音切韵指南》，［元］刘鉴撰

《新编篇韵贯珠集》《直指玉钥匙门法》，［明］释真空撰

二函十二册

版框：29cm×19.1cm

开本：37cm×20.5cm

半页10行，每行字数不等，小字双行不等。黑口，四周双边，双黑鱼尾或三黑鱼尾。书前有金泰和八年（1208）韩道升序、明正德十五年（1520）滕霄序、明嘉靖三十八年（1559）本赞序。

二级古籍，入选《陕西省珍贵古籍名录》，名录号：0083。

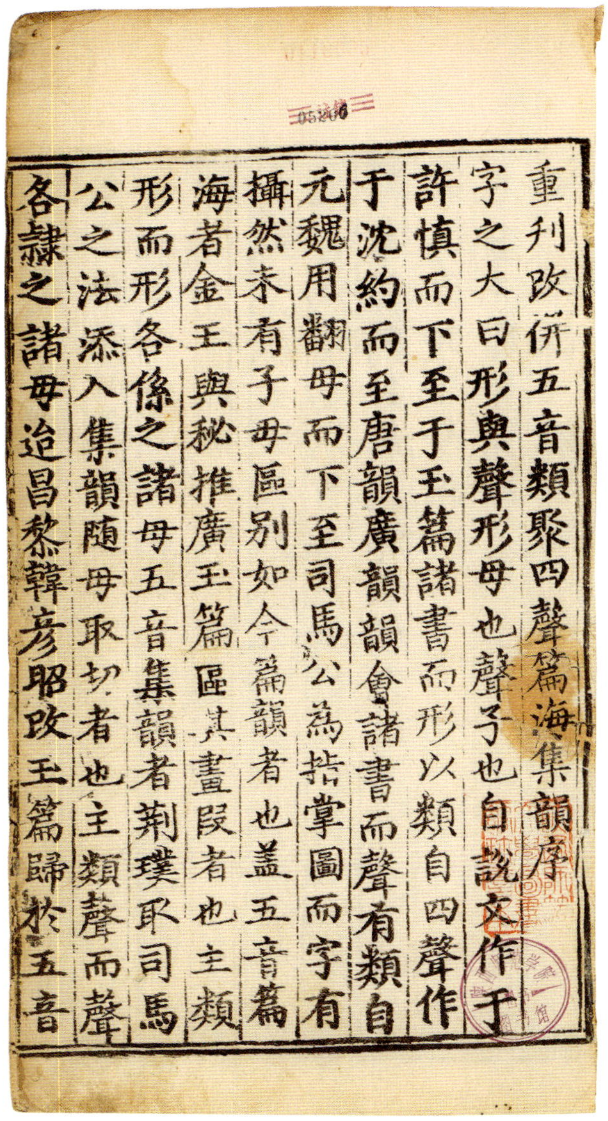

重刊改併五音類聚四聲篇海集韻序
字之大曰形與聲形母也聲子也自說文作于
許慎而下至于玉篇諸書而形以類自四聲作
于沈約而至唐韻廣韻韻會諸書而聲有類自
元魏用翻母而下至司馬公爲指掌圖而字有
攝然未有子母區別如今篇韻者也蓋五音篇
海者金王與秘推廣玉篇區其畫段者也主類
形而形各係之諸母五音集韻者荆璞取司馬
公之法添入集韻隨母取切者也主類聲而聲
各隸之諸母迨昌黎韓彦昭改玉篇歸於五音

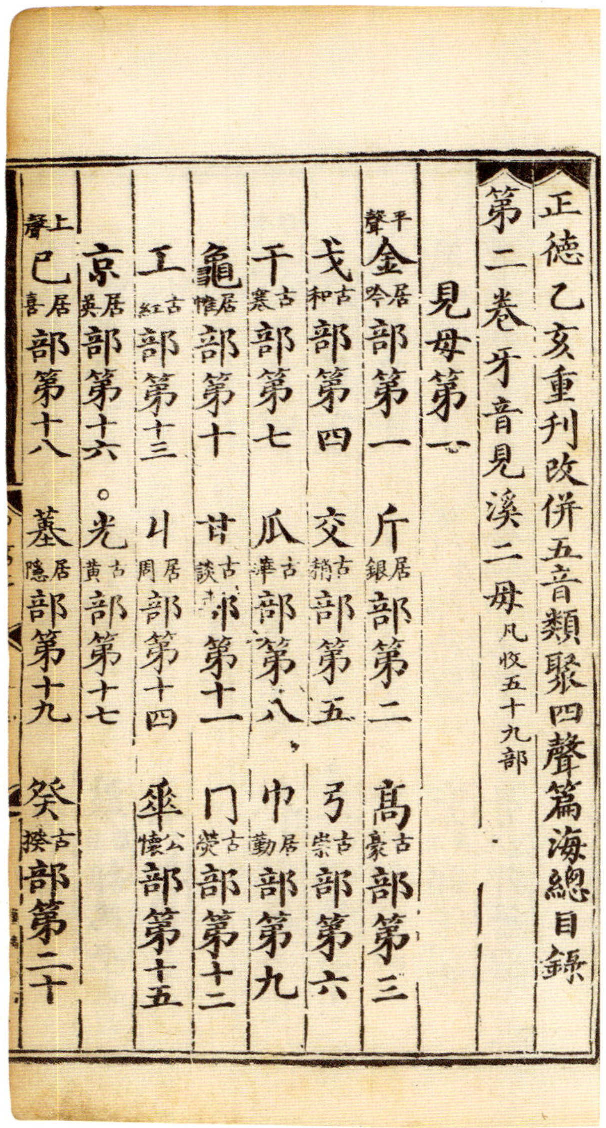

正德乙亥重刊改併五音類聚四聲篇海總目錄
第二卷 牙音見溪二母 凡收五十九部
見母第一
平聲 金(居吟)部第一 斤(居銀)部第二 高(古豪)部第三
戈(古和)部第四 交(古肴)部第五 弓(古崇)部第六
干(古寒)部第七 瓜(古華)部第八 巾(居勤)部第九
龜(居帷)部第十 甘(古談)部第十一 冂(古熒)部第十二
工(古紅)部第十三 丩(居周)部第十四 乖(公懷)部第十五
京(居英)部第十六 。光(古黃)部第十七
上聲 己(居喜)部第十八 基(居隱)部第十九 癸(古揆)部第二十

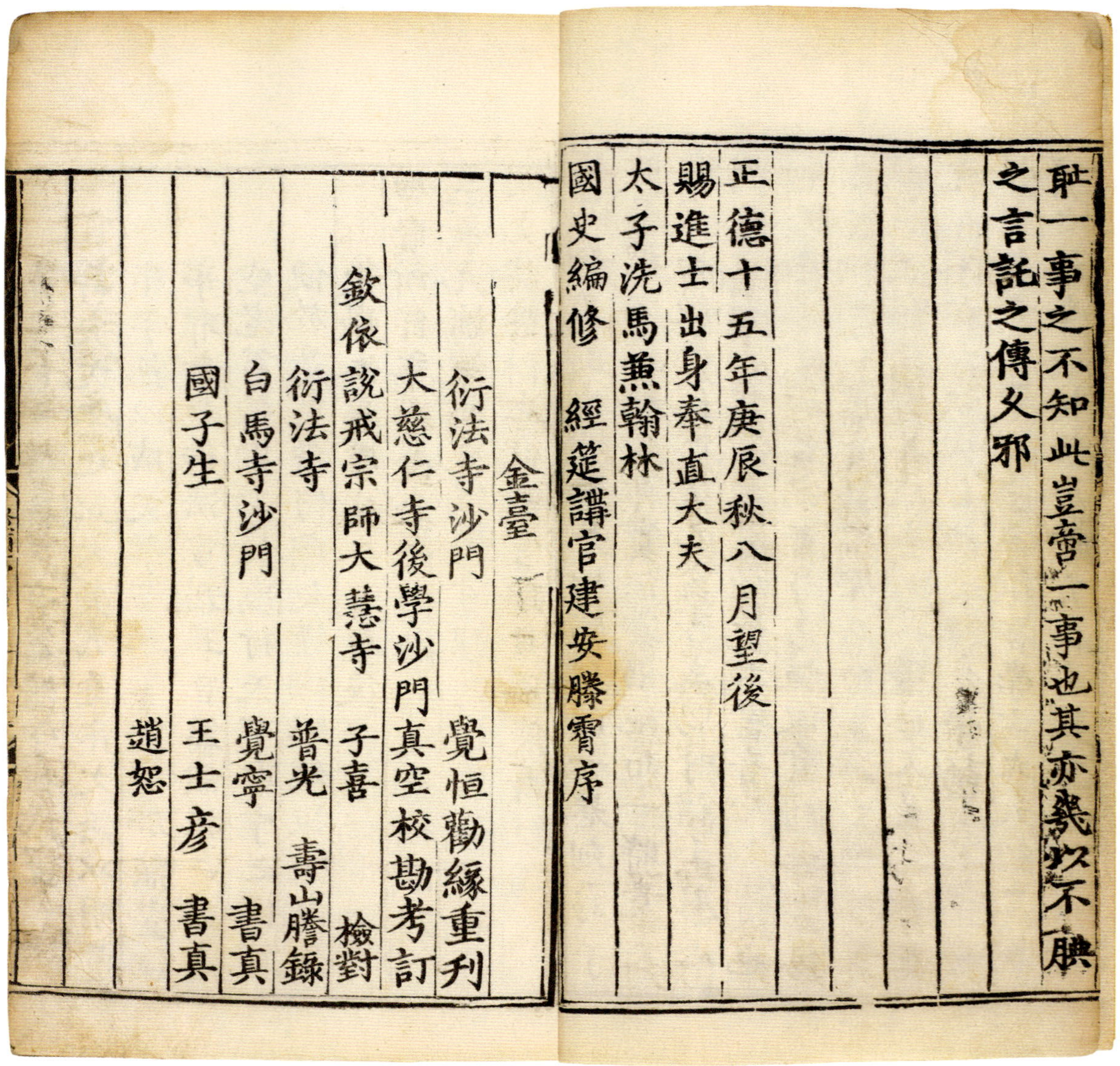
耻一事之不知此豈啻一事也其亦幾以不腆
之言託之傳久邪

正德十五年庚辰秋八月望後
賜進士出身奉直大夫
太子洗馬兼翰林
國史編修　經筵講官建安滕霄序

金臺
衍法寺沙門　覺恒勸緣重刊
大慈仁寺後學沙門真空校勘考訂
欽依說戒宗師大慧寺　子喜　檢對
衍法寺　普光　壽山謄錄
白馬寺沙門　覺寧　書真
國子生　王士彥　書真
逍恕

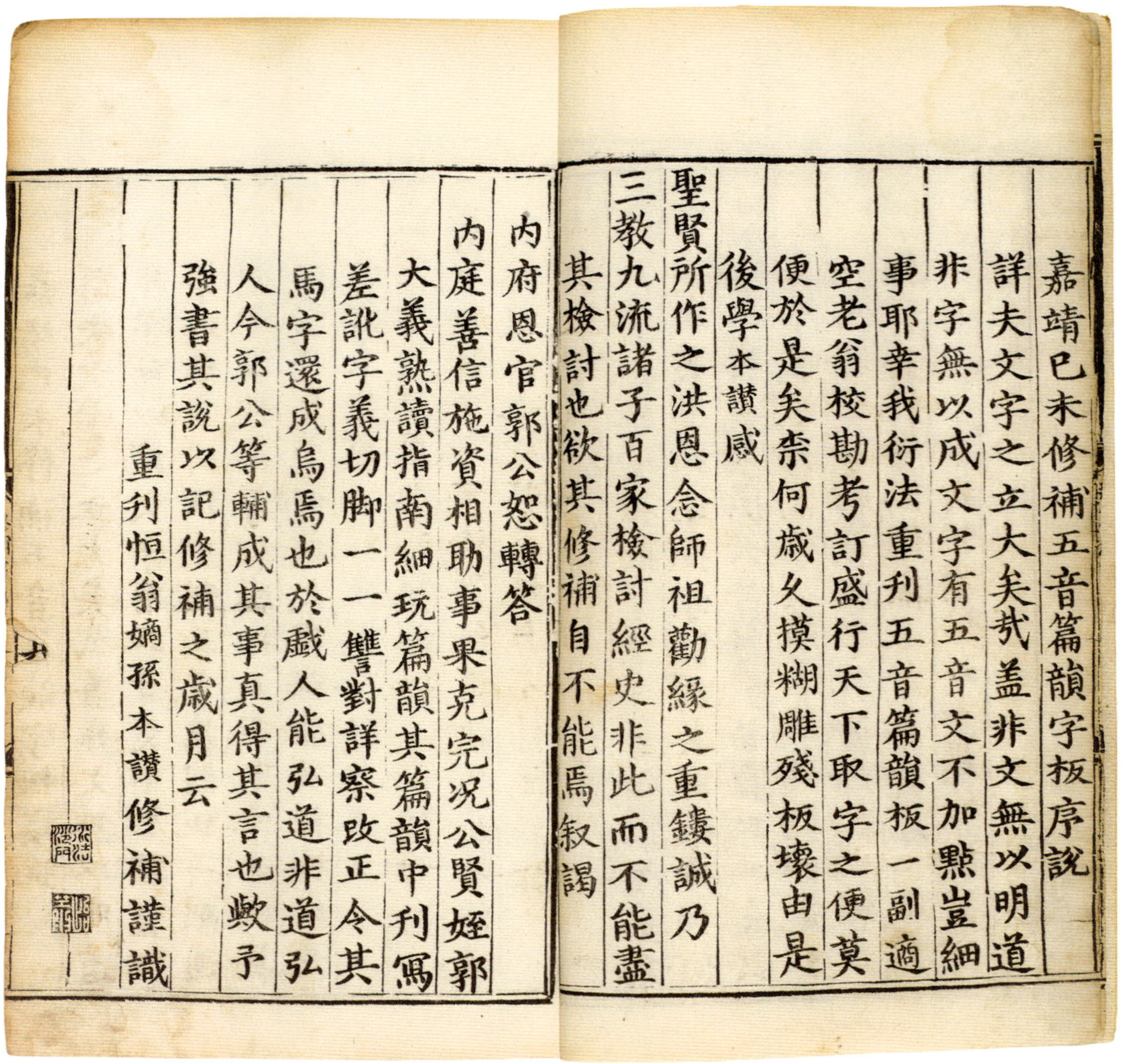
嘉靖己未修補五音篇韻字板序說
詳夫文字之立大矣哉盖非文無以明道
非字無以成文字有五音文不加點豈細
事耶幸我衍法重刊五音篇韻板一副適
空老翁校勘考訂盛行天下取字之便莫
便於是矣柰何歲久摸糊雕殘板壞由是
後學本讚感
聖賢所作之洪恩念師祖勸緣之重鏤誠乃
三教九流諸子百家檢討經史非此而不能盡
其檢討也欲其修補自不能焉敘謁
內府恩官郭公恕轉答
內庭善信施資相助事果克完況公賢姪郭
大義熟讀指南細玩篇韻其篇韻中刋寫
差訛字義切脚一一讐對詳察改正令其
馬字還成烏焉也於戲人能弘道非道弘
人今郭公等輔成其事真得其言也歟予
強書其說以記修補之歲月云
重刊恒翁嫡孫本讚修補謹識

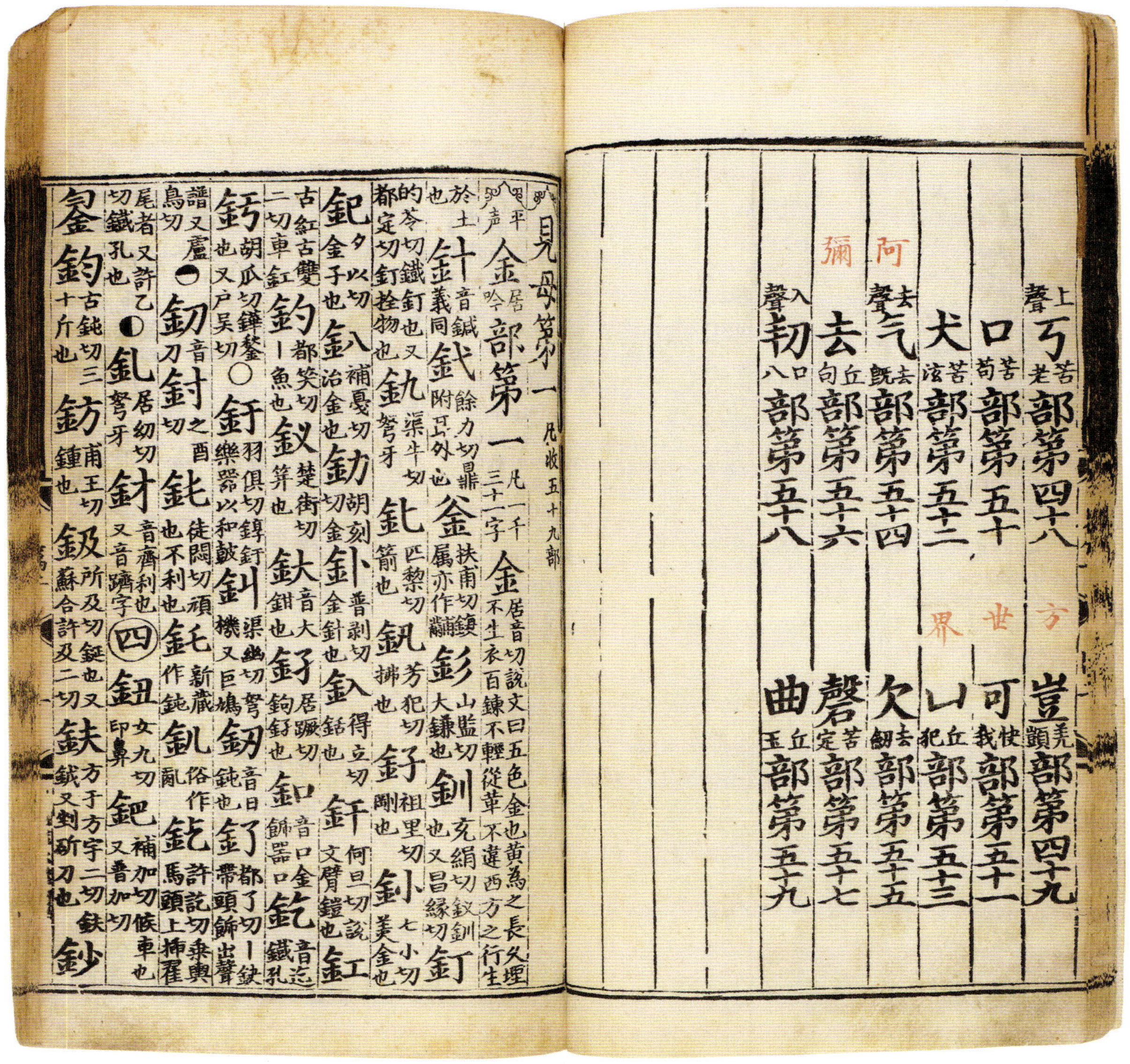
上聲丂苦老部第四十八
豈羌顗部第四十九
口苦苟部第五十
可枯我部第五十一
犬苦泫部第五十二
山丘犯部第五十三
去聲气去既部第五十四
欠去劒部第五十五
去丘句部第五十六
磬苦定部第五十七
入聲㓞口八部第五十八
曲丘玉部第五十九

見母第一 凡收五十九部
平声金居吟部第一 凡一千三十字
金 居音切說文曰五色金也黃為之長久埋不生衣百鍊不輕從革不違西方之行生於土

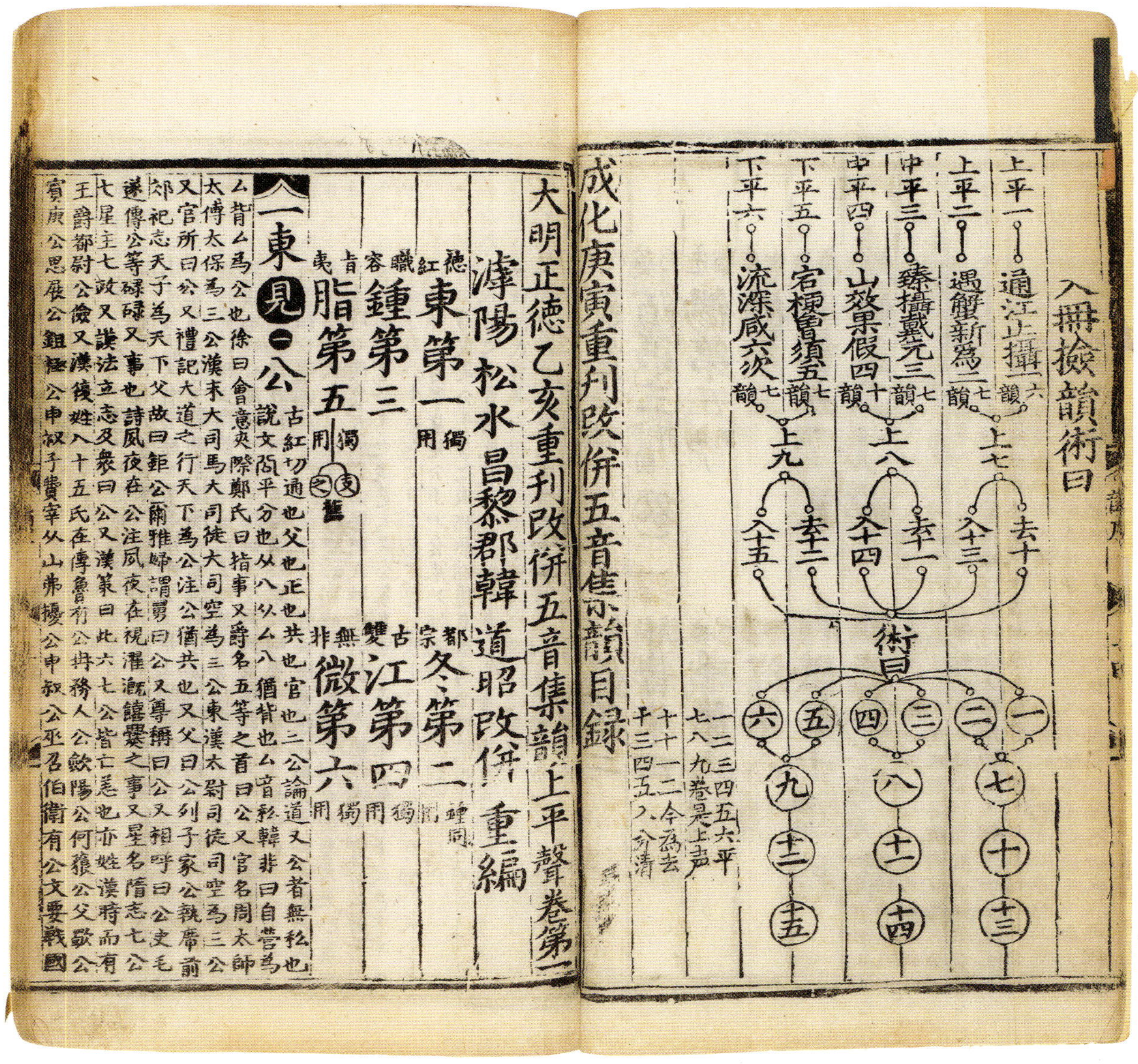
入冊檢韻術曰
上平一 通江止攝一六韻
上平二 遇蟹新為二七韻
中平三 臻攝戴元三七韻
中平四 山效果假四十韻
下平五 宕梗曾須五七韻
下平六 流深咸灰六七韻
一二三四五六平
七八九卷是上声
十十一十二今為去
十三十四五入分清

成化庚寅重刊改併五音集韻目錄
大明正德乙亥重刊改併五音集韻上平聲卷第一
滹陽松水昌黎郡韓道昭改併重編
東第一 獨用
冬第二 鍾同用
鍾第三
江第四 獨用
脂第五 之支同用
微第六 獨用
一東 見 一 公 古紅切通也父也正也共也官也

六书正讹五卷

明中期覆刻元至正十二年（1352）本

［元］周伯琦编注

一函二册

版框：24.4cm×15.3cm

开本：27.8cm×17.6cm

半页5行，每行字数不等，小字双行不等。白口，左右双边，单黑鱼尾。书前有元至正十一年（1351）周伯琦自序、元至正十二年（1352）吴当后序。卷端钤有『张日邻藏书印』白文方印，首卷卷首钤有『荣易鹿氏监藏』白文方印，首韵东韵卷末钤有『子湖』半白半朱长方印、『张沅之印』白文方印、『文焕』朱文方印、『张毓栋印』白文方印、『杨明』朱文方印。

二级古籍，入选《陕西省珍贵古籍名录》，名录号：0078。

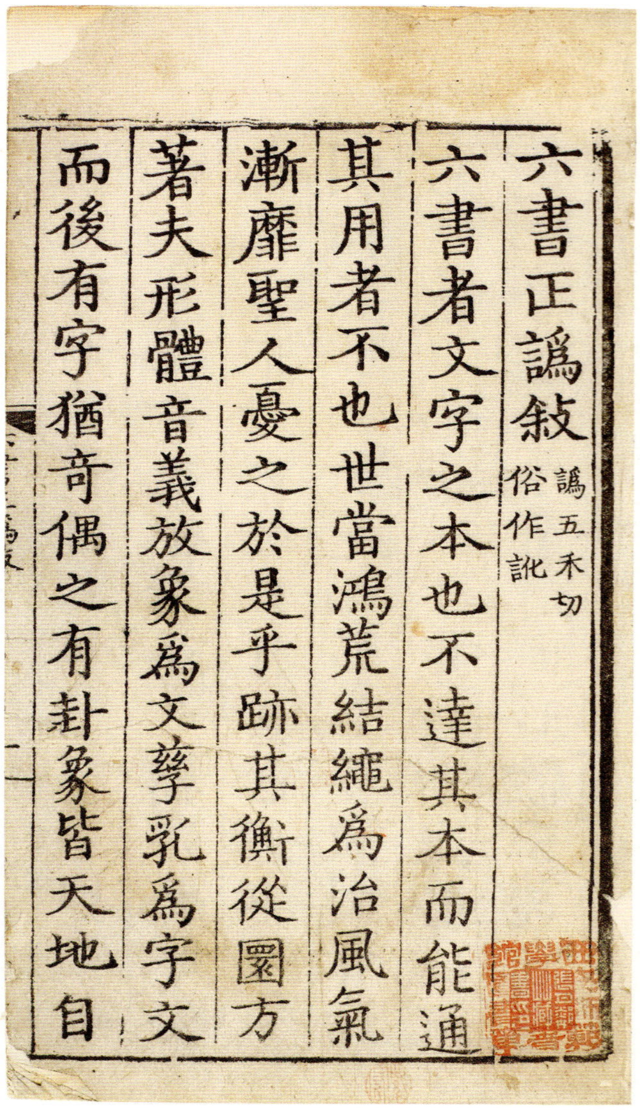

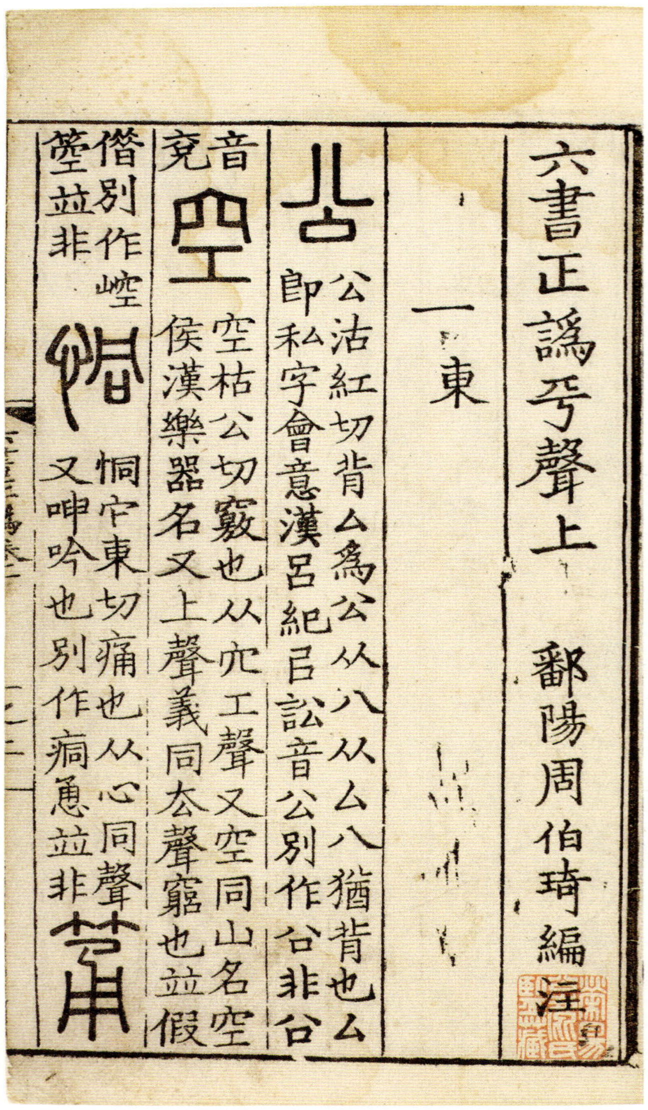

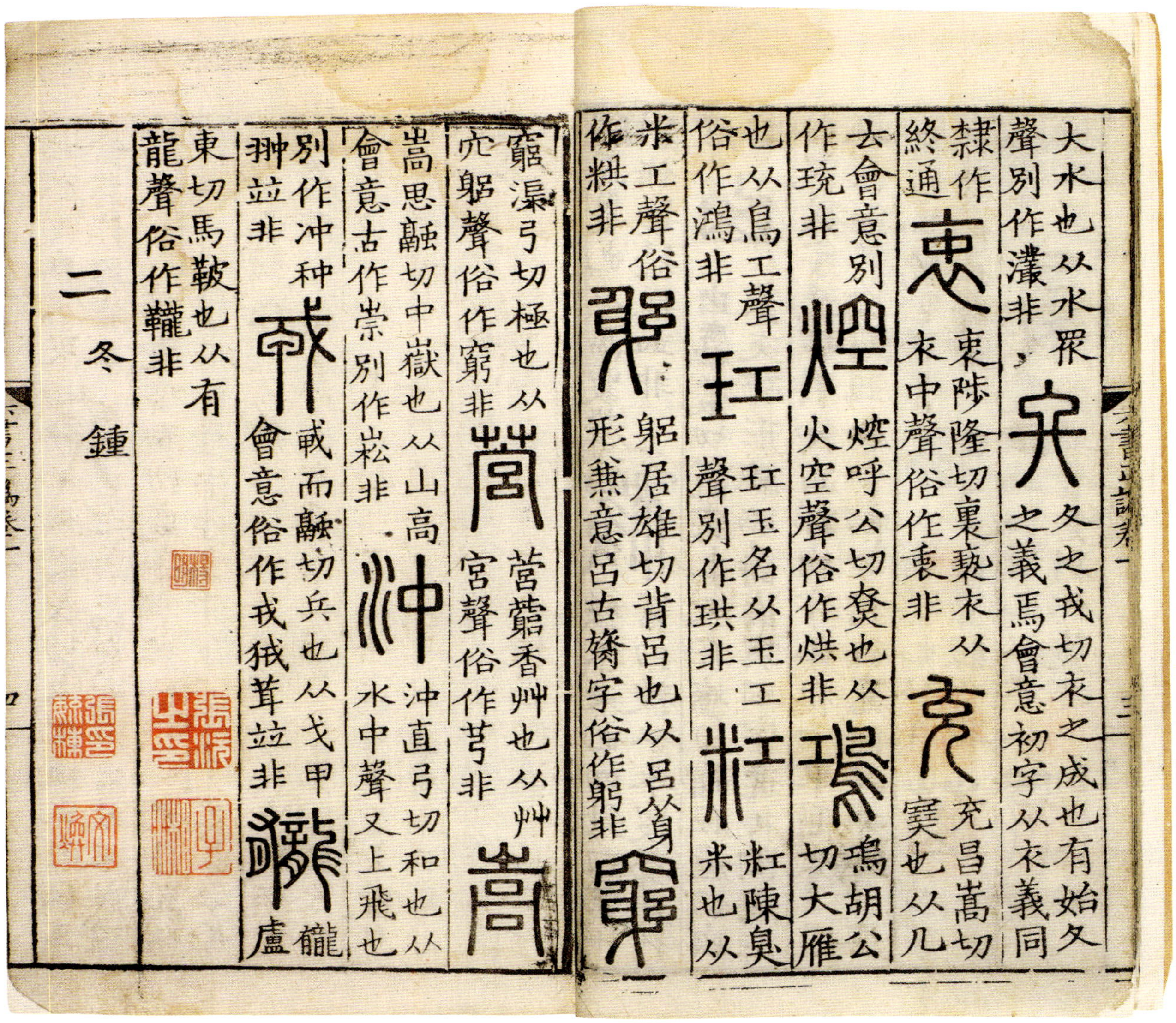

大水也从水眾聲別作瀧非　夂之戎切衣之成也有始夂之義馬會意初字从衣義同
隸作終通　衷陟隆切裹褻衣从衣中聲俗作衷非　充昌嵩切窫也从儿
去會意別作琓非　焪呼公切㷋也从火空聲俗作烘非　鴻胡公切大雁
也从鳥工聲俗作鴻非　玒玉名从玉工聲別作珙非　粠陳臭米也从
米工聲俗作粠非　躳居雄切背呂也从呂从身形無意呂古脊字俗作躬非
竆瀑弓切極也从穴躳聲俗作窮非　营藭香艸也从艸宮聲俗作芎非
嵩思融切中嶽也从山高會意古作崇別作崧非　沖直弓切和也从水中聲又上飛也
別作沖种䎋竝非　戎而融切兵也从戈甲會意俗作戎𢦦茸竝非　龓盧
東切馬鞁也从有龍聲俗作䪖非
二　冬　鍾

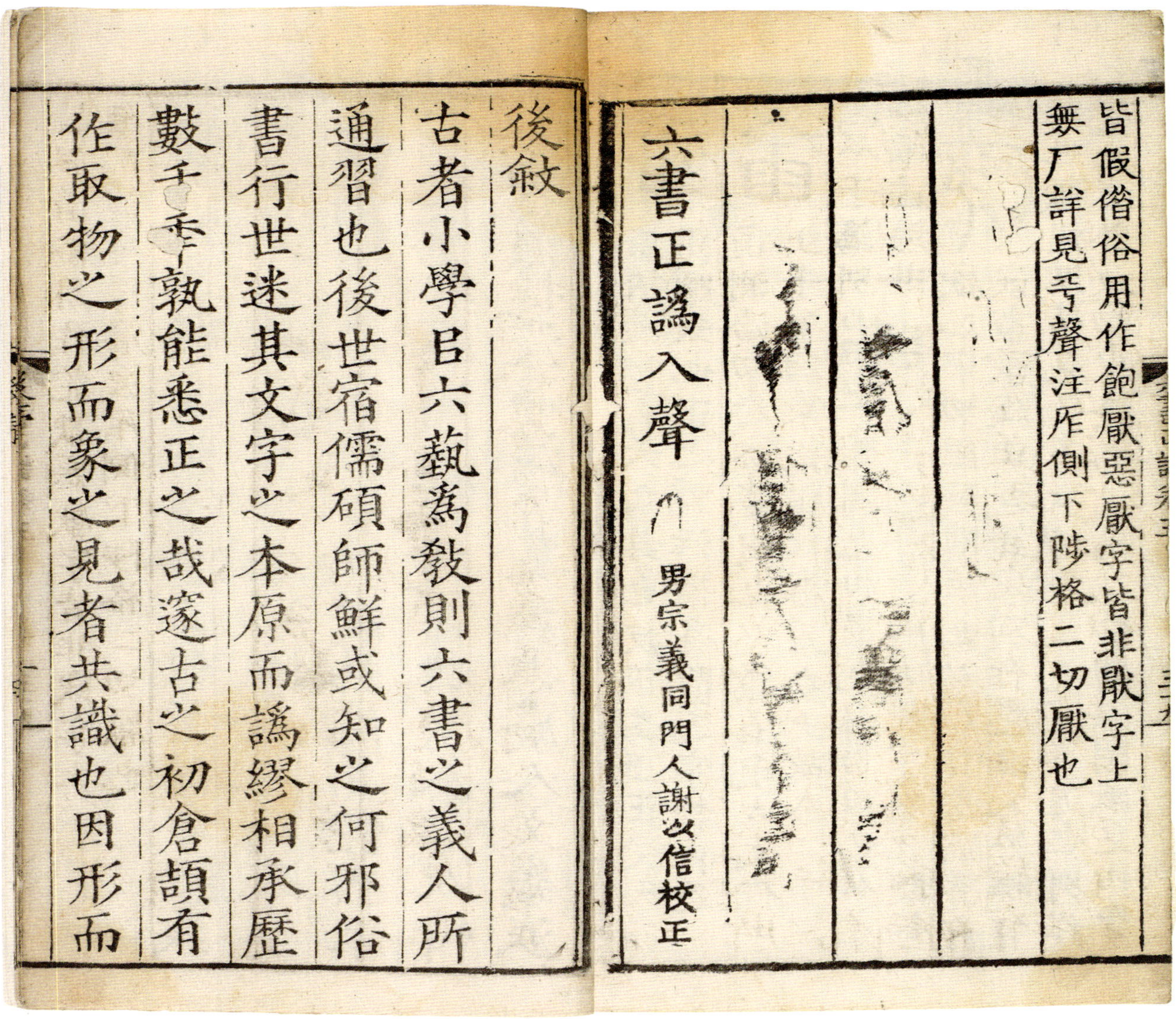

皆假借俗用作飽猒惡猒字皆非猒字上無厂詳見乑聲注厏側下陟格二切猒也

六書正譌入聲　八

男宗義同門人謝以信校正

後敘

古者小學以六藝爲教則六書之義人所通習也後世宿儒碩師鮮或知之何邪俗書行世迷其文字之本原而譌繆相承歷數千季孰能悉正之哉邃古之初倉頡有作取物之形而象之見者共識也因形而

艺文类聚一百卷

明嘉靖六至七年（1527—1528）胡缵宗、陆采刻本

［唐］欧阳询等辑

二函十六册

版框：21.2cm×16.1cm

开本：27.3cm×18.7cm

半页14行，每行28字，小字双行不等。白口，左右双边，单黑鱼尾。书前有胡缵宗序、门人王宠书、欧阳询序。版心下刻『陆奎』二字。

二级古籍，入选《陕西省珍贵古籍名录》，名录号：0301。

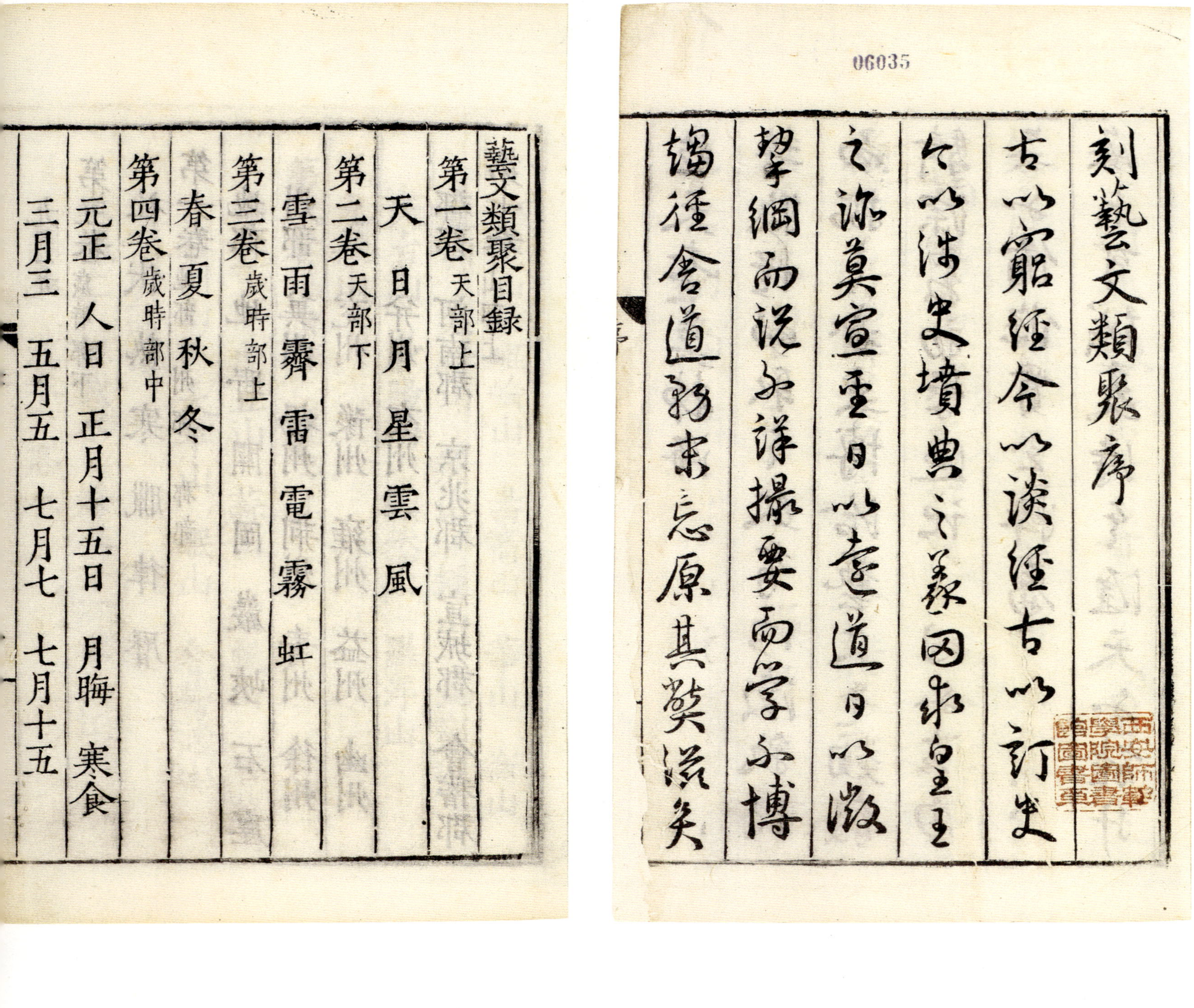
刻藝文類聚序
古以窮經今以談經古以訂史
今以涉史墳典之義因求自王
之論莫宣重日以達道日以微
挈綱而說子詳撮要而學子博
編摭會道務求忘原其弊滋矣

藝文類聚目錄
第一卷 天部上
天 日 月 星 雲 風
第二卷 天部下
雪 雨 霽 雷 電 霧 虹
第三卷 歲時部上
春 夏 秋 冬
第四卷 歲時部中
元正 人日 正月十五日 月晦 寒食
三月三 五月五 七月七 七月十五

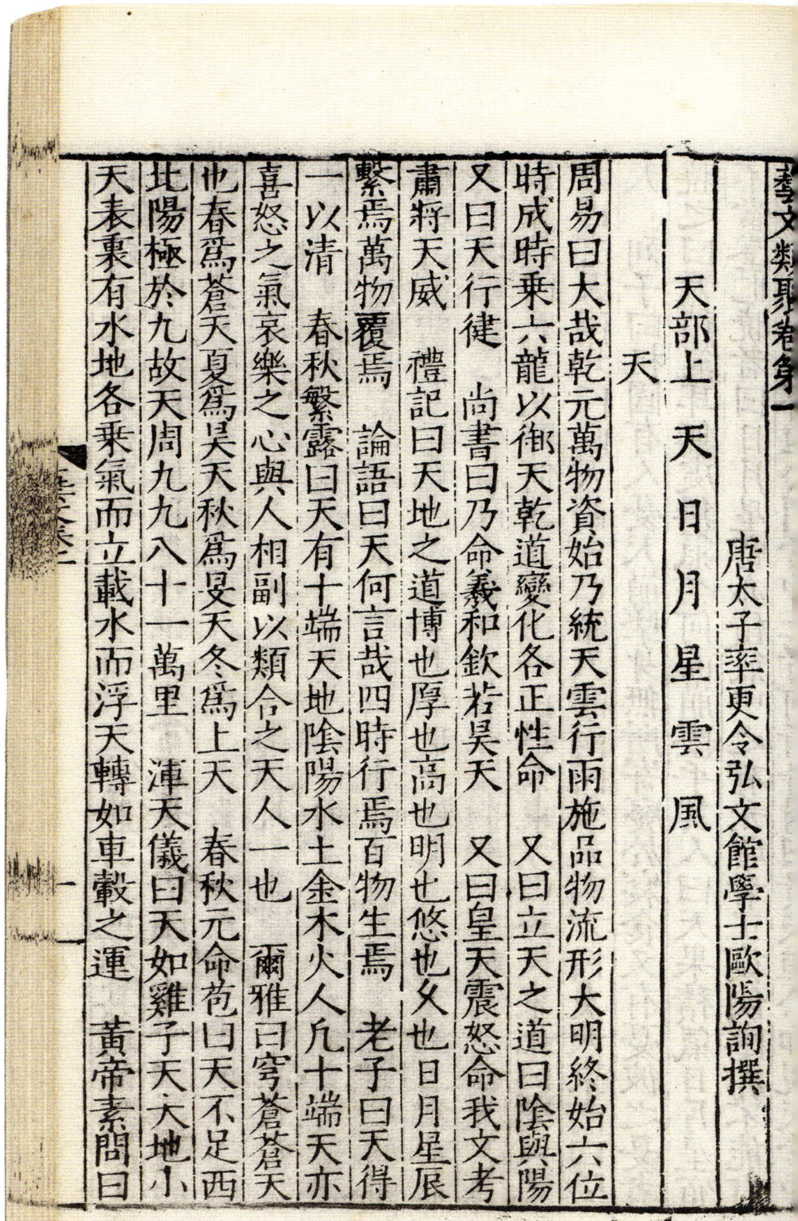
藝文類聚卷第一
唐太子率更令弘文館學士歐陽詢撰
天部上　天　日　月　星　雲　風
天
周易曰大哉乾元萬物資始乃統天雲行雨施品物流形大明終始六位時成時乘六龍以御天乾道變化各正性命　又曰立天之道曰陰與陽　又曰天行健　尚書曰乃命羲和欽若昊天　又曰皇天震怒命我文考肅將天威　禮記曰天地之道博也厚也高也明也悠也久也日月星辰繫焉萬物覆焉　論語曰天何言哉四時行焉百物生焉　老子曰天得一以清　春秋繁露曰天有十端天地陰陽水土金木火人凡十端天亦喜怒之氣哀樂之心與人相副以類合之天人一也　爾雅曰穹蒼蒼天也春爲蒼天夏爲昊天秋爲旻天冬爲上天　春秋元命苞曰天不足西北陽極於九故天周九九八十一萬里　渾天儀曰天如雞子天大地小天表裏有水地各乘氣而立載水而浮天轉如車轂之運　黃帝素問曰

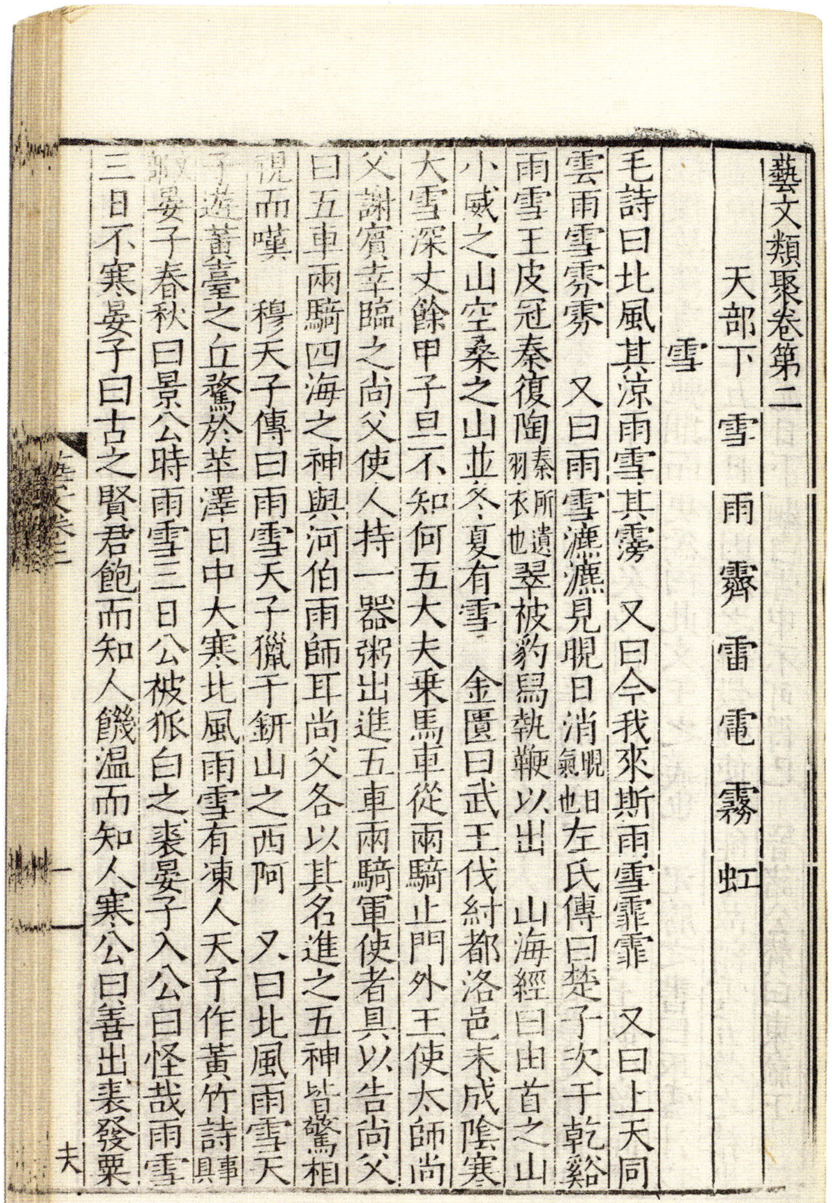
藝文類聚卷第二
天部下　雪　雨　霽　雷　電　霧　虹
雪
毛詩曰北風其涼雨雪其雱　又曰今我來斯雨雪霏霏　又曰上天同雲雨雪雰雰　又曰雨雪瀌瀌見晛曰消（晛日氣也）　左氏傳曰楚子次于乾谿雨雪王皮冠秦復陶（秦所遺羽衣也）翠被豹舄執鞭以出　山海經曰由首之山小威之山空桑之山並冬夏有雪　金匱曰武王伐紂都洛邑未成陰寒大雪深丈餘甲子旦不知何五大夫乘馬車從兩騎止門外王使太師尚父謝賓幸臨之尚父使人持一器粥出進五車兩騎軍使者具以告尚父曰五車兩騎四海之神與河伯雨師耳尚父各以其名進之五神皆驚相視而嘆　穆天子傳曰雨雪天子獵于鈃山之西阿　又曰北風雨雪天子遊黃臺之丘獵於苹澤日中大寒北風雨雪有凍人天子作黃竹詩（事具詩部）　晏子春秋曰景公時雨雪三日公被狐白之裘晏子入公曰怪哉雨雪三日不寒晏子曰古之賢君飽而知人饑溫而知人寒公曰善出裘發粟

以廻薄覽華蒔之時育察盛衰之所託感冬索以春敷嗟夏茂而秋落雖末事之榮悴伊人情之美惡嗟秋日之可哀良無愁而不盡野有歸燕隰有翔隼游氛朝興槁葉夕殞於是乃屏輕箑釋纖絺藉莞蒻御袷衣庭樹槭以灑落勁風戾而吹帷蟬嘒嘒以寒吟鴈飄飄而南飛天晃朗而彌高日悠陽而浸微何微陽之短晷覺涼夜之方永月曈曨以含光露淒清以凝冷熠燿粲於階闥蟋蟀鳴於軒屏聽離鴻之晨吟望流火之餘景宵耿介而不寐獨展轉於華省悟歲時之遒盡兮慨俛首而自省班鬢髟以承弁兮素髮颯以垂領且斂衽以歸來兮忽投紱以高厲耕東皋之沃壤輸黍稷之餘稅逍遥乎山川之阿放曠乎人間之世優哉遊哉聊以卒歲

晉盧諶感運賦曰朱明送夏白藏迎秋微涼漸屆溽暑日收氣瀲瀲而浸冷霜微微而日華翠葉紛以朝落朱華慘以夕指　晉江逌述歸賦曰時運逝其何速素秋奄以告季虛柳中於昏日羲和宿于房位微寒凄其薄人凝霜粲兮朝墜林飄飄以灑葉隰芒芒而摧蓀菊發華於高丘鴈辭北以南徂　宋袁淑秋晴賦曰是月也聲晷合朝夜分雷收耀虹戢文炎都

褰埃旻寓滌氣曳悲泉之凝霧轉絕垠之嚴雲 宋沈勃秋羇賦曰於時
朱雲施辰金柢御歲菊圖縟於園沼橘倒飾於池冽草吹兌而傾黃林伐
狀而揺蔕潭瀲氣而威荷露危光而嚴蕙 梁簡文帝秋興賦曰秋何興
而不盡興何秋而不傷傷二情之本背更同來而匪方復有登山望別臨
水送歸洞庭之葉初下塞外之草前衰彼征人與行子必承臉而霑衣紛
吾閑居有怡優遊多暇乃息書幌之勞以命北園之駕爾乃從玩池曲還
坐林間淹留而蔭丹岫徘徊而搴木蘭爲興未已升彼懸崖臨風長想憑
高俯窺察游魚之息澗憐驚禽之換枝聽夜籤之響殿聞懸魚之扣扉將
據梧於芳杜欲留連而不歸 又臨秋賦曰火歇兮秋氣生風起兮秋潦
清覽時興而自得聊飛轡而娛情遵二條之廣路背九仞之高城爾乃登
長坂息余驥攬筆舒情沈吟屬思草色雜而香同樹影齊而花異逞峯沼
遰縈沙斷絕雲出山而相似水含天而難別 梁江淹四時賦曰及夫秋
風一至白露團團明月生波營光迎寒眷庭中之梧楸念機上之羅紈
晉夏侯湛秋可哀曰秋可哀兮哀秋日之蕭條火廻景以西流天既清而

夫

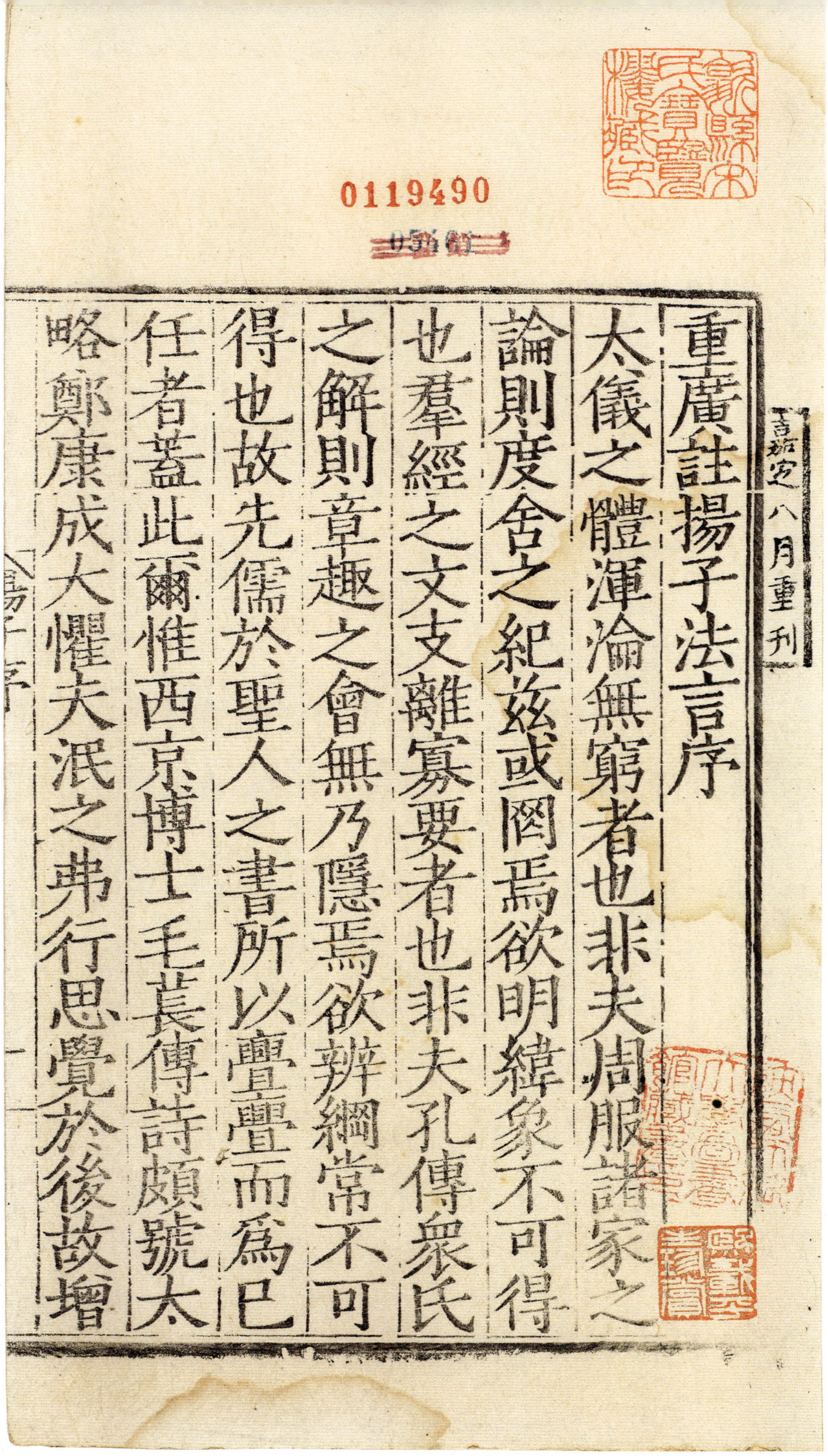

新纂门目五臣音注扬子法言十卷

明嘉靖九年（1530）顾春世德堂刻六子本

[西汉]扬雄撰，[东晋]李轨，[唐]柳宗元，[北宋]司马光、宋咸、吴祕注

一函八册

版框：20cm×13.7cm

开本：27.9cm×17.1cm

半页8行，每行17字，小字双行同。白口，四周双边，单白鱼尾。书前有宋咸序、宋咸进表、司马光序。宋咸序首钤有『熙载平生珍赏』白文方印，知此书为清代篆刻家、书法家吴熙载（1799—1870）旧藏；同页另钤有『歙县宋氏宝览楼藏印』朱文正印。卷首钤有『甫田私印』白文方印、『得天氏』朱文方印、『景星印』白文方印、『无自欺斋珍藏』朱文方印；首卷卷末钤有『笙如过眼』朱文方印。

二级古籍，入选《陕西省珍贵古籍名录》，名录号：0154。

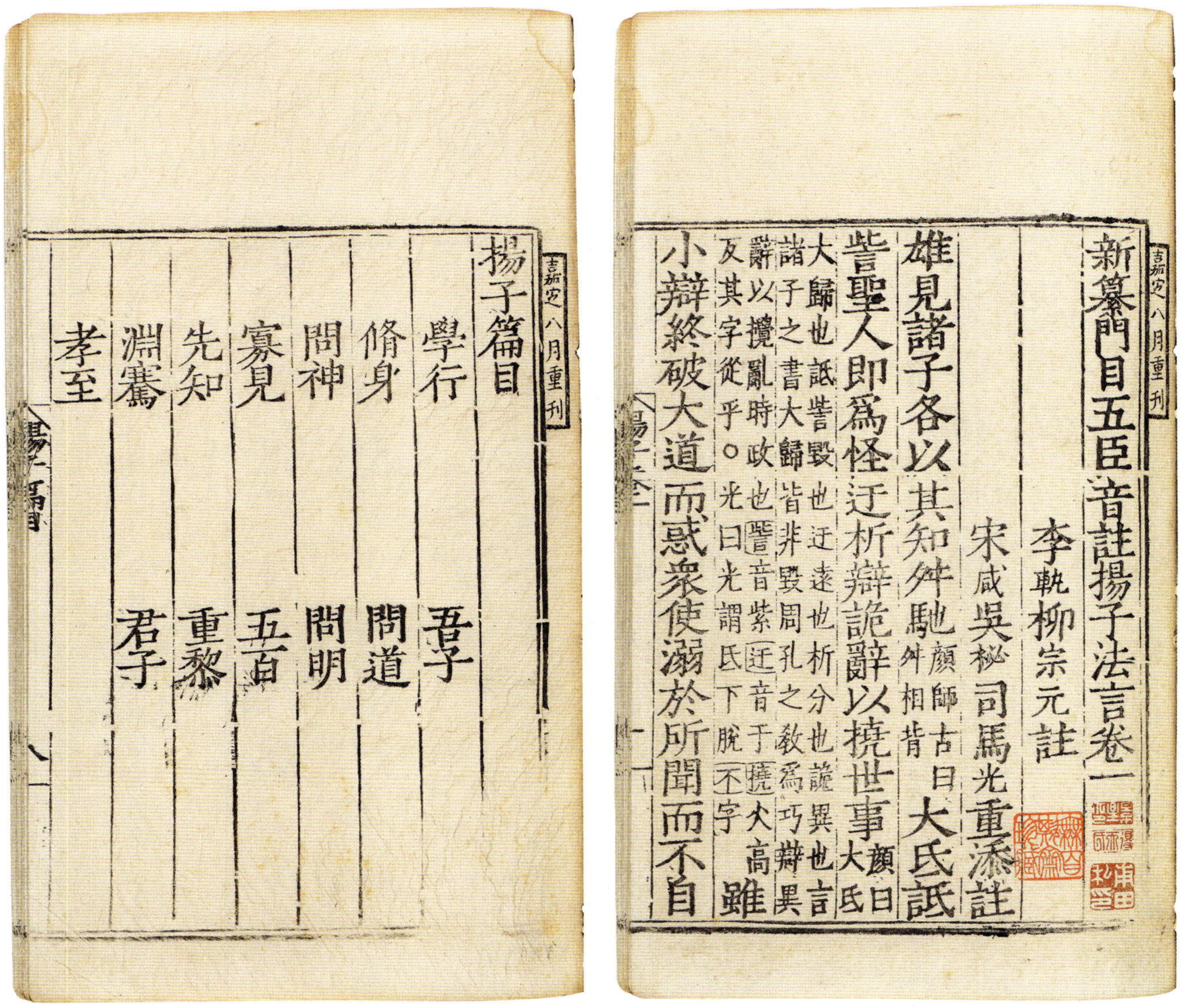

嘉定八月重刊

新纂門目五臣音註揚子法言卷一
李軌　柳宗元註
宋咸　吳祕　司馬光重添註
雄見諸子各以其知舛馳顏師古曰舛相背大氐詆顏曰大氐
訾聖人即爲怪迂析辯詭辭以撓世事大歸也詆訾毀也迂遠也析分也詭異也言諸子之書大歸皆非毀周孔之教爲巧辯異辭以攪亂時政也○訾音紫迂音于撓火高反其字從乎○光曰光謂氐下脫不字雖
小辯終破大道而惑衆使溺於所聞而不自

嘉定八月重刊

揚子篇目
學行　吾子
脩身　問道
問神　問明
寡見　五百
先知　重黎
淵騫　君子
孝至

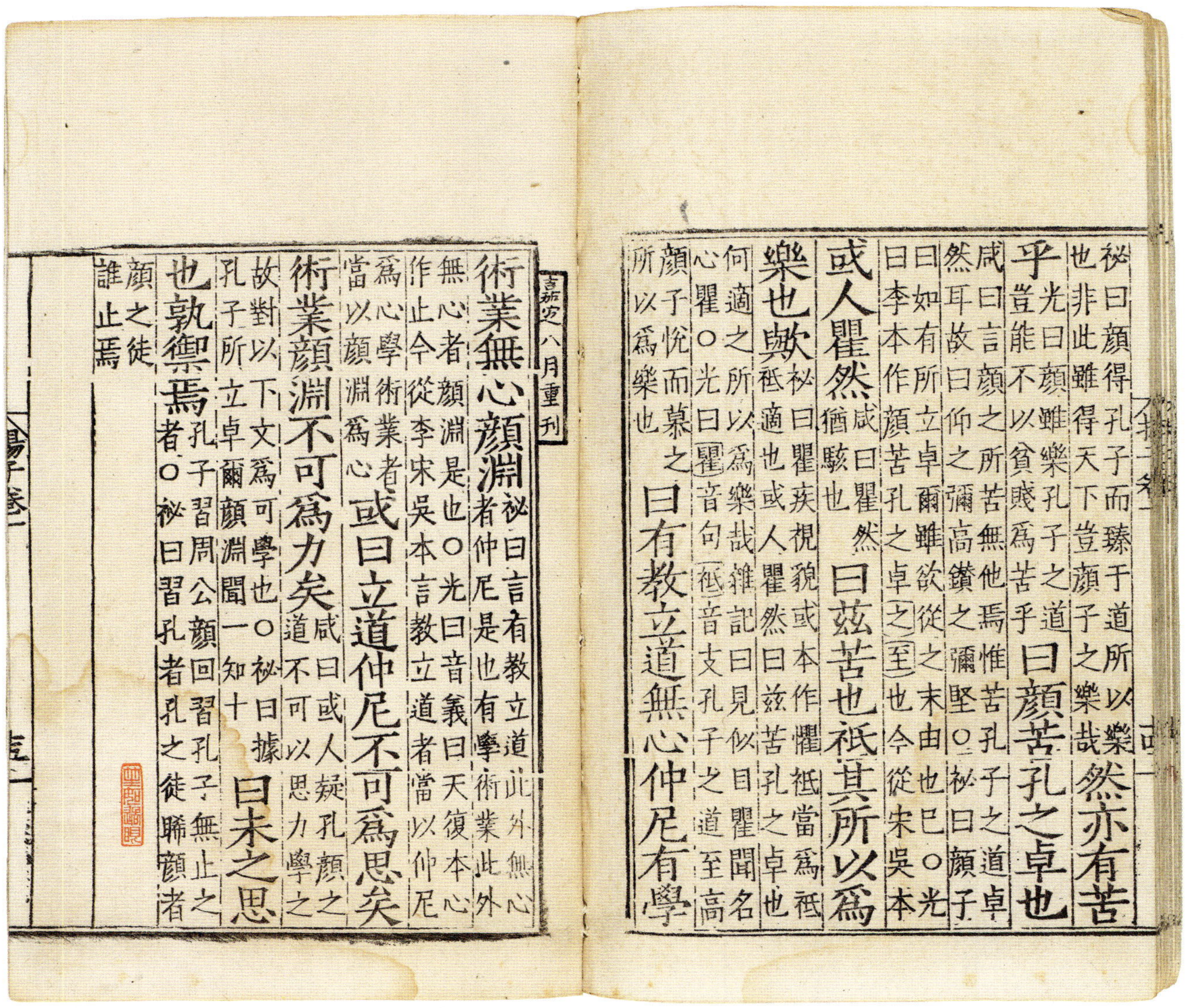

祕曰顏得孔子而臻于道所以樂也非此雖得天下豈顏子之樂哉然亦有苦
乎光曰顏雖樂孔子之道豈能不以貧賤爲苦乎曰顏苦孔之卓也
咸曰言顏之所苦無他焉惟苦孔子之道卓然耳故曰仰之彌高鑽之彌堅○祕曰顏子曰如有所立卓爾雖欲從之末由也已○光曰李本作顏苦孔之卓之至也今從宋吳本
或人瞿然咸曰瞿然猶駭也曰茲苦也祇其所以爲
樂也歟祕曰瞿疾視貌或本作懼祇當爲祇祇適也或人瞿然曰茲苦孔之卓也何適之所以爲樂哉雜記曰見似目瞿聞名心瞿○光曰瞿音句祇音支孔子之道至高
顏子悅而慕之所以爲樂也曰有教立道無心仲尼有學

嘉定八月重刊

術業無心顏淵祕曰言有教立道此外無心者仲尼是也有學術業此外無心者顏淵是也○光曰音義曰天復本心作止今從李宋吳本言教立道者當以仲尼爲心學術業者當以顏淵爲心或曰立道仲尼不可爲思矣
術業顏淵不可爲力矣咸曰或人疑孔顏之道不可以思力學之故對以下文爲可學也○祕曰據孔子所立卓爾顏淵聞一知十曰未之思
也孰禦焉者○祕曰習孔者孔之徒睎顏者顏之徒孔子習周公顏回習孔子無止之誰止焉

古今說海引

夫博文博學孔孟之所以為教也說
之行多識固君子畜德之地乎黄子
良玉娓子如梅顧子應夫沈子胼朗
陸子思豫皆海士之英也與予季子
贊共為譜習之會日萃一齋繙繹經
傳考質子史闡發微奧究揾指歸不

古今說海總目
說選部
小錄家三卷
北征錄　　　北征後錄
北征記
偏記家二十卷
平夏錄　　　江南別錄
三楚新錄三卷　溪蠻叢笑

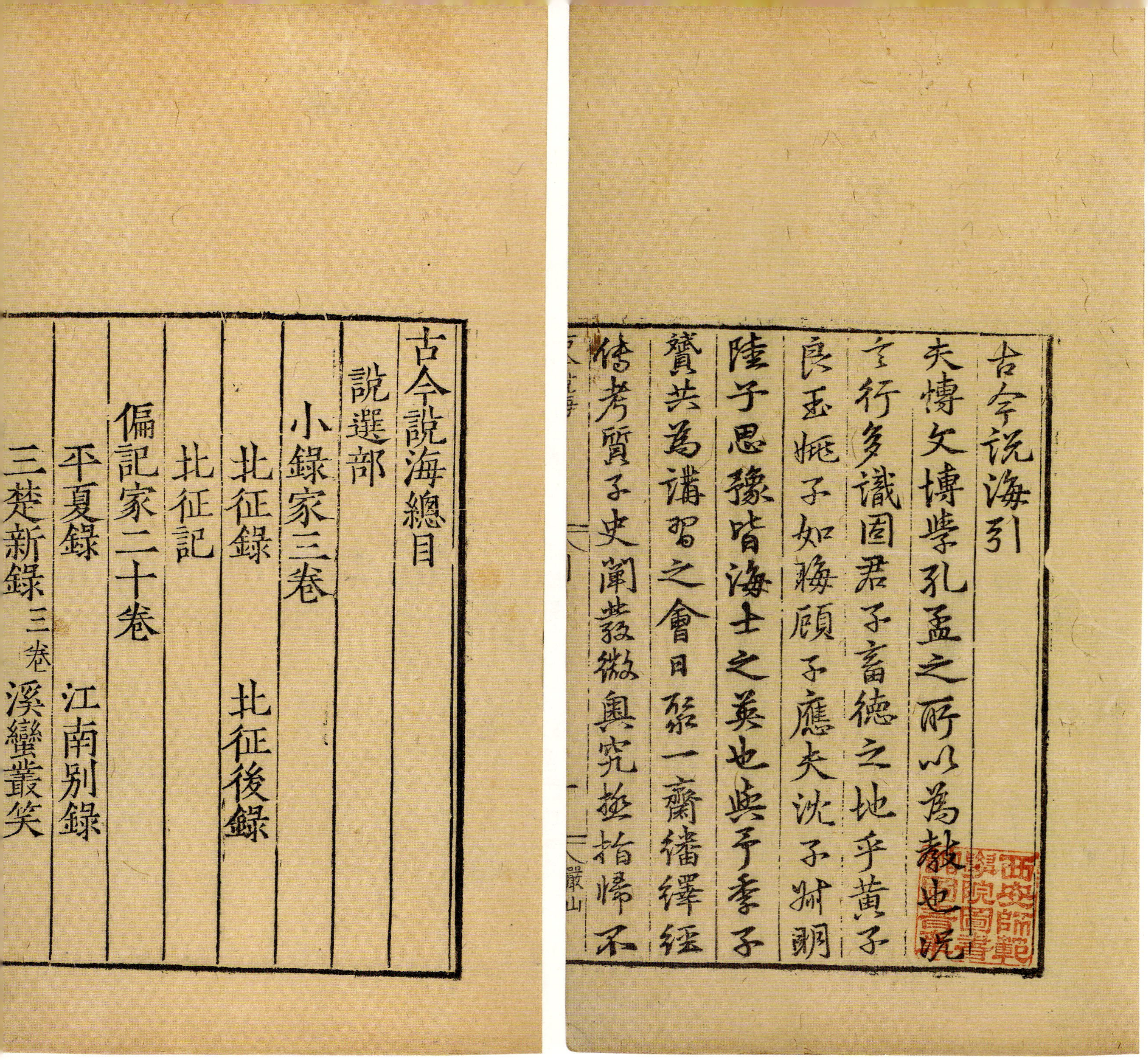

古今说海
一百四十二卷

明嘉靖二十三年（1544）陆楫
俨山书院、云山书院、青藜馆
刻本

［明］陆楫等编

四函二十四册

版框：16.8cm×12.1cm

开本：27.8cm×17.2cm

半页8行，每行16字，
小字双行不等。白口，左右
双边，双白鱼尾。书前有唐
锦「古今说海引」、陆楫「校
书名氏」。版心下方镌「俨
山书院」。

二级古籍，入选《陕西
省珍贵古籍名录》，名录号：
0321。

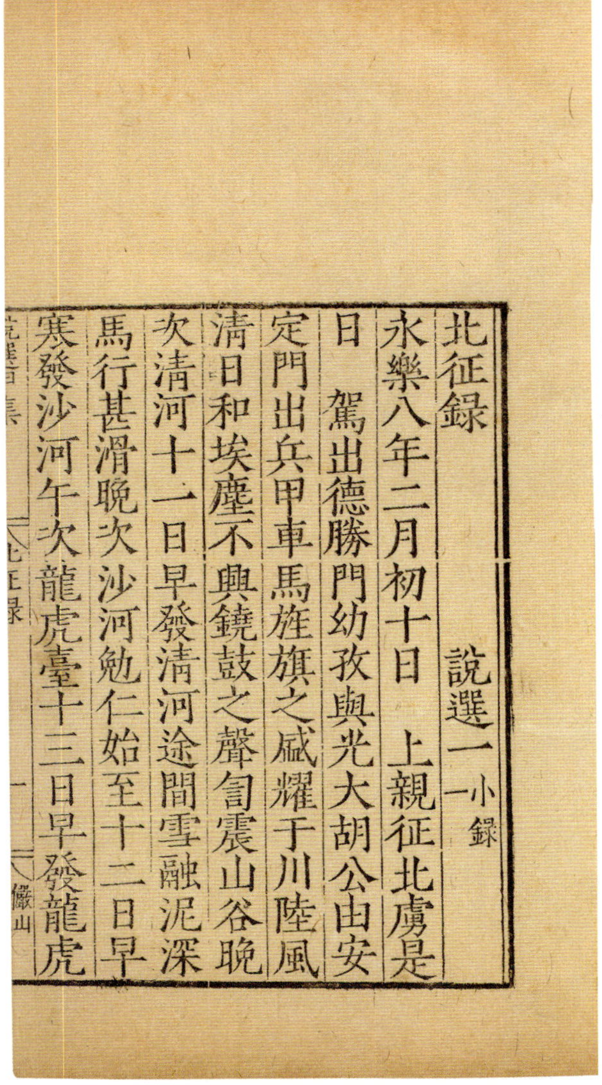

北征録　說選一　小録

永樂八年二月初十日　上親征北虜是日　駕出德勝門幼孜與光大胡公由安定門出兵甲車馬旌旗之感耀于川陸風清日和埃塵不興鐃鼓之聲訇震山谷晩次清河十一日早發清河途間雪融泥深馬行甚滑晩次沙河勉仁始至十二日早寒發沙河午次龍虎臺十三日早發龍虎

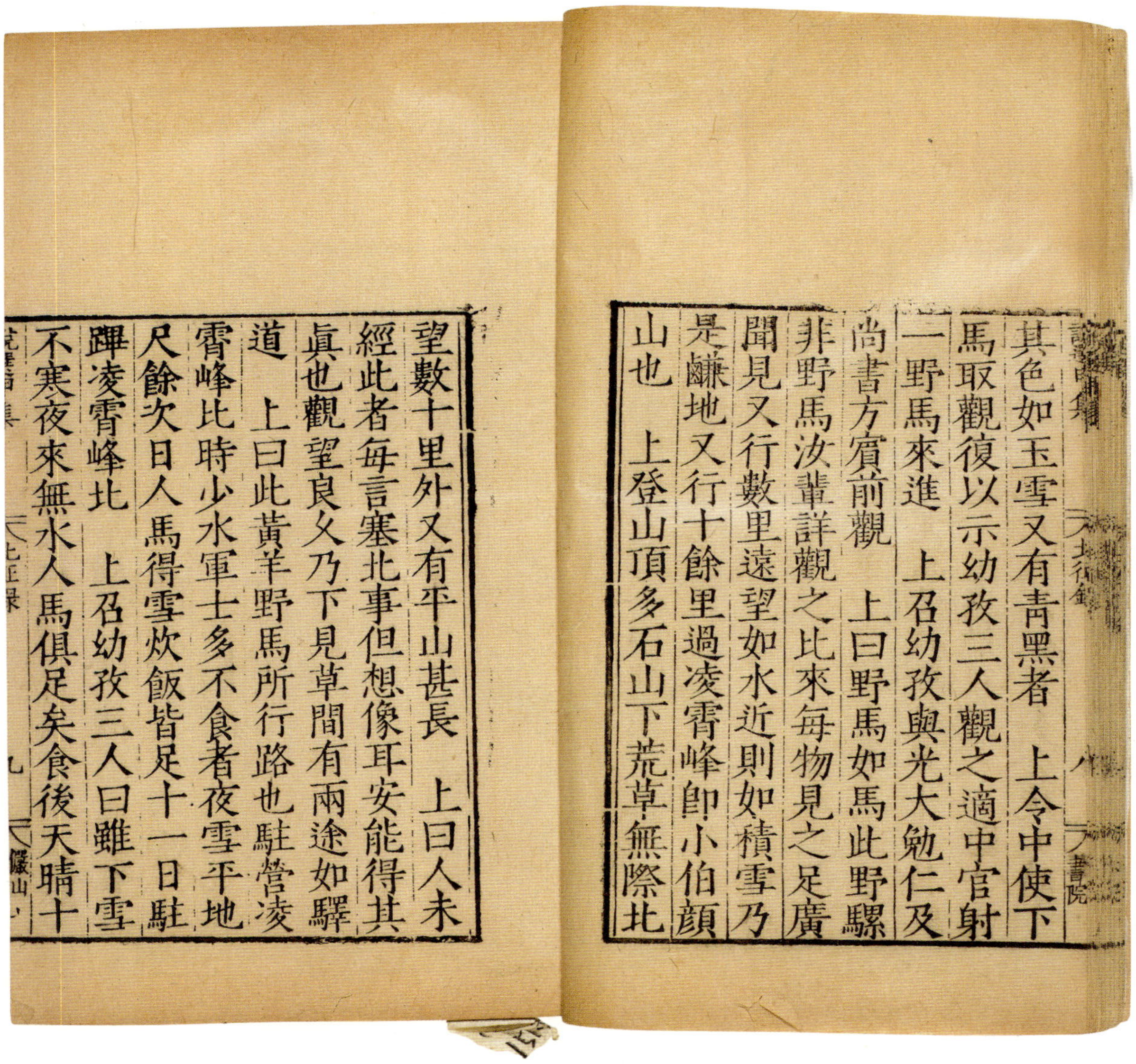

其色如玉雪又有青黑者　上令中使下馬取觀復以示幼孜三人觀之適中官射一野馬來進　上召幼孜與光大勉仁及尚書方賓前觀　上曰野馬如馬此野騾非野馬汝輩詳觀之比來每物見之足廣聞見又行數里遠望如水近則如積雪乃是鹻地又行十餘里過凌霄峰卽小伯顏山也　上登山頂多石山下荒草無際北望數十里外又有平山甚長　上曰人未經此者每言塞北事但想像耳安能得其眞也觀望良久乃下見草間有兩途如驛道　上曰此黄羊野馬所行路也駐營凌霄峰北時少水軍士多不食者夜雪平地尺餘次日人馬得雪炊飯皆足十一日駐蹕凌霄峰北　上召幼孜三人曰雖下雪不寒夜來無水人馬俱足矣食後天晴十

两汉纪六十卷（前汉纪三十卷后汉纪三十卷）

明嘉靖二十七年（1548）黄姬水刻本

《前汉纪》，［东汉］荀悦撰

《后汉纪》，［东晋］袁宏撰

四函十八册

版框：18.9cm×14.7cm

开本：27.3cm×18.4cm

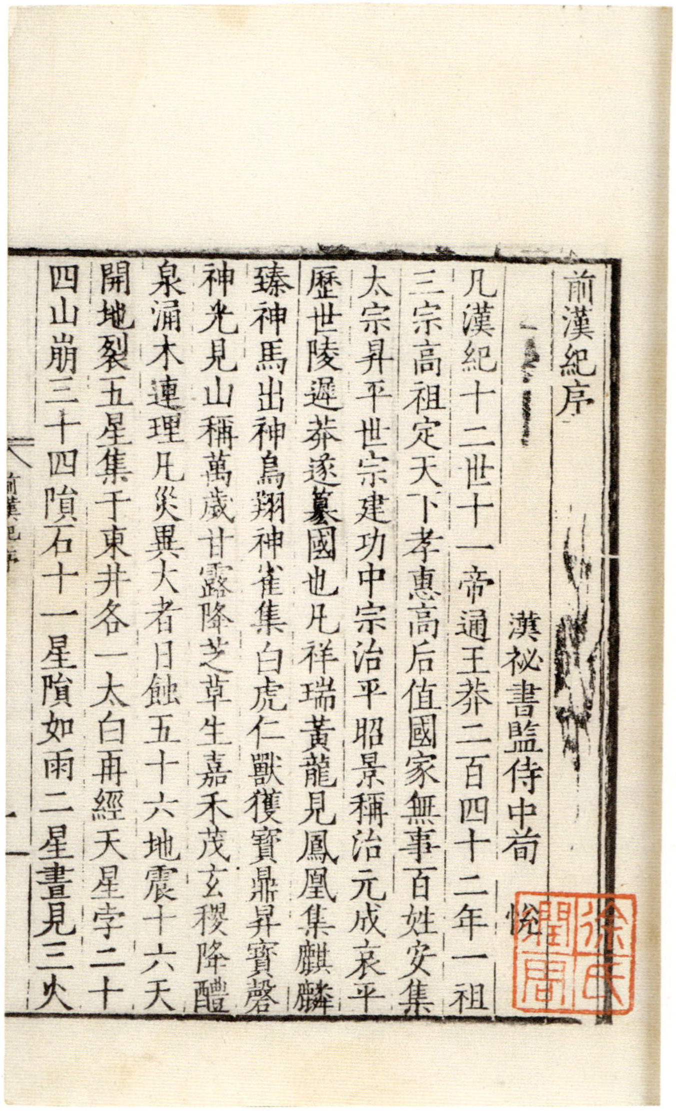

前漢紀序

漢祕書監侍中荀悅

凡漢紀十二世十一帝通王莽二百四十二年一祖三宗高祖定天下孝惠高后值國家無事百姓安集太宗昇平世宗建功中宗治平昭景稱治元成哀平歷世陵遲莽遂篡國也凡祥瑞黃龍見鳳凰集麒麟臻神馬出神鳥翔神雀集白虎仁獸獲寶鼎昇寶磬神光見山稱萬歲甘露降芝草生嘉禾茂玄稷降醴泉涌木連理凡災異大者日蝕五十六地震十六天開地裂五星集于東井各一太白再經天星孛二十四山崩三十四隕石十一星隕如雨二星晝見三火

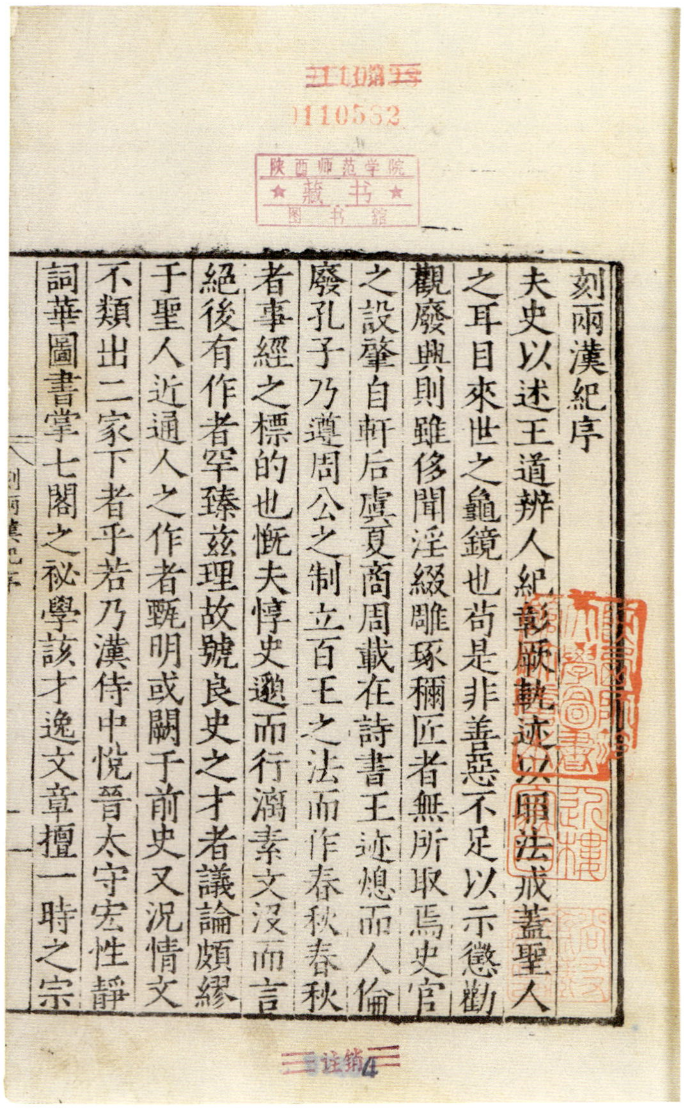

刻兩漢紀序

夫史以述王道辨人紀彰厥軌迹昭法戒蓋聖人之耳目來世之龜鏡也苟是非善惡不足以示懲勸觀廢興則雖侈聞淫綴雕琢稱匠者無所取焉史官之設肇自軒后虞夏商周載在詩書王迹熄而人倫廢孔子乃遵周公之制立百王之法而作春秋春秋者事經之標的也慨夫悖史遞而行濁紊文沒而言絕後有作者罕臻茲理故號良史之才者議論煩縟于聖人近通人之作者甄明或闕于前史又況情文不類出二家下者乎若乃漢侍中悅晉太守宏性靜詞華圖書掌七閣之祕學該才逸文章擅一時之宗

半页11行，每行20字。白口，左右双边，单白鱼尾。书前有黄姬水《刻两汉纪序》、荀悦《前汉纪序》、袁宏《后汉纪序》。书中钤有『尚友斋藏书印』『近楼寓目』『徐氏润问』朱文方印。

二级古籍，入选《国家珍贵古籍名录》，名录号：03762。

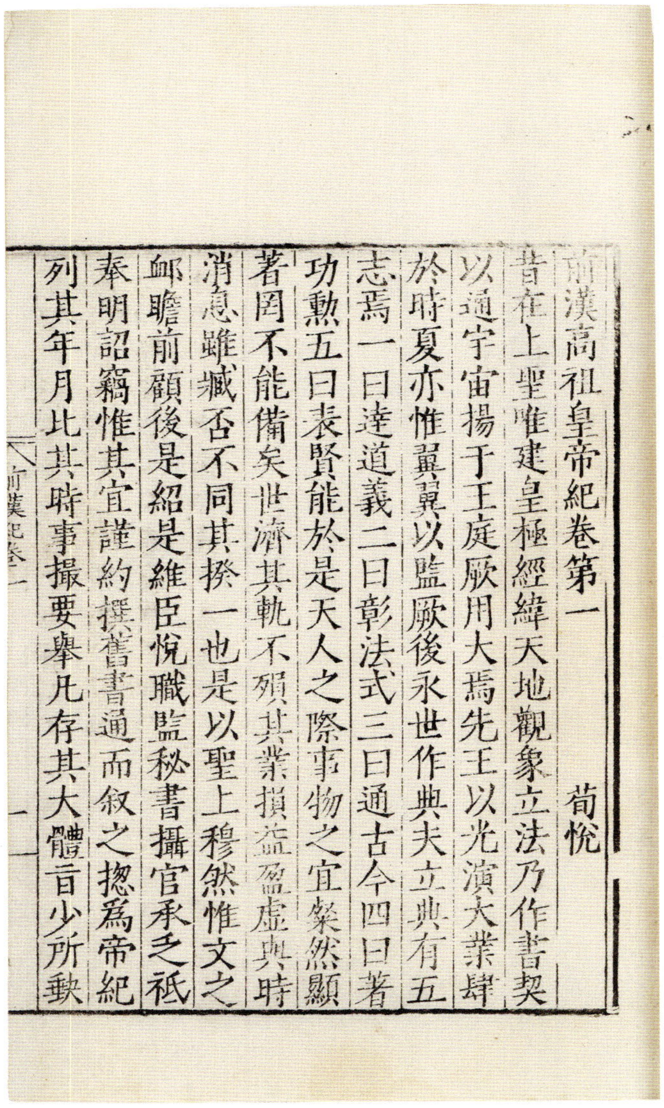
前漢高祖皇帝紀卷第一　荀悅
昔在上聖唯建皇極經緯天地觀象立法乃作書契以通宇宙揚于王庭厥用大焉先王以光演大業肆於時夏亦惟翼翼以監厥後永世作典夫立典有五志焉一曰達道義二曰彰法式三曰通古今四曰著功勳五曰表賢能於是天人之際事物之宜粲然顯著罔不能備矣世濟其軌不殞其業損益盈虛與時消息雖臧否不同其揆一也是以聖上穆然惟文之卹瞻前顧後是紹是維臣悅職監秘書攝官承乏祗奉明詔竊惟其宜謹約撰舊書通而敘之總爲帝紀列其年月比其時事撮要舉凡存其大體旨少所缺

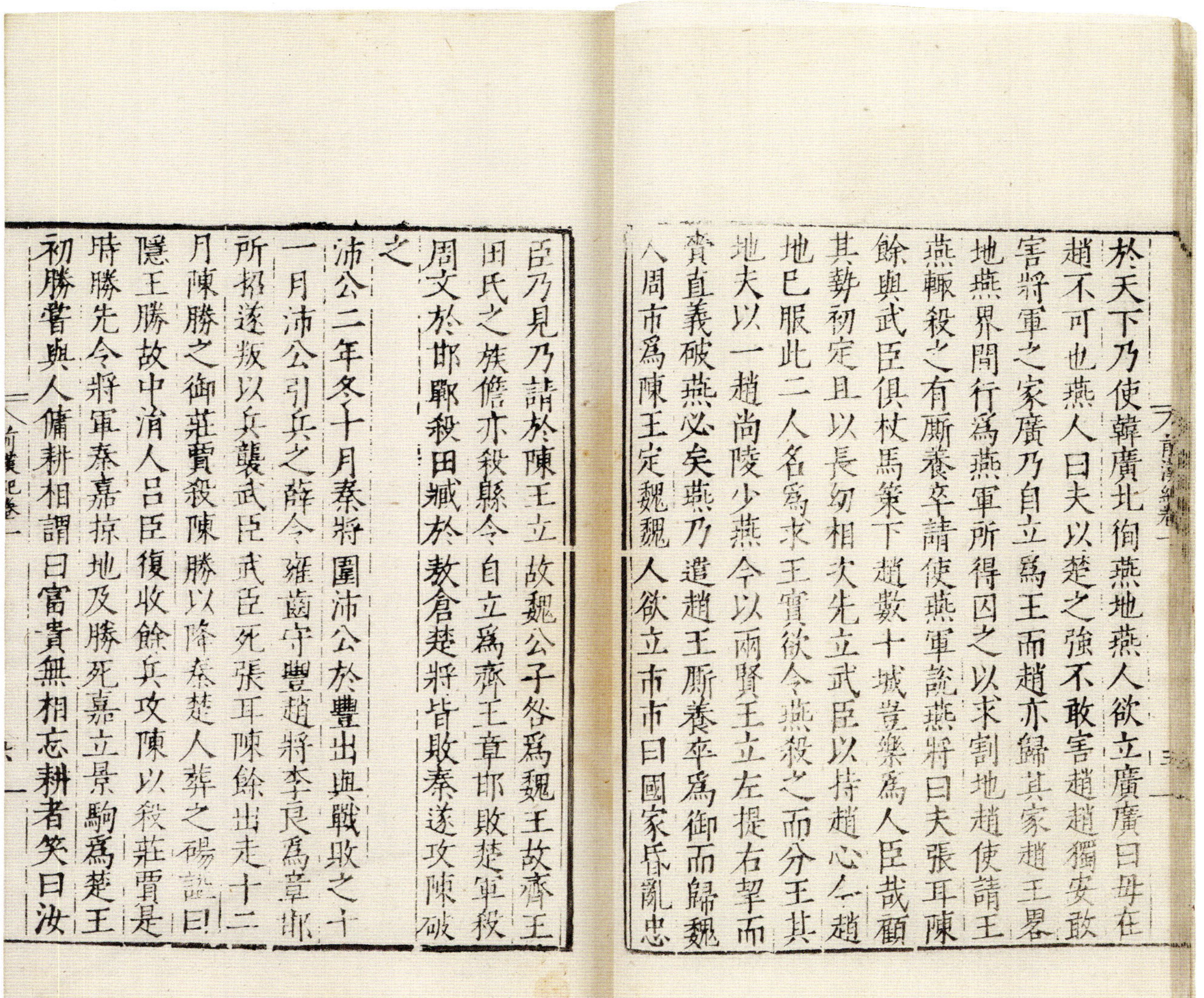
於天下乃使韓廣北徇燕地燕人欲立廣廣曰母在趙不可也燕人曰夫以楚之強不敢害趙趙獨安敢害將軍之家廣乃自立爲王而趙亦歸其家趙王略地燕界間行爲燕軍所得因之以求割地趙使請王燕輒殺之有廝養卒請使燕軍說燕將曰夫張耳陳餘與武臣俱杖馬策下趙數十城豈樂爲人臣哉顧其勢初定且以長幼相次先立武臣以持趙心今趙地已服此二人名爲求王實欲令燕殺之而分王其地夫以一趙尚陵少燕今以兩賢王立左提右挈而責直義破燕必矣燕乃遣趙王廝養卒爲御而歸魏人周市爲陳王定魏魏人欲立市市曰國家昏亂忠臣乃見乃請於陳王立故魏公子咎爲魏王故齊王田氏之族儋亦殺縣令自立爲齊王章邯敗楚軍殺周文於邯鄲殺田臧於敖倉楚將皆敗秦遂攻陳破之
沛公二年冬十月秦將圍沛公於豐出與戰敗之十一月沛公引兵之薛令雍齒守豐趙將李良爲章邯所招遂叛以兵襲武臣武臣死張耳陳餘出走十二月陳勝之御莊賈殺陳勝以降秦楚人葬之碭謚曰隱王勝故中涓人呂臣復收餘兵攻陳以殺莊賈是時勝先令將軍秦嘉掠地及勝死嘉立景駒爲楚王初勝嘗與人傭耕相謂曰富貴無相忘耕者笑曰汝

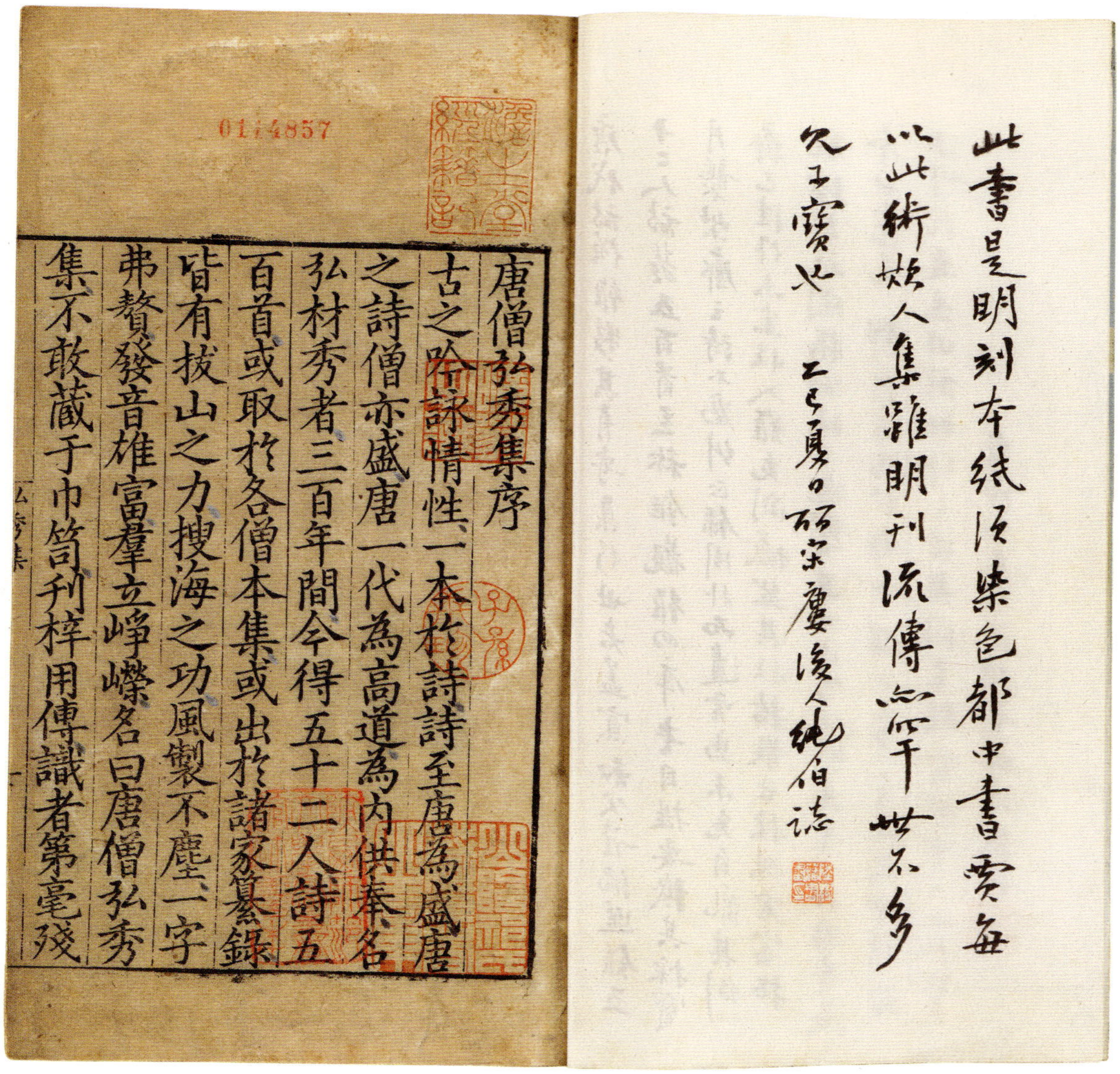

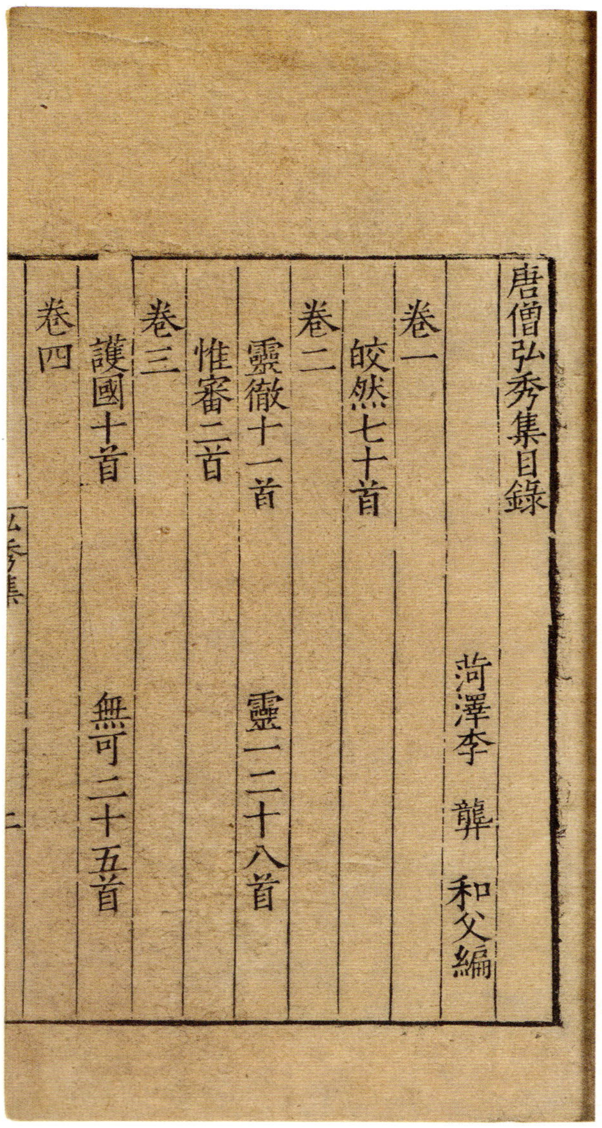

唐僧弘秀集十卷

明嘉靖仿宋刻本，染纸伪充宋刻

［南宋］李龏辑

一函四册

版框：18.8cm×13.2cm

开本：27cm×15.8cm

半页10行，每行21字。白口，左右单边。书前有施烇及皕宋楼后人陆树藩题记，辨明此书为明刻，书贾作伪以托宋版一事。另有宋宝祐六年（1258）李龏自序。书中钤有『山阴祁氏藏书之章』白文长方印、『子孙世珍』朱文圆印、『旷翁手识』白文方印、『淡生堂经籍记』朱文方印。

二级古籍，入选《国家珍贵古籍名录》，名录号：06435。

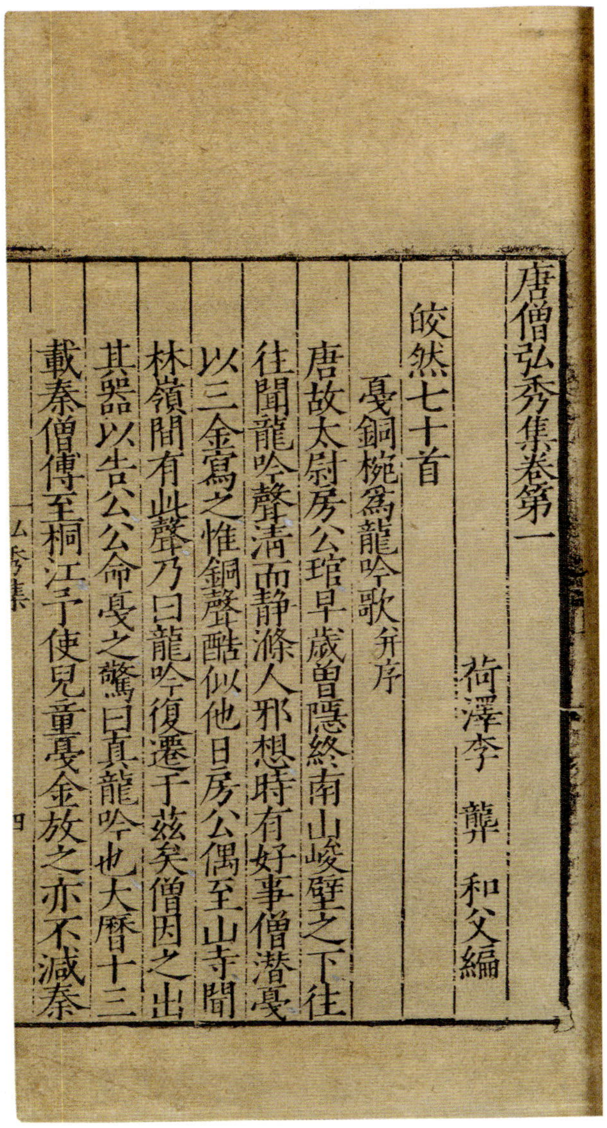
唐僧弘秀集卷第一

荷澤李龏和父編

皎然七十首

戛銅椀爲龍吟歌并序

唐故太尉房公琯早歲曾隱終南山峻壁之下往往聞龍吟聲清而靜滌人邪想時有好事僧潛戛以三金寫之惟銅聲酷似他日房公偶至山寺聞林嶺間有此聲乃曰龍吟復遷于兹矣僧因之出其器以告公公命戛之驚曰真龍吟也大曆十三載秦僧傳至桐江予使兒童戛金放之亦不減秦

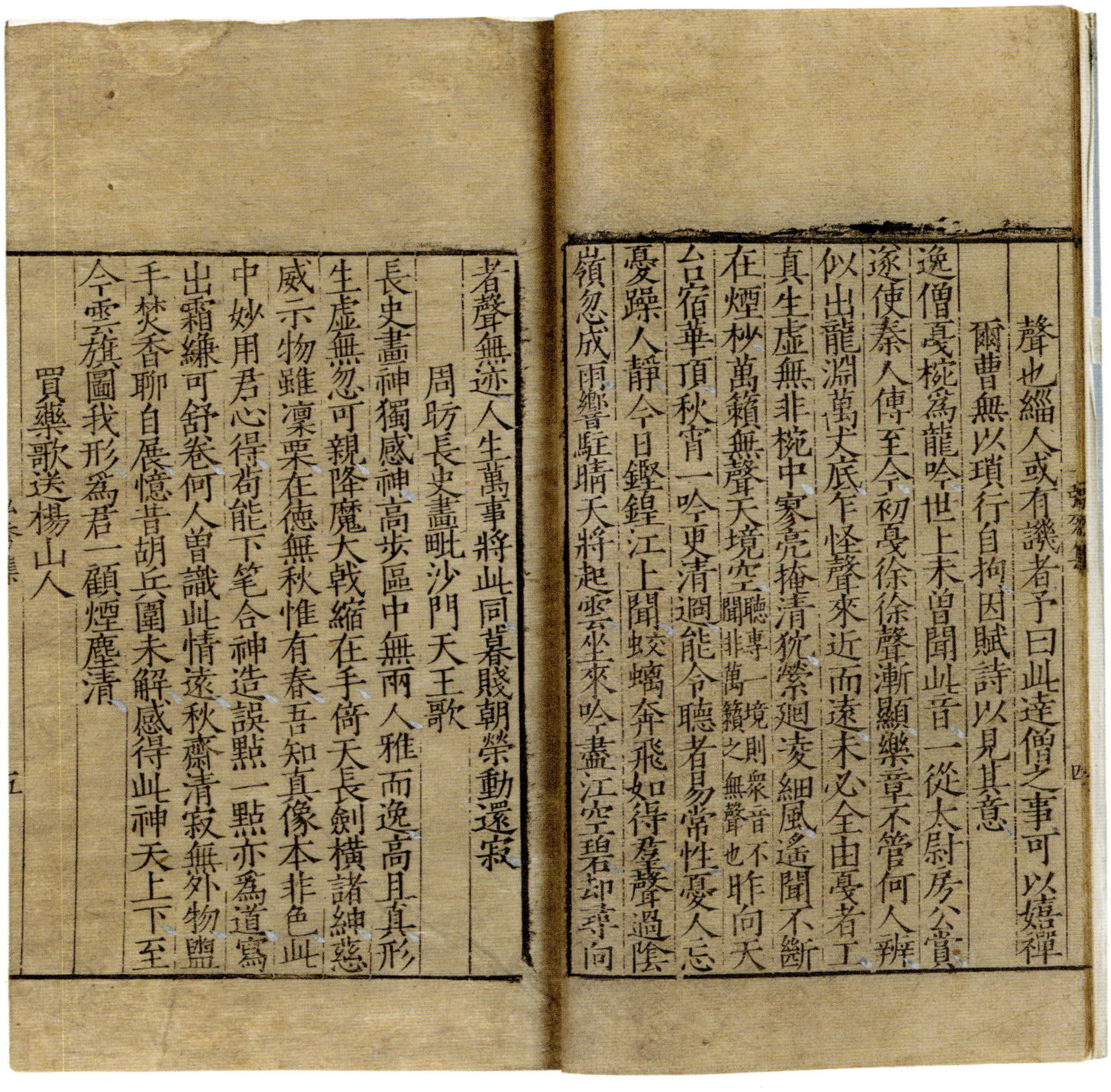
聲也緇人或有譏者予曰此達僧之事可以嬉禪爾曹無以瑣行自拘因賦詩以見其意

逸僧戛椀爲龍吟世上未曾聞此音一從太尉房公賞遂使秦人傳至今初戛徐徐聲漸顯樂章不管何人辨似出龍淵萬丈底乍怪聲來近而遠未必全由戛者工真生虛無非椀中寥亮掩清狖縈廻凌細風遙聞不斷在煙杪萬籟無聲天境空聽專一境則衆音不聞非萬籟之無聲也昨向天台宿華頂秋宵一吟更清迥能令聽者易常性憂人忘憂躁人靜今日鏗鍠江上聞蛟螭奔飛如得羣聲過陰嶺忽成雨響駐晴天將起雲坐來吟盡江空碧却尋向者聲無迹人生萬事將此同暮賤朝榮動還寂

周昉長史畫毗沙門天王歌

長史畫神獨感神高步區中無兩人雅而逸高且真形生虛無忽可親降魔大戟縮在手倚天長劍橫諸紳慈威示物雖凜栗在德無秋惟有春吾知真像本非色此中妙用君心得苟能下筆合神造誤點一點亦爲道寫出霜縑可舒卷何人曾識此情遠秋齋清寂無外物盥手焚香聊自展憶昔胡兵圍未解感得此神天上下至今雲旗圖我形爲君一顧煙塵清

買藥歌送楊山人

孟子注疏解经十四卷

明嘉靖李元阳刻十三经注疏本
[东汉]赵岐注，[北宋]孙奭疏
二函十四册
版框：20.5cm×13cm
开本：25.8cm×16.4cm

半页9行，每行满行21字，小字单行，每行满行20字。白口，四周单边。书前有孙奭序。

二级古籍，入选《陕西省珍贵古籍名录》，名录号：0068。

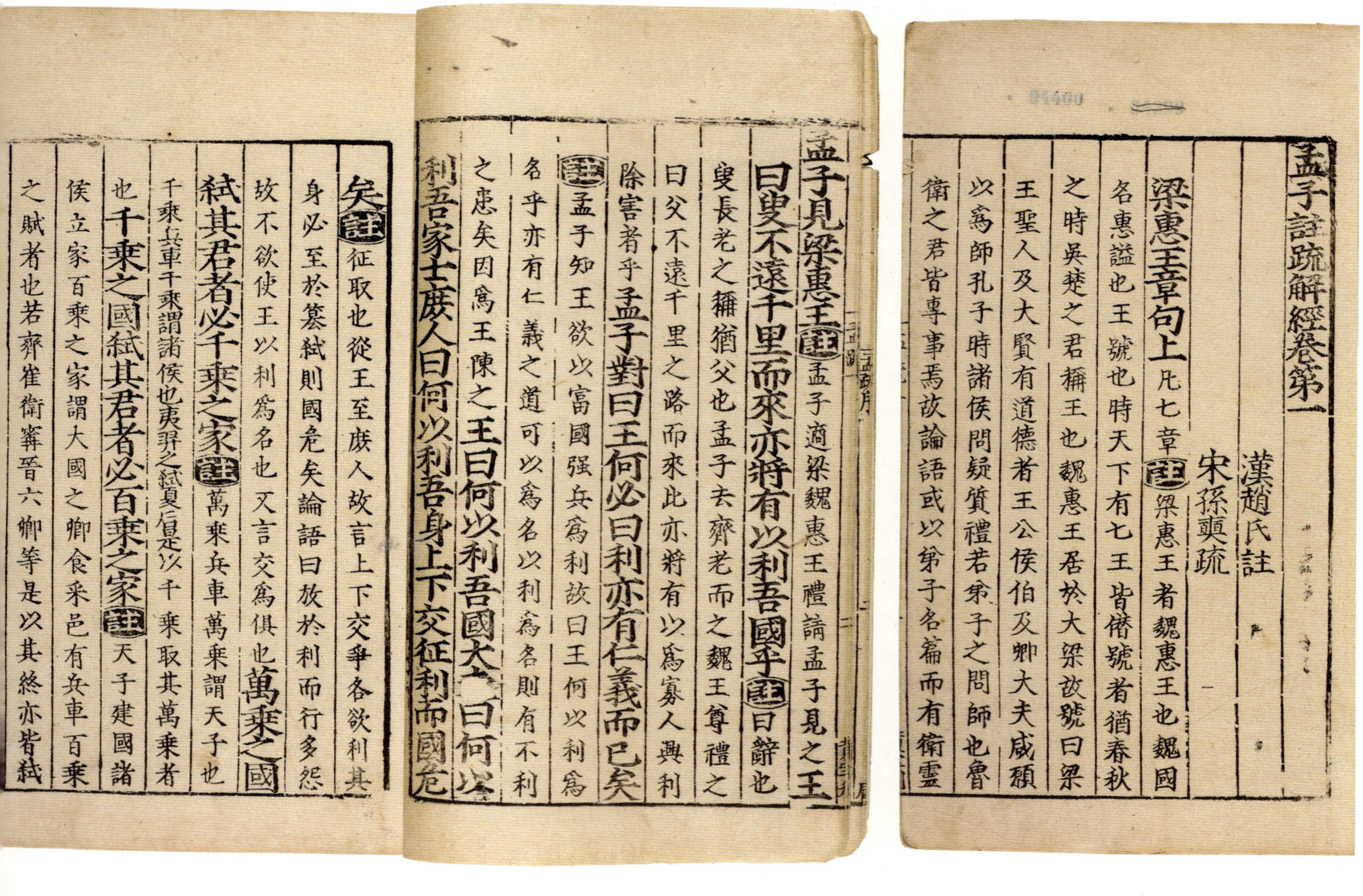

孟子正義序

朝散大夫尚書兵部郎中充龍圖閣待制知通進銀臺司兼門下封駁事兼判國子監上護軍賜紫金魚袋臣孫奭撰

夫總羣聖之道者莫大乎六經紹六經之教者莫尚乎
孟子自昔仲尼既没戰國初興至化陵遲異端竝作
儀衍肆其詭辯楊墨飾其淫辭遂致王公納其謀以
紛亂於上學者循其踵以蔽惑於下猶洚水懷山時
盡昏墊繁蕪塞路孰可芟夷惟孟子挺名世之才秉
先覺之志拔邪樹正高行厲辭導王化之源以救時
弊開聖人之道以斷羣疑其言精而贍其旨淵而通

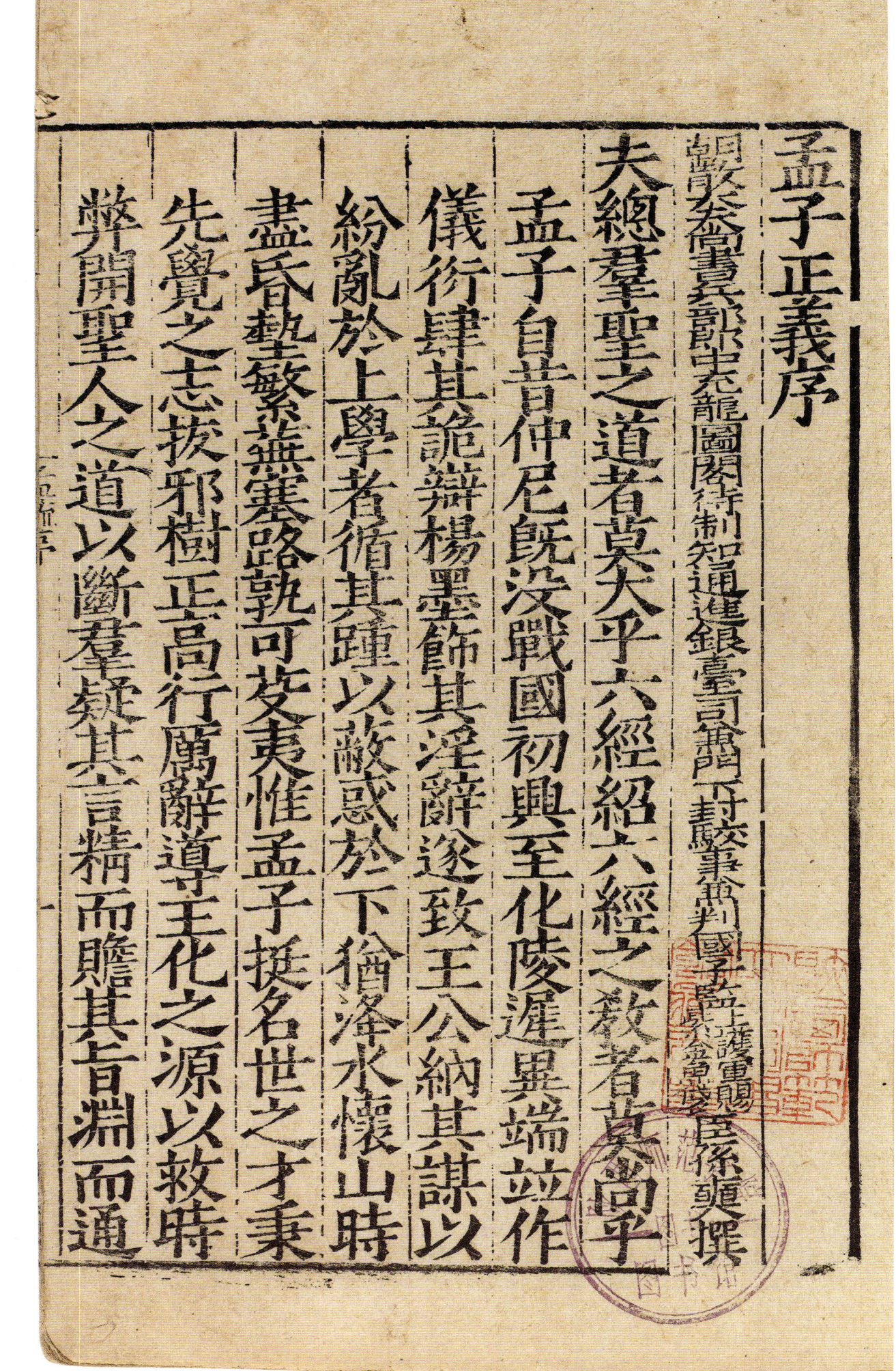

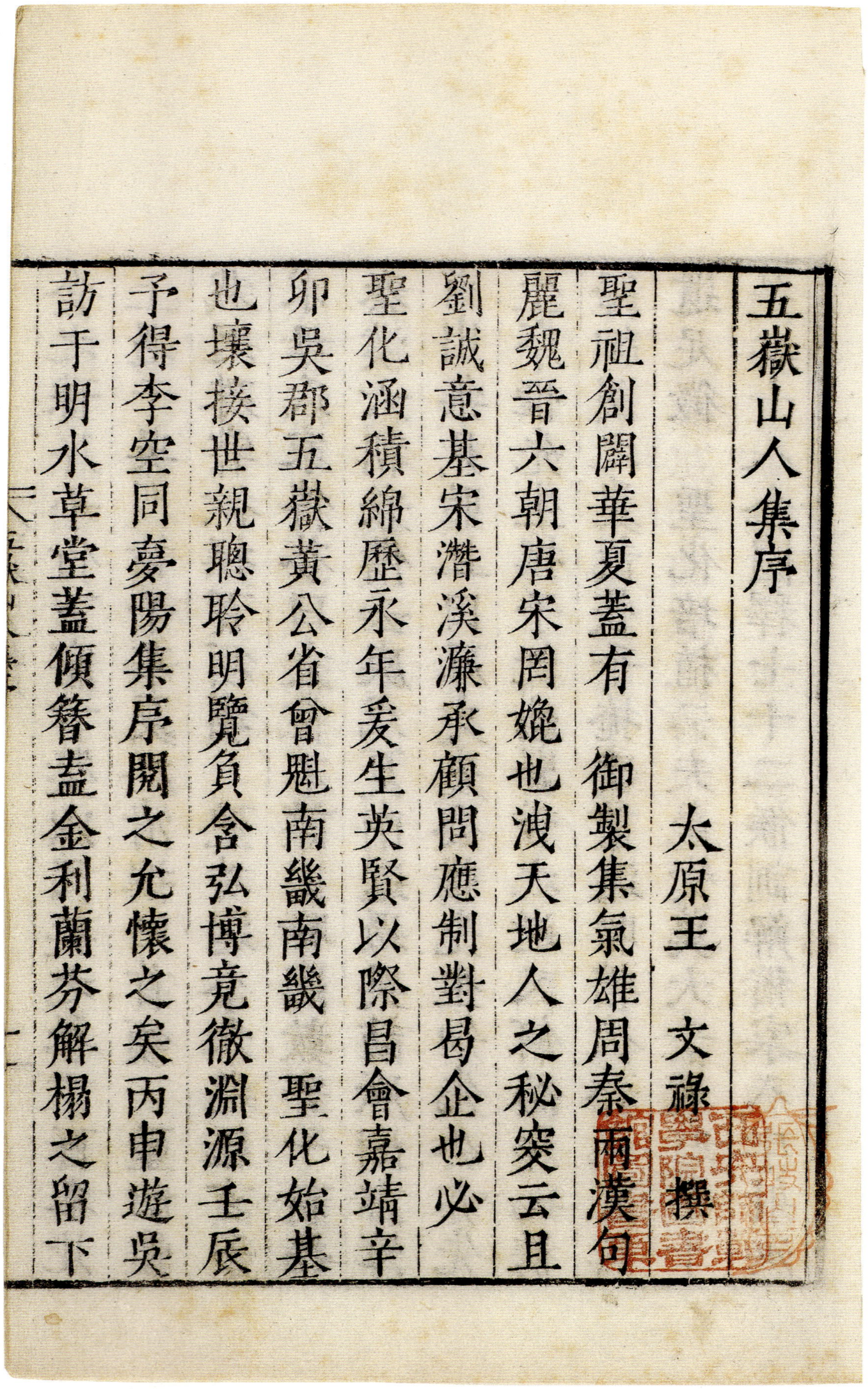

五嶽山人集序

太原王 文祿 撰

聖祖創闢華夏蓋有 御製集氣雄周秦兩漢句
麗魏晉六朝唐宋罔媲也洩天地人之秘窔云且
劉誠意基宋潛溪濂承顧問應制對曷企也必
聖化涵積綿歷永年爰生英賢以際昌會嘉靖辛
卯吳郡五嶽黃公省曾魁南畿南畿 聖化始基
也壤接世親聰聆明覽負含弘博竟徹淵源壬辰
予得李空同夢陽集序閱之允懐之矣丙申遊吳
訪于明水草堂蓋傾簪盍金利蘭芬解榻之留下

五岳山人集三十八卷

明嘉靖黄姬水刻本

［明］黄省曾撰

二函八册

版框：18.5cm×14.2cm

开本：25cm×17cm

半页10行，每行19字。白口，左右双边，单白鱼尾。书前有王文禄序、王世贞序。王文禄序首钤有『张岐山印』朱文葫芦印。

二级古籍，入选《陕西省珍贵古籍名录》，名录号：0270。

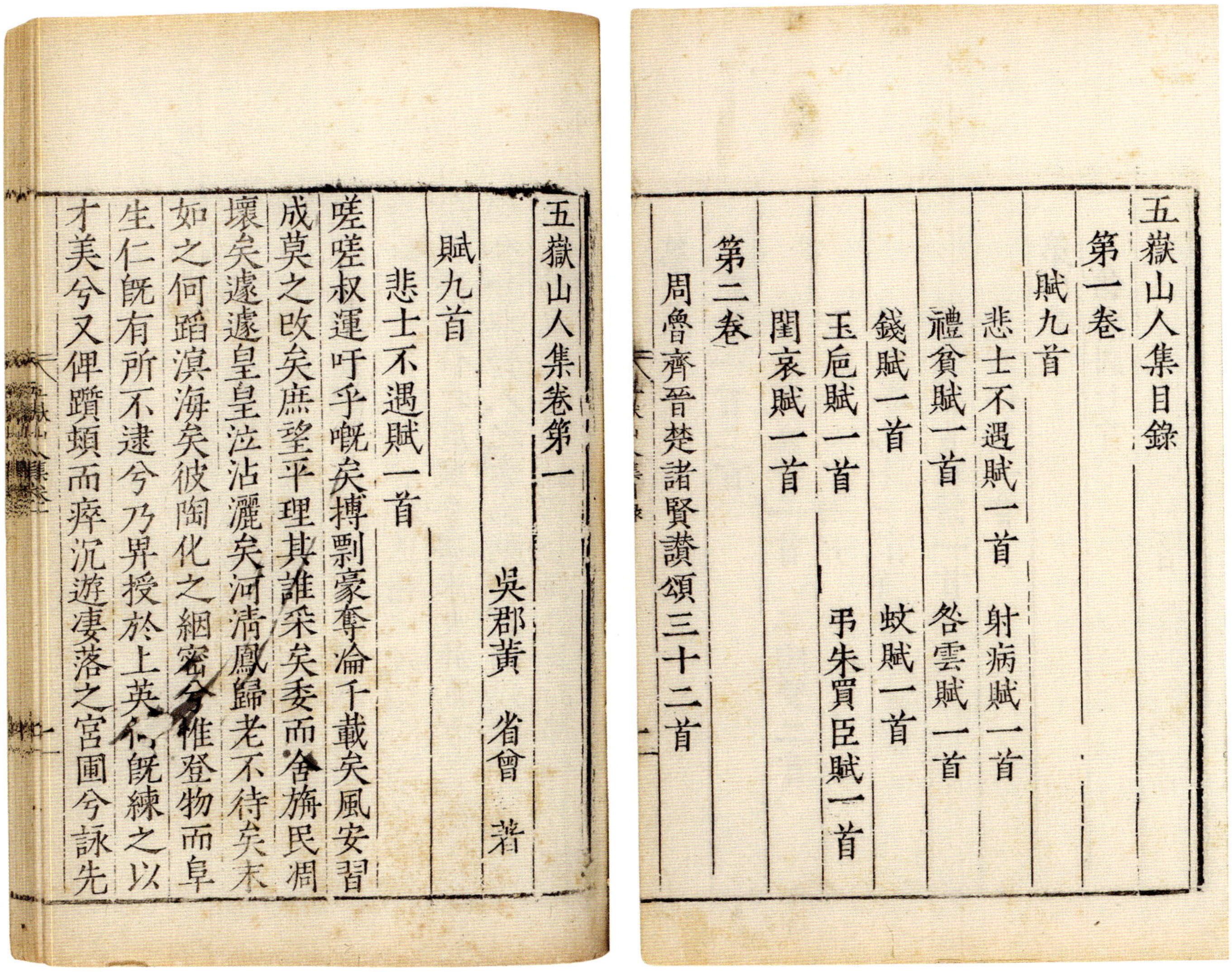
五嶽山人集目錄
第一卷
賦九首

五嶽山人集卷第一
吳郡黃省曾著
賦九首
悲士不遇賦一首
嗟嗟叔運吁乎慨矣摶剽豪奪淪千載矣風安習成莫之改矣庶望平理其誰采矣委而舍旃民凋壞矣遽遽皇皇泣沾灑矣河清鳳歸老不待矣末如之何蹈溟海矣彼陶化之絪窑兮惟登物而阜生仁既有所不逮兮乃畀授於上英兮既練之以才美兮又俾躓頓而瘁沉遊凄落之宮圍兮詠先

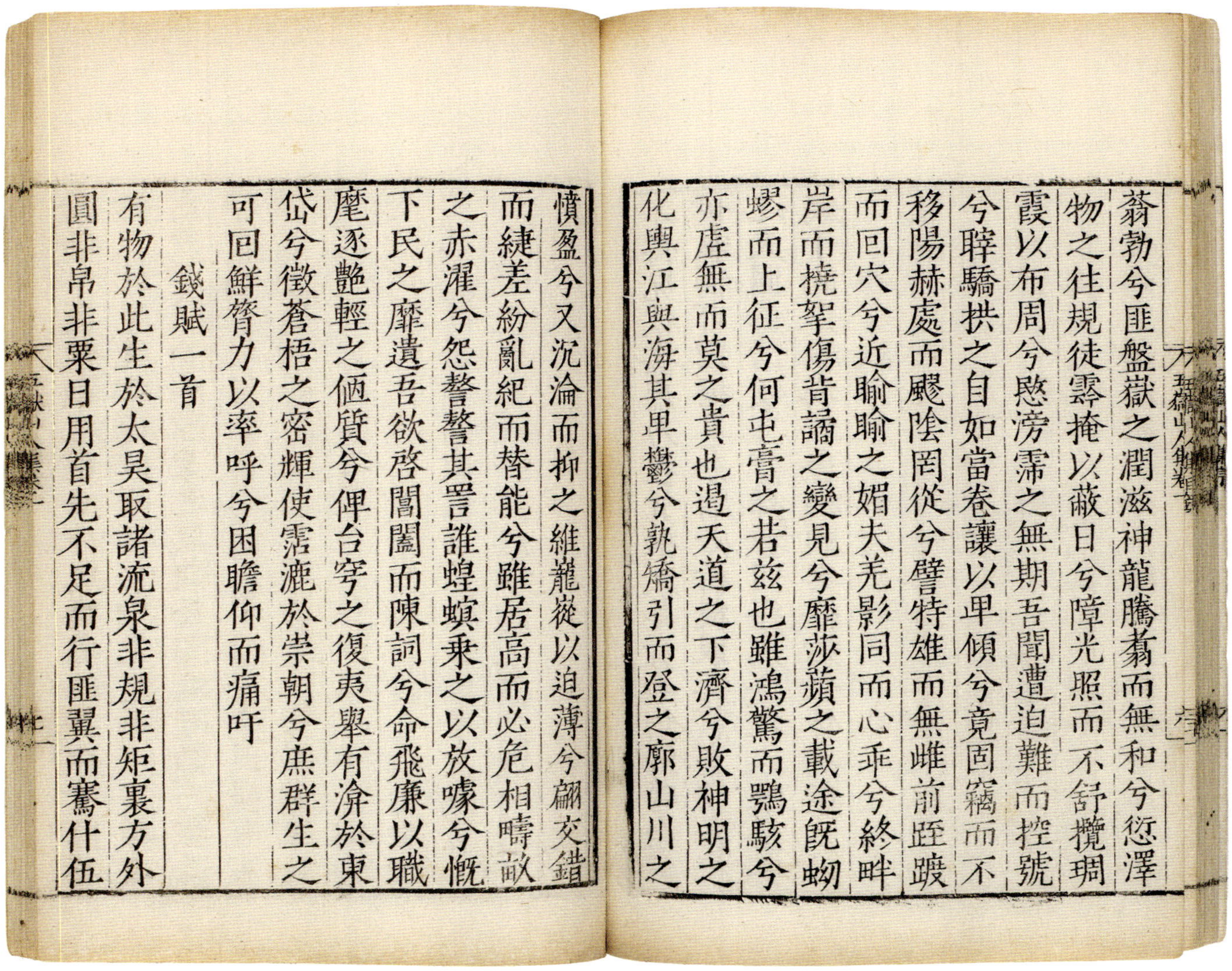
蓊勃兮匪盤嶽之潤滋神龍騰翥而無和兮慾澤物之往規徒雺掩以蔽日兮障光照而不舒攬珂霞以布周兮愍滂霈之無期吾聞遭迫難而控號兮驊騮拱之自如當卷讓以畢傾兮竟固竊而不移陽赫處而飈陰罔從兮譬特雄而無雌前跮踱而回穴兮近貐貐之媚夫羌影同而心乖兮終畔岸而撓挐傷背譎之變見兮靡莎蘋之載途既蚴蟉而上征兮何屯膏之若茲也雖鴻鷩而鷫駿兮亦虛無而莫之貴也過天道之下濟兮敗神明之化與江與海其卑鬱兮孰矯引而登之廓山川之憤盈兮又沉淪而抑之維龍從以迫薄兮翩交錯而緹差紛亂紀而替能兮雖居高而必危相疇敵之赤渥兮怨瞀瞀其詈誰蝗螟秉之以放噱兮慨下民之靡遺吾欲啓閶闔而陳詞兮命飛廉以職麾逐艷輕之佃貨兮俾台穹之復夷舉有濟於東岱兮徵蒼梧之密輝使霑漉於崇朝兮庶群生之可回鮮膂力以率呼兮困瞻仰而痛吁

錢賦一首
有物於此生於太昊取諸流泉非規非矩裏方外圓非帛非粟日用首先不足而行匪翼而騫什伍

参同契经文分节解三卷

明嘉靖姚汝循刻本

［东汉］魏伯阳撰，［元］陈致虚解

一函一册

版框：18.5cm×13.2cm

开本：23cm×14.8cm

半页10行，每行20字。白口，四周单边。书前有明嘉靖丙午（1546）杨慎序。

二级古籍，入选《陕西省珍贵古籍名录》，名录号：0548。

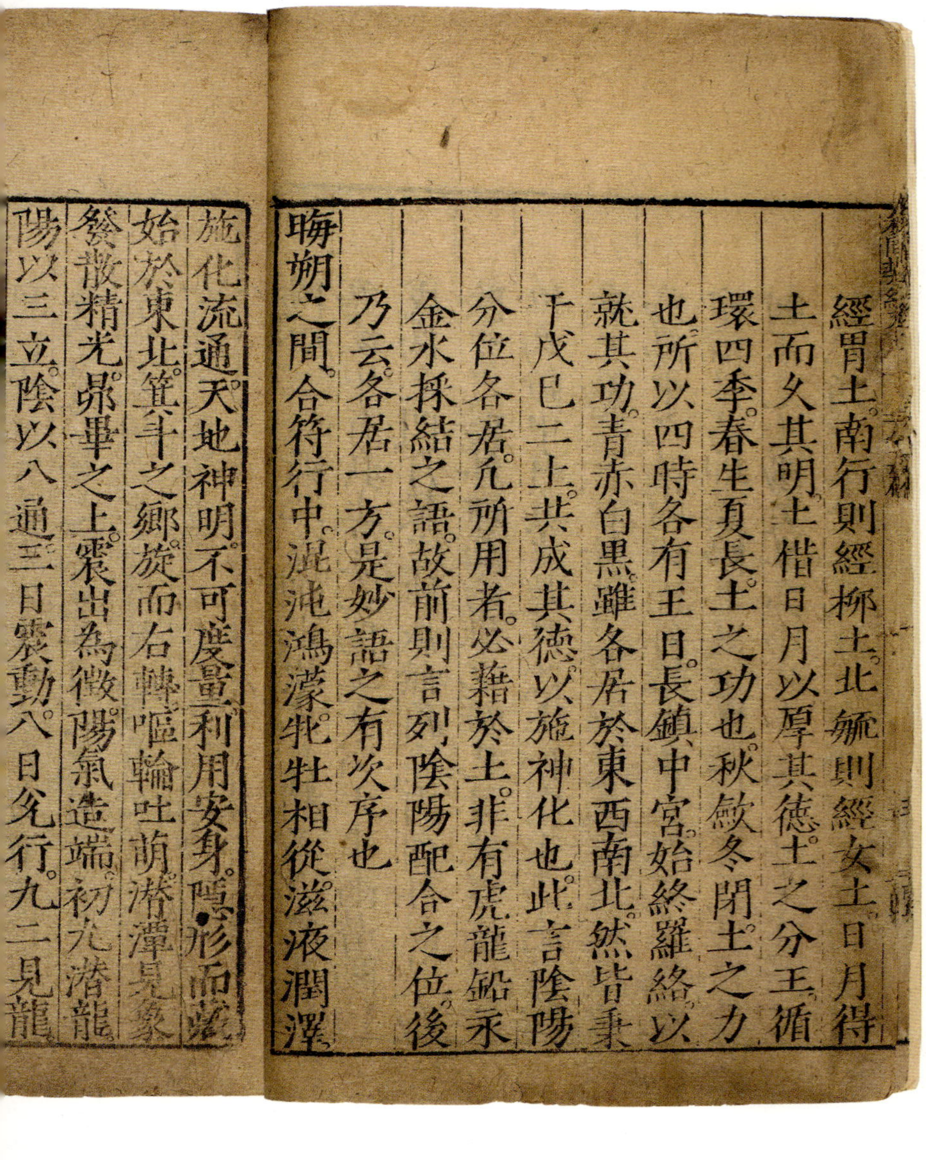
施化流通天地神明不可度量利用安身隱形而藏
始於東北箕斗之鄉旋而右轉嘔輪吐萌潛潭見象
發散精光昴畢之上震出為徵陽氣造端初九潛龍
陽以三立陰以八通三日震動八日兌行九二見龍

經胃土南行則經柳土北旋則經女土日月得
土而久其明土借日月以厚其德土之分王循
環四季春生夏長土之功也秋斂冬閉土之力
也所以四時各有王日長鎮中宮始終羅絡以
就其功青赤白黑雖各居於東西南北然皆稟
于戊巳二土共成其德以施神化也此言陰陽
分位各居凡所用者必藉於土非有虎龍鉛汞
金水採結之語故前則言列陰陽配合之位後
乃云各居一方是妙語之有次序也
晦朔之間合符行中混沌鴻濛牝牡相從滋液潤澤

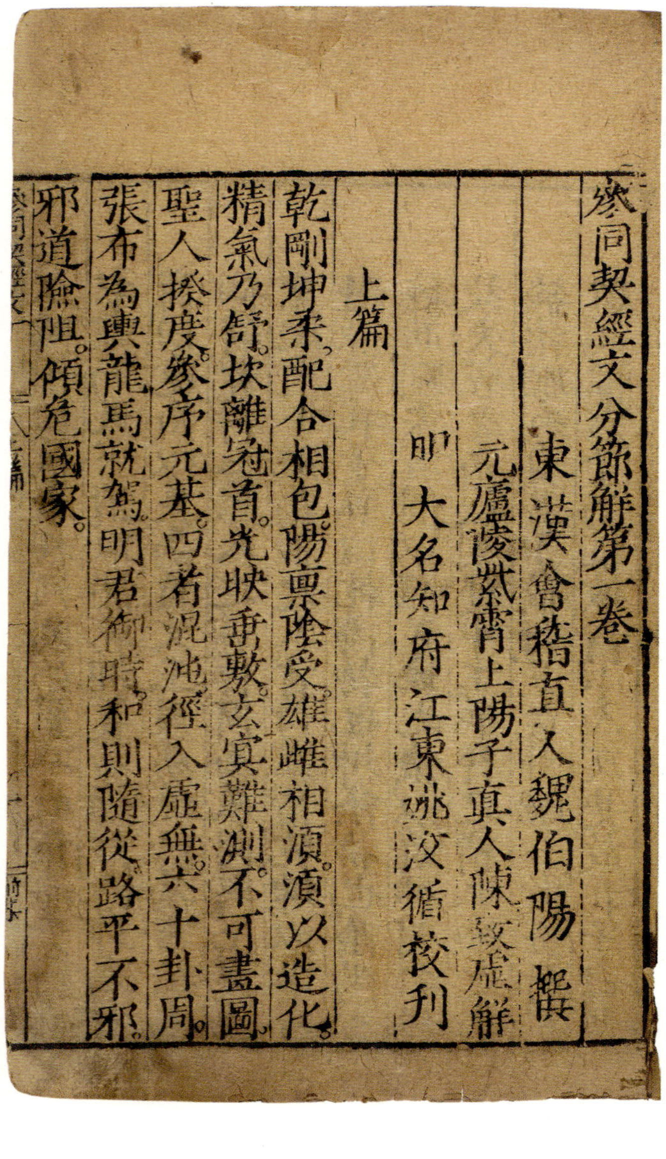
參同契經文分節解第一卷
東漢會稽真人魏伯陽 撰
元廬陵紫霄上陽子真人陳致虛解
明 大名知府江東姚汝循校刊
上篇
乾剛坤柔配合相包陽稟陰受雄雌相須須以造化
精氣乃舒坎離冠首光映垂敷玄冥難測不可畫圖
聖人揆度參序元基四者混沌徑入虛無六十卦周
張布為輿龍馬就駕明君御時和則隨從路平不邪
邪道險阻傾危國家

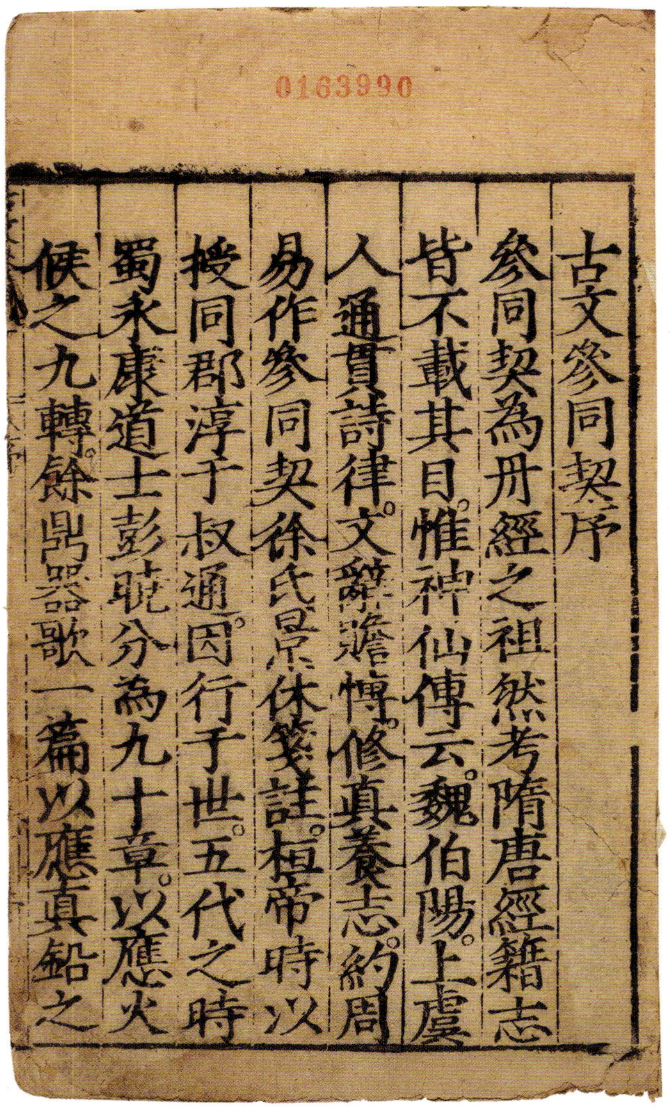

0163990

古文參同契序

參同契為丹經之祖然考隋唐經籍志皆不載其目惟神仙傳云魏伯陽上虞人通貫詩律文辭瞻博修真養志約周易作參同契徐氏景休箋註桓帝時以授同郡淳于叔通因行于世五代之時蜀永康道士彭曉分為九十章以應火候之九轉餘爲鼎器歌一篇以應真鉛之

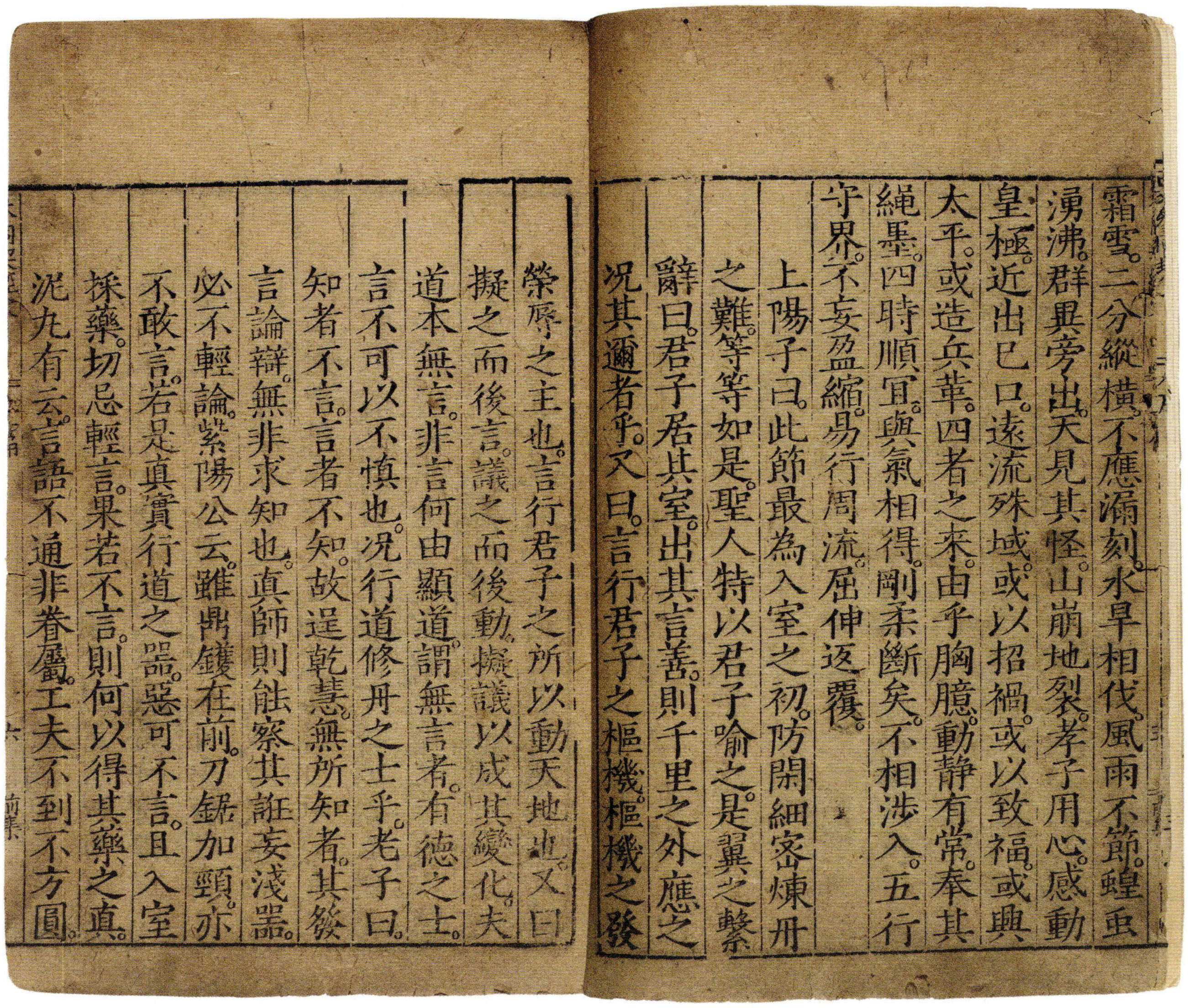

霜雪二分縱橫不應漏刻水旱相伐風雨不節蝗蟲湧沸群異旁出天見其怪山崩地裂孝子用心感動皇極近出己口遠流殊域或以招禍或以致福或興太平或造兵革四者之來由乎胸臆動靜有常奉其繩墨四時順宜與氣相得剛柔斷矣不相涉入五行守界不妄盈縮易行周流屈伸返覆

上陽子曰此節最為入室之初防閑細密煉丹之難等等如是聖人特以君子喻之是翼之繫辭曰君子居其室出其言善則千里之外應之況其邇者乎又曰言行君子之樞機樞機之發榮辱之主也言行君子之所以動天地也又曰擬之而後言議之而後動擬議以成其變化夫道本無言非言何由顯道謂無言者有德之士言不可以不慎也況行道修丹之士乎老子曰知者不言言者不知故逞乾慧無所知者其發言論辯無非求知也真師則能察其誑妄淺器必不輕論紫陽公云雖鼎鑊在前刀鋸加頸亦不敢言若是真實行道之器恐可不言且入室採藥切忌輕言果若不言則何以得其藥之真況九有云言語不通非眷屬工夫不到不方圓

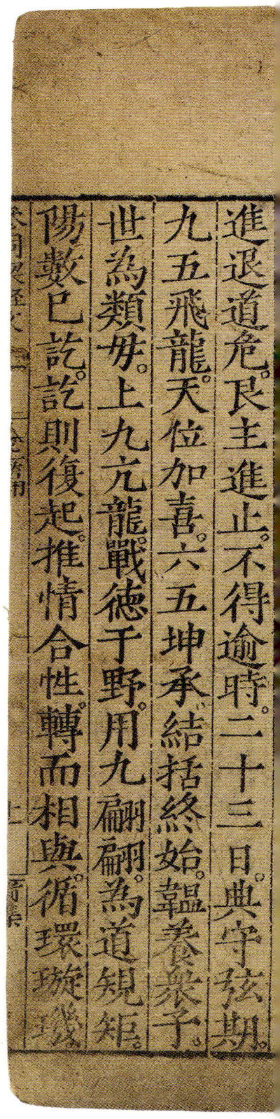

進退道危艮主進止不得逾時二十三日典守弦期九五飛龍天位加喜六五坤承結括終始韞養衆子世為類母上九亢龍戰德于野用九翩翩為道規矩陽數已訖訖則復起推情合性轉而相與循環璇璣

郑端简公吾学编六十九卷

明隆庆元年（1567）郑履淳刻本

［明］郑晓撰

二函二十册

版框：18.5cm×13.8cm

开本：26.8cm×15.4cm

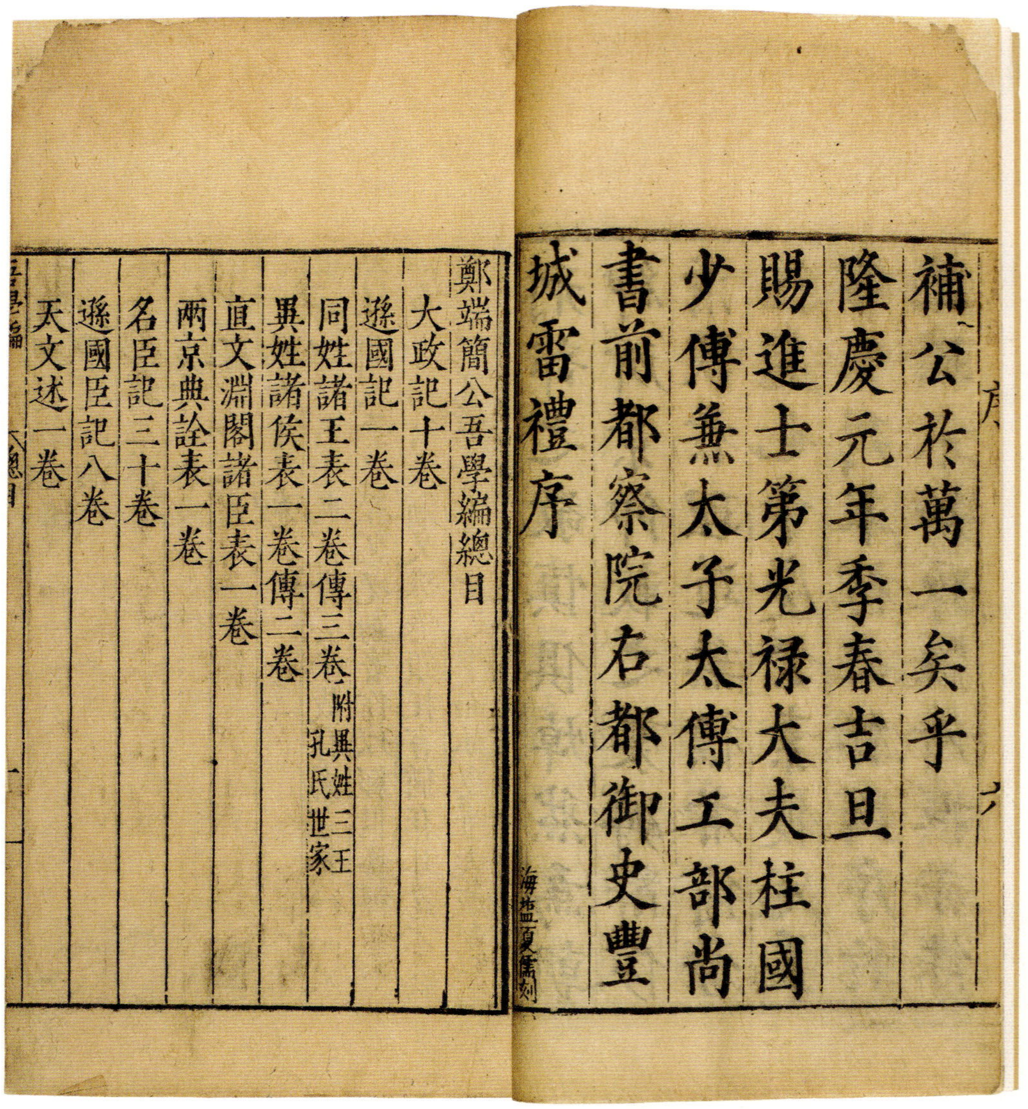

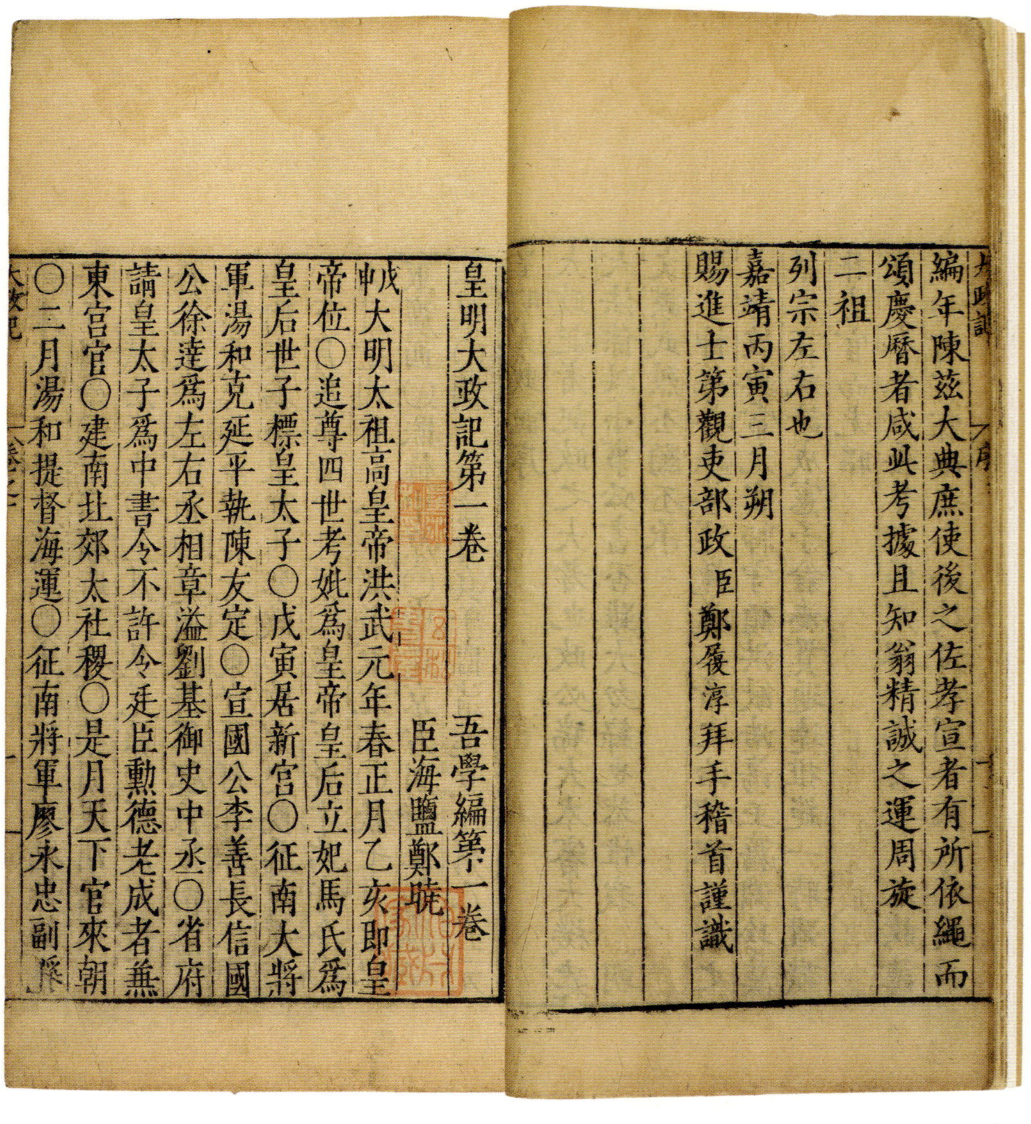

半页10行，每行19字。白口，左右双边，单白鱼尾。书前有明隆庆元年（1567）雷礼序、郑履淳序、郑履准序。卷首钤有『伯渊家藏』朱文方印、『五松书屋』半白半朱方印、『星衍私印』白文方印。清代学者孙星衍旧藏。

二级古籍，入选《陕西省珍贵古籍名录》，名录号：0123。

吾學編序

自昔人第立言與立德立功為三不朽於是誦法孔子者知所以修詞矣然言不足以明性道紀典故凡窮年取楚騷漢文唐律

郑端简公征吾录

二卷

明隆庆间（1567—1572）郑履淳刻本

［明］郑晓撰

一函二册

版框：18.7cm×14cm

开本：25.8cm×17.5cm

半页10行，每行19字。白口，左右双边，单白鱼尾。书前有明嘉靖四十五年（1566）郑晓子履淳序、明隆庆元年（1567）雷礼序。

二级古籍，入选《陕西省珍贵古籍名录》，名录号：0125。

郑端简公徵吾録敍

吾學編者取孔子従周之義蓋士名博古事

今則未也惟吾翁之學能無之翁既輯是編而

猶未詳意猶未盡則又川分條析為今言三百四

十餘首又即二書撮其大且要者究本末窮源委

列徵吾錄不上下卷但據已然直書而經制籌略昭

然在局如彼行路此康莊指南矣愚嘗讀蔡中

郎獨斷詞義紀述皆無甚異酒傳千數百年未泯

昔人謂買生通達國體生會其精英以策治安餘

蘊復見新書愚竊疑新書非誼筆也胡出一人而

徵吾録又

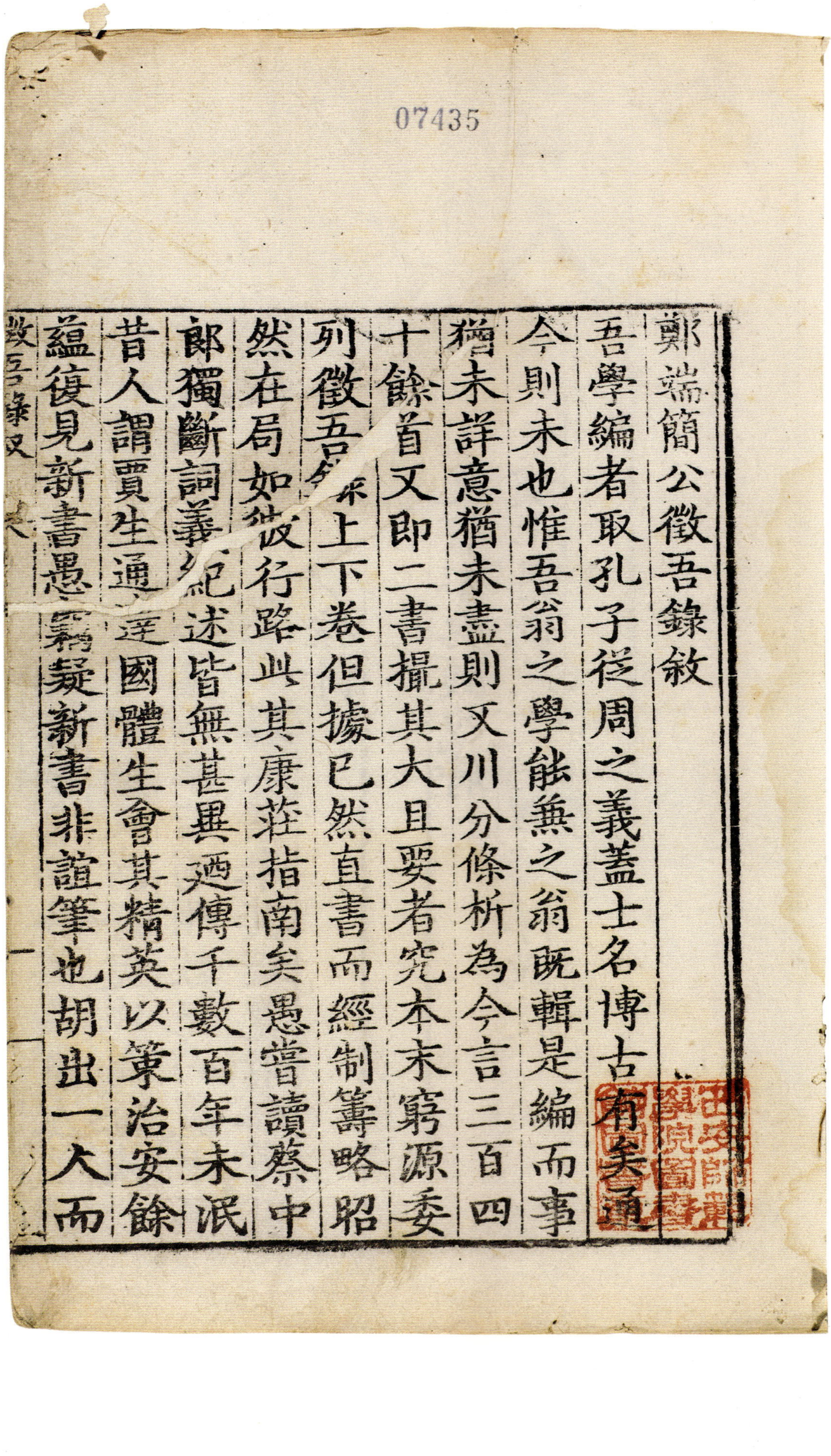

瑜瑕若是吾以三編皆今書而各其名實左之國
語錯出僉奇豈新書獨斷及諸野史比翁每談
昭代明謚周悉繫鑿示掌若燭照數記而龜卜無
忒者是錄僅三十一篇亦槩舉其端覽者參考引
伸衍竟、全史以按討
國是丕贊
中興翁之書不與顯哉時
嘉靖丙寅七月既望進士鄭履淳謹敘

鄭端簡公徵吾錄目錄

上卷

孝陵　長陵　獻陵
景陵　裕陵　景皇
茂陵　太陵　康陵
顯陵　仁皇后　恭讓后
懿文太子　懷獻太子　諸王
平漢　平吳　平胡
平蜀　平雲南

下卷

征胡　谷庶人　漢庶人
寧庶人　安化庶人　哈密
兀良哈　平流賊　逆瑾
北虜　齊庶人

目錄終

鄭端簡公徵吾錄上卷

臣海鹽鄭曉

孝陵

高皇帝濠州鍾離東鄉人本顓頊後封邾子孫去邑爲朱鍾離之朱世居沛徙句容句容族益大高曾累世積仁厚隱約田里宋季大父徙渡淮居泗濱父世珍又徙鍾離母陳生四子　上最少　上生亦光滿室里中入皆見朱氏盧有光屬天夜起呼朱氏且火起及至無有也舍傍故有二郎神廟是夕東北徙百餘步空中聞人言亟徙去朱氏未

洪武正韵十六卷

明万历三年（1575）司礼监刻本
[明]乐韶凤、宋濂等撰
一函十六册
版框：22.1cm×14.6cm
开本：27.8cm×18.2cm

半页8行，每行字数不等，小字双行不等。大黑口，四周双边，双黑鱼尾。书前有宋濂序。序首钤有『子极』白文圆印、『修直藏书』朱文方印，卷首钤有『修直藏书』朱文方印、『西谿藏书』朱文长方印、『□云轩』白文方印。

二级古籍，入选《陕西省珍贵古籍名录》，名录号：0085。

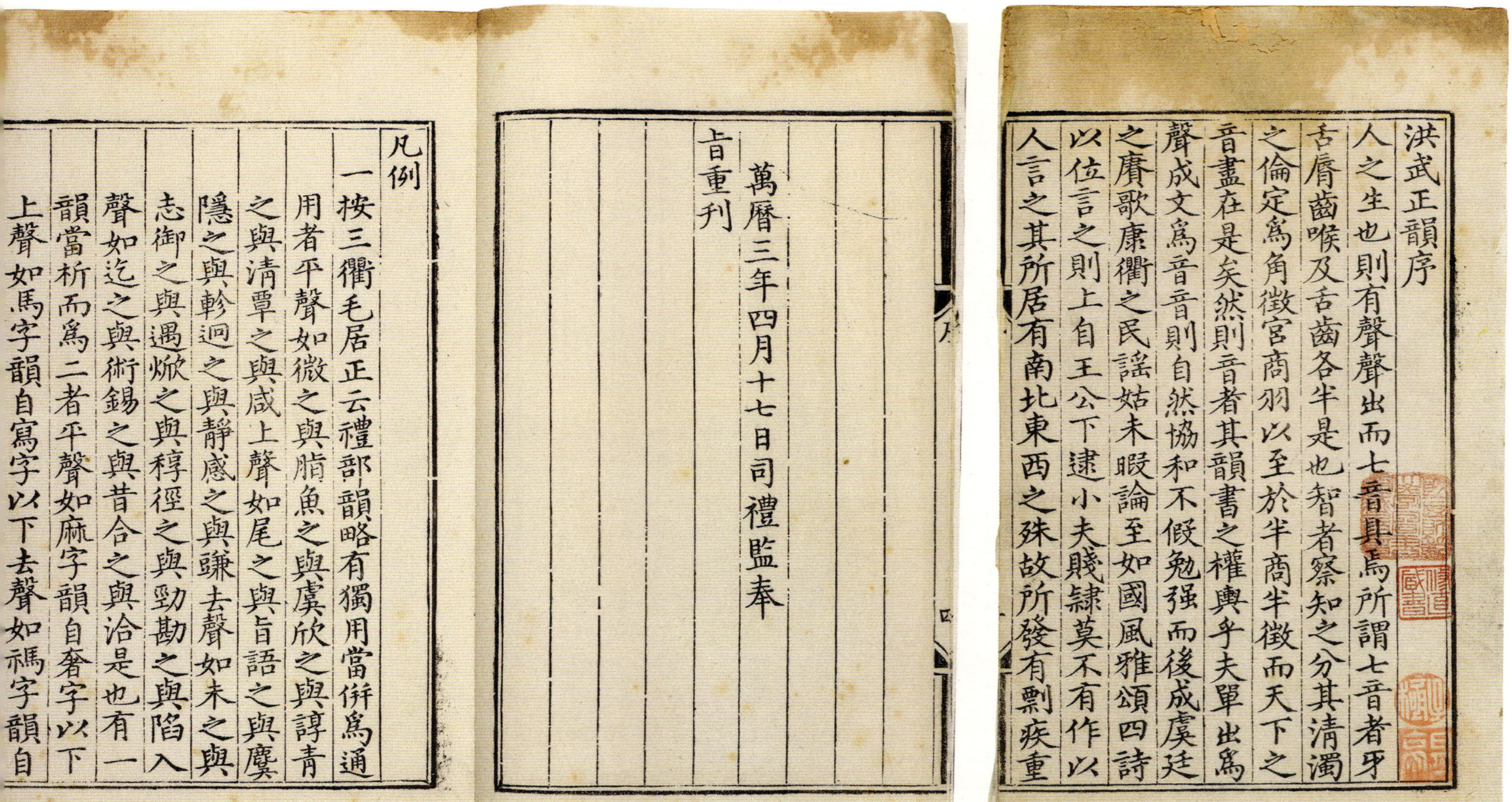

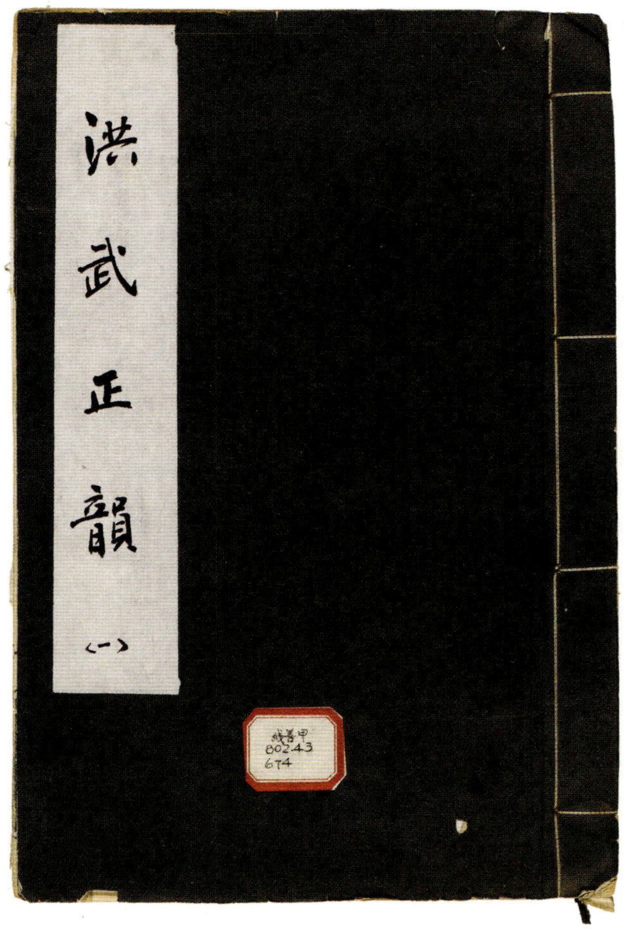
洪武正韻 (一)

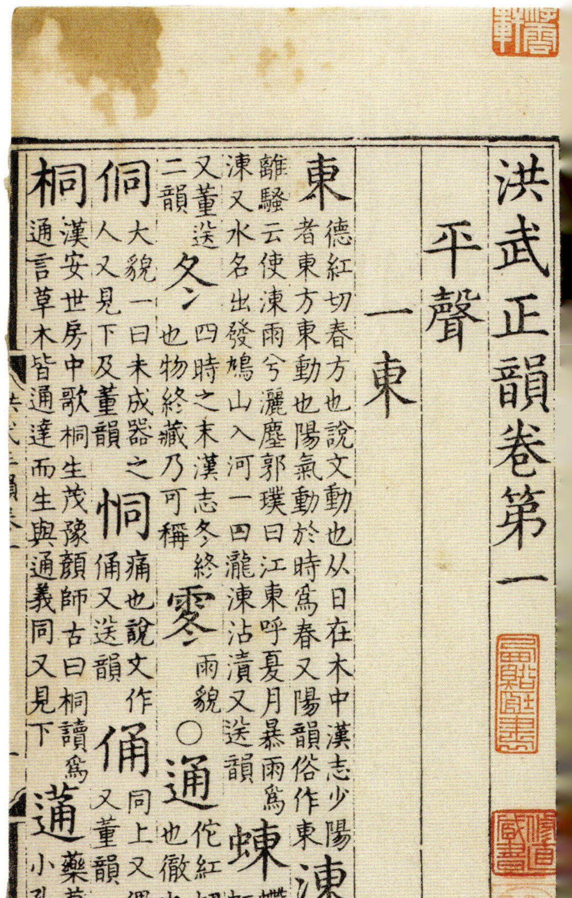
洪武正韻卷第一

平聲

一東

東 德紅切春方也說文動也从日在木中漢志少陽者東方東動也陽氣動於時爲春又陽韻俗作东 涷 暴雨離騷云使涷雨兮灑塵郭璞曰江東呼夏月暴雨爲涷又水名出發鳩山入河一曰瀧涷沾漬又送韻 蝀 螮蝀虹也又董送二韻 冬 四時之末漢志冬終也物終藏乃可稱 零 雨貌 ○通 佗紅切達也徹也 侗 大貌一曰未成器之人又見下及董韻 恫 痛也說文作恫又送韻 俑 同上又偶人又董韻 桐 漢安世房中歌桐生茂豫顏師古曰桐讀爲通言草木皆通達而生與通義同又見下 蓪 藥草有小孔通

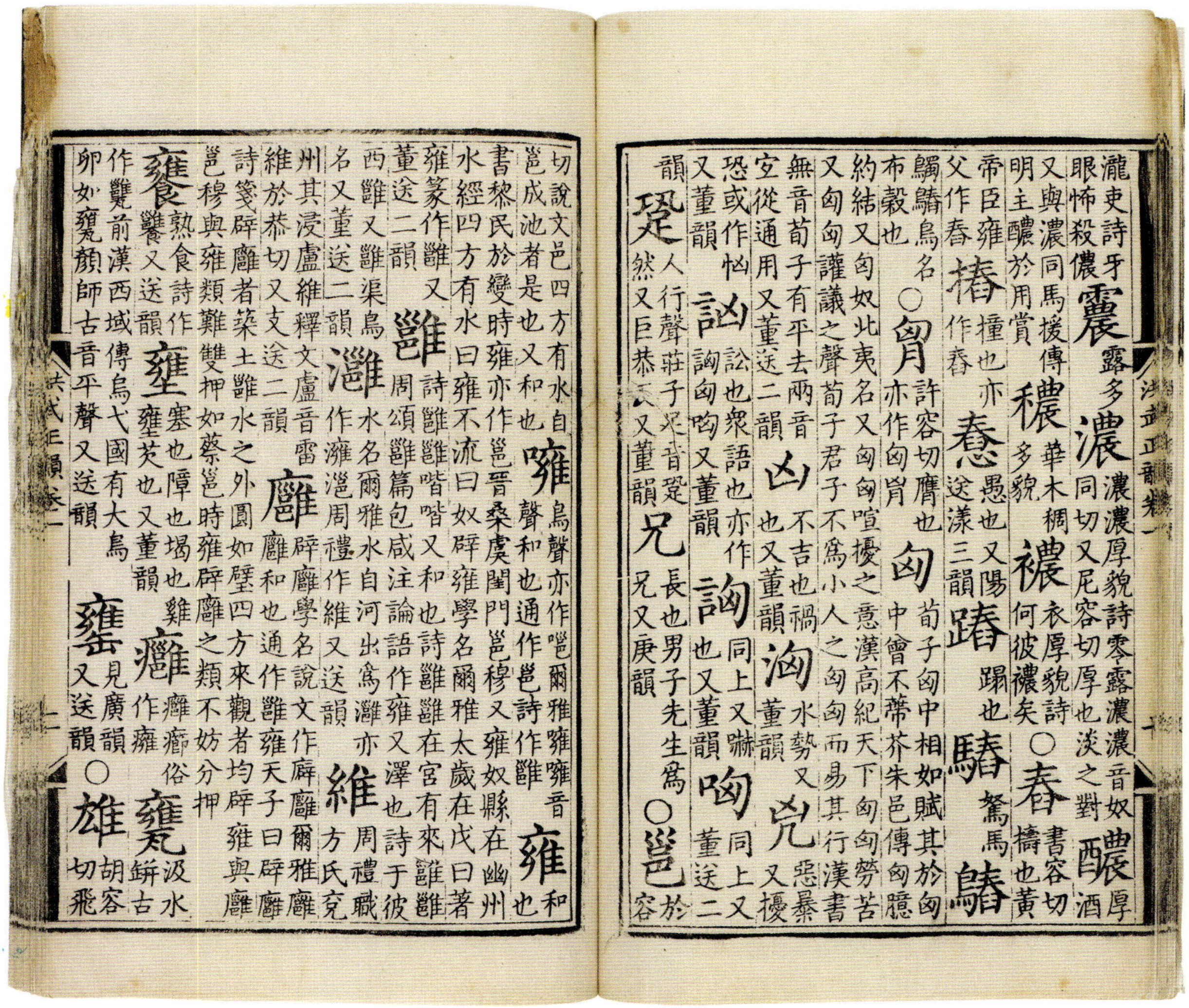
瀧吏詩牙眼怖殺儂 䨚 露多 濃 濃濃厚貌詩零露濃濃音奴同切又尼容切厚也淡之對 醲 厚酒又與濃同馬援傳明主醲於用賞 穠 華木稠多貌 襛 衣厚貌詩何彼襛矣 ○舂 書容切擣也黃帝臣雍父作舂 樁 橦也亦作舂 惷 愚也又陽送漾三韻 踳 踊也 [illegible] 鶩馬 鰆 [illegible]鷛鳥名布穀也 ○胷 許容切膺也亦作匈肖 匈 荀子匈中相如賦其於匈中會不蔕芥朱邑傳匈臆約結又匈奴北夷名又匈匈喧擾之意漢高紀天下匈匈勞苦又匈匈讙議之聲荀子君子不爲小人之匈匈而易其行漢書無音荀子有平去兩音空從通用又董送二韻 凶 不吉也禍也又董韻 洶 水勢又董韻 兇 惡暴又擾恐或作悩又董韻 訩 訟也衆語也亦作詾匈哅又董韻 詾 同上又嚇也又董韻 哅 同上又董送二韻 跫 人行聲莊子足音跫然又巨恭切又董韻 兄 長也男子先生爲兄又庚韻 ○邕 於容切說文邑四方有水自邕成池者是也又和也 嗈 鳥聲亦作噰爾雅雝雝音聲和也通作邕詩作雝 雍 和也書黎民於變時雍亦作邕晉桑虞閨門邕穆又雍奴縣在幽州水經四方有水曰雍不流曰奴辟雍學名爾雅太歲在戊曰著雍篆作雝又董送二韻 雝 詩雝雝喈喈又和也詩雝雝在宮有來雝雝周頌雝篇包咸注論語作雍又澤也詩于彼西雝又雝渠鳥名又董送二韻 灉 水名爾雅水自河出爲灉亦作灉澭周禮作維又送韻 維 周禮職方氏兗州其浸盧維釋文盧音雷維於恭切又支送二韻 廱 辟廱學名說文作廦廱爾雅廱和也通作雝雍天子曰辟廱詩箋辟廱者築土雝水之外圓如璧四方來觀者均辟雍與廱邕穆與雍類難雙押如蔡邕時雍辟廱之類不妨分押 饔 熟食詩作饔又送韻 壅 塞也障也塌也雝壅芺也又董韻 癰 癰瘡俗作癕 甕 汲水餅古作甕前漢西域傳烏弋國有大鳥卵如甕顏師古音平聲又送韻 罋 見廣韻又送韻 ○雄 胡容切飛

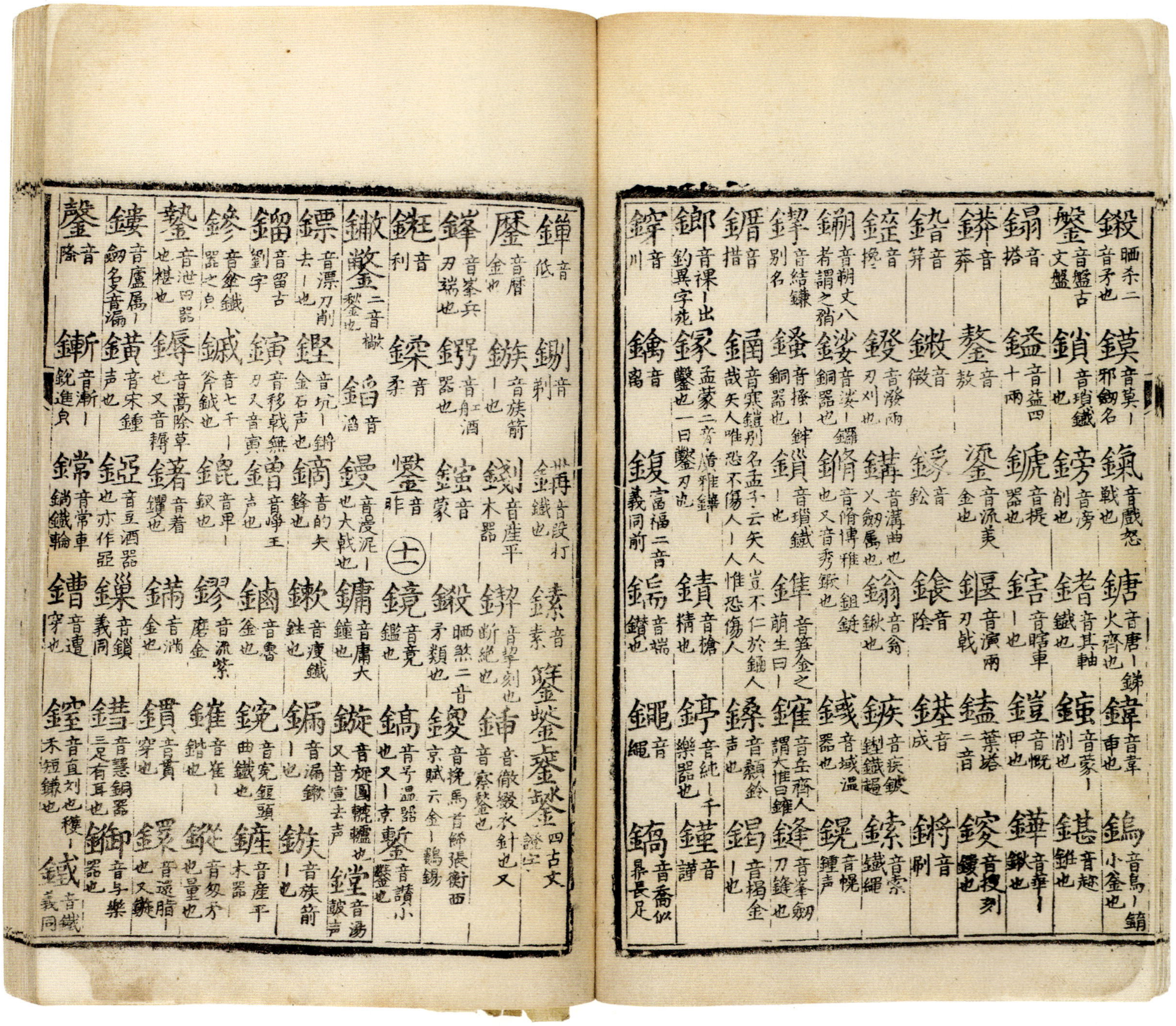

新校经史海篇直音五卷

明万历三年（1575）司礼监刻本
不著撰者
二函十二册
版框：23.7cm×16.7cm
开本：30.7cm×19.8cm

半页11行，每行字数不等，小字双行不等。单黑口，四周双边，单黑鱼尾。书前有『背篇列部之字』。

三级古籍，入选《陕西省珍贵古籍名录》，名录号：0435。

背篇列部之字

亭 音停在高部　我 音俄上聲在戈部　戩 音足在戈部　武 音武在戈部　戈 音斗在戈部　戔 音升在戈部

亳亳 二音博在高部　㚓 音韋在交部　㢧 音雟在弓部　㢱 音局在弓部　㢴 音垂在弓部

㚘 音夷在弓部　巠 音經在工部　屰 音逆在干部　平 音憑在干部　甚 音深去聲在甘部　市 音是在冂部

㠯 音以在已部　廿 音疾在甘部　丑 音芻在彐部　内 音餒去聲在冂部　兩 音梁上聲在冂部　匕 音叫在斗部

華 音誇在垂部　癸 音癸在癸部　由 音笛在甲部　甲 音押在甲部　王 音已在已部　堇 音瑾在堇部

奉 音俸在廾部　㡯 音局在丮部　𩐁 音古在革部　巩 音拱在丮部　𢽬 音載在丮部　孰 音熟在丮部

埶 音藝在丮部　容 音遜在谷部　叡 音郗在谷部　命 音名去聲在口部　含 音寒在口部　咼 音匯在口部

哀 音埃在口部　各 音答在口部　囟 音曲在曲部　知 音知在口部　哉 音灾在口部　𠱠 音叨在曲部

乃 音曲在曲部　𦥯𦥯 二音到在臼部　琴 音琴在琴部　𨷖 古文琴字在琴部　卯 音四古文在丣部

奠 音佃在丌部　臽 音坎在臼部　畀 音庇在丌部　顨 音巽在丌部　言 音言古文在言部　競 音敬在言部

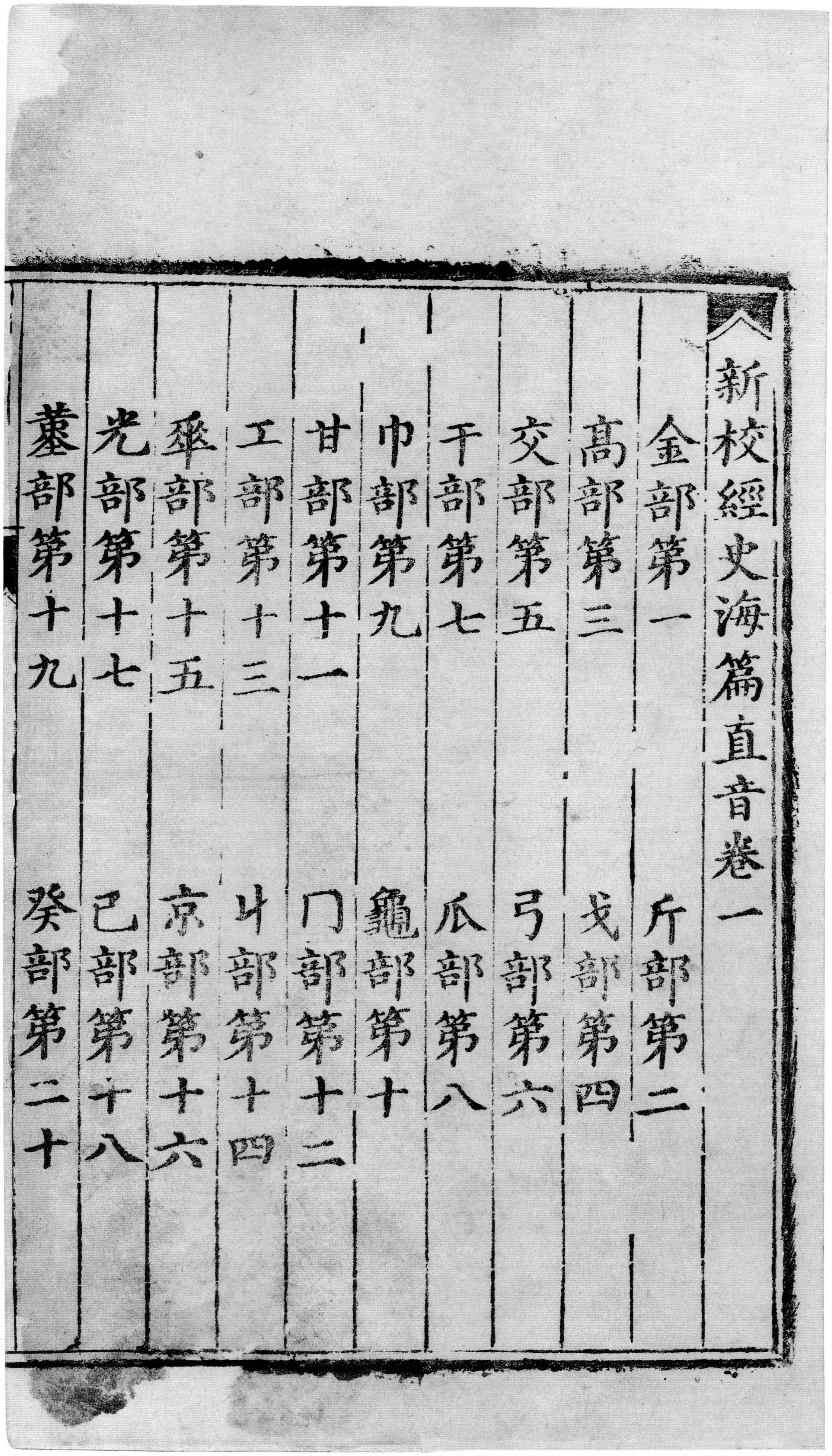

新校經史海篇直音卷一

金部第一　斤部第二
高部第三　戈部第四
交部第五　弓部第六
干部第七　瓜部第八
巾部第九　龜部第十
甘部第十一　门部第十二
工部第十三　斗部第十四
巫部第十五　京部第十六
光部第十七　己部第十八
蕫部第十九　癸部第二十

新校經史海篇直音卷一

金部第一　凡一千三十一字

金 音今五色丨也　針 音鍼義同　鉽 音弋鼎耳外也　釜 音付鍑屬　釤 音山大鎌也　釧 音串釵丨也

釘 音丁鉄丨也　釚 音求弩牙　釶 音披箭也　釩 音范拂也　釨 音子剛也　釥 音悄美金也

釲 音死金子也　釟 音八治金也　釛 音劾金也　釙 音潑金針也　釞 音的鈷也　釬 音漢臂鎧也

釭 工江二音車丨也　釣 音弔丨魚也　釵 音差笄也　鈦 音大鉗也　釨 音結鉤丨也　釦 音口金飾器口

釳 音迄鉄孔　釫 音華丨鏊也又音胡　釪 音于樂器也　釗 音求弩機　鈤 音日鈍也　釕 音刁上声

釖 音刀　釮 音肘　鈍 音頓頑也　鈍 同上　釓 音乱俗作　釳 音吸孔也鈌

釓 音旧弩牙　釺 音齊利也又音𨧝字　（四）　鈕 音紐印鼻也　鈀 音巴候車也　鈁 音方鐘也

鈞 鋆 音均三十斤也同上　鈒 薩色二音鋌也　鈇 夫斧二音剉斫刀也　鈔 音抄去声强取也　鈌 音決剌也

鈋 音訛削也　鈑 音板餅金也　鈊 音心金名又音沁　鈉 音納打鉄也　鈅 音月兵器也　鈠 音役器也

大明会典二百二十八卷

明万历十五年（1587）司礼监刻本

［明］申时行等重修

八函四十册

版框：22.8cm×15cm

开本：27cm×17.4cm

半页10行，每行20字。白口，四周单边，单黑鱼尾。书前有明弘治十五年（1502）《御制大明会典序》、明正德四年（1509）《御制重修大明会典序》、明万历十五年（1587）《御制大明会典序》，历次纂修敕谕、进表、凡例等对该书续修始末有所记载。

二级古籍，入选《陕西省珍贵古籍名录》，名录号：0480。

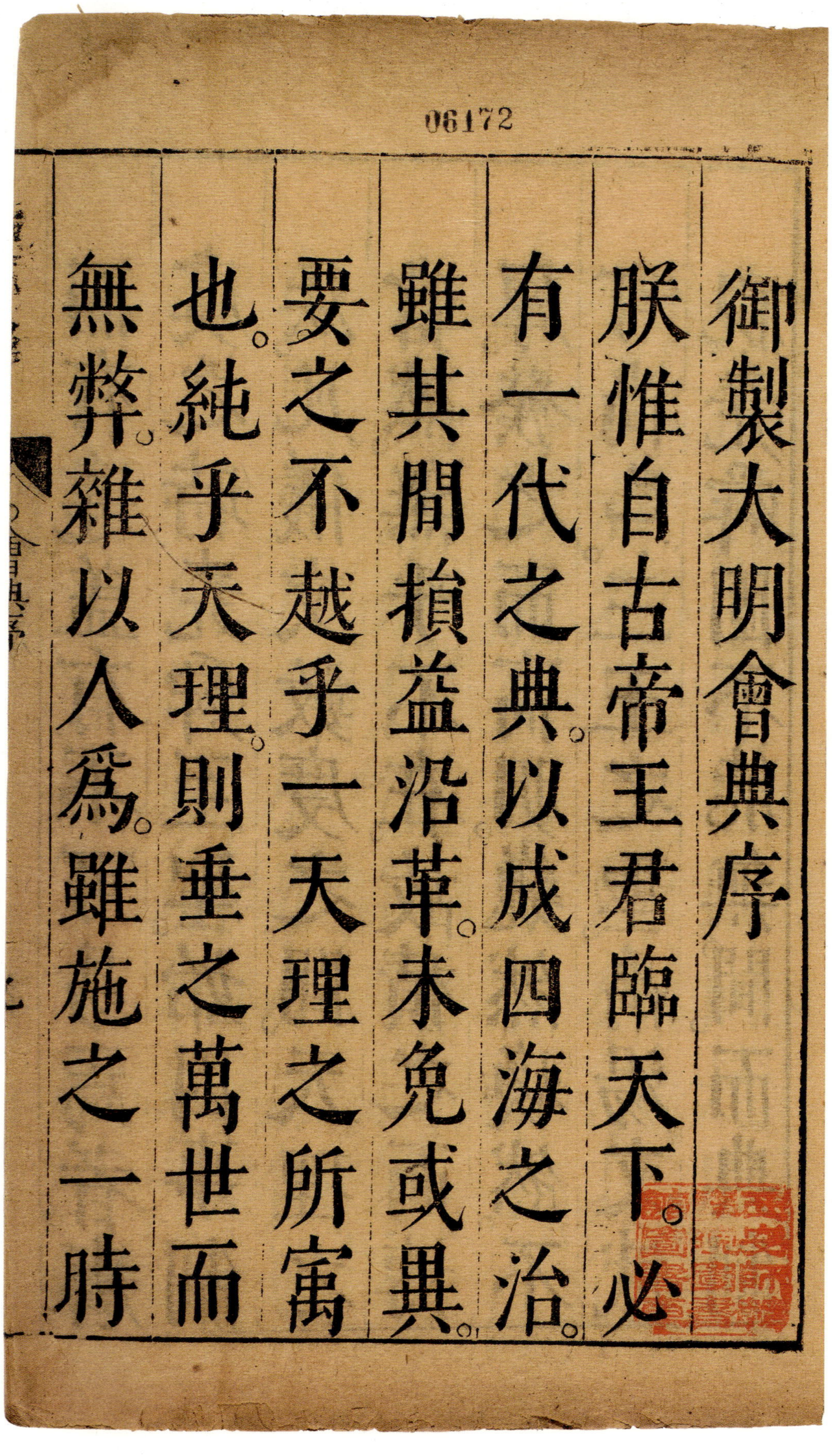

06173

大明會典卷之一　　宗人府

文職衙門

宗人府

國初置大宗正院。秩正一品。洪武二十二年。改爲
宗人府。設宗人令。左右宗正。左右宗人。掌
皇九族之屬籍。以時修其
玉牒。書宗室子女嫡庶名封生卒婚嫁謚葬之事。
凡
宗室有所陳請。即爲
上聞。聽

皇帝勅諭內閣

朕嗣承丕緒。以君萬邦。遠稽古典。近守
祖宗成法。夙夜祇懼。罔敢違越。惟我
太祖高皇帝。創業定制。所以爲子孫計者至矣
御製諸書。連篇累帙。宏綱衆目。極大而精。隨制隨改
靡有寧底。後所施行。未盡更定。迨我
太宗文皇帝。繼正大統。益弘遠圖。
列聖相承。至于
皇考。皆因時制宜。或損或益。蓋有不得不然者。期不
失乎

官制

國朝建官。初置中書省。設左右丞相等官。其屬有
四部。分治錢穀禮儀刑名營造之務。洪武元年
始置吏戶禮兵刑工六部。秩正三品。設尚書侍
郎等官。仍屬中書省。十三年。革中書省。罷丞相
戒後世
嗣君毋得復設丞相。有敢建言請復者。罪至族。語具
祖訓中。乃陞六部爲正二品衙門。自是中書之政。分
於六部。彼此頡頏。不敢相壓。事皆
朝廷總之。其餘院司府寺監等官。莫不體統相維
品式具備。革除年。稍有變更。永樂初。悉復舊。因
陞北平爲北京。總置行部。後遷都。分置各稱行
在。十八年。定都北京。除行在字。其舊在南京者
加南京字。洪熙元年。復稱行在。宣德三年。革行
部。正統六年。復除行在字。遂爲定制。嗣後兩京
各衙門官職並置。繁簡隨宜。間或因事損益。然
祖宗之舊具列於後
建置皆本

京官

太師　太傅　太保

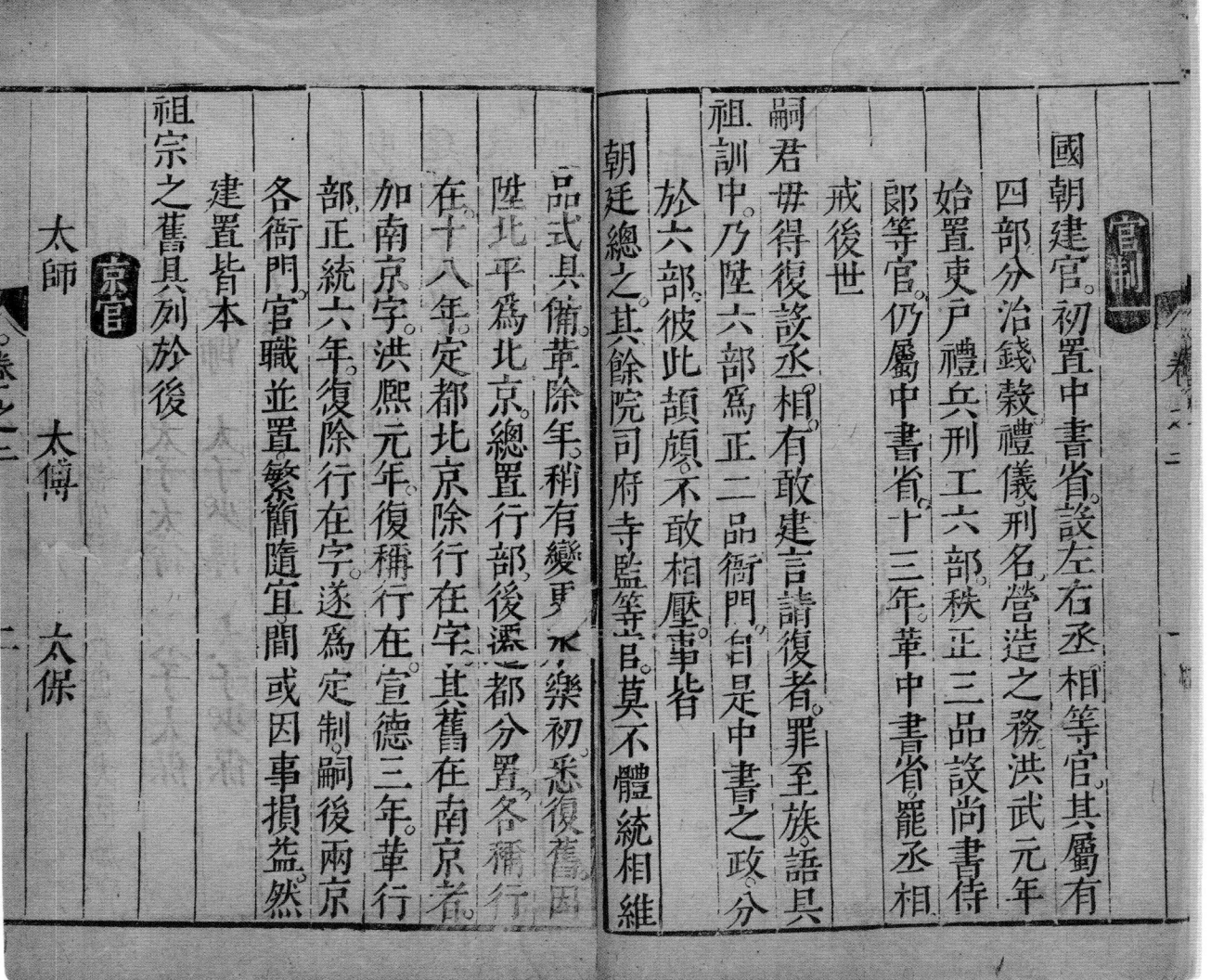

庄子翼八卷

明万历十六年（1588）焦竑刻本，黑格旧抄补配
［明］焦竑辑
一函八册
版框：19.8cm×13.5cm
开本：25cm×15.8cm

半页10行，每行20字，小字双行不等。白口，左右双边，单黑鱼尾。书前有万历戊子（1588）八日焦竑序、万历戊子清明日王元贞序、康有为题记。书中钤有『康有为』朱文方印、『御赐天存堂』朱文长方印、『南海康有为更生珍藏』朱文方印。

存卷一、二、七、八。

二级古籍，入选《国家珍贵古籍名录》，名录号：04990。

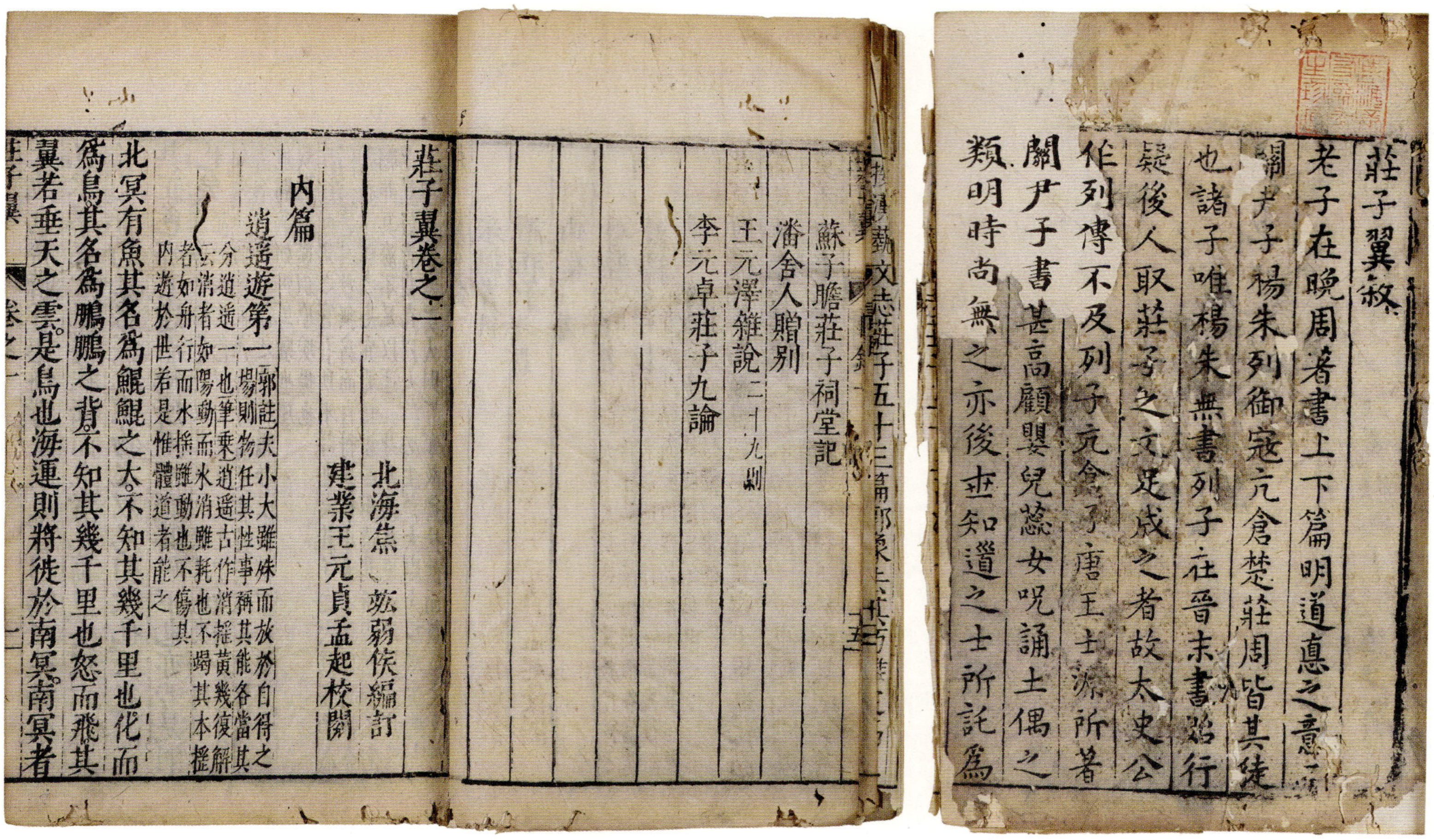

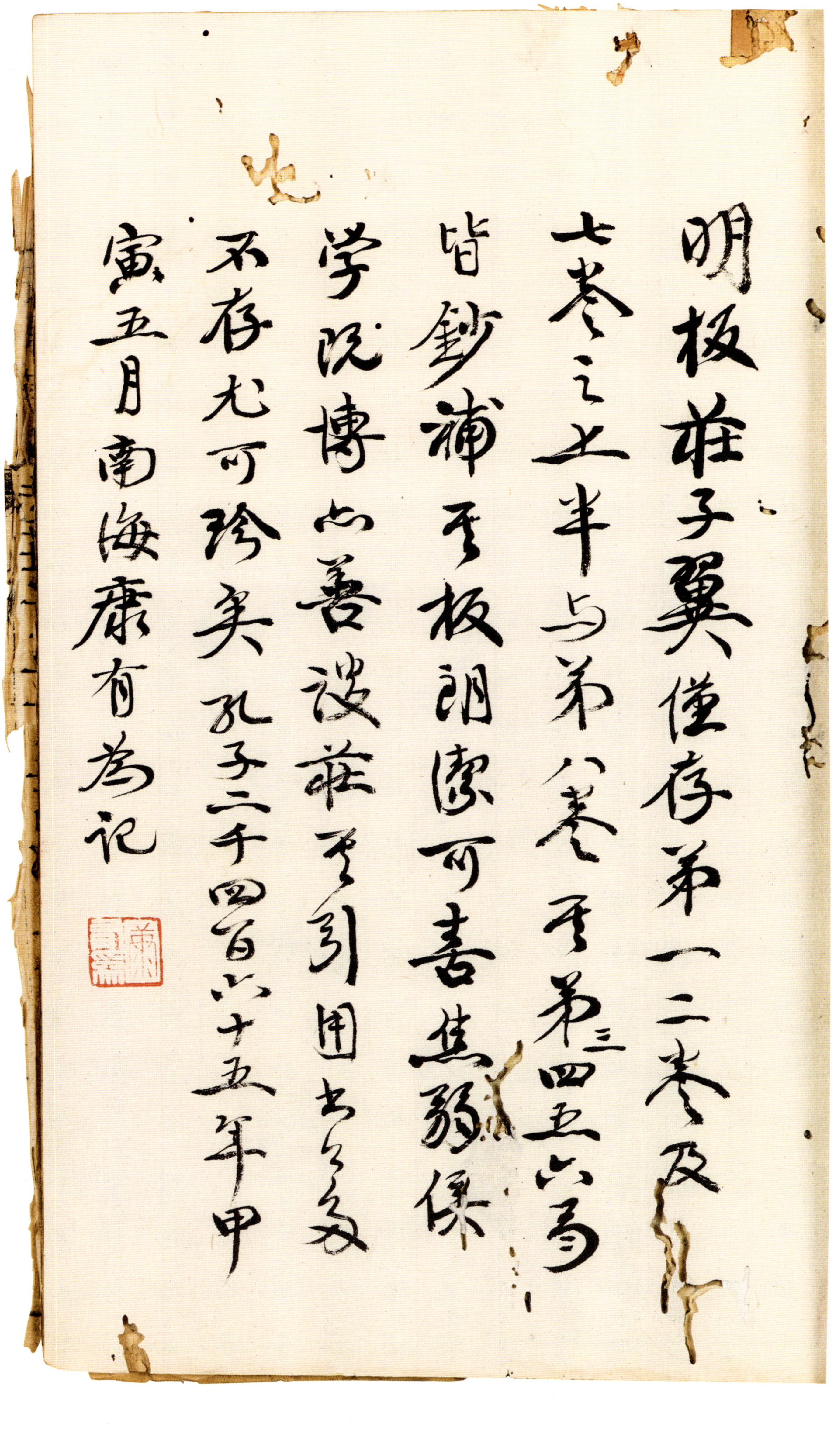
明板莊子翼僅存第一二卷及
七卷之上半与第八卷至第三四五六為
皆鈔補至板明潔可喜焦弱侯
學說博而善談莊至引用古書多
不存尤可珍矣 孔子二千四百六十五年甲
寅五月南海康有為记

泊如斋重修宣和博古图录三十卷

明万历十六年（1588）泊如斋刻本
［北宋］王黼等撰，［明］丁南羽等绘
二函十六册
版框：24.6cm×15.6cm
开本：27.2cm×17cm

半页8行，每行17字。白口，四周单边，单白鱼尾。书前有明万历戊子（1588）程士庄序。
三级古籍，入选《陕西省珍贵古籍名录》，名录号：0481。

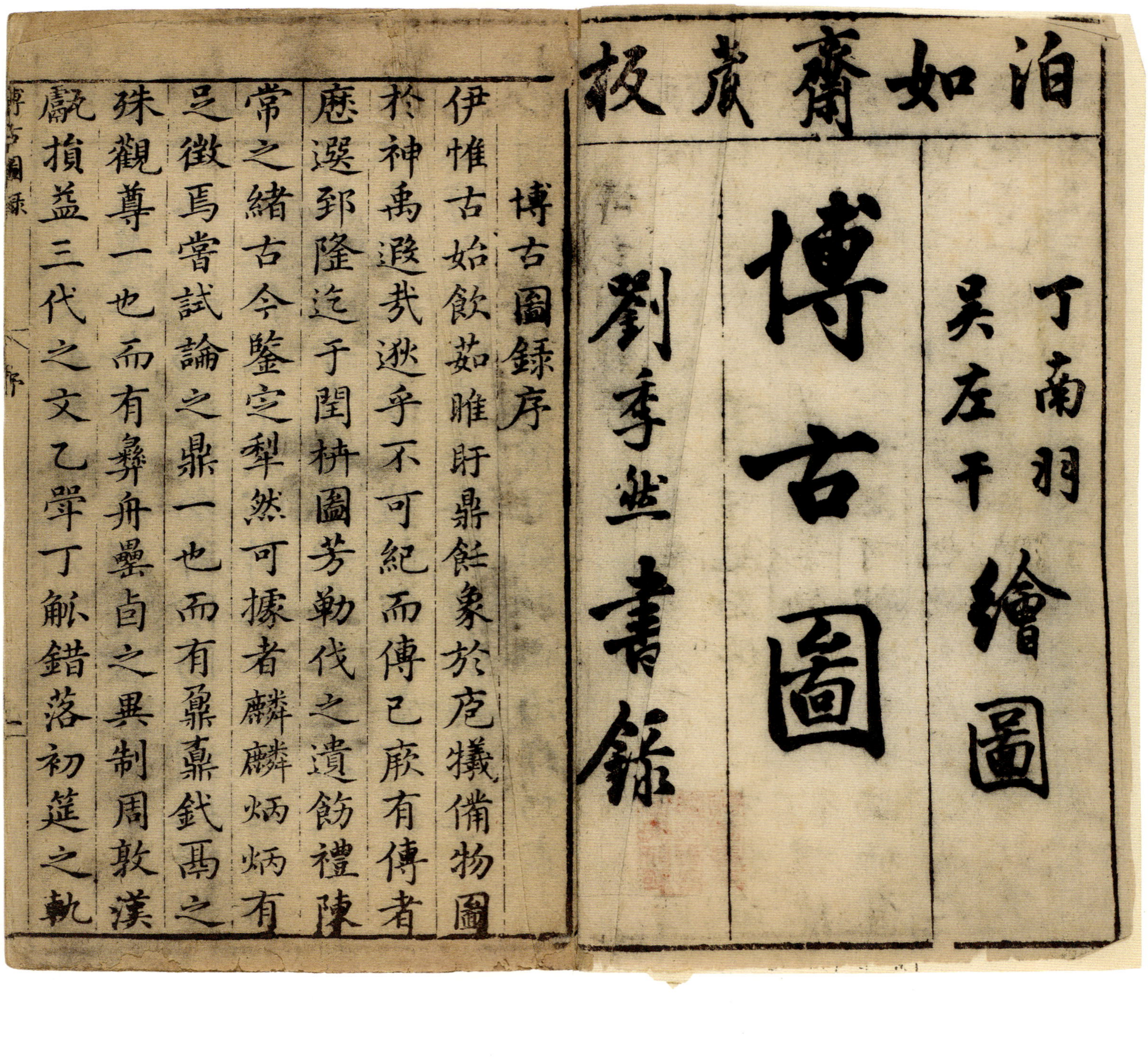

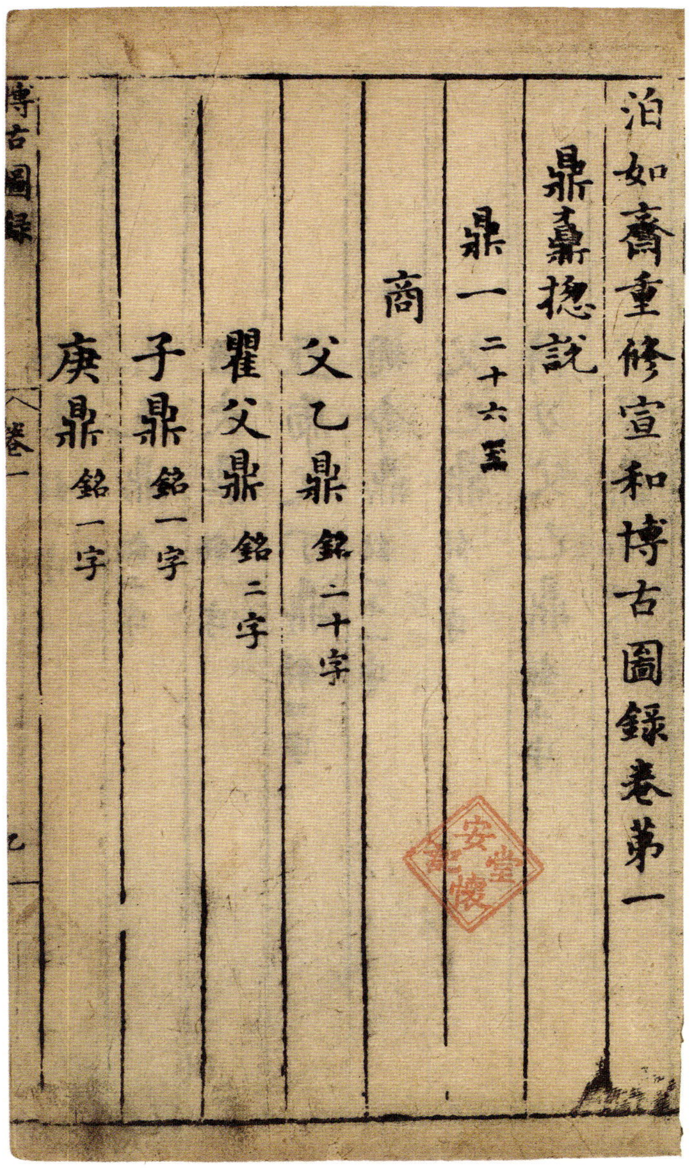
泊如齋重修宣和博古圖録卷第一
鼎鼒揔説
鼎一 二十六器
商
父乙鼎 銘二十字
瞿父鼎 銘二字
子鼎 銘一字
庚鼎 銘一字
博古圖録 卷一

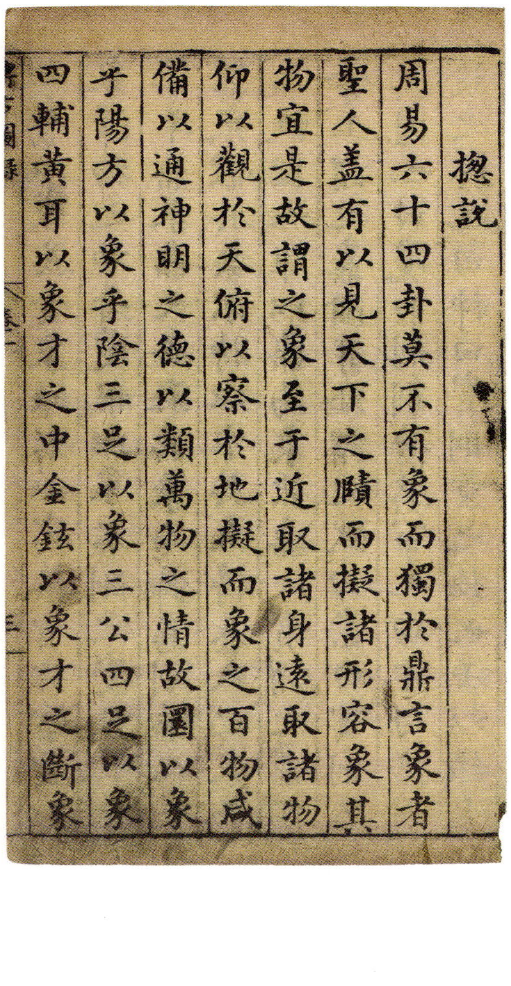
揔説
周易六十四卦莫不有象而獨於鼎言象者
聖人蓋有以見天下之賾而擬諸形容象其
物宜是故謂之象至于近取諸身遠取諸物
仰以觀於天俯以察於地擬而象之百物咸
備以通神明之德以類萬物之情故圜以象
于陽方以象乎陰三足以象三公四足以象
四輔黄耳以象才之中金鉉以象才之斷象

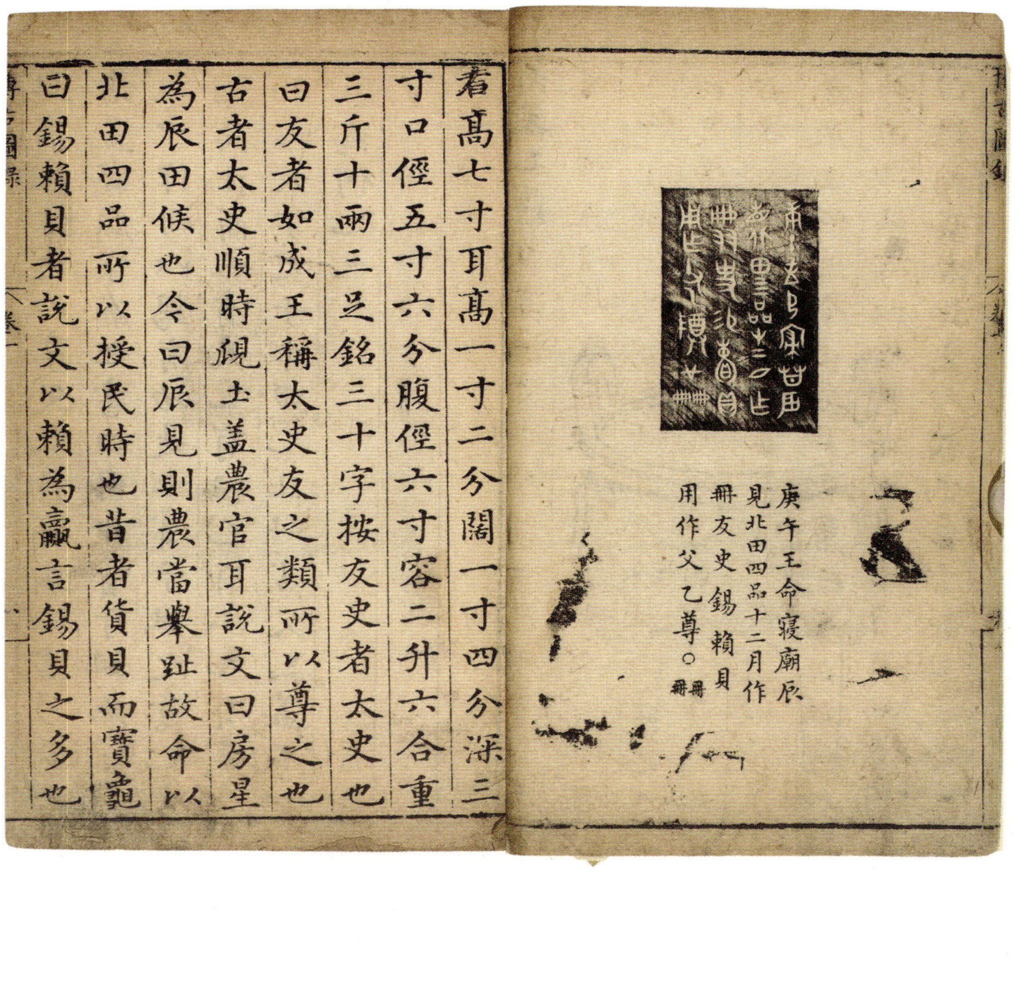
庚午王命寢廟辰
見北田四品十二月作
册友史錫賴貝
用作父乙尊○ 册册

右髙七寸耳髙一寸二分闊一寸四分深三
寸口徑五寸六分腹徑六寸容二升六合重
三斤十兩三足銘三十字按友史者太史也
曰友者如成王稱太史友之類所以尊之也
古者太史順時覛土蓋農官耳説文曰房星
為辰田侯也令曰辰見則農當舉趾故命以
北田四品所以授民時也昔者貨貝而寳龜
曰錫賴貝者説文以賴為贏言錫貝之多也

汉纪三十卷
后汉纪三十卷

明万历二十六年（1598）南京国子监刻本

《汉纪》，［东汉］荀悦撰

《后汉纪》，［东晋］袁宏撰

四函二十册

版框：21.1cm×14.5cm

开本：26.7cm×16.9cm

半页10行，每行20字。白口，左右双边，单白鱼尾。书前有荀悦序。《汉纪》序首钤有『子孙永保』朱文方印、『柘堂所藏』朱文方印、『王经之印』白文方印、『许氏星台藏书』朱文方印、『红叶山庄藏书』朱文方印，《后汉纪》卷首钤有『许氏星台藏书』朱文方印。

二级古籍，入选《陕西省珍贵古籍名录》，名录号：0443。

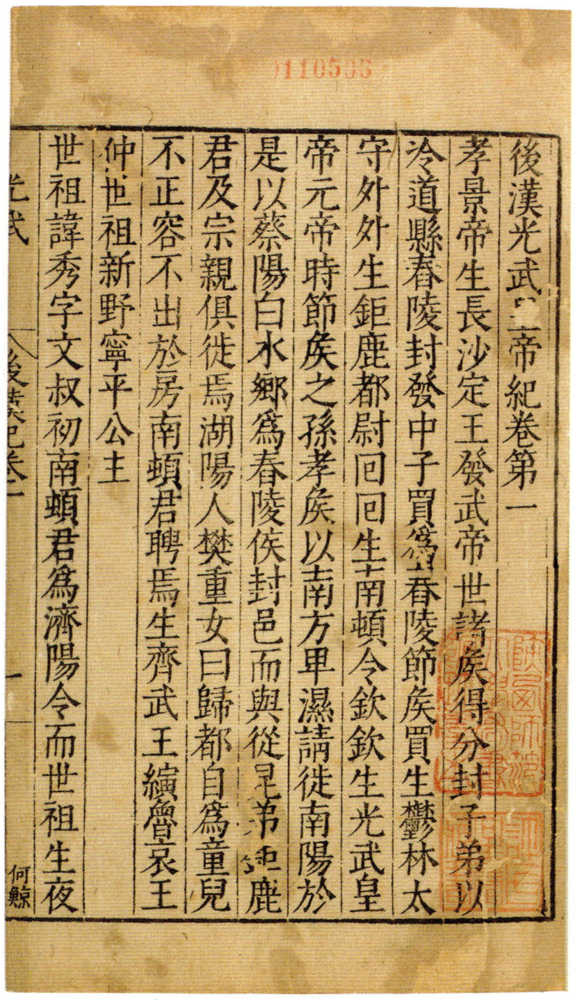

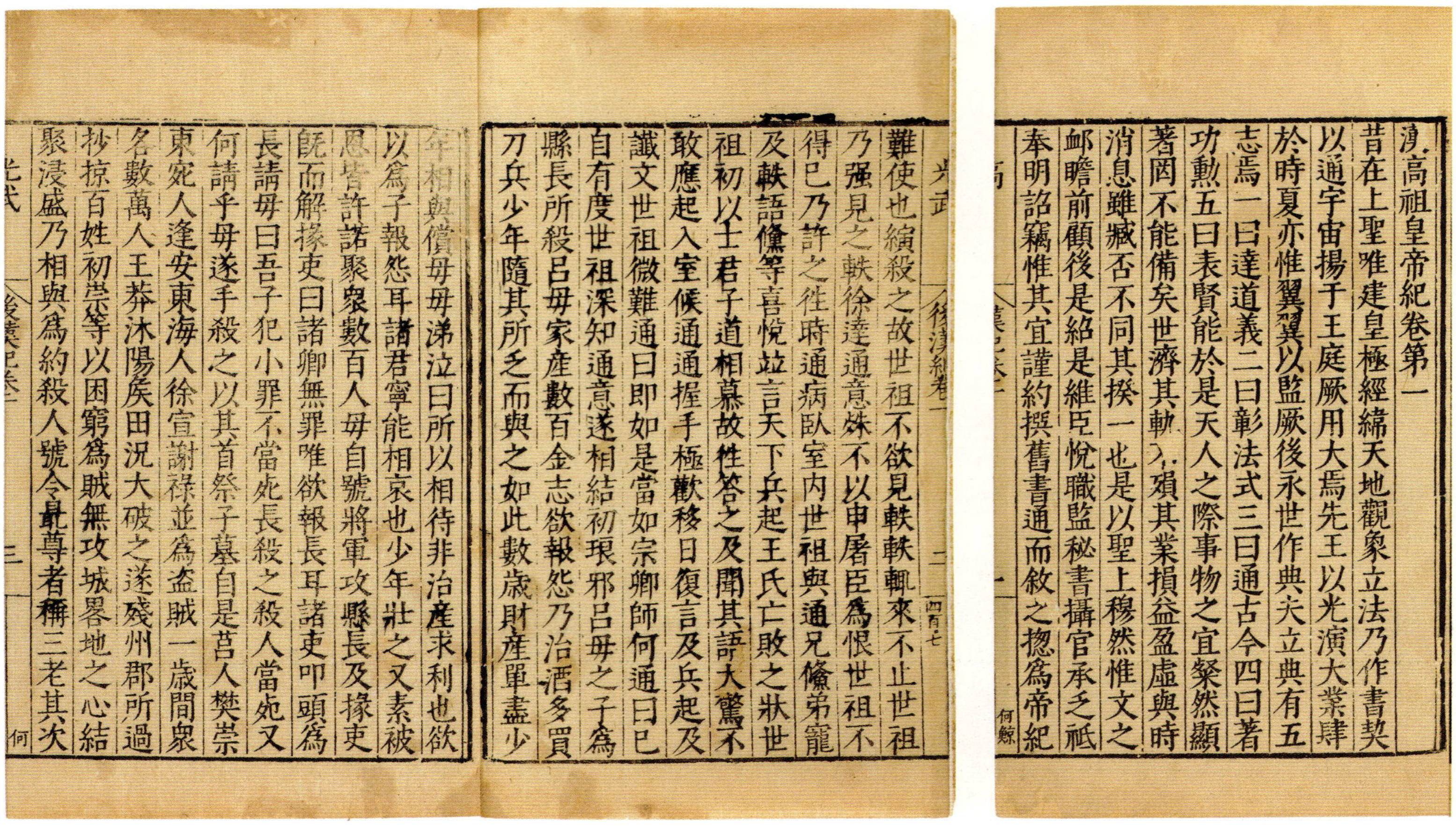

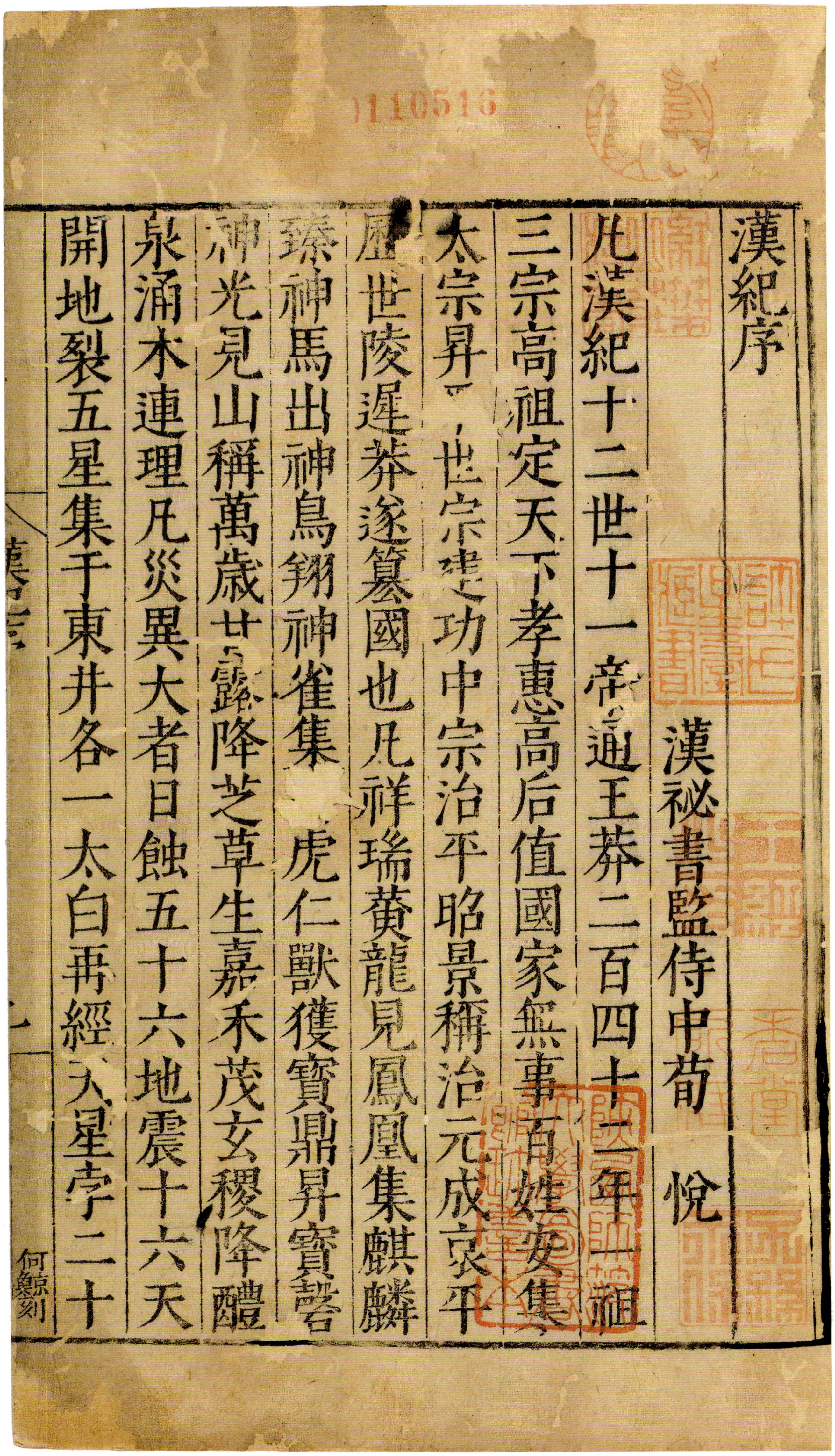
漢紀序

漢祕書監侍中荀 悅

凡漢紀十二世十一帝通王莽二百四十二年祖
三宗高祖定天下孝惠高后值國家無事百姓安集
太宗昇平世宗建功中宗治平昭景稱治元成哀平
歷世陵遲莽遂簒國也凡祥瑞黃龍見鳳凰集麒麟
臻神馬出神鳥翔神雀集 虎仁獸獲寶鼎昇寶磬
神光見山稱萬歲甘露降芝草生嘉禾茂玄稷降醴
泉涌木連理凡災異大者日蝕五十六地震十六天
開地裂五星集于東井各一 太白再經天星孛二十

何鯨刻

韩文杜律二卷

明万历四十五年（1617）闵齐伋刻朱墨蓝三色套印本

［唐］韩愈、杜甫撰，［明］郭正域辑评

一函二册

版框：20.3cm×15.4cm

开本：27cm×17.5cm

半页8行，每行18字。白口，左右双边。书前有郭正域序。书中印有『贲园』『美命』『大司成章』『郭正域印』白文方印，『黄阁调元』朱文方印。

一级古籍，入选《国家珍贵古籍名录》，名录号：06204。

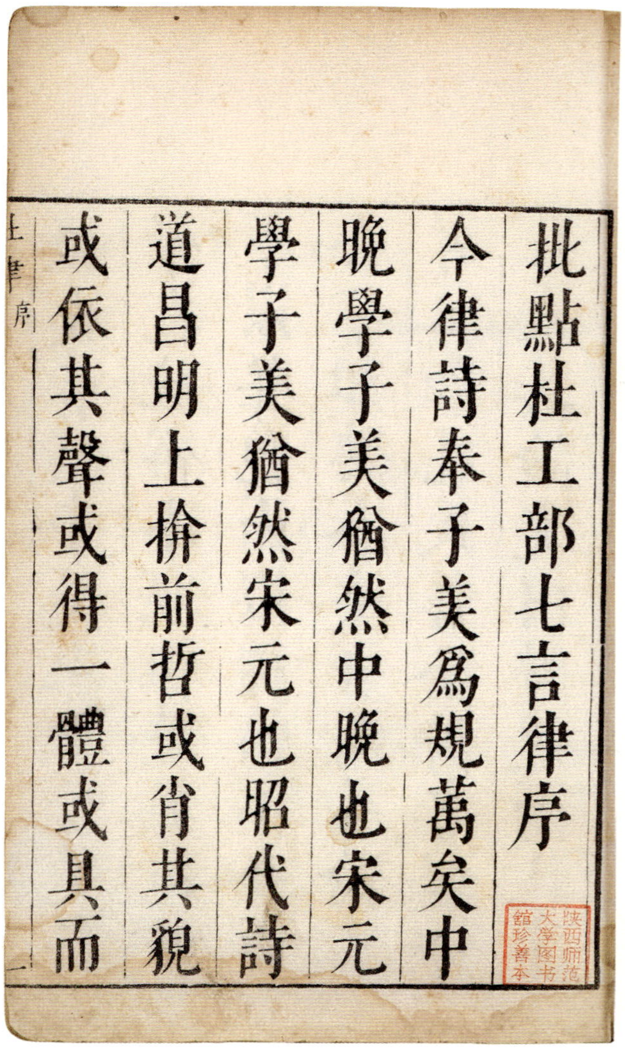

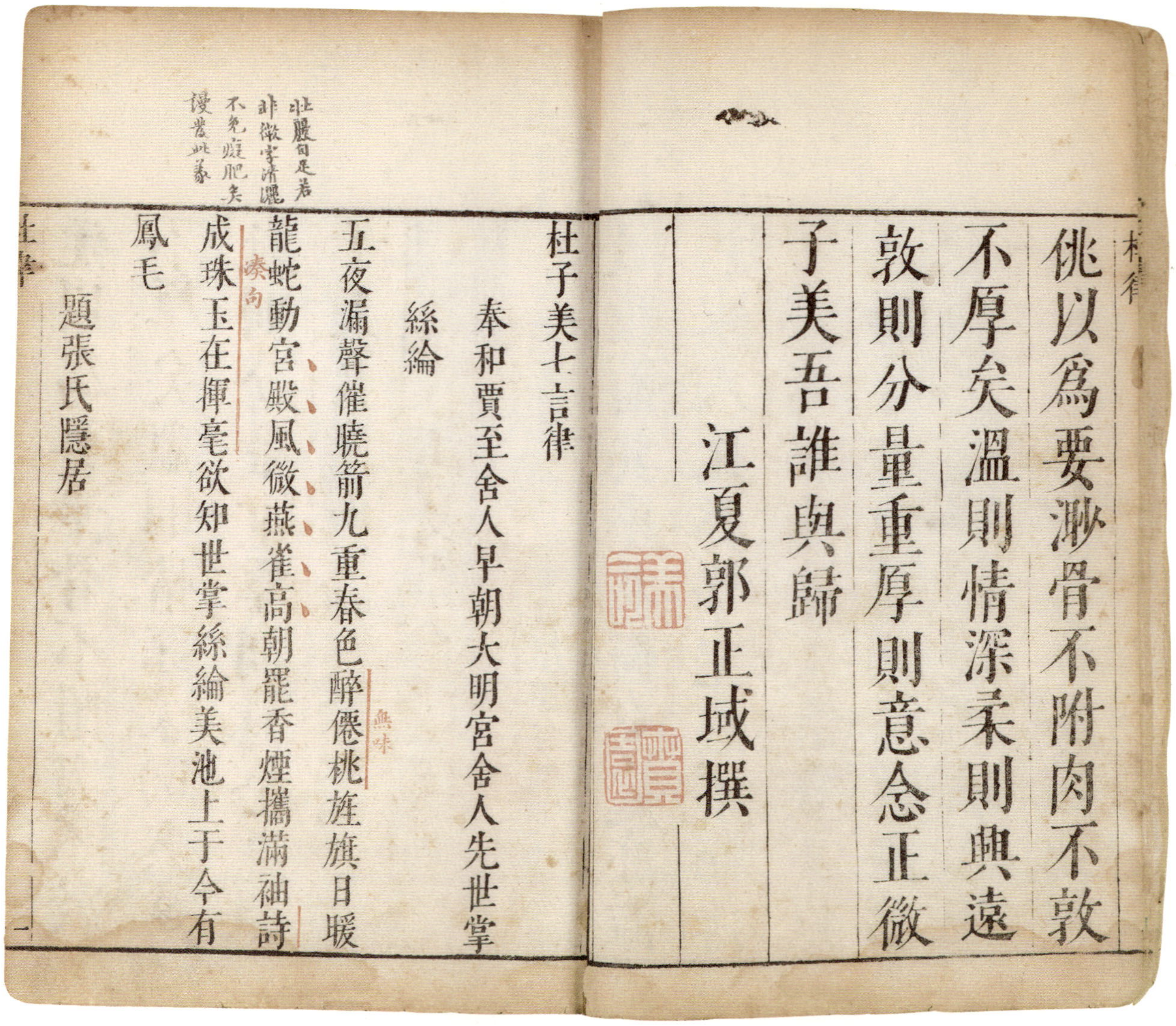

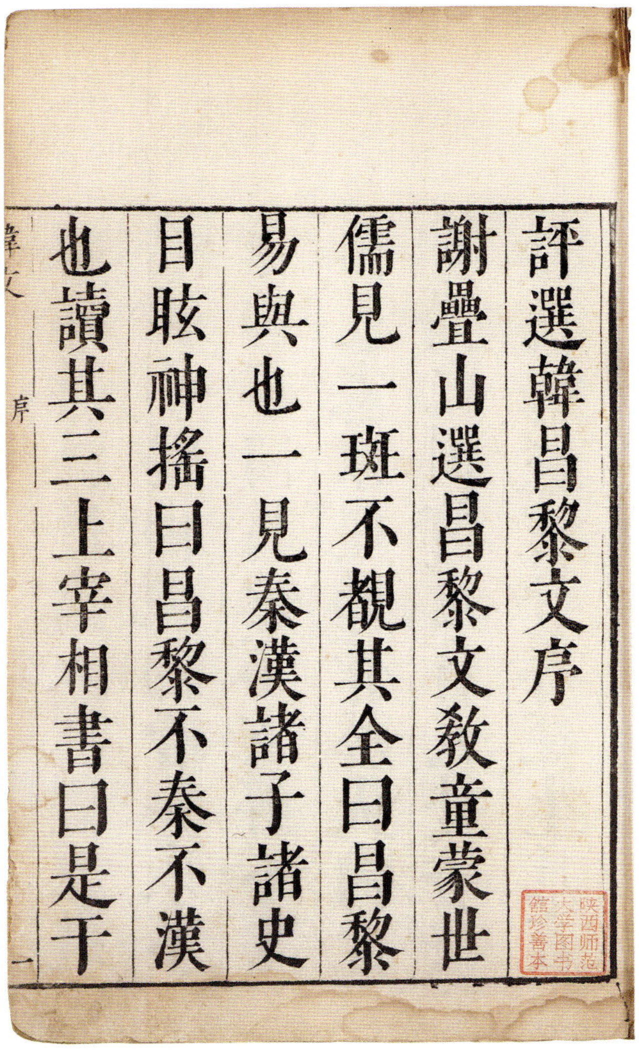

評選韓昌黎文序

謝疊山選昌黎文敎童蒙世儒見一斑不覩其全曰昌黎易與也一見秦漢諸子諸史目眩神搖曰昌黎不秦不漢也讀其三上宰相書曰是于

韓文　序　一

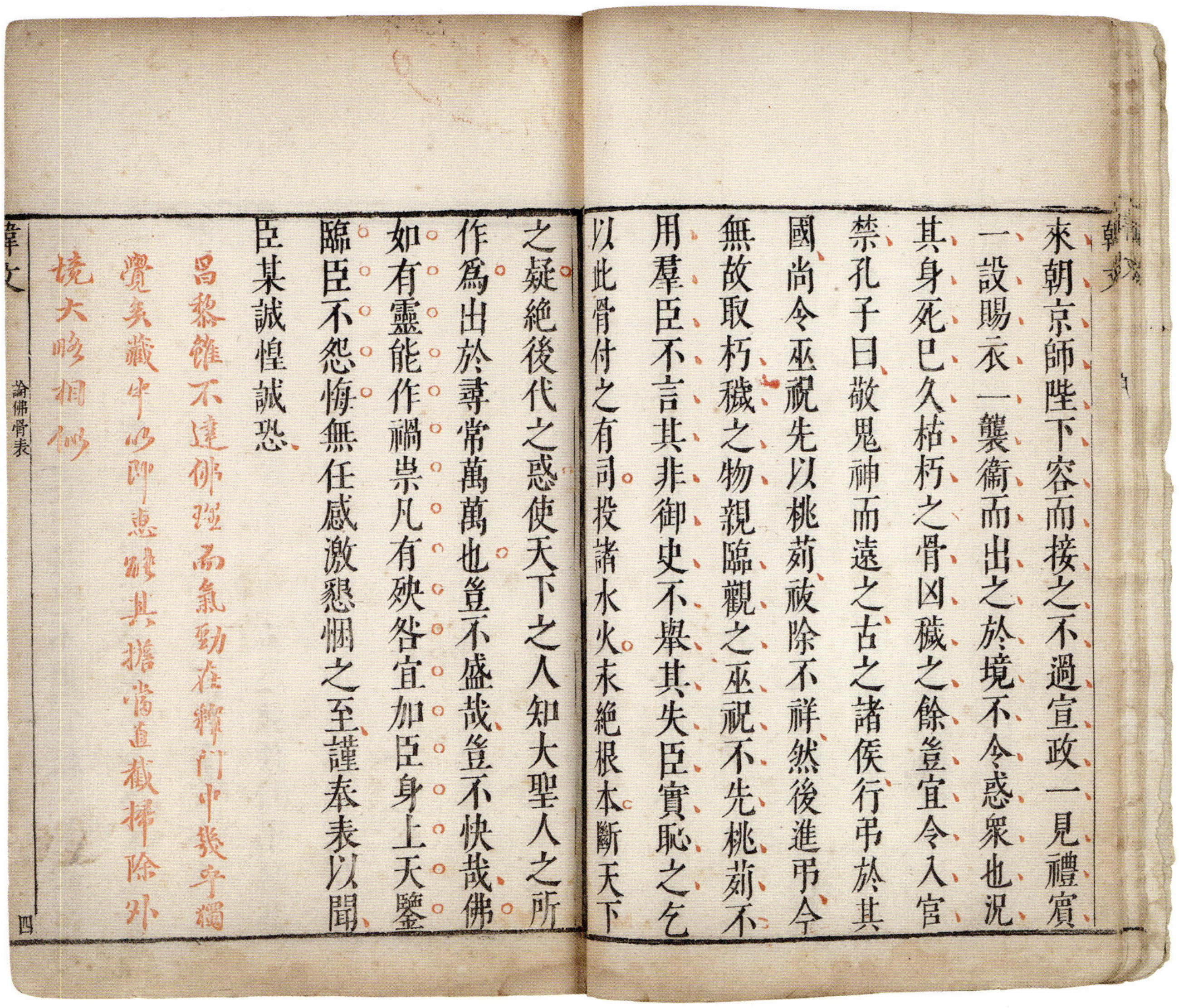

來朝京師陛下容而接之不過宣政一見禮賓一設賜衣一襲衛而出之於境不令惑衆也況其身死已久枯朽之骨凶穢之餘豈宜令入宮禁孔子曰敬鬼神而遠之古之諸侯行弔於其國尚令巫祝先以桃茢祓除不祥然後進弔今無故取朽穢之物親臨觀之巫祝不先桃茢不用羣臣不言其非御史不舉其失臣實恥之乞以此骨付之有司投諸水火永絕根本斷天下之疑絕後代之惑使天下之人知大聖人之所作爲出於尋常萬萬也豈不盛哉豈不快哉佛如有靈能作禍祟凡有殃咎宜加臣身上天鑒臨臣不怨悔無任感激懇悃之至謹奉表以聞

臣某誠惶誠恐

昌黎雖不遠佛理而氣勁在禪門中幾乎獨覺矣藏中必即惠能其撝當直截掃除外境大略相似

韓文　諭佛骨表　四

三经评注五卷（檀弓一卷考工记二卷孟子二卷）

明万历四十五年（1617）闵齐伋刻朱墨套印本
《檀弓》，［南宋］谢枋得、［明］杨慎评
《考工记》，［明］郭正域评
《孟子》，［北宋］苏洵评点
一函四册
版框：20.2cm×15.2cm
开本：26.8cm×17.3cm

半页8行，每行18字，小字双行，每行17字。白口，左右双边。

《檀弓》，书前有闵齐伋序，书后有闵齐伋跋。书中钤有『襄阳薛氏藏书』朱文方印、『齐伋』白文方印、『闵氏遇五』朱文方印等。

《考工记》，书前有郭正域序。书中钤有『潜龙书屋』朱文方印、『襄阳薛氏藏书』朱文方印等。

《孟子》，书前有明嘉靖元年（1522）朱得之序，书后有闵齐伋跋。书中钤有『遇五氏』朱文方印等。

一级古籍，入选《国家珍贵古籍名录》，名录号：03199。

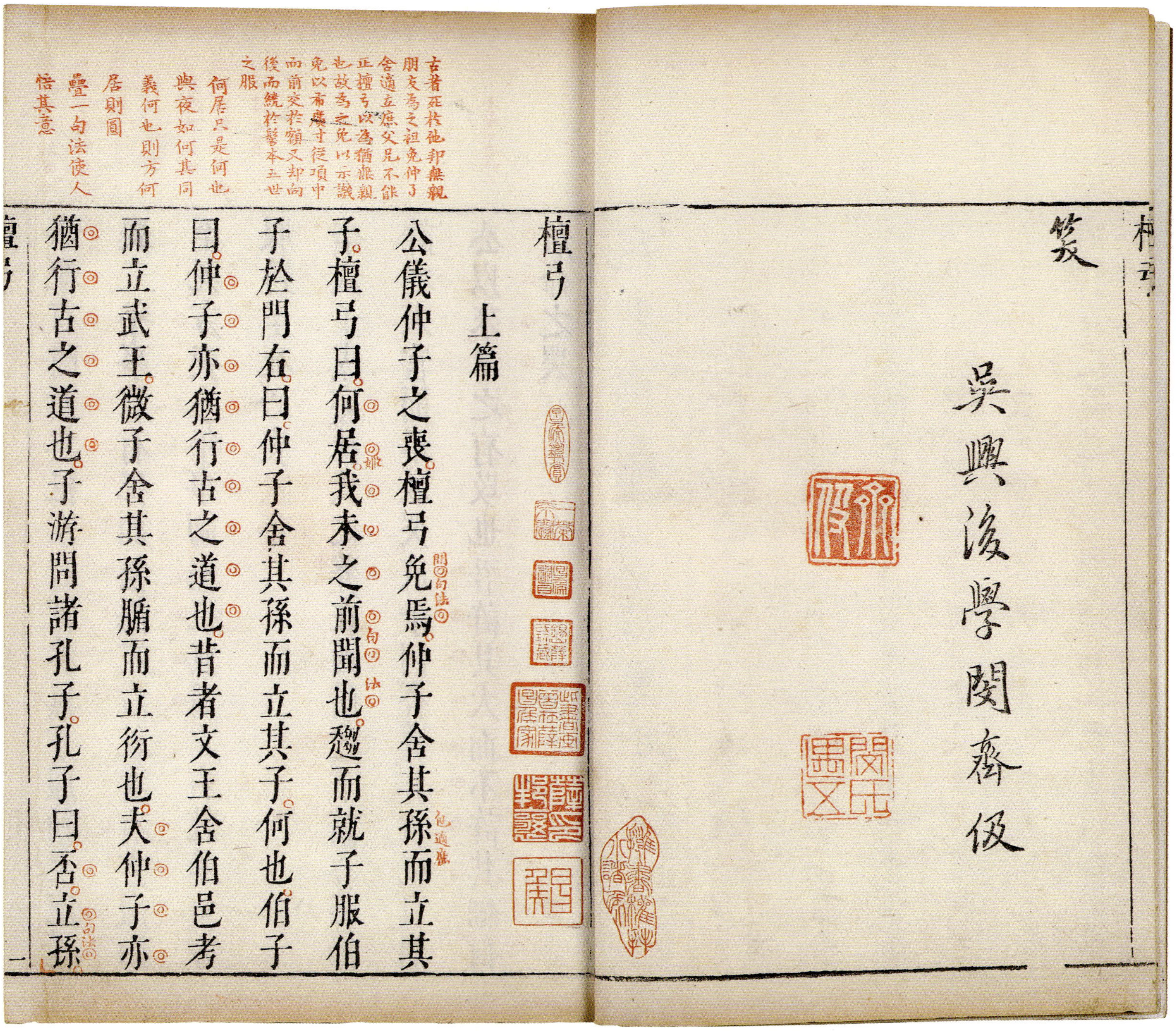

刻檀弓

或曰檀弓多附會非孔氏之經之書也篇中有仲梁子蓋七國人嘗讀春秋傳魯定之五年傳載仲梁懷豈亦七國人耶其不得執是而謂是書也

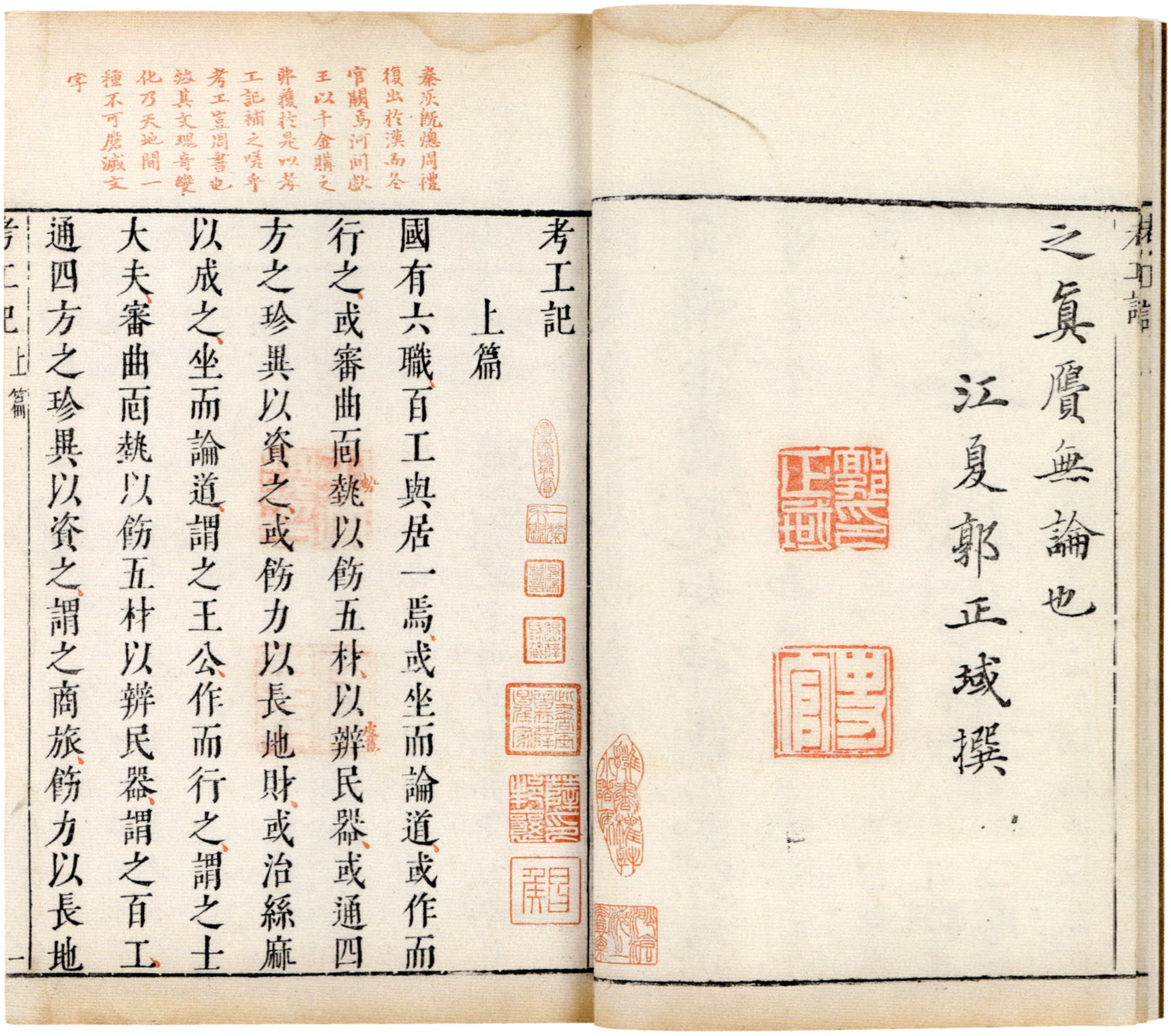
考工記
之眞贋無論也
江夏郭正域撰

秦灰既燼周禮復出於漢而冬官闕焉河間獻王以千金購之弗獲於是以考工記補之嗟乎考工豈周書也哉其文瑰奇變化乃天地間一種不可磨滅文字

考工記
上篇
國有六職百工與居一焉或坐而論道或作而行之或審曲面埶以飭五材以辨民器或通四方之珍異以資之或飭力以長地財或治絲麻以成之坐而論道謂之王公作而行之謂之士大夫審曲面埶以飭五材以辨民器謂之百工通四方之珍異以資之謂之商旅飭力以長地

考工記上篇 一

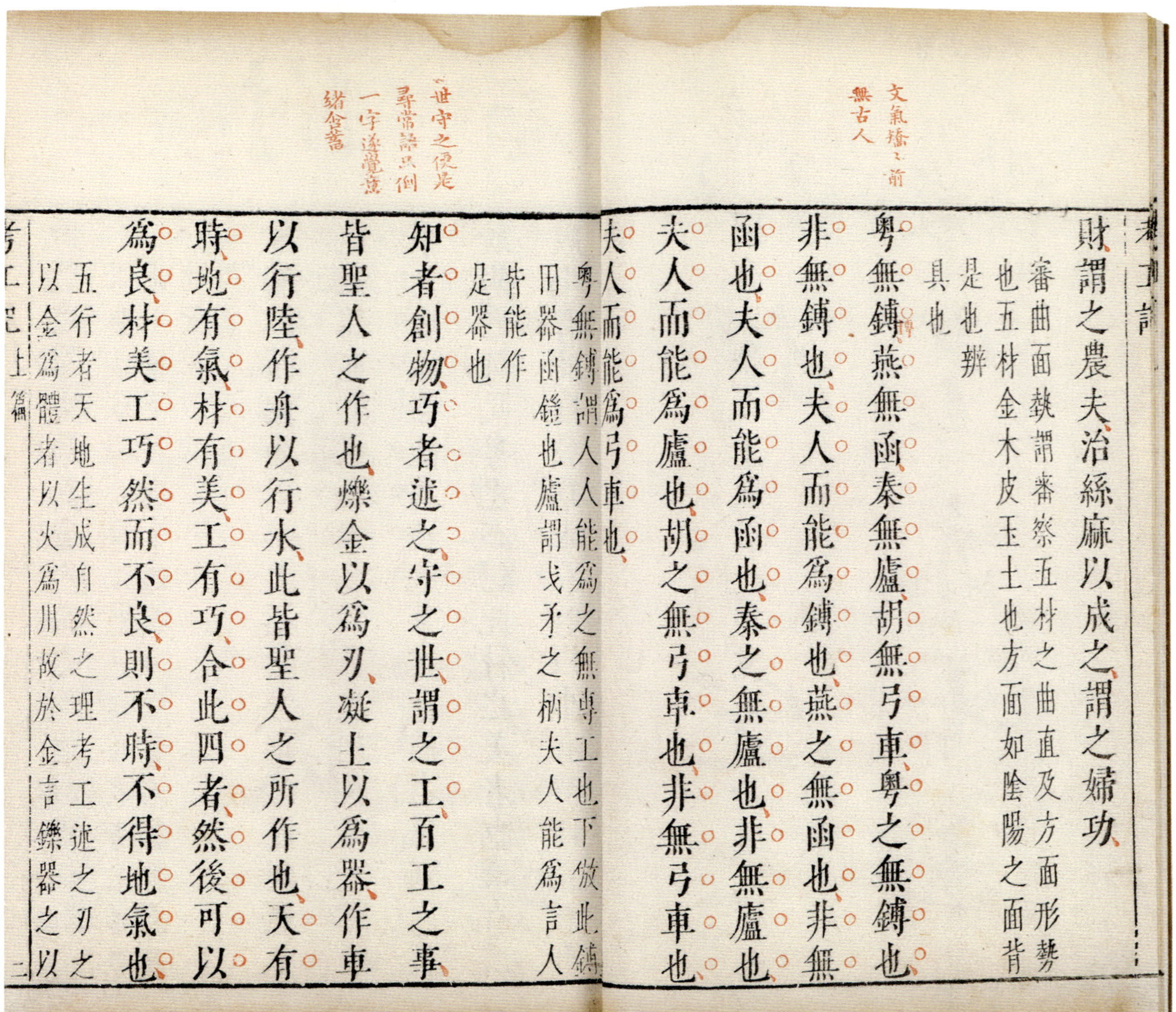
考工記
財謂之農夫治絲麻以成之謂之婦功

審曲面埶謂審察五材之曲直及方面形勢也五材金木皮玉土也方面如陰陽之面背是也辨具也

粵無鎛燕無函秦無廬胡無弓車粵之無鎛也非無鎛也夫人而能爲鎛也燕之無函也非無函也夫人而能爲函也秦之無廬也非無廬也夫人而能爲廬也胡之無弓車也非無弓車也夫人而能爲弓車也

粵無鎛謂人人能爲之無專工也下倣此鎛田器函鎧也廬謂戈矛之柄夫人能爲言人皆能作是器也

文氣矯矯前無古人

知者創物巧者述之守之世謂之工百工之事皆聖人之作也爍金以爲刃凝土以爲器作車以行陸作舟以行水此皆聖人之所作也天有時地有氣材有美工有巧合此四者然後可以爲良材美工巧然而不良則不時不得地氣也

五行者天地生成自然之理考工述之刃之以金爲體者以火爲用故於金言爍器之以

世守之便是尋常語只倒一字遂覺濃緒含蓄

考工記上篇 二

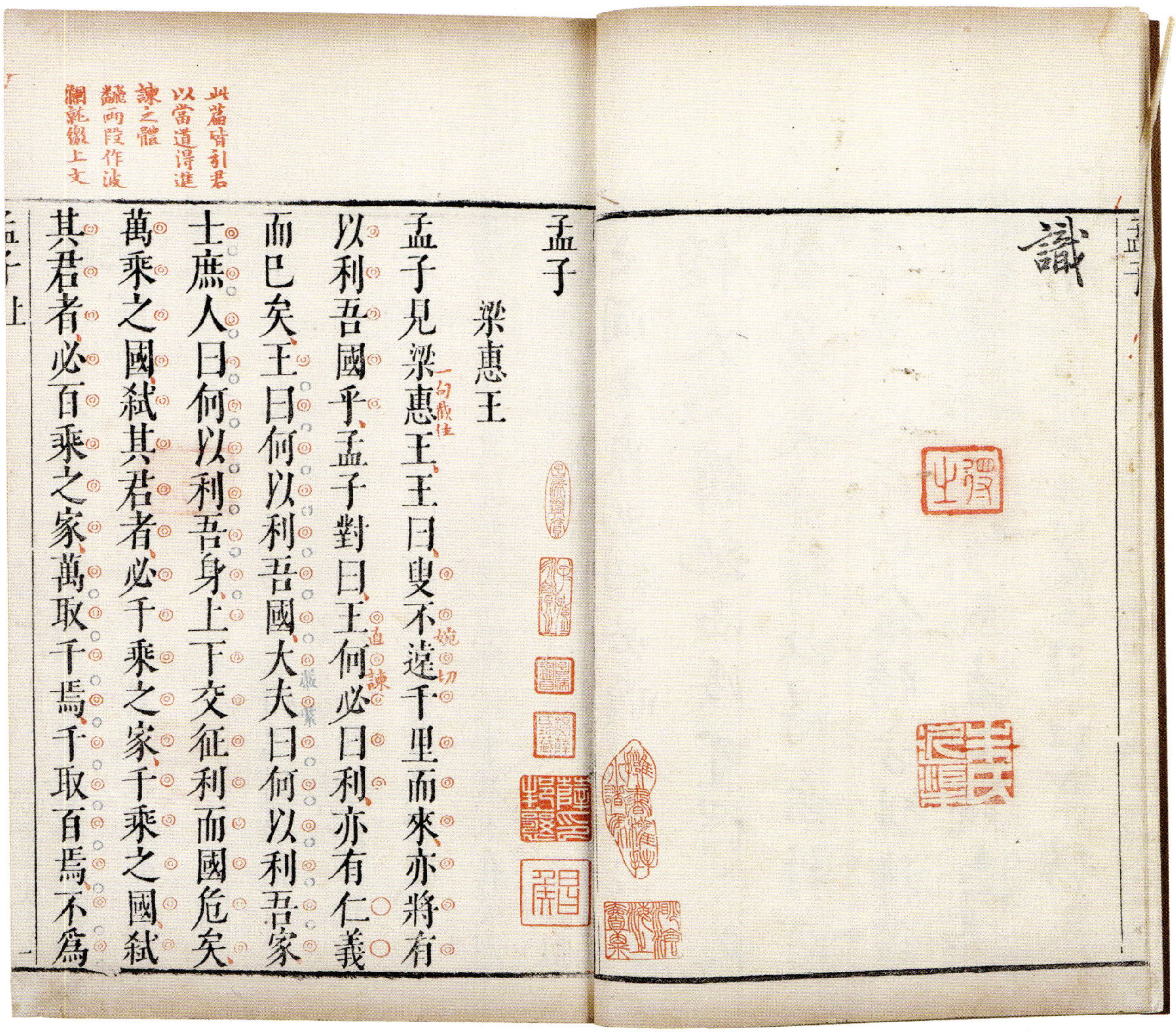
此篇皆引君以當道淂進諫之體議論段作波瀾既徹上文

識

孟子

梁惠王

孟子見梁惠王王曰叟不遠千里而來亦將有以利吾國乎孟子對曰王何必曰利亦有仁義而已矣王曰何以利吾國大夫曰何以利吾家士庶人曰何以利吾身上下交征利而國危矣萬乘之國弑其君者必千乘之家千乘之國弑其君者必百乘之家萬取千焉千取百焉不爲

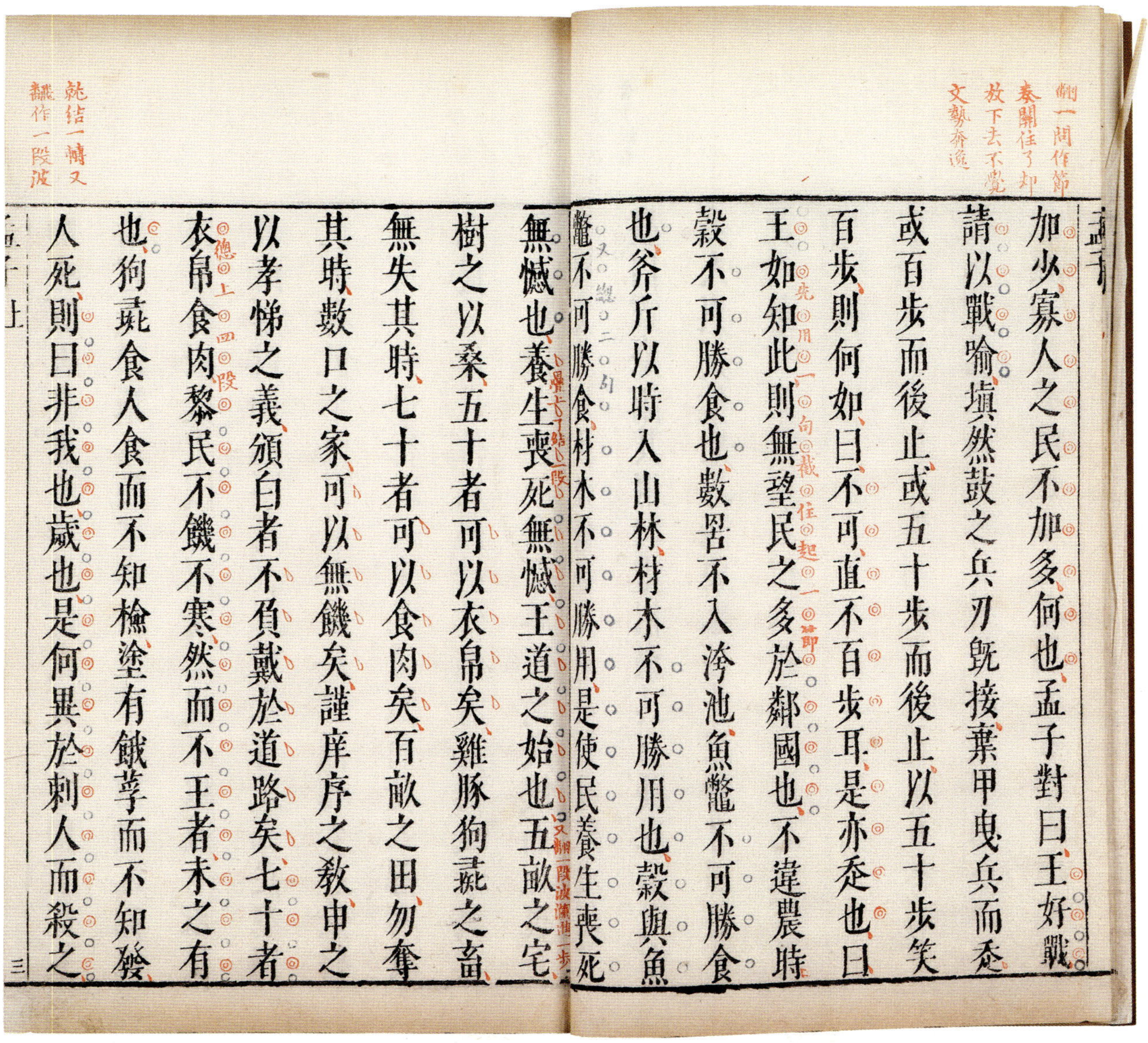
劄一間作節奏開住了却放下去不覺文勢奔逸

加少寡人之民不加多何也孟子對曰王好戰請以戰喻塡然鼓之兵刃既接棄甲曳兵而走或百步而後止或五十步而後止以五十步笑百步則何如曰不可直不百步耳是亦走也曰王如知此則無望民之多於鄰國也不違農時穀不可勝食也數罟不入洿池魚鼈不可勝食也斧斤以時入山林材木不可勝用也穀與魚鼈不可勝食材木不可勝用是使民養生喪死

既結一轉又議作一段波

無憾也養生喪死無憾王道之始也五畝之宅樹之以桑五十者可以衣帛矣雞豚狗彘之畜無失其時七十者可以食肉矣百畝之田勿奪其時數口之家可以無饑矣謹庠序之教申之以孝悌之義頒白者不負戴於道路矣七十者衣帛食肉黎民不饑不寒然而不王者未之有也狗彘食人食而不知檢塗有餓莩而不知發人死則曰非我也歲也是何異於刺人而殺之

战国策十二卷 元本目录一卷

明万历四十八年（1620）闵齐伋刻朱墨蓝三色套印本

［西汉］刘向编

［明］闵齐伋裁注

二函十二册

版框：21.1cm×15.1cm

开本：26cm×17.5cm

半页9行，每行19字，小字双行不等。白口，四周单边。书前有刘向序录、闵齐伋刻书跋。书中圈点用朱、黛二色，眉批用朱、黛、墨三色，主要评论各本字句之异同。序首钤有『松山世家』白文方印、『张仲子懋荧字旭公号闇斋印』白文方印、『姜楠之印』白文方印。

一级古籍，入选《陕西省珍贵古籍名录》，名录号：0121。

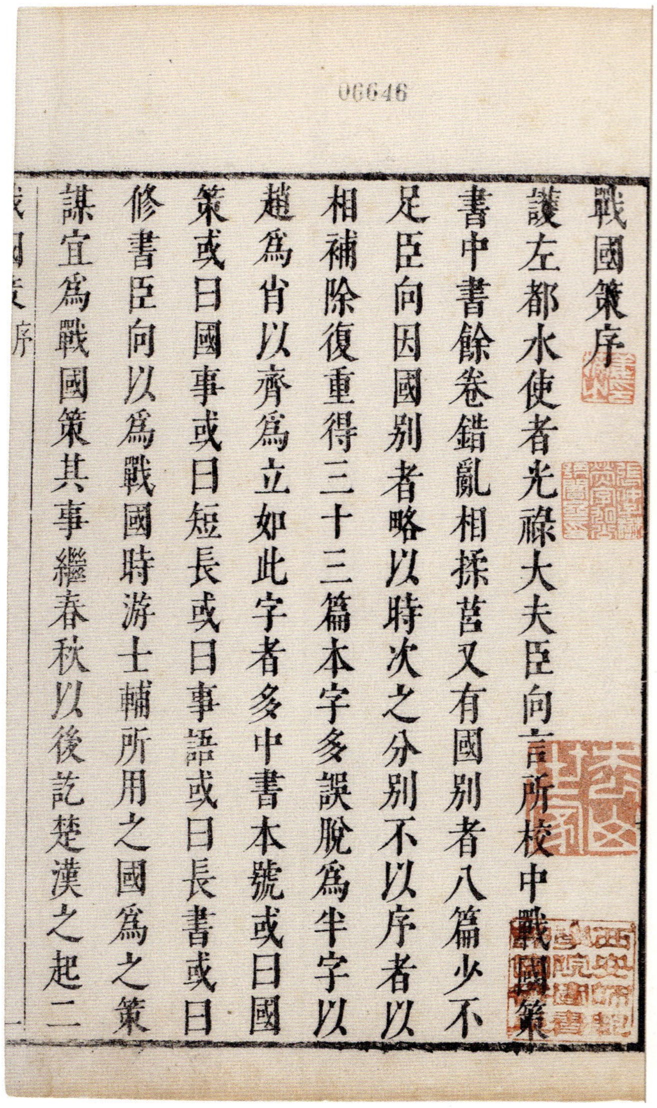
06646
戰國策序
護左都水使者光祿大夫臣向言所校中戰國策
書中書餘卷錯亂相揉莒又有國別者八篇少不
足臣向因國別者略以時次之分別不以序者以
相補除復重得三十三篇本字多誤脫爲半字以
趙爲肖以齊爲立如此字者多中書本號或曰國
策或曰國事或曰短長或曰事語或曰長書或曰
修書臣向以爲戰國時游士輔所用之國爲之策
謀宜爲戰國策其事繼春秋以後訖楚漢之起二

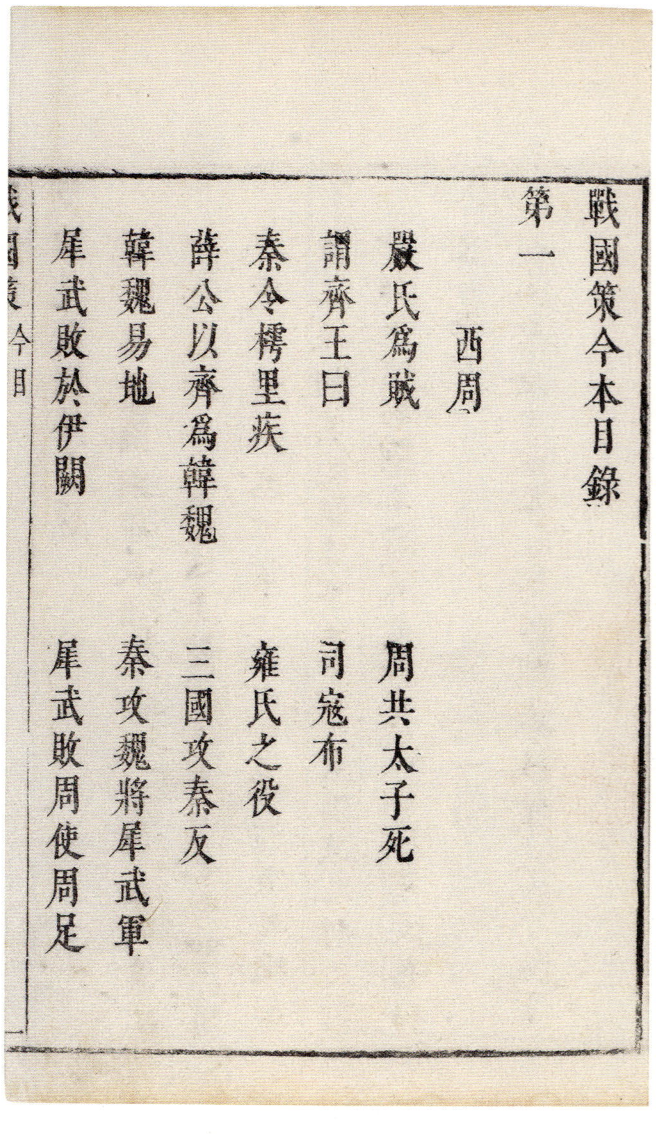
戰國策今本目錄
第一
西周
嚴氏爲賊　周共太子死
謂齊王曰　司寇布
秦令樗里疾　雍氏之役
薛公以齊爲韓魏　三國攻秦反
韓魏易地　秦攻魏將犀武軍
犀武敗於伊闕　犀武敗周使周足

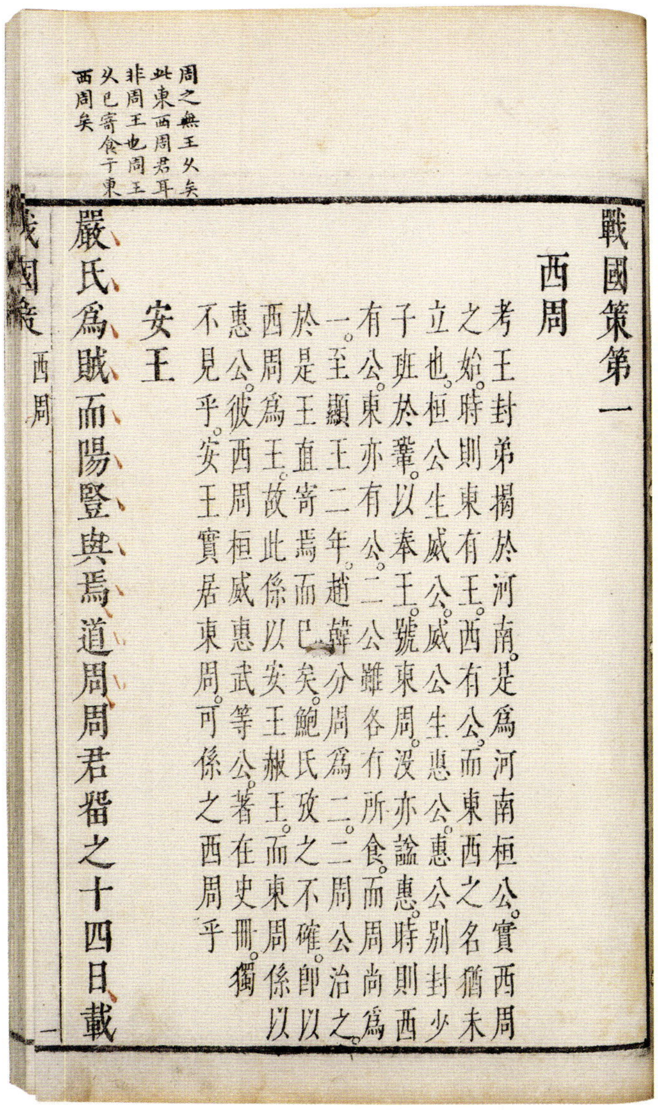

周之無王久矣此東西周君耳非周王也周王久已寄食于東西周矣

戰國策第一

西周

考王封弟揭於河南。是爲河南桓公。實西周之始。時則東有王。西有公。而東西之名猶未立也。桓公生威公。威公生惠公。惠公别封少子班於鞏。以奉王。號東周。沒亦謚惠。時則西有公。東亦有公。二公雖各有所食。而周尚爲一。至顯王二年。趙韓分周爲二。二周公治之。於是王直寄焉而已矣。鮑氏攷之不確。即以西周爲王。故此係以安王赧王。而東周係以惠公。彼西周桓威惠武等公。著在史冊。獨不見乎。安王實居東周。可係之西周乎

安王

嚴氏爲賊而陽豎與焉道周周君留之十四日載

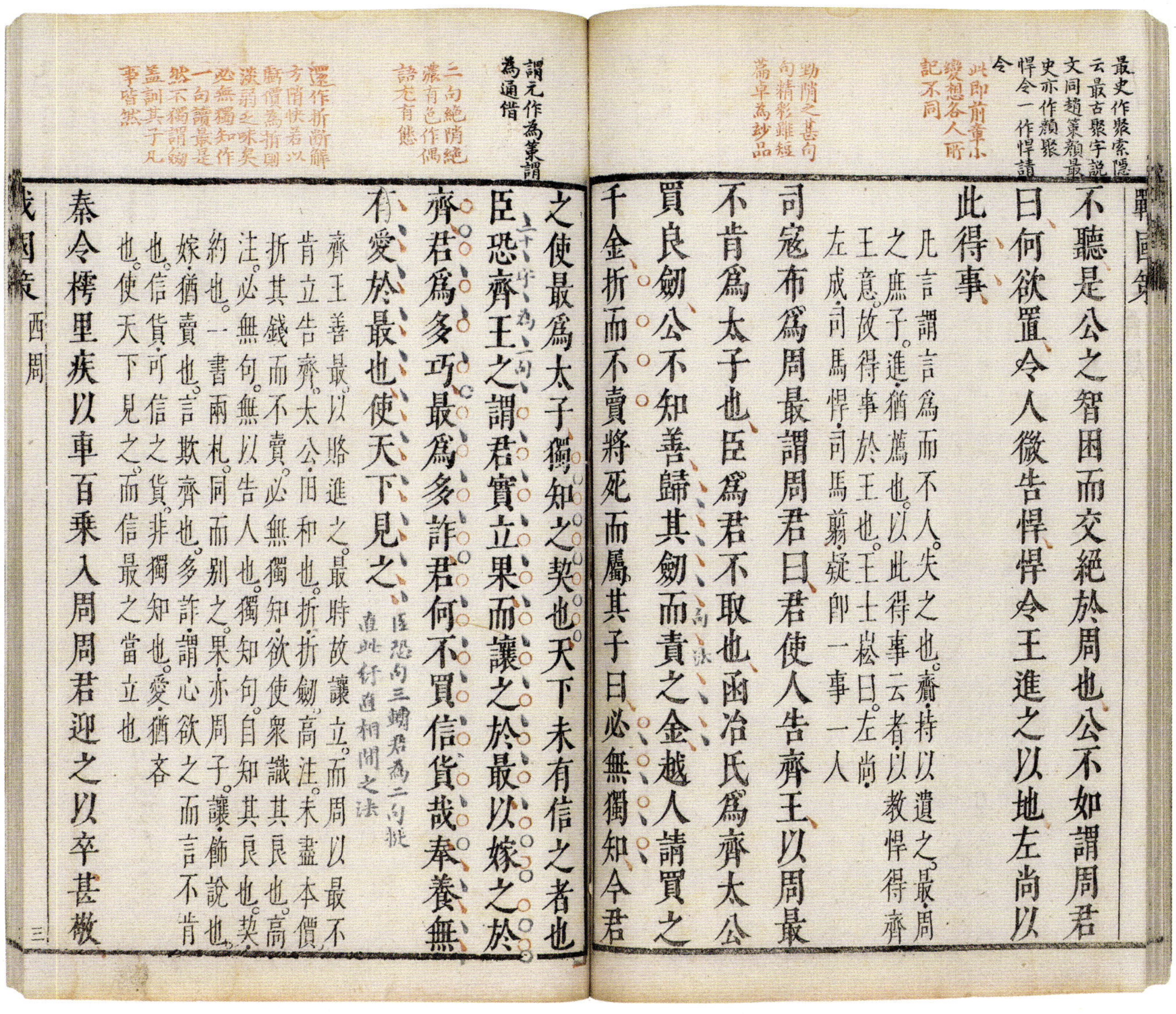

最史作聚索隱云最古聚字說文同趙策類聚史亦作類聚 悍令一作悍請令

此即前章小變想各人所記不同

勁簡之甚句句精彩雖短篇卓爲妙品

不聽是公之智困而交絕於周也公不如謂周君曰何欲置令人微告悍悍令王進之以地左尚以此得事

凡言謂言爲而不入。失之也。齋持以遺之。最周之庶子。進。猶薦也。以此得事。云者以教悍得齊王意。故得事於王也。王士嶽曰。左尚左成。司馬悍。司馬翦。疑即一事一人

司寇布爲周最謂周君曰君使人告齊王以周最不肯爲太子也臣爲君不取也函冶氏爲齊太公買良劒公不知善歸其劒而責之金越人請買之千金折而不賣將死而屬其子曰必無獨知今君之使最爲太子獨知之契也天下未有信之者也臣恐齊王之謂君實立果而讓之於最以嫁之於齊君爲多巧最爲多詐君何不買信貨哉奉養無有愛於最也使天下見之

謂元作爲策謂爲通借

二句絕隽絕濃有色作偶詩老有態

還作折斷解方附快若以驕慣爲折則淡弱之味矣必無獨知作一句讀最是然不獨謂劒蓋訓其子凡事皆然

齊王善最。以賂進之。最時故讓立。而周以最不肯立告齊。太公。田和也。折。折劒。高注。未盡本價注。必無句。無以告人也。獨知句。自知其良也。高約也。一書兩札。同而别之。果。亦周子。讓。飾說也。契嫁。猶賣也。言欺齊也。多詐。謂心欲之而言不肯也。信貨。可信之貨。非獨知也。愛。猶吝也。使天下見之。而信最之當立也

秦令樗里疾以車百乘入周周君迎之以卒甚敬

唐宋白孔六帖一百卷目录二卷

明嘉靖刻万历修补印本
［唐］白居易、［南宋］孔传辑
六函三十六册
版框：19.5cm×15cm
开本：25.8cm×17.6cm

半页10行，每行字数不等，小字双行不等。白口，左右双边，单白鱼尾。书前有韩驹序。序首钤有『复盦南氏』朱文方印、『宁武南氏珍藏』朱文长方印。

二级古籍，入选《陕西省珍贵古籍名录》，名录号：0307。

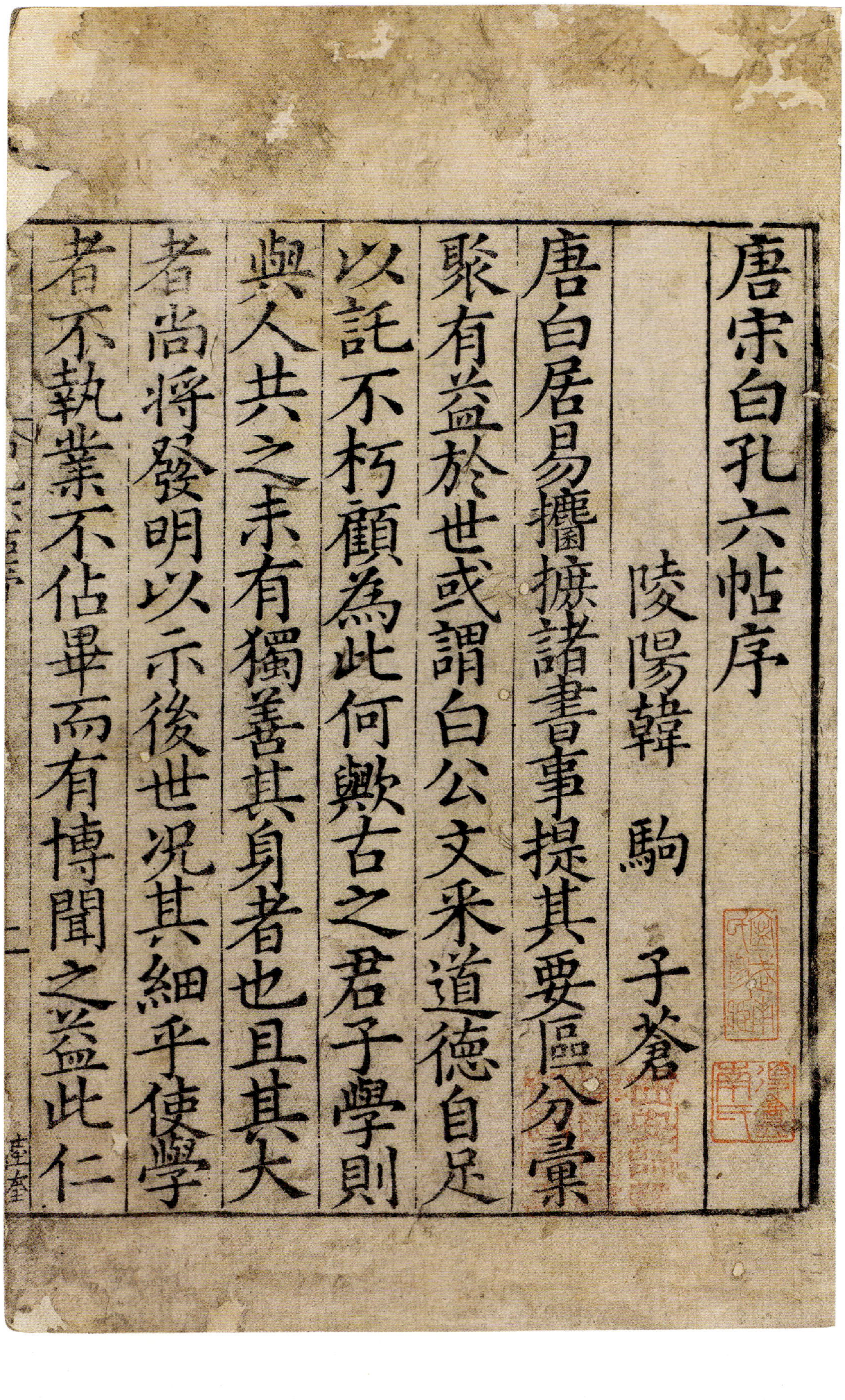

唐宋白孔六帖序
陵陽韓　駒　子蒼
唐白居易攟摭諸書事提其要區分彙
聚有益於世或謂白公文采道德自足
以託不朽顧爲此何歟古之君子學則
與人共之未有獨善其身者也且其大
者尚將發明以示後世况其細乎使學
者不執業不佔畢而有博聞之益此仁

唐宋白孔六帖目録

唐宋白孔六帖卷第一

天一

白高明柔克高明天也柔克寒暑不干陰隲下人言天默定下人之命天尊地卑成象在天成象觀天之道而四時不忒凶聖人則之天行健資始大哉乾元萬物資始上浮爲天天垂象見吉下降天氣下降高遠窮高極遠貞觀天地之道無私不息者天清

萬二千頃

下元樂聲儀曰下元者地氣也爲萬物始生育長養蓋藏之主右轉春秋

元命包曰地所以右轉者氣濁精所墨子曰含陰而起遲故轉右迎天左其道也仁禽子問

天孰與地仁墨子曰翟以地爲仁太山之上則封禪焉培塿之限則生松栢下生黍苗莞蒲水

生黿鼉魚鼈民衣食焉家焉死焉地終不責德焉翟以地爲仁經綿家語曰子夏曰商聞

山書曰地東西爲緯南北爲經山爲積德川爲積形高爲生下爲死丘陵爲牝谿谷爲牡地

(理)周禮大司徒掌建邦之土地之圖周知九州之地域廣輪之數　辨山林川澤丘陵墳衍原隰之名物制畿疆而溝封之以土會之法辨五土之物　史秦孝公作咸陽築冀闕徙都之秦

韓天下之區也形相錯知瀟　更利漢書曰

之國地勢便利沛公從杜南入蝕中太史公曰自太山

屬之琅邪北被之海膏壤二千里其人闊達多

匿其天性　張儀紿楚曰秦商於之地六百里

沃野千里李熊說公孫述曰蜀沃野千里果實所生無穀而飽土一撮

今夫地一撮土之多五色徐州厥貢惟五色土稼穡作甘土爰稼穡土敝

則草木不長配五行而攸序備六府而允脩一抔漢張釋之曰盜長陵

一抔土抔音蒲侯反土厚水深居之不疾土薄水淺其惡易覯捧朱浮與彭寵書

曰亦猶河濵之人捧土以塞孟津十仞韓詩見玉部與塊重耳乞食於野人野

人與之塊子犯受而載之注有土之象篩土築阿房土被朱紫孔臣

象張行成傳晉州地震不息帝問之對曰天陽也君象地陰也臣象君宜動臣宜靜今靜者

柳文七卷

明万历闵齐伋刻朱墨套印本

[唐]柳宗元撰，[明]茅坤辑评

一函七册

版框：20cm×14.8cm

开本：26.5cm×16.8cm

半页8行，每行18字。白口，四周单边。书前有茅坤『柳柳州文钞引』。

一级古籍，入选《国家珍贵古籍名录》，名录号：05407。

柳文目録卷之一

書

與李翰林建書

寄許京兆孟容書

與楊京兆憑書

與蕭翰林俛書

與太學生諸生喜詣闕留陽城司業書

與崔饒州論石鍾乳書

柳文卷之一

書

與李翰林建書

杓直足下州傳遞至得足下書又於夢得處得
足下前次一書意皆勤厚莊周言逃蓬藋者聞
人足音則跫然喜僕在蠻夷中比得足下二書
及致藥餌喜復何言僕自去年八月來痞疾稍
已往時間一二日作今一月乃二三作用南人
檳榔餘甘破決壅隔大過陰邪雖敗已傷正氣

人生如白駒過
隙不可不自惜

想假令病盡已身復壯悠悠人世不過為三十
年客耳前過三十七年與瞬息無異復所得者
其不足把翫亦已審矣杓直以為誠然乎僕近
求得經史諸子數百卷嘗候戰悸稍定時即伏
讀顧見聖人用心賢士君子立志之分著書亦
數十篇心病言少次第不足遠寄但用自釋貧
者士之常今僕雖羸餒亦甘如飴矣足下言已

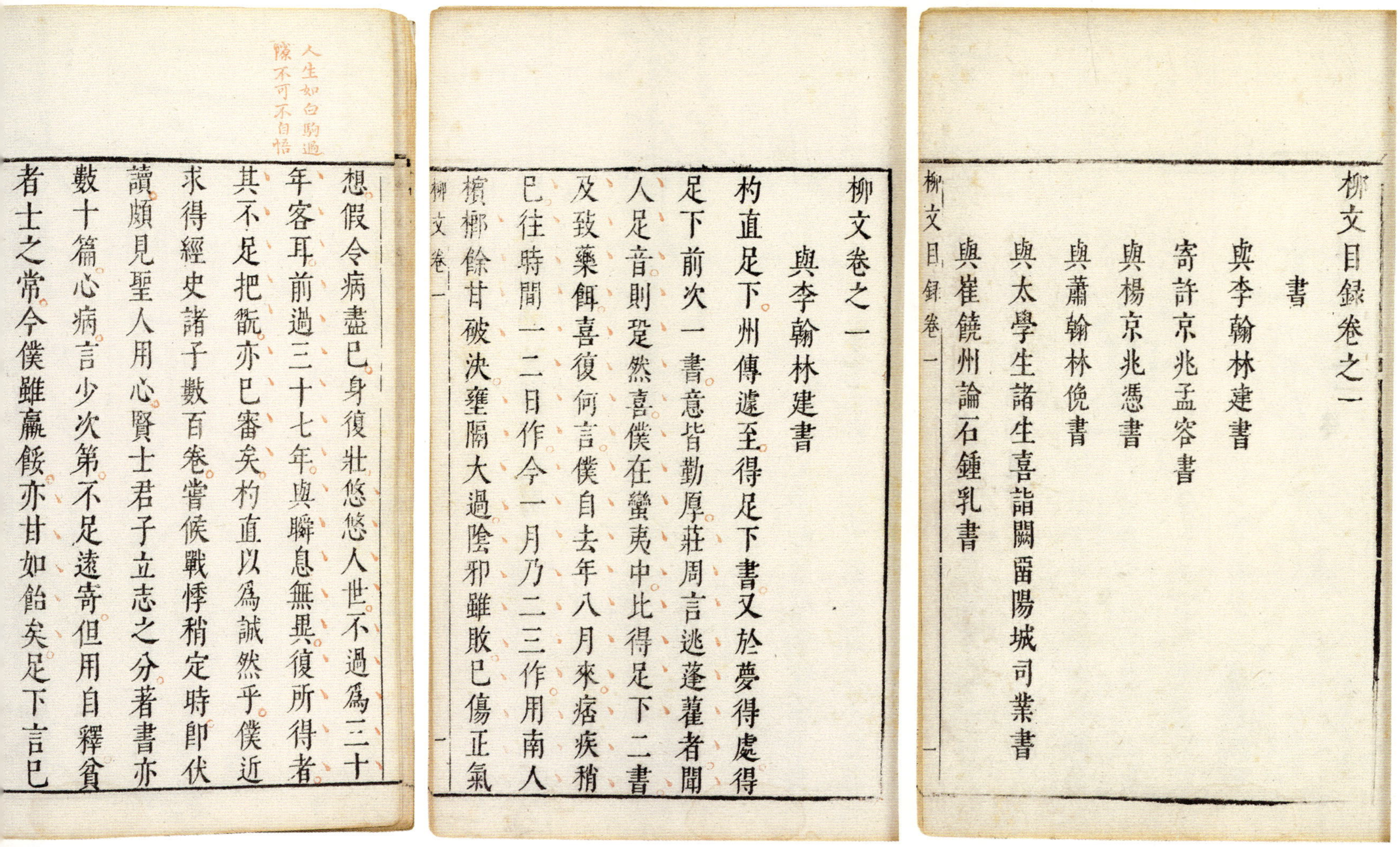

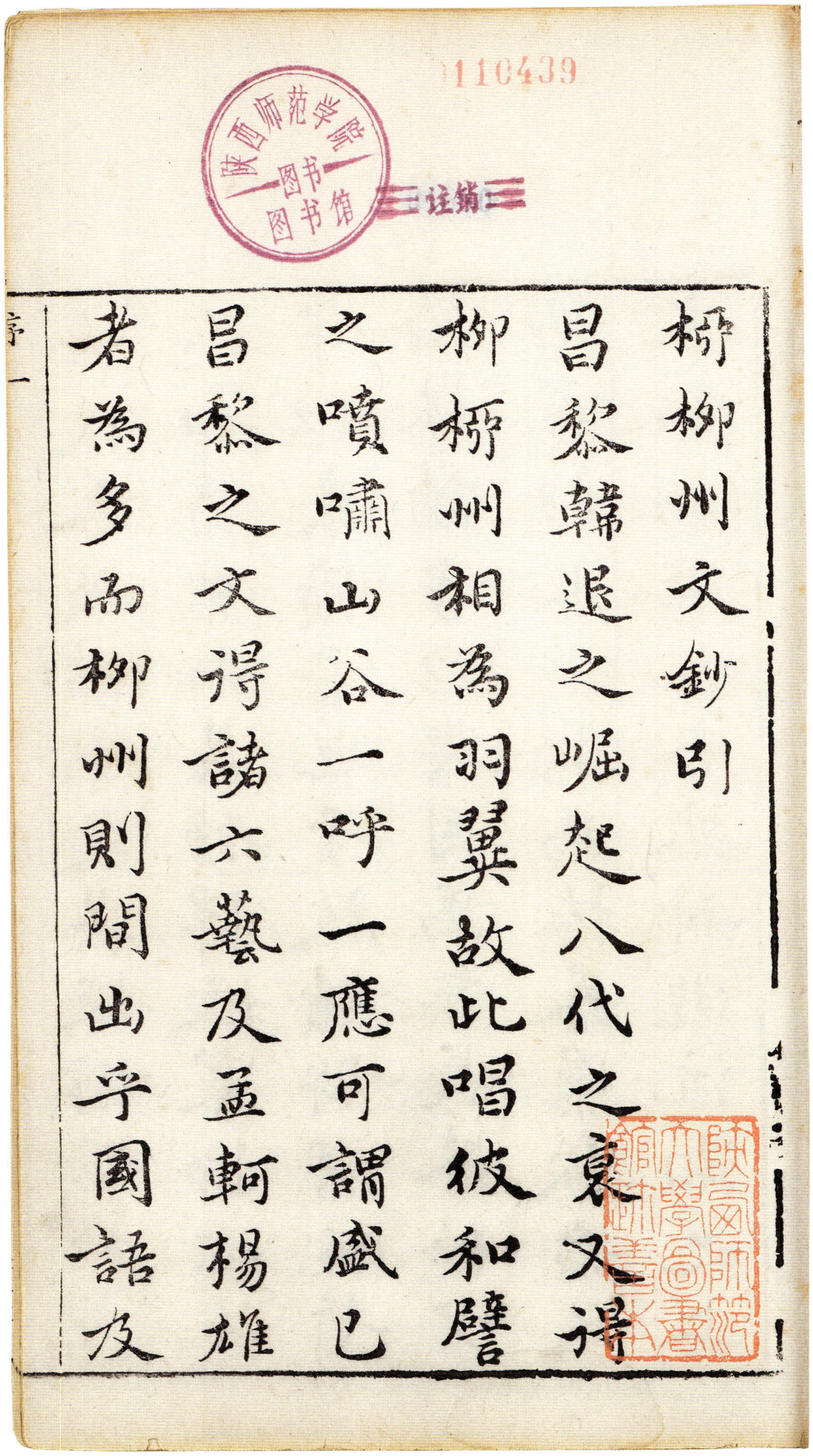

柳柳州文鈔引

昌黎韓退之崛起八代之衰又得柳柳州相為羽翼故此唱彼和譬之噴嘯山谷一呼一應可謂盛已昌黎之文得諸六藝及孟軻揚雄者為多而柳州則間出乎國語及

序 一

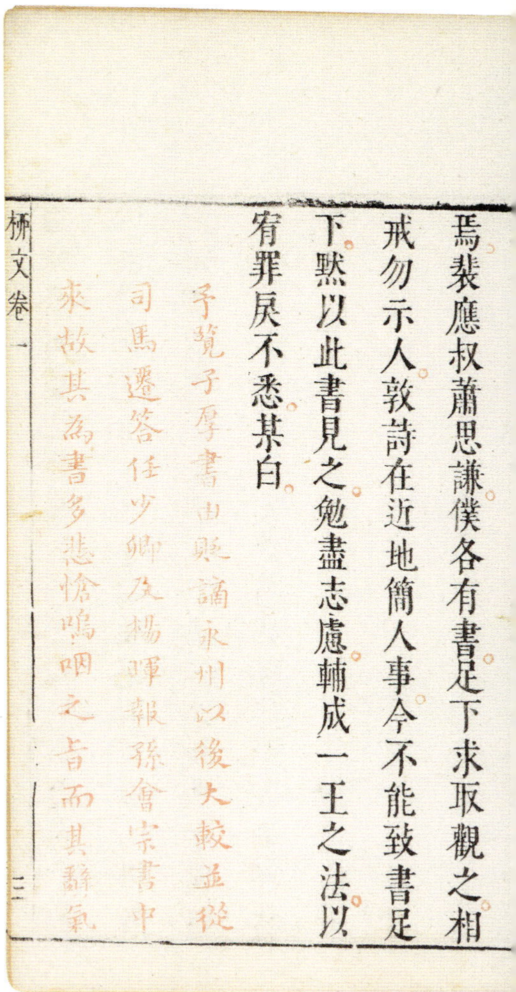

焉裴應叔蕭思謙僕各有書足下求取觀之相戒勿示人敦詩在近地簡人事今不能致書足下默以此書見之勉盡志慮輔成一王之法以宥罪戾不悉某白

予覽子厚書由貶謫永州以後大較並從司馬遷答任少卿及楊惲報孫會宗書中來故其為書多悲愴嗚咽之旨而其辭氣

柳文卷一 三

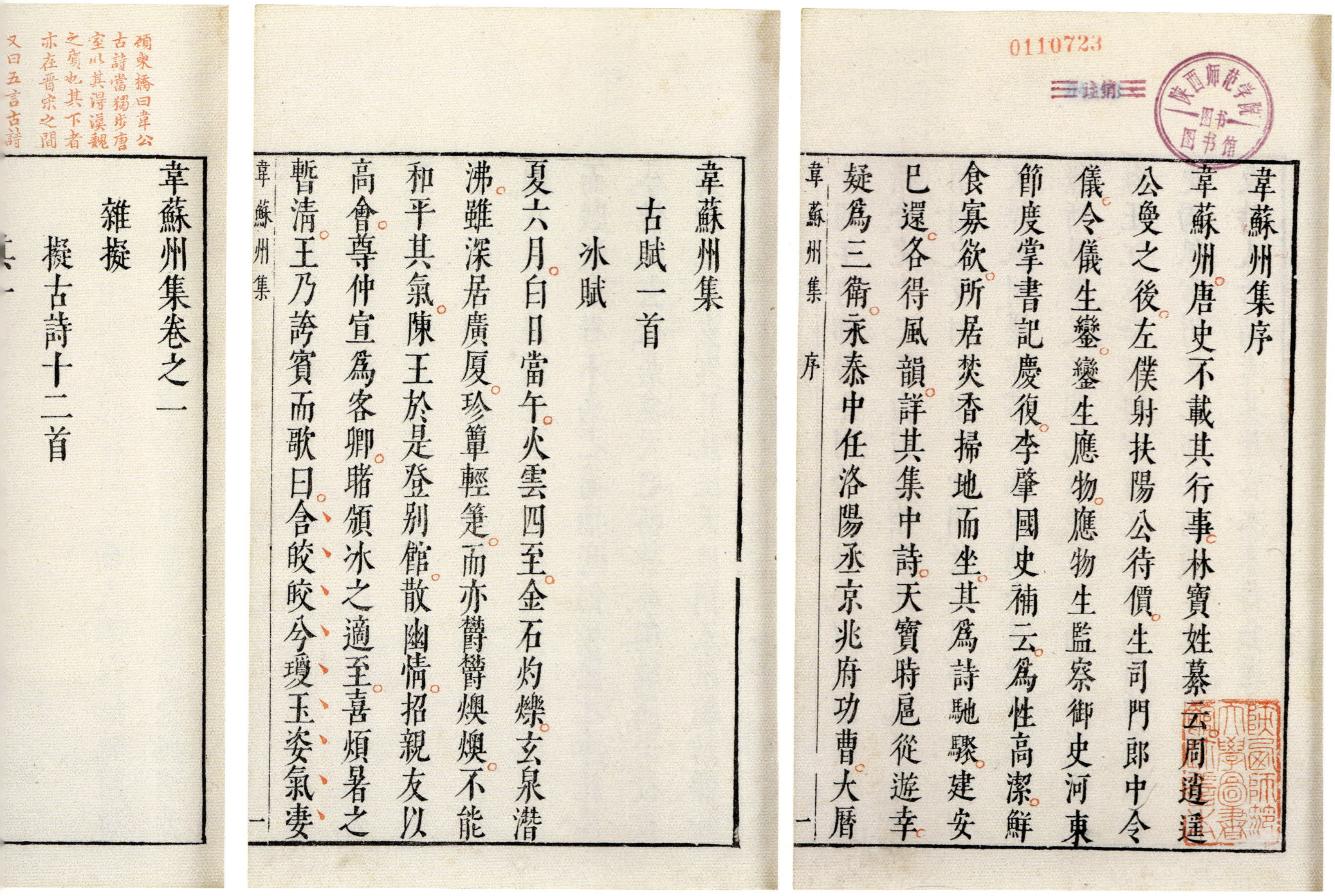
楊東橋曰韋公
古詩當獨步唐
室以其得漢魏
之質也其下者
亦在晉宋之間
又曰五言古詩
韋蘇州集卷之一
雜擬
擬古詩十二首
韋蘇州集
古賦一首
冰賦
夏六月白日當午火雲四至金石灼爍玄泉潛
沸雖深居廣厦珍簟輕箑而亦欝欝燠燠不能
和平其氣陳王於是登別館散幽情招親友以
高會尊仲宣為客卿賭頒冰之適至喜煩暑之
暫清王乃誇賓而歌曰含皎皎兮璚玉姿氣凄
韋蘇州集　一
0110723
韋蘇州集序
韋蘇州唐史不載其行事林寶姓纂云周逍遥
公夐之後左僕射扶陽公待價生司門郎中令
儀令儀生鑾鑾生應物應物生監察御史河東
節度掌書記慶復李肇國史補云為性高潔鮮
食寡欲所居焚香掃地而坐其為詩馳驟建安
已還各得風韻詳其集中詩天寶時扈從遊幸
疑為三衛永泰中任洛陽丞京兆府功曹大曆
韋蘇州集　序　一

韦苏州集十卷

明万历闵齐伋刻朱墨套印本

［唐］韦应物撰

一函四册

版框：21cm×14.6cm

开本：27.2cm×17.8cm

半页8行，每行18字。白口，四周单边。书前有王钦臣序。

一级古籍，入选《国家珍贵古籍名录》，名录号：05220。

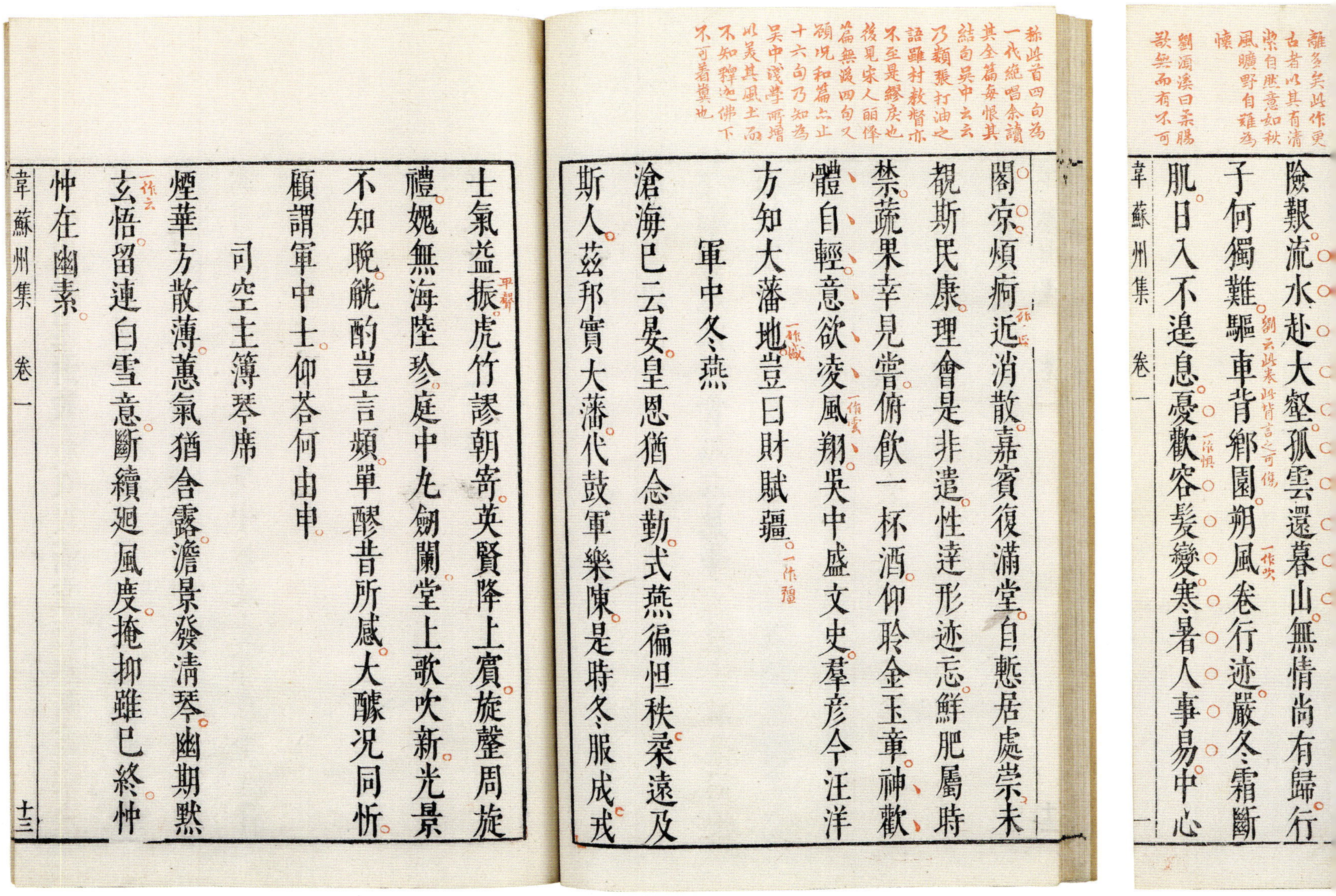
離多矣此作更古者以其有清槩自然意如秋風曠野自難為懷
劉須溪曰柔腸欲無而有不可

險艱流水赴大壑孤雲還暮山無情尚有歸行
子何獨難驅車背鄉園朔風卷行迹嚴冬霜斷
肌日入不遑息憂歡容髮變寒暑人事易中心

韋蘇州集　卷一

辣此首四句為一代絶唱余讀其全篇每恨其結句吳中云云乃類張打油之語雖村教督亦不至是繆戾也後見宋人丽倅篇無後四句又頗悅和篇亦止十六句乃知為吳中淺學所增以美其風土而不知釋迦佛下不可著糞也

閣凉煩痾近消散嘉賓復滿堂自慙居處崇未
覩斯民康理會是非遣性達形迹忘鮮肥屬時
禁蔬果幸見嘗俯飲一杯酒仰聆金玉章神歡
體自輕意欲凌風翔吳中盛文史羣彦今汪洋
方知大藩地豈曰財賦疆

軍中冬燕

滄海巳云晏皇恩猶念勤式燕徧恒秩柔遠及
斯人茲邦實大藩代鼓軍樂陳是時冬服成戎

士氣益振虎竹謬朝寄英賢降上賓旋罄周旋
禮娩無海陸珍庭中允劍闌堂上歌吹新光景
不知晚觥酌豈言頻單醪昔所感大醵況同忻
顧謂軍中士仰荅何由申

司空主簿琴席

煙華方散薄蕙氣猶含露澹景發清琴幽期默
玄悟留連白雪意斷續迴風度掩抑雖巳終忡
忡在幽素

韋蘇州集　卷一　十三

世说新语八卷

明万历凌瀛初刻朱蓝黄墨四色套印本

［南朝宋］刘义庆撰，［南朝梁］刘孝标注，［宋末元初］刘应登、［宋末元初］刘辰翁、［明］王世懋评

一函八册

版框：20.8cm×14.6cm

开本：30.2cm×18.5cm

半页8行，每行18字，小字双行同。白口，四周单边。金镶玉装。书前有吴郡王世懋序，另有『世说旧序』『世说旧题』、陆游旧跋及凌瀛初跋。书中刻印有『王氏敬盖』朱文印、『凌瀛初印』白文方印等。

一级古籍，入选《陕西省珍贵古籍名录》，名录号：0199。

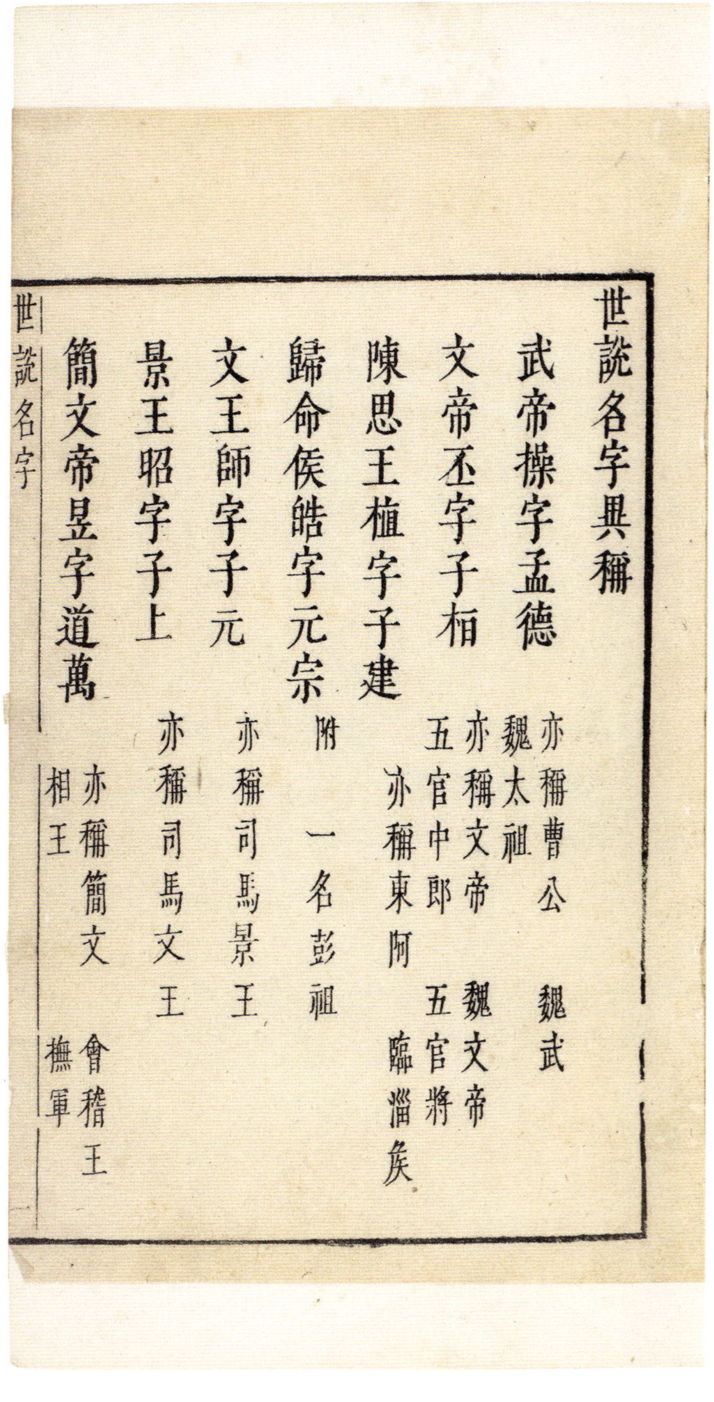

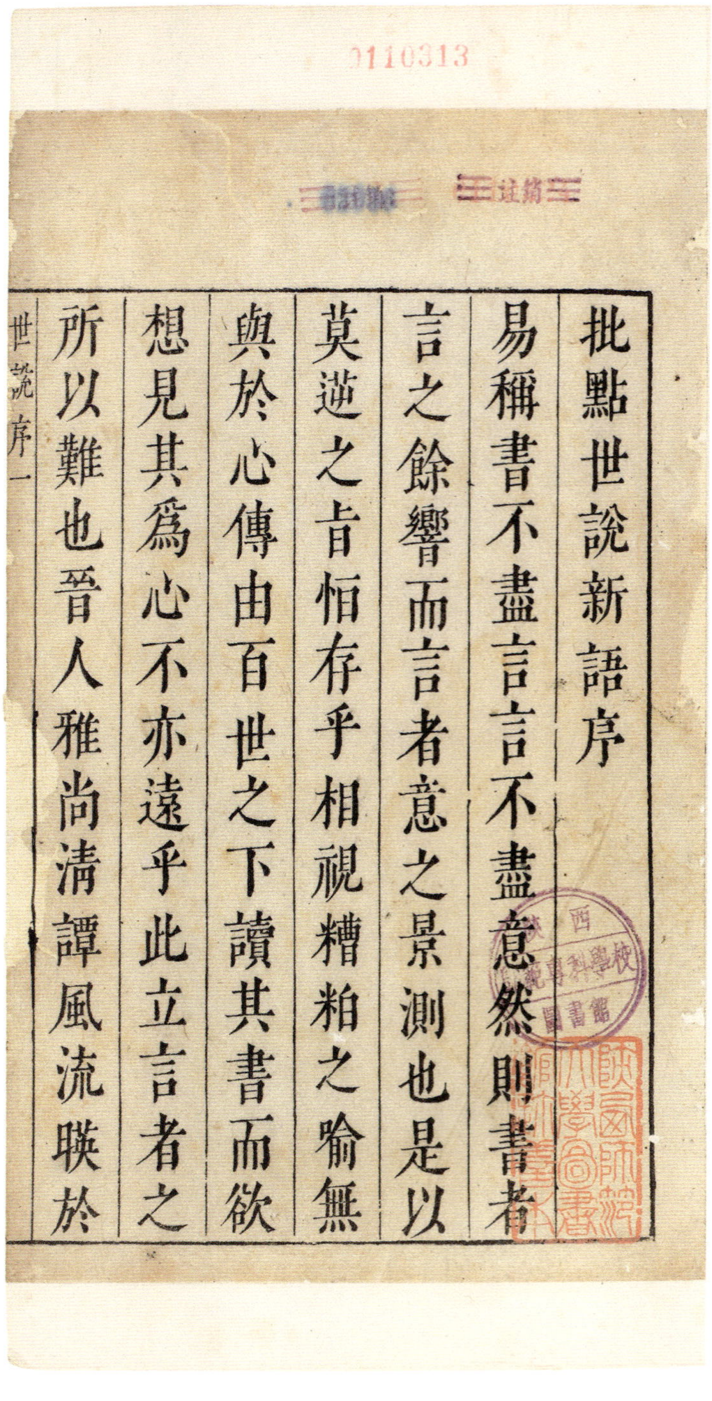

世說新語
全书一函
八册

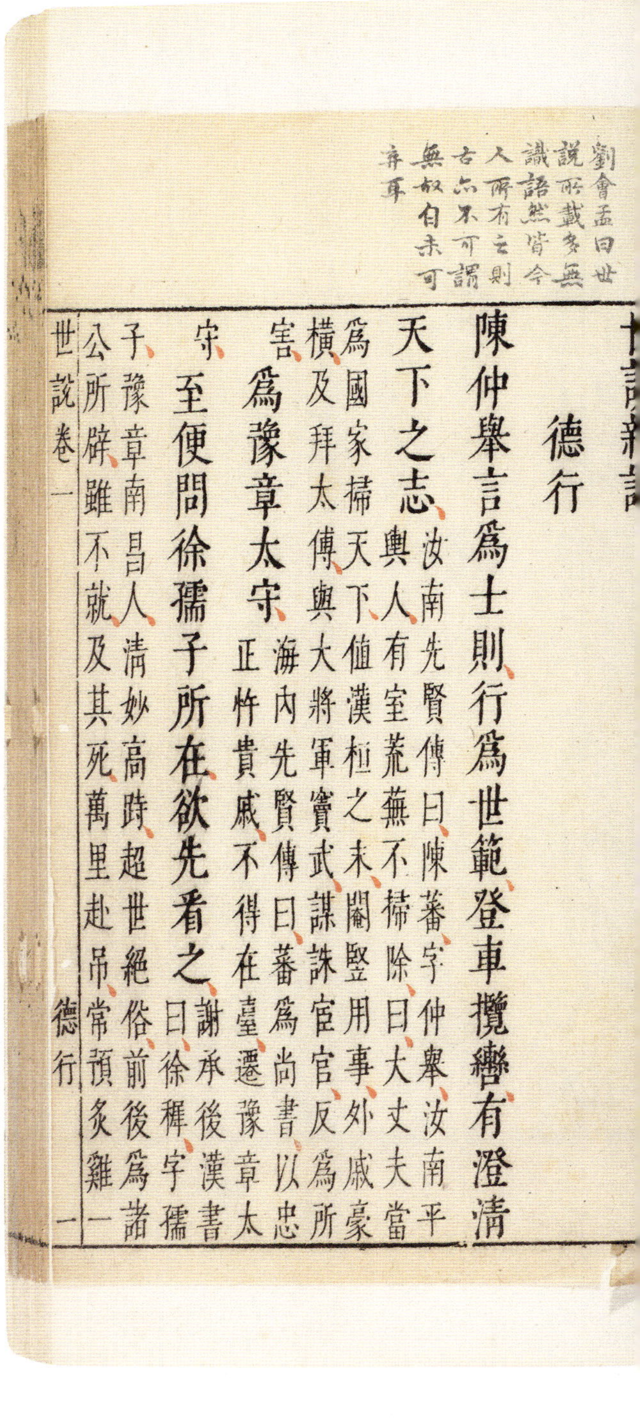
世說新語
德行
陳仲舉言爲士則行爲世範登車攬轡有澄清
天下之志 汝南先賢傳曰陳蕃字仲舉汝南平 輿人有室荒蕪不掃除曰大丈夫當
爲國家掃天下值漢桓之末閹豎用事外戚豪 橫及拜太傅與大將軍竇武謀誅宦官反爲所
害 爲豫章太守 海內先賢傳曰蕃爲尚書以忠 正忤貴戚不得在臺遷豫章太
守 至便問徐孺子所在欲先看之 謝承後漢書 曰徐稺字孺
子豫章南昌人清妙高跱超世絕俗前後爲諸 公所辟雖不就及其死萬里赴吊常預炙雞一
世說卷一 德行 一

生字作主

之者數人而已累遷征西大將軍荆州刺史伯樂相馬經曰馬白額入口至齒者名曰榆鴈一名的盧奴乘客死主乘棄市凶馬也或語令賣去語林曰殷浩勸公賣馬庾云賣之必有買者卽復害其生寧可不安已而移於他人哉昔孫叔敖殺兩頭蛇以爲後人古之美談賈誼新書曰孫叔敖爲兒時出道上見兩頭蛇殺而埋之歸見其母泣問其故對曰夫見兩頭蛇者必死今出見之故爾母曰蛇今安在對曰恐後人見殺而埋之矣母曰夫有陰德必有陽報爾無憂後遂興於楚朝及長爲楚令尹效之不亦達乎

阮光祿在剡曾有好車借者無不皆給有人葬

此不當入夙惠耶然在兒年故爲盛德

母意欲借而不敢言阮後聞之嘆曰吾有車而使人不敢借何以車爲遂焚之阮光祿別傳曰裕字思曠陳留尉氏人祖畧齊國内史父顗汝南太守裕淹通有理識累遷侍中以疾築室會稽剡山徵金紫光祿大夫不就年六十一卒

謝奕作剡令中興書曰謝奕字無奕陳郡陽夏人祖衡太子少傅父裒吏部尚書奕少有器鑒辟太尉掾剡令遷豫州刺史有一老翁犯法謝以醇酒罰之乃至過醉而猶未已太傅時年七八歲箸青布袴在兄厀邊坐諫曰阿兄老翁可念何可

世說卷一　德行　十五

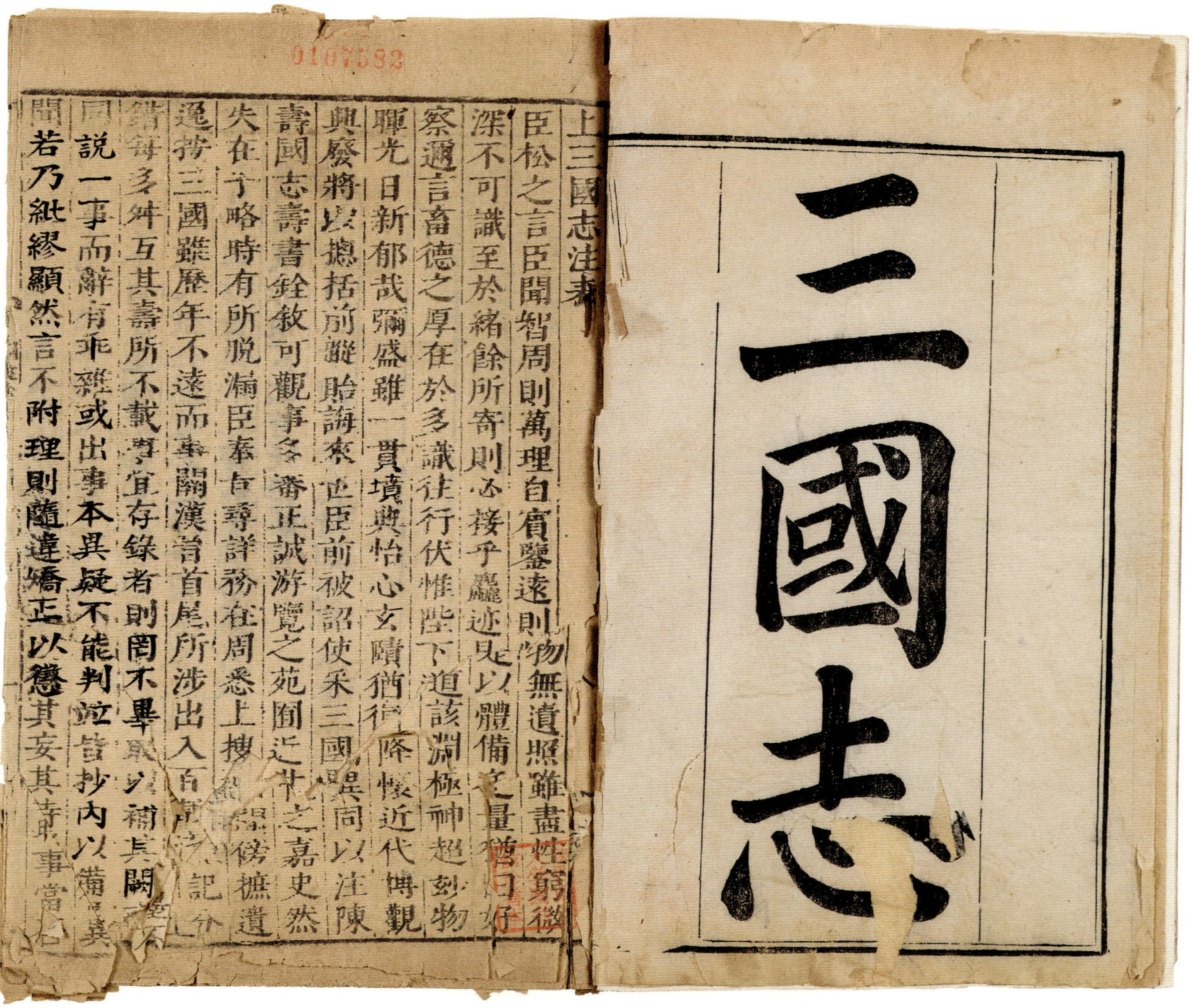

三国志六十五卷

明崇祯十七年（1644）毛氏汲古阁刻本
［西晋］陈寿撰，［刘宋］裴松之注
二函十二册
版框：21.2cm×15cm
开本：24.9cm×16.2cm

半页12行，每行25字，小字双行，每行37字。白口，左右双边，单黑鱼尾。书前有清祁寯藻墨笔批校并录殿本考证、刘宋文帝元嘉六年（429）裴松之『上三国志表』。版心下方有『汲古阁毛氏正本』字样。

二级古籍，入选《国家珍贵古籍名录》，名录号：07540。

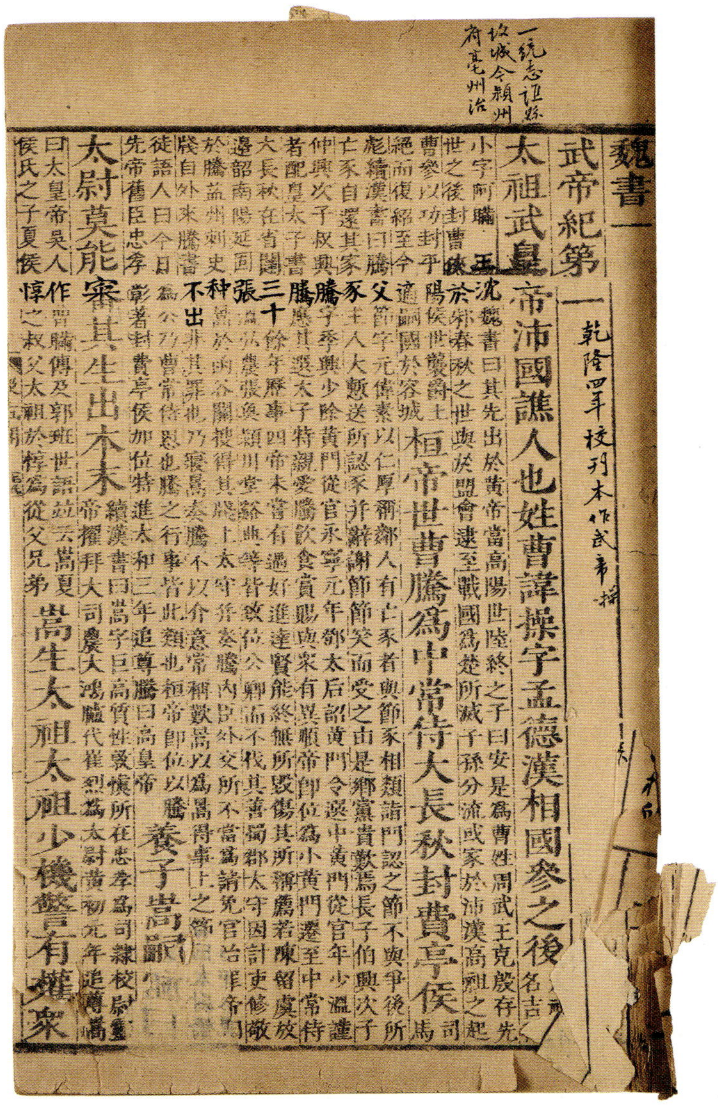
魏書一
武帝紀第一
太祖武皇帝沛國譙人也姓曹諱操字孟德漢相國參之後
桓帝世曹騰爲中常侍大長秋封費亭侯
養子嵩嗣
太尉莫能審其生出本末
嵩生太祖太祖少機警有權數

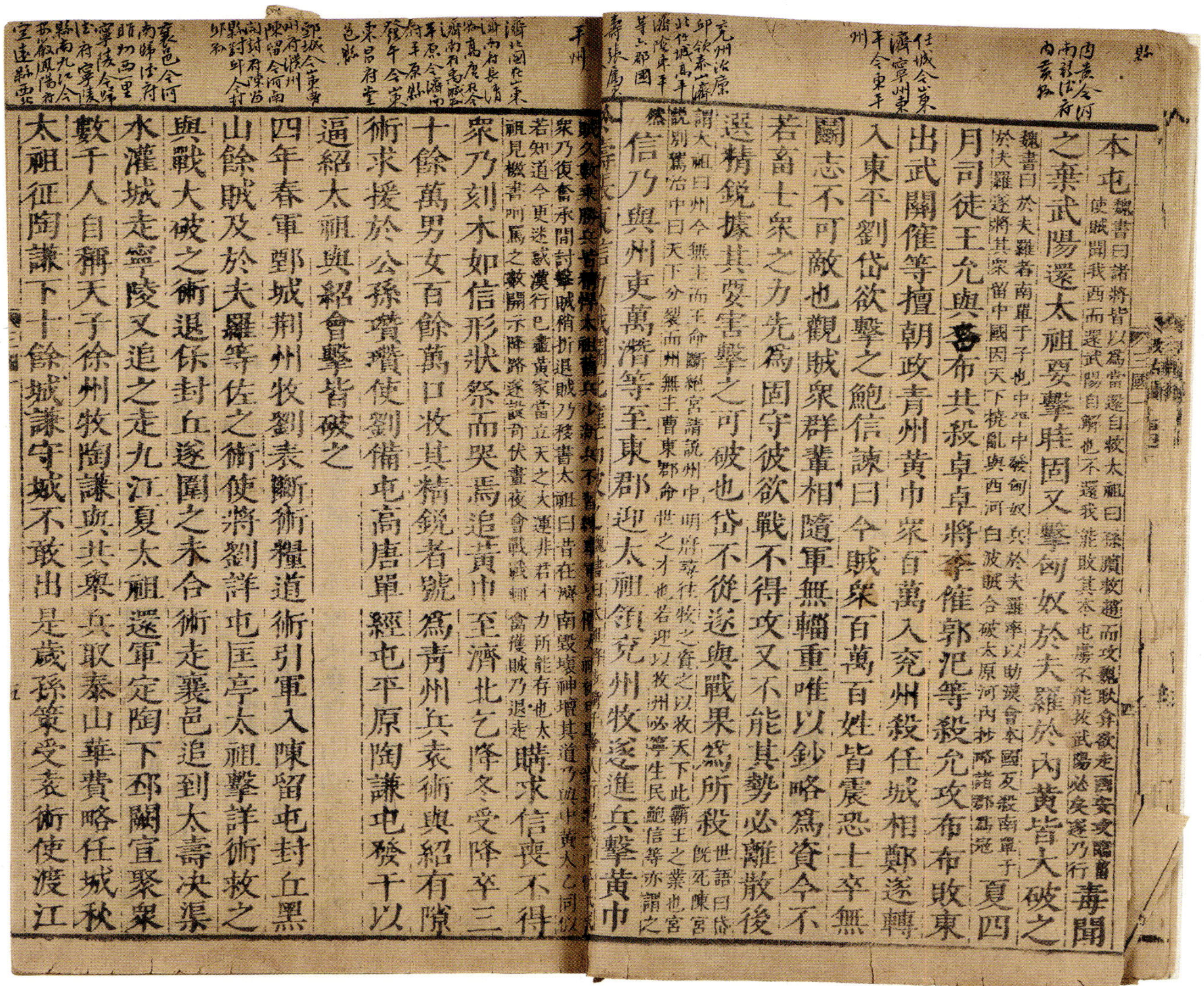
本屯
毒聞之棄武陽還太祖要擊眭固又擊匈奴於夫羅於內黃皆大破之
夏四月司徒王允與呂布共殺卓卓將李傕郭汜等殺允攻布布敗東出武關傕等擅朝政青州黃巾衆百萬入兗州殺任城相鄭遂轉入東平劉岱欲擊之鮑信諫曰今賊衆百萬百姓皆震恐士卒無鬭志不可敵也觀賊衆群輩相隨軍無輜重唯以鈔略爲資今不若畜士衆之力先爲固守彼欲戰不得攻又不能其勢必離散後選精銳據其要害擊之可破也岱不從遂與戰果爲所殺
信乃與州吏萬潛等至東郡迎太祖領兗州牧遂進兵擊黃巾
購求信喪不得衆乃刻木如信形狀祭而哭焉追黃巾至濟北乞降冬受降卒三十餘萬男女百餘萬口收其精銳者號爲青州兵袁術與紹有隙術求援於公孫瓚瓚使劉備屯高唐單經屯平原陶謙屯發干以逼紹太祖與紹會擊皆破之
四年春軍鄄城荊州牧劉表斷術糧道術引軍入陳留屯封丘黑山餘賊及於夫羅等佐之術使將劉詳屯匡亭太祖擊詳術救之與戰大破之術退保封丘遂圍之未合術走襄邑追到太壽決渠水灌城走寧陵又追之走九江夏太祖還軍定陶下邳闕宣聚衆數千人自稱天子徐州牧陶謙與共舉兵取泰山華費略任城秋太祖征陶謙下十餘城謙守城不敢出是歲孫策受袁術使渡江

函史上编八十一卷
下编二十二卷

明末木活字本

[明]邓元锡撰

六函六十四册

版框：22.2cm×15.2cm

开本：24.8cm×16.7cm

半页10行，每行21字，小字双行同。白口，四周单边，单黑鱼尾。上编有明万历元年（1573）自序，下编有明隆庆五年（1571）自序。版心下方排印有月日及工匠姓名。

二级古籍，入选《国家珍贵古籍名录》，名录号：03515。

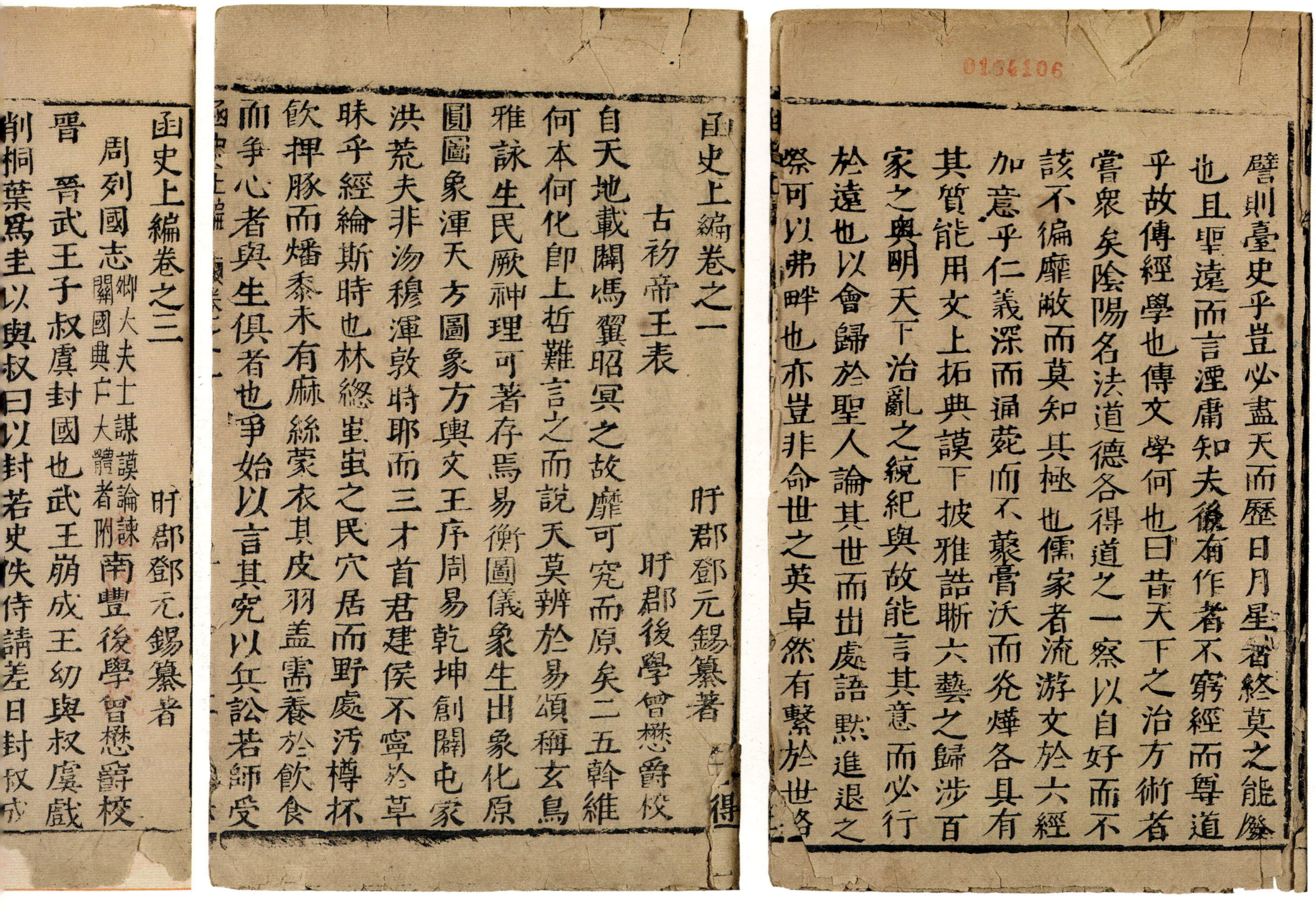
譬則臺史乎豈必盡天而歷日月星者終莫之能
也且聖遠而言湮庸知夫後有作者不窮經而尊道
乎故傳經學也傳文學何也曰昔天下之治方術者
嘗衆矣陰陽名法道德各得道之一察以自好而不
該不徧靡敝而莫知其極也儒家者流游文於六經
加意乎仁義深而涵菀而不蔾膏沃而光燁各具有
其質能用文上拓典謨下披雅誥斯六藝之歸涉百
家之輿明天下治亂之統紀與故能言其意而必行
於遠也以會歸於聖人論其世而出處語默進退之
際可以弗畔也亦豈非命世之英卓然有繫於世名

函史上編卷之一　　　盱郡鄧元錫纂著
古初帝王表　　盱郡後學曾懋爵校
自天地載闢馮翼昭冥之故靡可究而原矣二五幹維
何本何化卽上哲難言之而說天莫辨於易頌稱玄鳥
雅詠生民厥神理可著存焉易衡圖儀象生出象化原
圓圖象渾天方圖象方輿文王序周易乾坤創闢屯家
洪荒夫非泐穆渾敦時耶而三才首君建侯不寧於草
昧乎經綸斯時也林總蚩蚩之民穴居而野處汚樽抔
飲押豚而燔黍未有麻絲蒙衣其皮羽盖啬養於飲食
而爭心者與生俱者也爭始以言其究以兵訟若師受

函史上編卷之三　　盱郡鄧元錫纂著
周列國志御大夫士謀謨論諫附 國典戶大體者附　　南豐後學曾懋爵校
晉
晉武王子叔虞封國也武王崩成王幼與叔虞戲
削桐葉爲圭以與叔曰以封若史佚侍請差日封叔虞

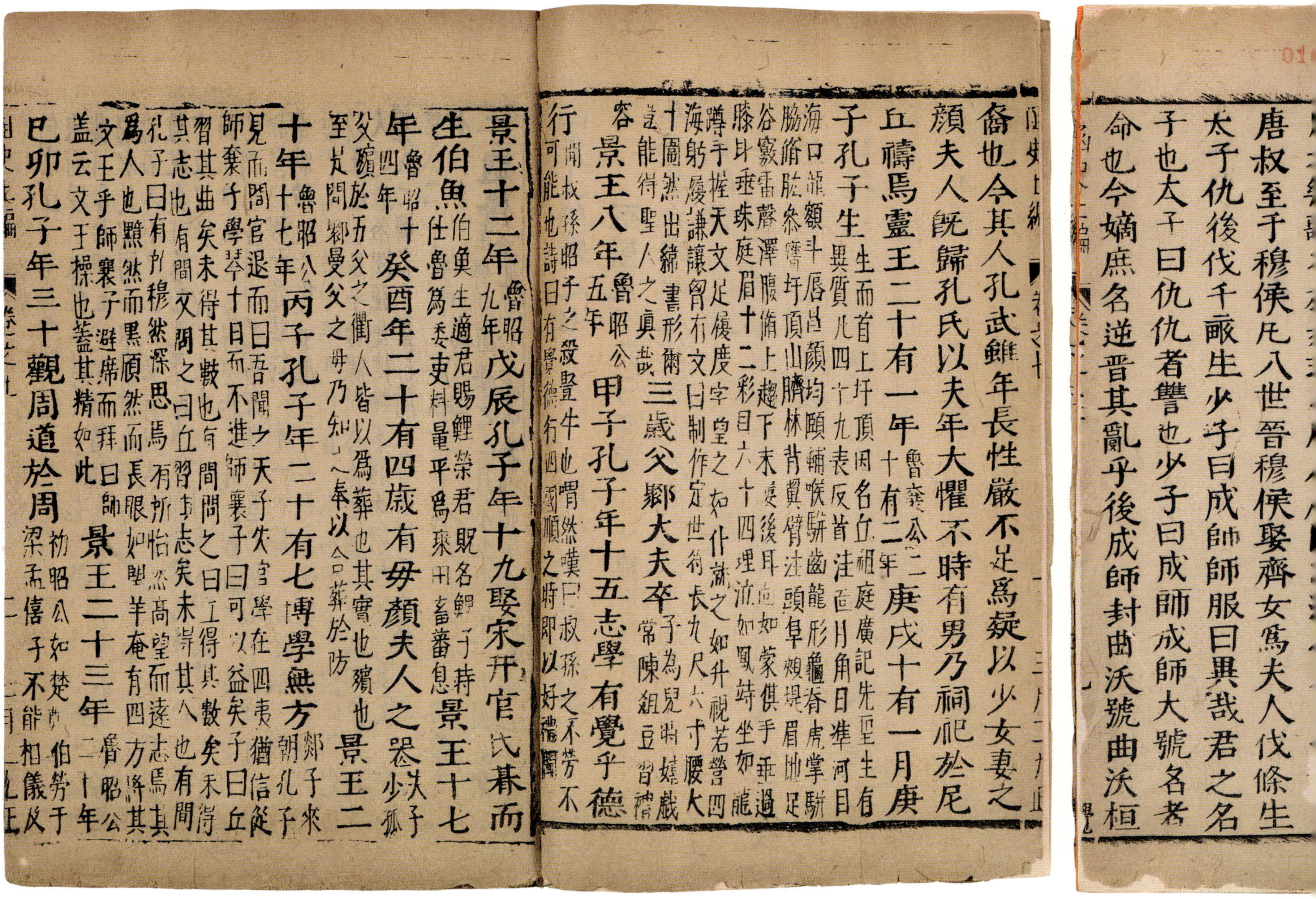
唐叔至于穆侯凡八世晉穆侯娶齊女爲夫人伐條生
太子仇後伐千畝生少子曰成師師服曰異哉君之名
子也太子曰仇仇者讐也少子曰成師成師大號名者
命也今嫡庶名逆晉其亂乎後成師封曲沃號曲沃桓

裔也今其人孔武雖年長性嚴不足爲疑以少女妻之
顔夫人既歸孔氏以夫年大懼不時有男乃祠祀於尼
丘禱焉 靈王二十有一年魯襄公二十有二年庚戌十有一月庚
子孔子生生而首上圩頂因名丘祖庭廣記先聖生有異質凡四十九表反首洼面月角日準河目
海口龍顙斗脣昌顔均頤輔喉駢齒龍形龜脊虎掌駢脇修肱參膺圩頂山臍林背翼臂洼頭阜頰堤眉地足谷竅雷聲澤腹脩上趨下末僂後耳面如蒙倛手垂過膝耳垂珠庭眉十二彩目六十四理立如鳳峙坐如龍蹲手握天文足履度字望之如仆就之如升視若營四海躬履謙讓胸有文曰制作定世符長九尺六寸腰大十圍然出綠書形爾 是能得聖人之眞哉 三歲父鄉大夫卒子爲兒嬉戲常陳俎豆設禮容
景王八年魯昭公五年甲子孔子年十五志學有覺乎德行聞叔孫昭子之殺豎牛也喟然嘆曰叔孫之不勞不可能也詩曰有覺德行四國順之時即以好禮聞

景王十二年魯昭九年戊辰孔子年十九娶宋幵官氏朞而
生伯魚伯魚生適君賜鯉榮君貺名鯉字伯魚任魯爲委吏料量平爲乘田畜蕃息 景王十七
年魯昭十四年癸酉年二十有四歲有毋顔夫人之喪孔子少孤父殯於五父之衢人皆以爲葬也其實殯也至是問鄹曼父之母乃知之奉以合葬於防 景王二
十年魯昭公十七年丙子孔子年二十有七博學無方郯子來朝孔子見而問官退而曰吾聞之天子失官學在四夷猶信學琴師襄子十日不進師襄子曰可以益矣孔子曰丘已習其曲矣未得其數也有間曰已習其數矣未得其志也有間曰已習其志矣未得其爲人也有間有所穆然深思焉有所怡然高望而遠志焉曰丘得其爲人矣黯然而黑頎然而長眼如望羊奄有四方非文王其孰能爲此也師襄子避席再拜曰師蓋云文王操也蓋其精如此 景王二十三年魯昭二十年
己卯孔子年三十觀周道於周初昭公如楚鄭伯勞于梁孟僖子不能相儀及

空同诗选一卷

明末闵齐伋刻朱墨套印本
［明］李梦阳撰，［明］杨慎评选
一函一册
版框：21.5cm×15.2cm
开本：26.9cm×17.2cm

半页9行，每行19字。白口，四周单边。书前有杨慎题辞。题辞首页钤有「西江省局校书」朱文方印、「曾在吴门顾醉樵处」白文方印，书中钤有「黄埭顾氏」「随园居士」白文方印，序后刻印有「万卷楼」白文方印、「升菴」朱文方印，卷末有闵齐伋「齐」「伋」二印。

一级古籍，入选《国家珍贵古籍名录》，名录号：05953。

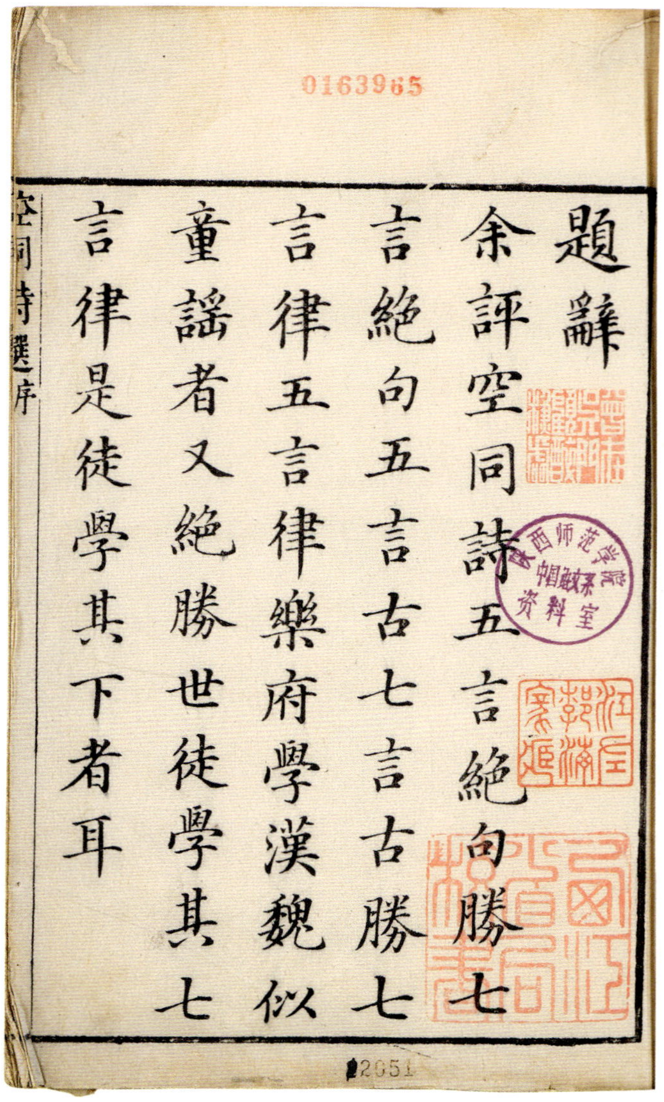

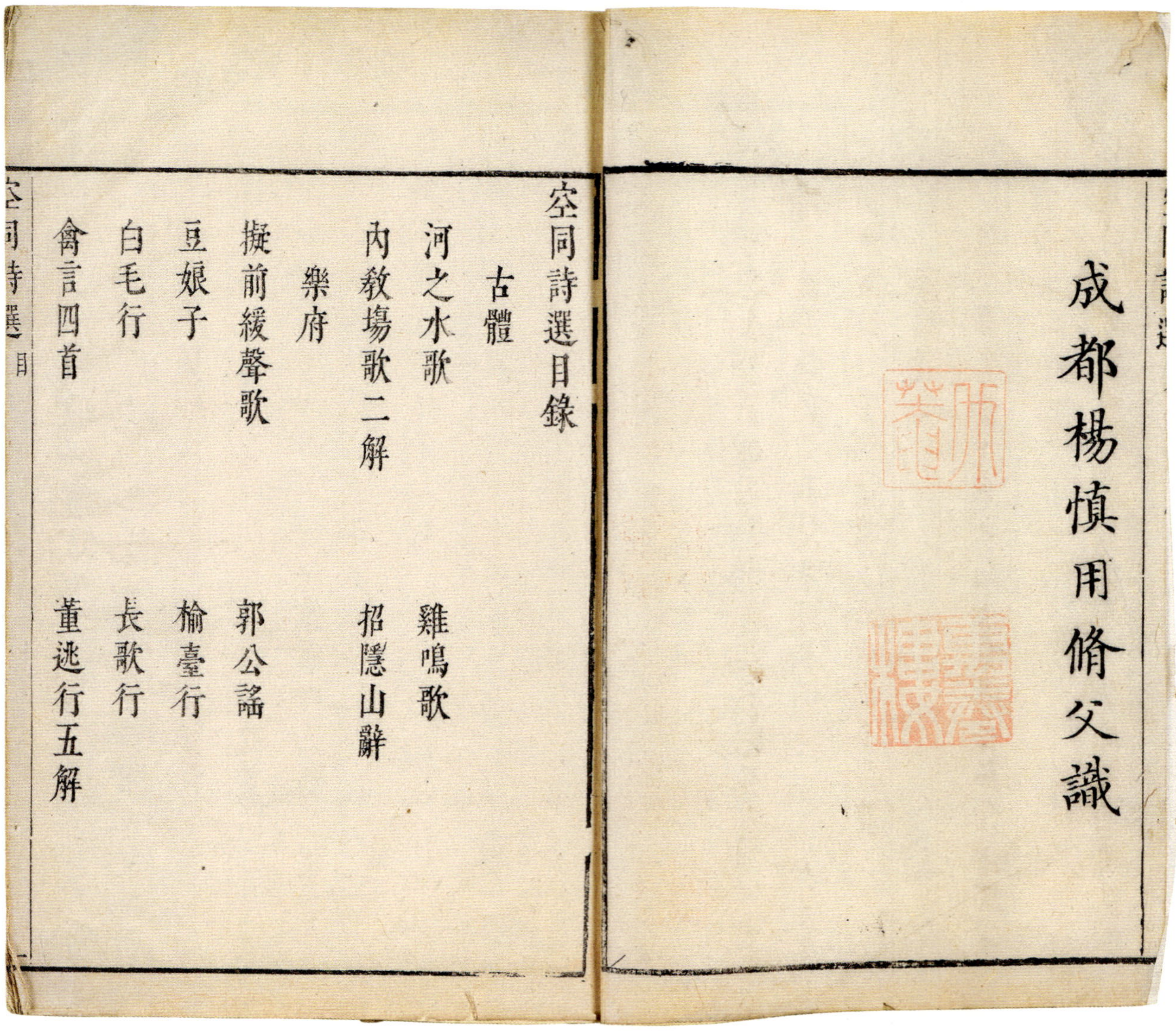

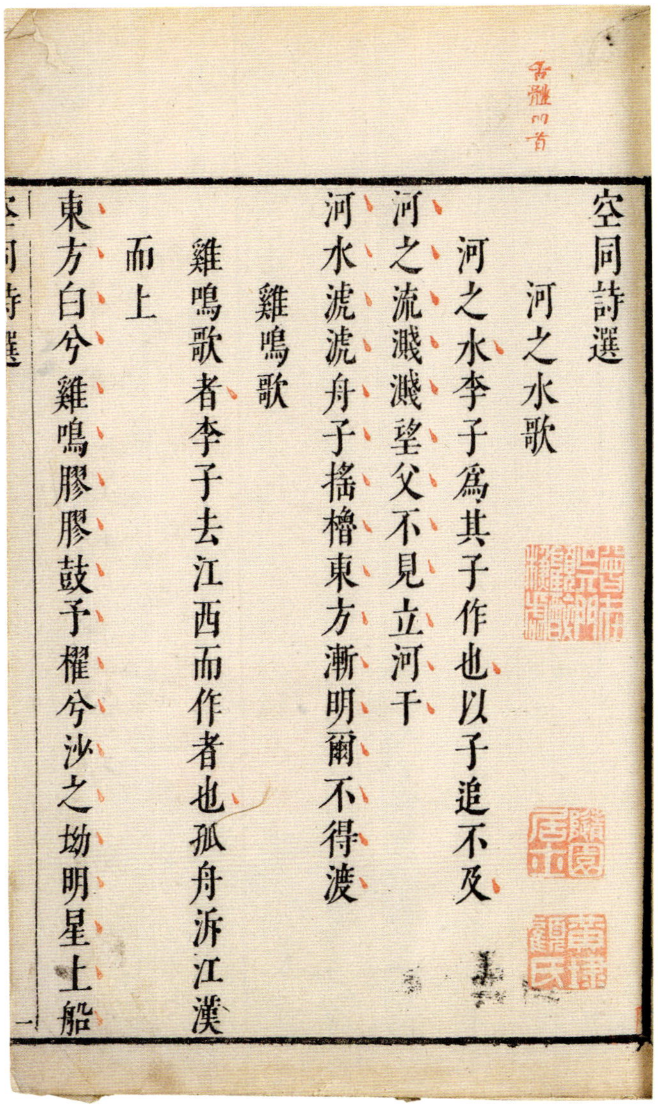

古體四首

空同詩選

河之水歌

河之水李子爲其子作也以子追不及

河之流濺濺望父不見立河干

河水浤浤舟子搖櫓東方漸明爾不得渡

雞鳴歌

雞鳴歌者李子去江西而作者也孤舟泝江漢而上

東方白兮雞鳴膠膠鼓予櫂兮沙之坳明星上船

空同詩選　一

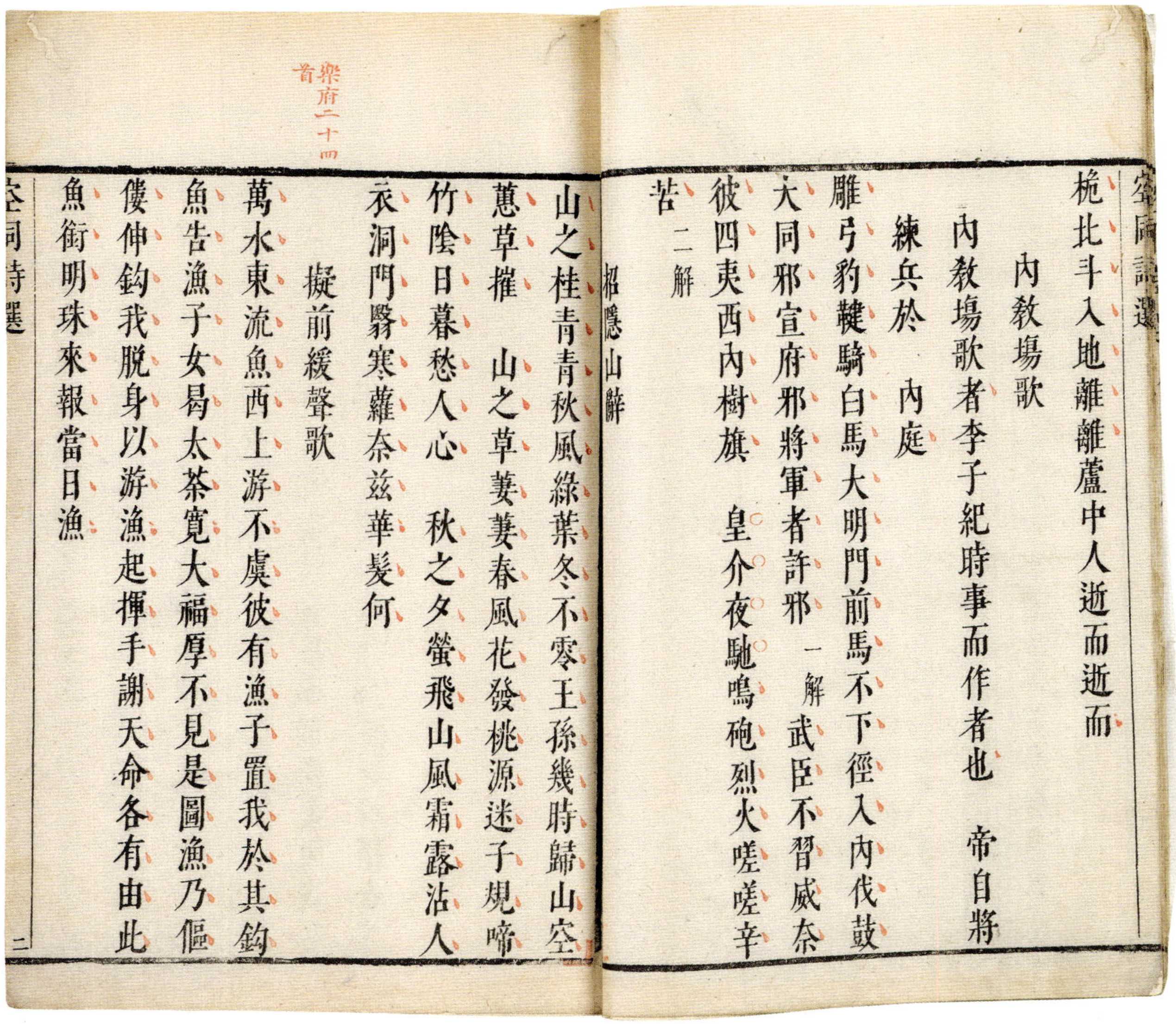

空同詩選

桅北斗入地離離蘆中人逝而逝而

內教場歌

內教場歌者李子紀時事而作者也　帝自將練兵於　內庭

雕弓豹韔騎白馬大明門前馬不下徑入內伐鼓

大同邪宣府邪將軍者許邪　一解　武臣不習威奈彼四夷西內樹旗　皇介夜馳鳴砲烈火嗟嗟辛苦　二解

樂府二十四首

招隱山辭

山之桂青青秋風綠葉冬不零王孫幾時歸山空蕙草摧　山之草萋萋春風花發桃源迷子規啼竹陰日暮愁人心　秋之夕螢飛山風霜露沾人衣洞門翳寒蘿柰茲華髮何

擬前緩聲歌

萬水東流魚西上游不虞彼有漁子置我於其鈎魚告漁子女曷太荼寬大福厚不見是圖漁乃傴僂伸鈎我脫身以游漁起揮手謝天命各有由此魚銜明珠來報當日漁

空同詩選　二

淮南鸿烈解二十一卷

明末刻朱墨套印本

［西汉］刘安撰，［明］茅坤等评

一函八册

版框：21cm×14.7cm

开本：27cm×17.7cm

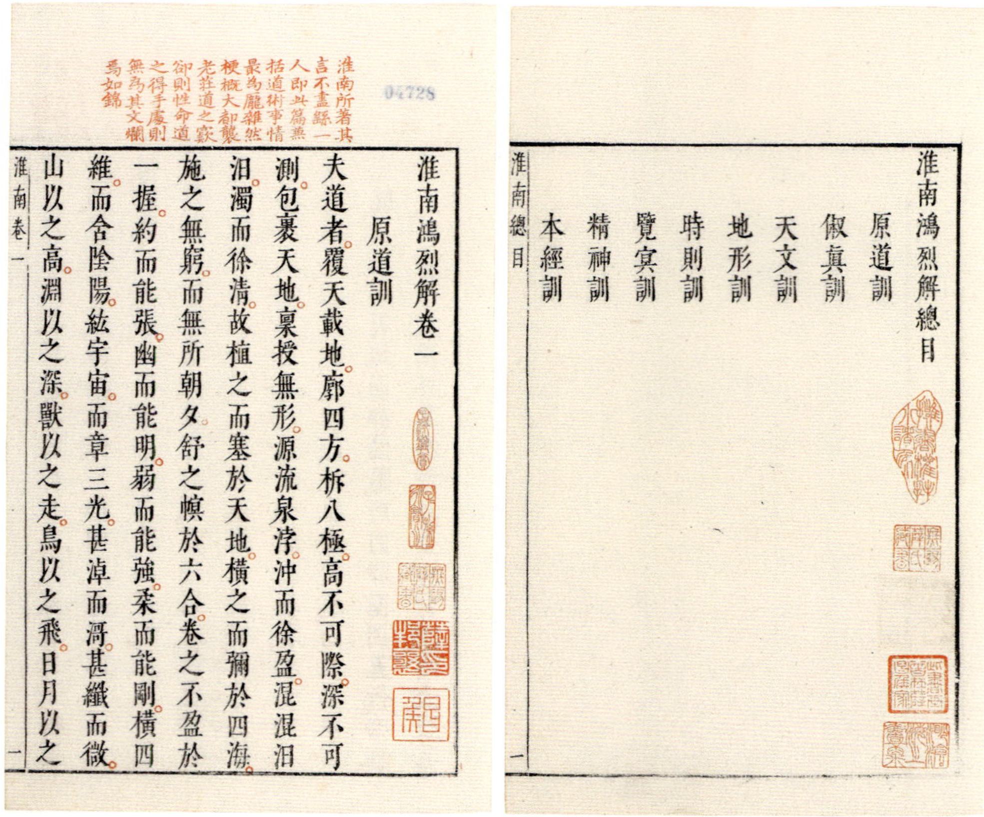

淮南鴻烈解總目

原道訓
俶真訓
天文訓
地形訓
時則訓
覽冥訓
精神訓
本經訓

淮南總目 一

淮南鴻烈解卷一

原道訓

夫道者覆天載地廓四方柝八極高不可際深不可測包裹天地稟授無形源流泉浡沖而徐盈混混汩汩濁而徐清故植之而塞於天地橫之而彌於四海施之無窮而無所朝夕舒之幎於六合卷之不盈於一握約而能張幽而能明弱而能強柔而能剛橫四維而含陰陽紘宇宙而章三光甚淖而滒甚纖而微山以之高淵以之深獸以之走鳥以之飛日月以之

淮南卷一 一

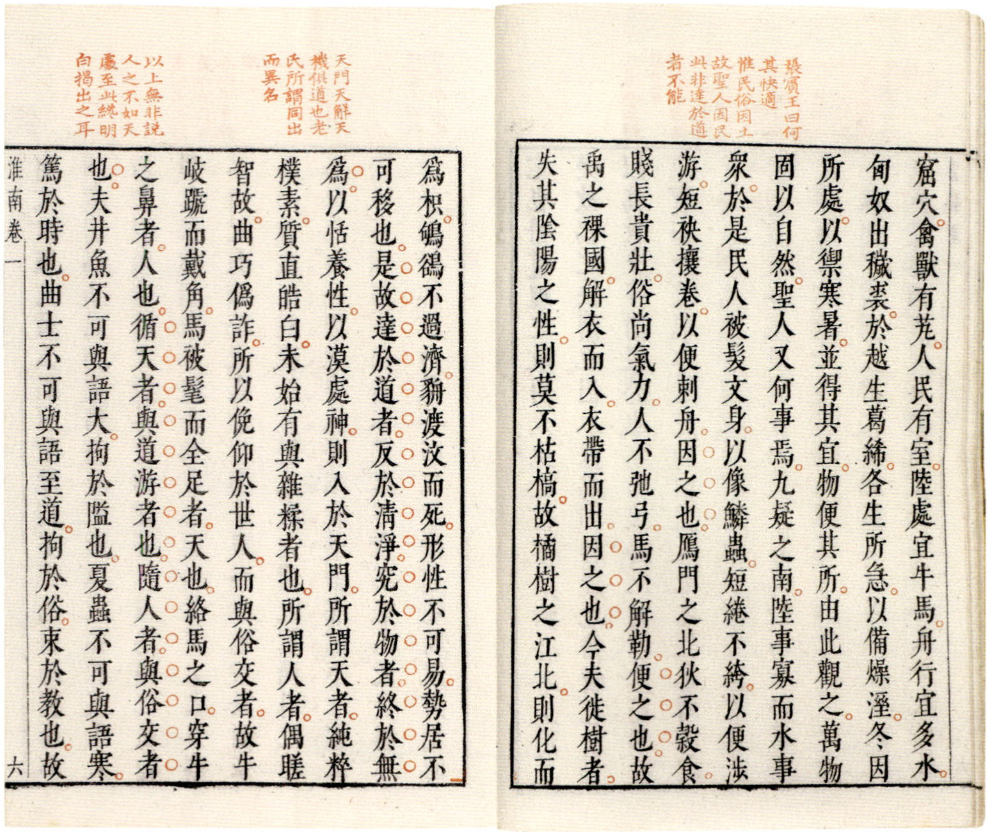

窟穴禽獸有芃人民有室陸處宜牛馬舟行宜多水句奴出穢裘於越生葛絺各生所急以備燥溼各因所處以禦寒暑並得其宜物便其所由此觀之萬物固以自然聖人又何事焉九疑之南陸事寡而水事衆於是民人被髮文身以像鱗蟲短綣不絝以便涉游短袂攘卷以便刺舟因之也鴈門之北狄不穀食賤長貴壯俗尚氣力人不弛弓馬不解勒便之也故禹之裸國解衣而入衣帶而出因之也今夫徙樹者失其陰陽之性則莫不枯槁故橘樹之江北則化而

爲枳鴝鵒不過濟貈渡汶而死形性不可易勢居不可移也是故達於道者反於清淨究於物者終於無爲以恬養性以漠處神則入於天門所謂天者純粹樸素質直皓白未始有與雜糅者也所謂人者偶𥈭智故曲巧僞詐所以俛仰於世人而與俗交者故牛岐蹏而戴角馬被髦而全足者天也絡馬之口穿牛之鼻者人也循天者與道游者也隨人者與俗交者也夫井魚不可與語大拘於隘也夏蟲不可與語寒篤於時也曲士不可與語至道拘於俗束於教也故

淮南卷一 六

半页9行，每行20字。白口，四周单边。序前钤有『锡山薛氏珍藏』朱文方印、『青萍阁珍藏章』朱文椭圆印、『一叶不阙』朱文方印、『昌侯过目』朱文方印、『青萍阁主人珍赏』朱文方印、『御赐职业修明』朱文印，总目前钤有『渺沧海之一粟』朱文长方印、『此书画曾在薛昌侯家』朱文方印、『无锡薛氏藏书』朱文长方印、『拥书权拜小诸侯』朱文随形印，卷首钤有『昌侯』朱文方印、『薛邦襄印』白文方印、『子子孙孙永宝之』朱文长方印、『昌侯鉴赏』朱文椭圆印。

二级古籍，入选《陕西省珍贵古籍名录》，名录号：0190。

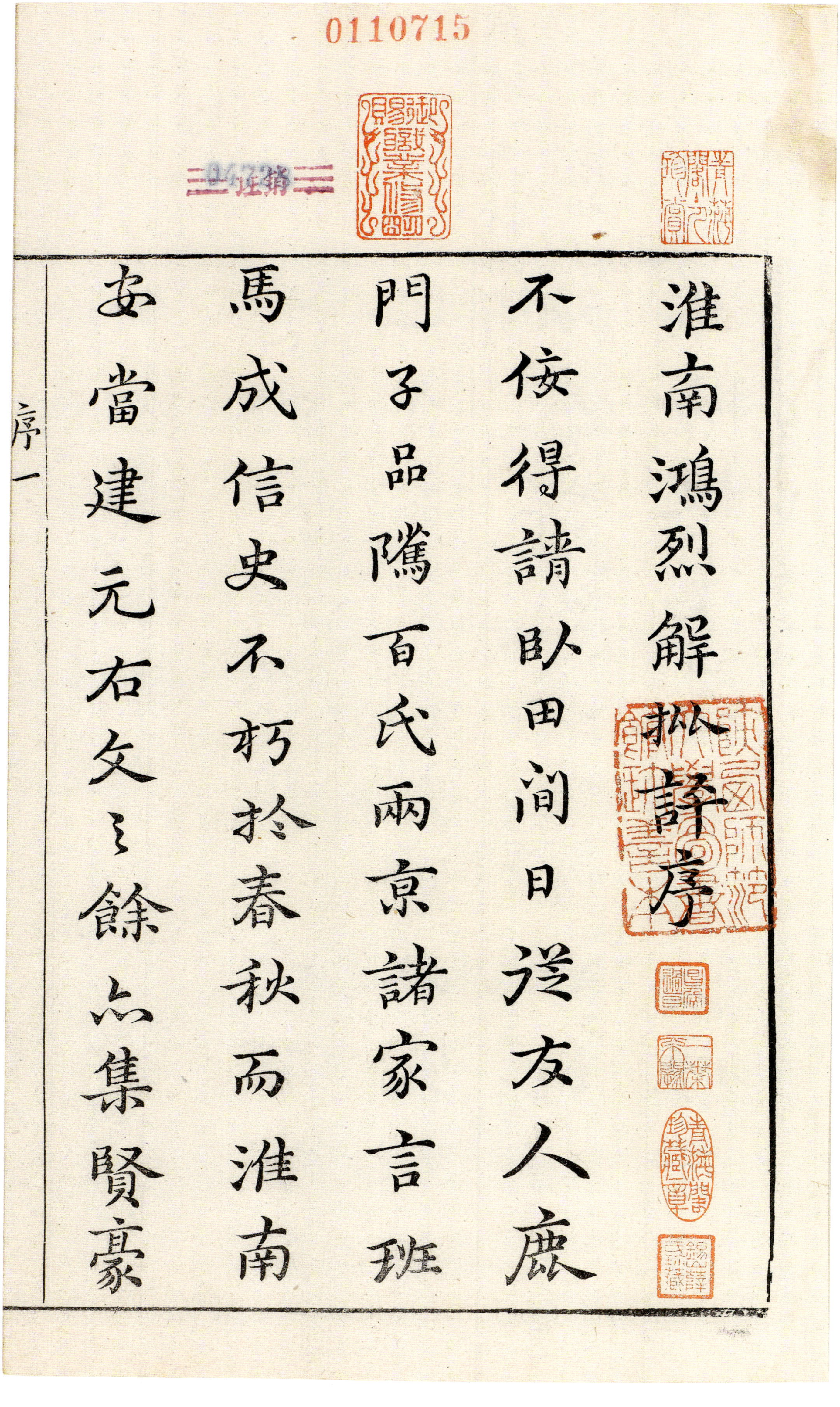

0110715

淮南鴻烈解拟許序

不佞得請卧田間日從友人麃

門子品隲百氏兩京諸家言班

馬成信史不朽於春秋而淮南

安當建元右文之餘亾集賢豪

序一

东坡先生志林五卷

明末刻朱墨套印本

［北宋］苏轼撰，［明］焦竑评

一函五册

版框：20cm×14.6cm

开本：26.6cm×17.2cm

半页8行，每行18字。白口，四周单边。序首钤有『寿椿堂王氏家藏』白文长方印、『昌侯』朱文方印、『薛邦襄印』白文方印、『青萍阁』朱文长方印，卷首钤有『王靖廷观』白文方印。

二级古籍，入选《陕西省珍贵古籍名录》，名录号：0194。

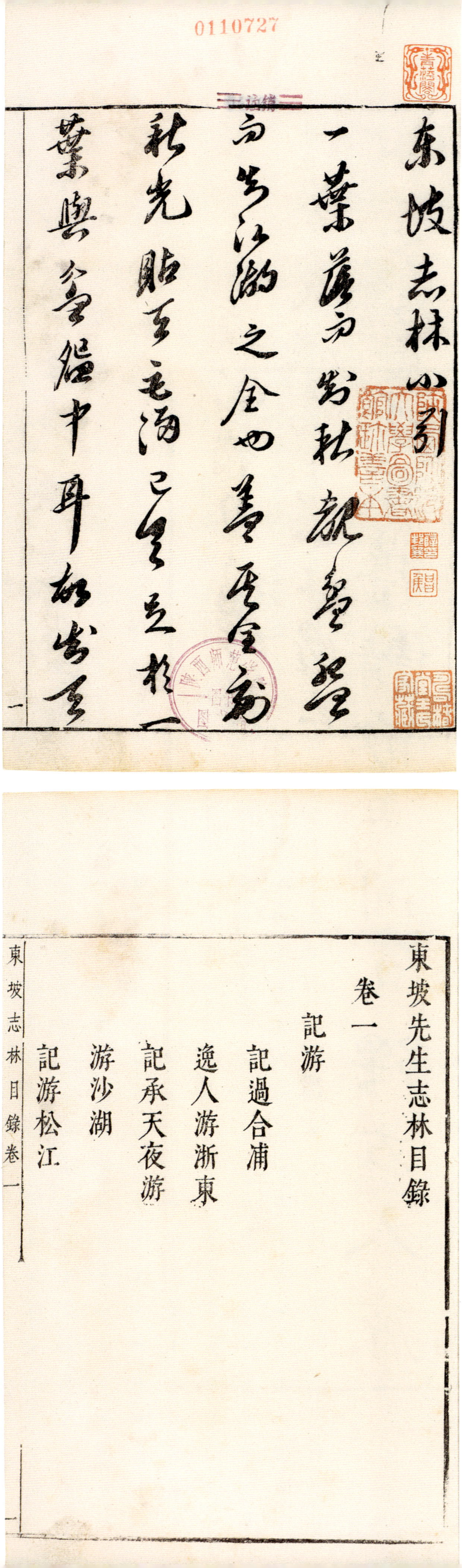

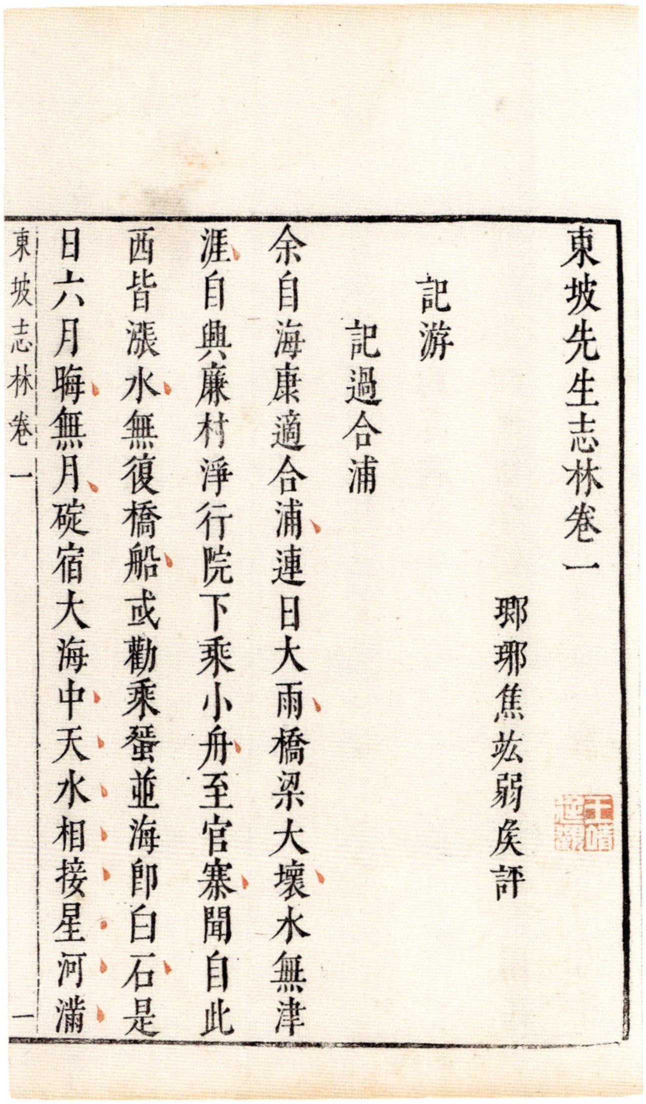

東坡先生志林卷一

瑯琊焦竑弱侯評

記游

記過合浦

余自海康適合浦連日大雨橋梁大壞水無津涯自興廉村淨行院下乘小舟至官寨聞自此西皆漲水無復橋船或勸乘蜑並海即白石是日六月晦無月碇宿大海中天水相接星河滿

東坡志林卷一　一

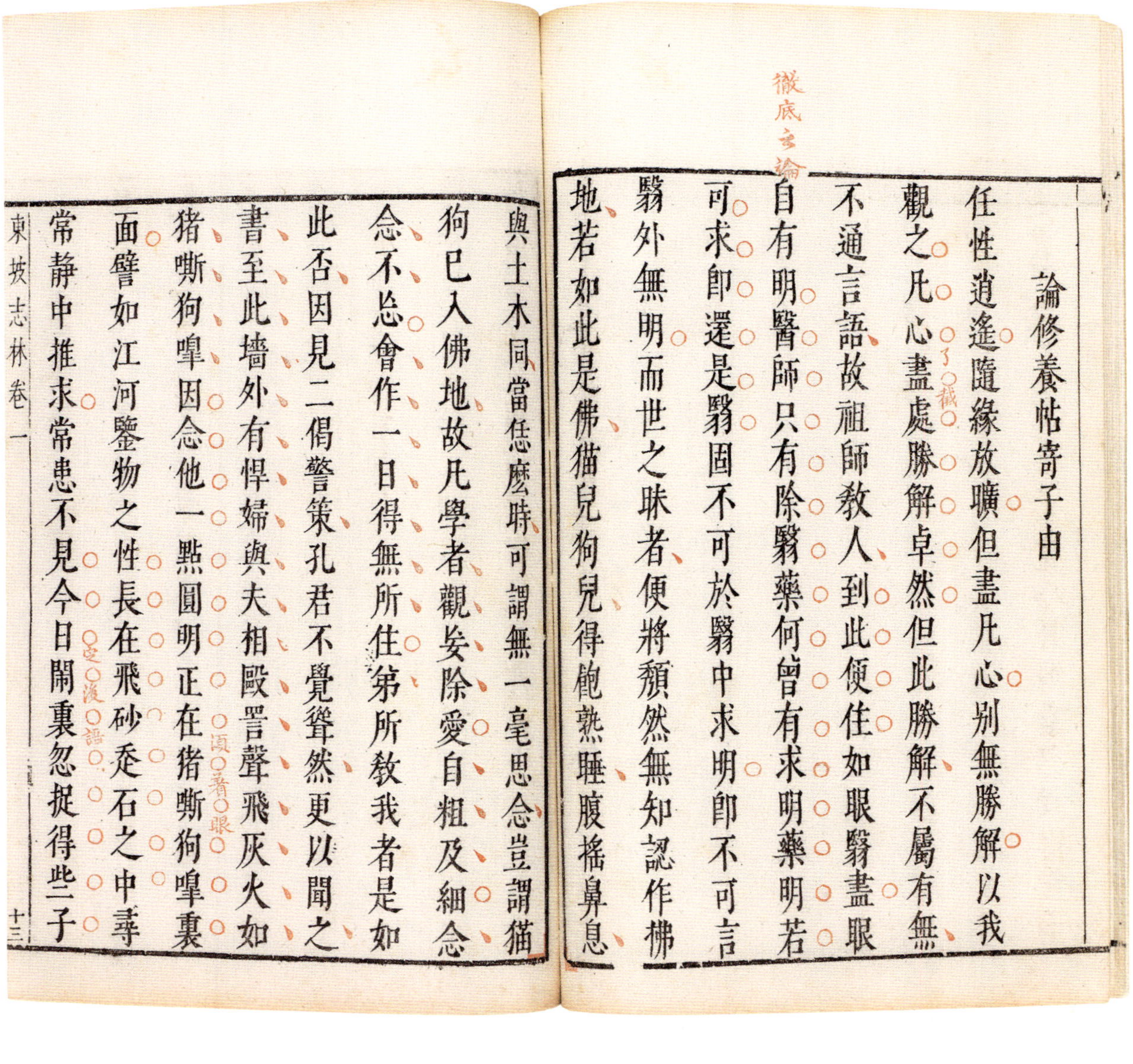

徹底玄論

論修養帖寄子由

任性逍遙隨緣放曠但盡凡心別無勝解以我觀之凡心盡處勝解卓然但此勝解不屬有無不通言語故祖師教人到此便住如眼翳盡眼自有明醫師只有除翳藥何曾有求明藥明若可求即還是翳固不可於翳中求明即不可言翳外無明而世之昧者便將頹然無知認作佛地若如此是佛猫兒狗兒得飽熟睡腹搖鼻息與土木同當恁麼時可謂無一毫思念豈謂猫狗已入佛地故凡學者觀妄除愛自粗及細念念不忘會作一日得無所住弟所教我者是如此否因見二偈警策孔君不覺聳然更以聞之書至此墻外有悍婦與夫相毆詈聲飛灰火如猪嘶狗嗥因念他一點圓明正在猪嘶狗嗥裏面譬如江河鑒物之性長在飛砂走石之中尋常靜中推求常患不見今日鬧裏忽捉得些子

東坡志林卷一　十三

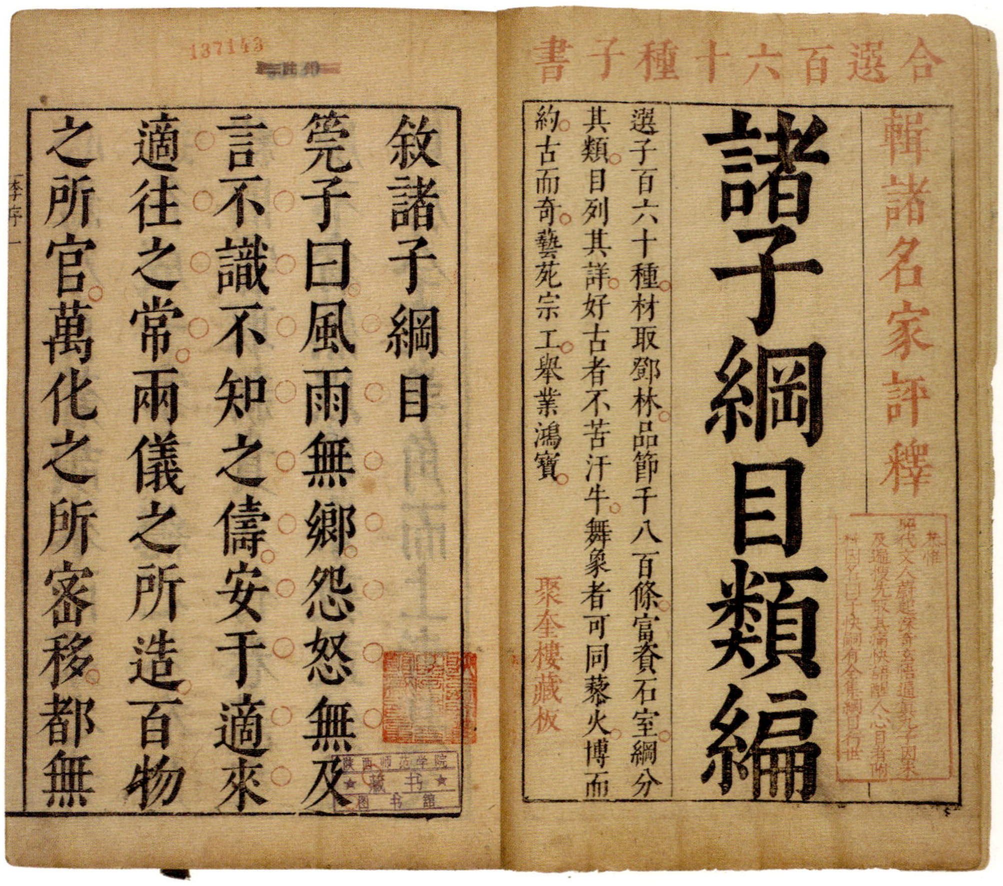

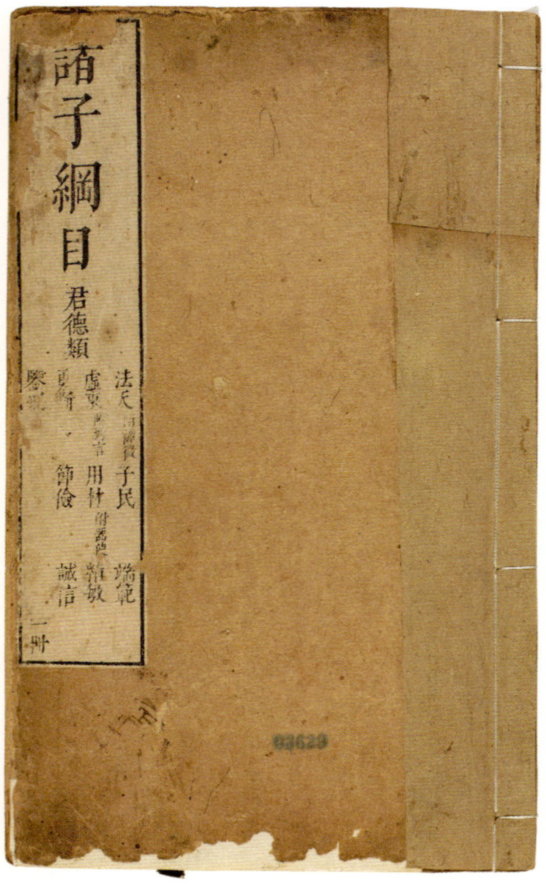

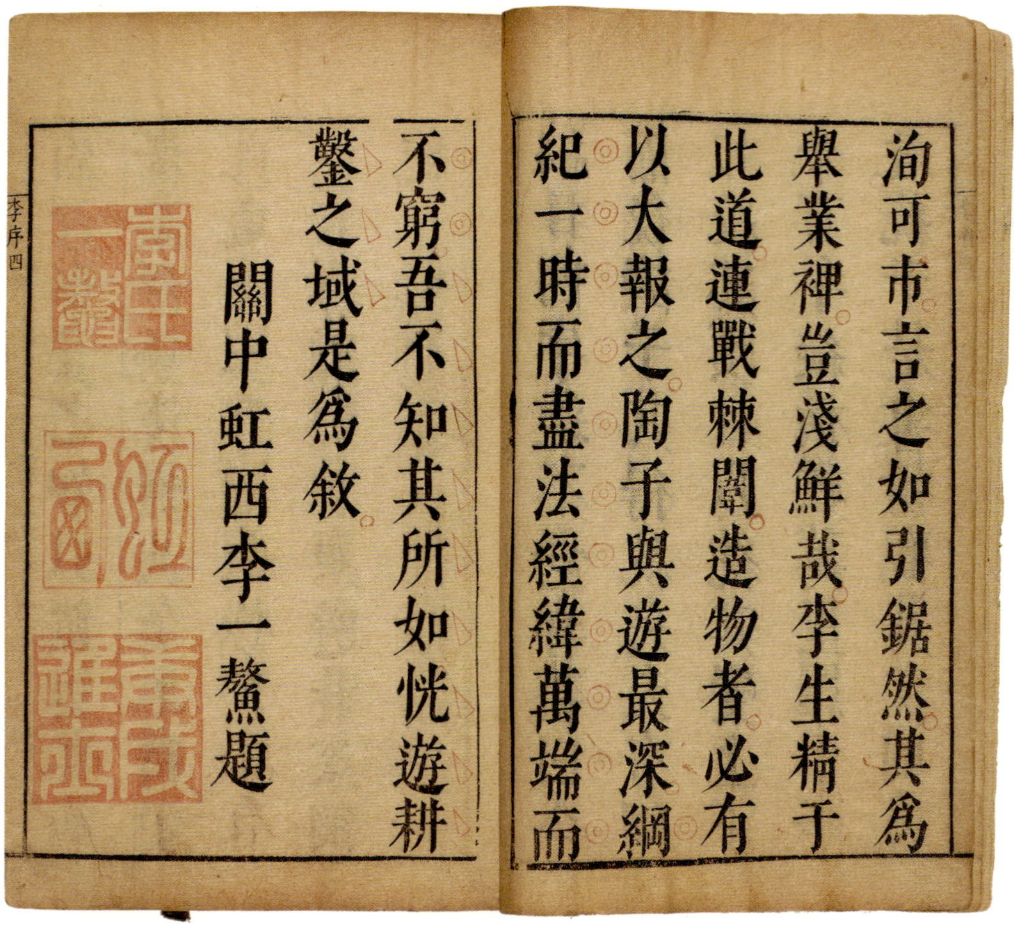

敘諸子綱目
莞子曰風雨無鄉怨怒無及
言不識不知之儔安于適來
適往之常兩儀之所造百物
之所官萬化之所審移都無

本序一

合選百六十種子書

輯諸名家評釋

諸子綱目類編

選子百六十種材取鄧林品節千八百條富賚石室綱分
其類目列其詳好古者不苦汗牛舞象者可同藜火博而
約古而奇藝苑宗工萃業鴻寶

聚奎樓藏板

諸子綱目
君德類

李序四

不窮吾不知其所如恍遊耕
鑿之域是爲敘
關中虹西李一鰲題

洵可市言之如引鋸然其爲
舉業裨豈淺鮮哉李生精于
此道連戰棘闈造物者必有
以大報之陶子與遊最深綱
紀一時而盡法經緯萬端而

諸子綱目類編 八卷
昭代子快 一卷

明末聚奎樓刻朱墨套印本
[明]李元珍輯
一函八冊
版框：20.5cm×14.4cm
开本：27.4cm×17.1cm

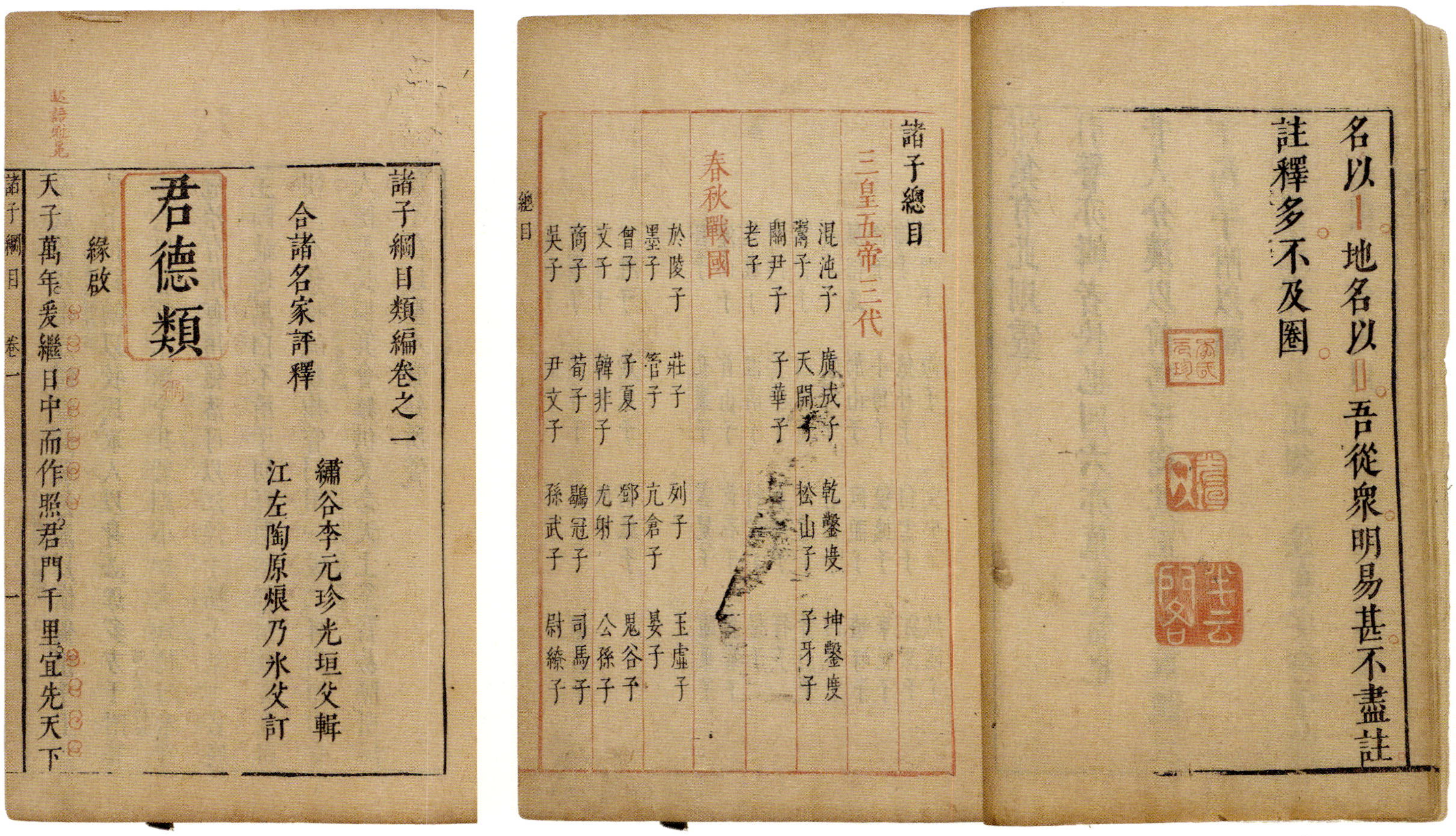

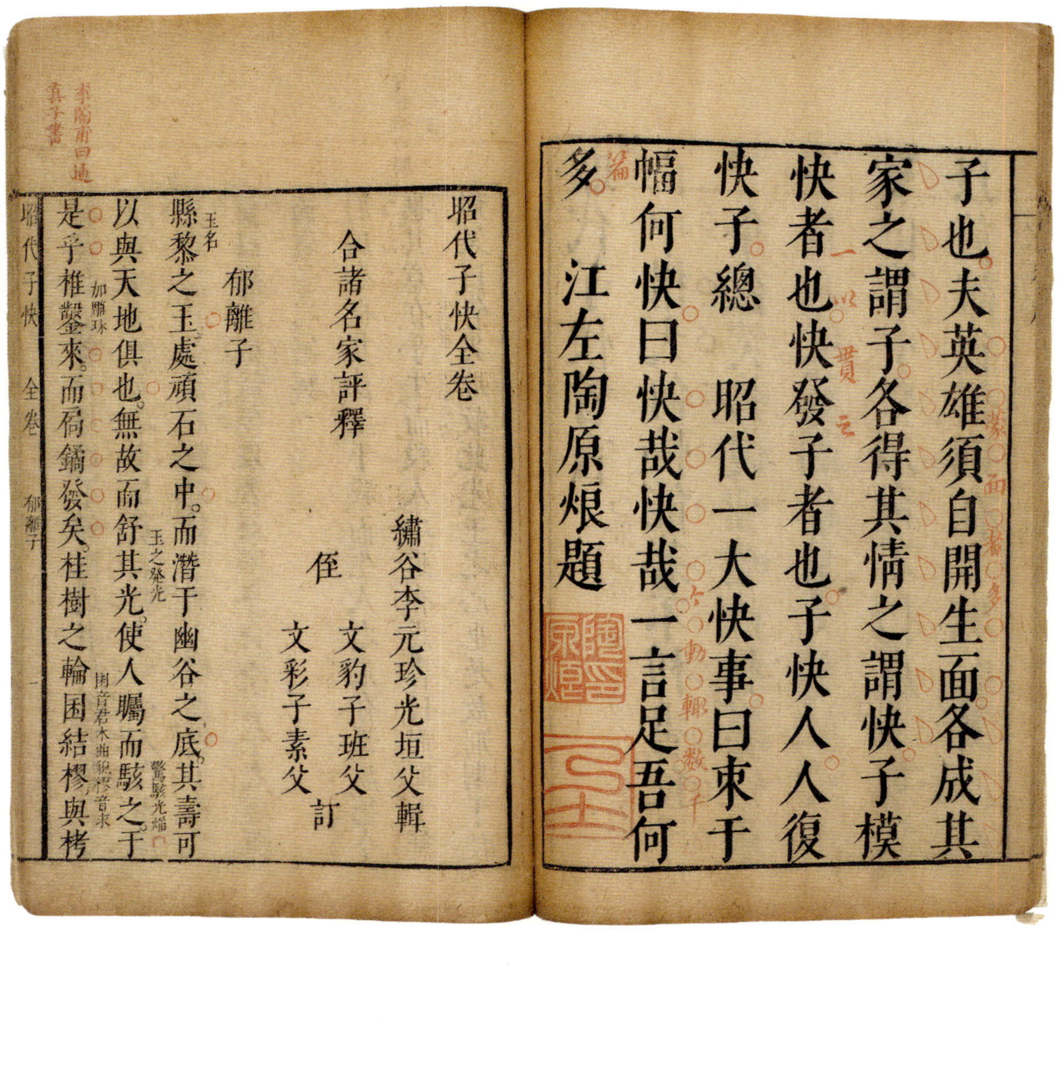

半页8行，每行19字。白口，四周单边。书中有『聚奎楼』板记。书前有明李一鳌序、李元珍自序；《昭代子快》前有陶原焜序。李一鳌序后刻印有『庚戌进士』白文方印、『虹西』朱文方印、『李氏一鳌』白文方印，李元珍自序后刻印有『痛饮读离骚』『李元珍印』白文方印，例言后刻印有『半云阁』白文方印、『光垣父』白文方印、『李氏元珍』朱文方印。

二级古籍，入选《陕西省珍贵古籍名录》，名录号：0195。

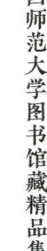

玉茗堂摘评王弇州先生艳异编十二卷

明末刻朱墨套印本

［明］王世贞撰，［明］汤显祖评

一函六册

版框：21.2cm×14.5cm

开本：28.4cm×18.4cm

半页9行，每行20字。白口，四周单边。有眉批。书前有『艳异十二图说』。

二级古籍，入选《陕西省珍贵古籍名录》，名录号：0201。

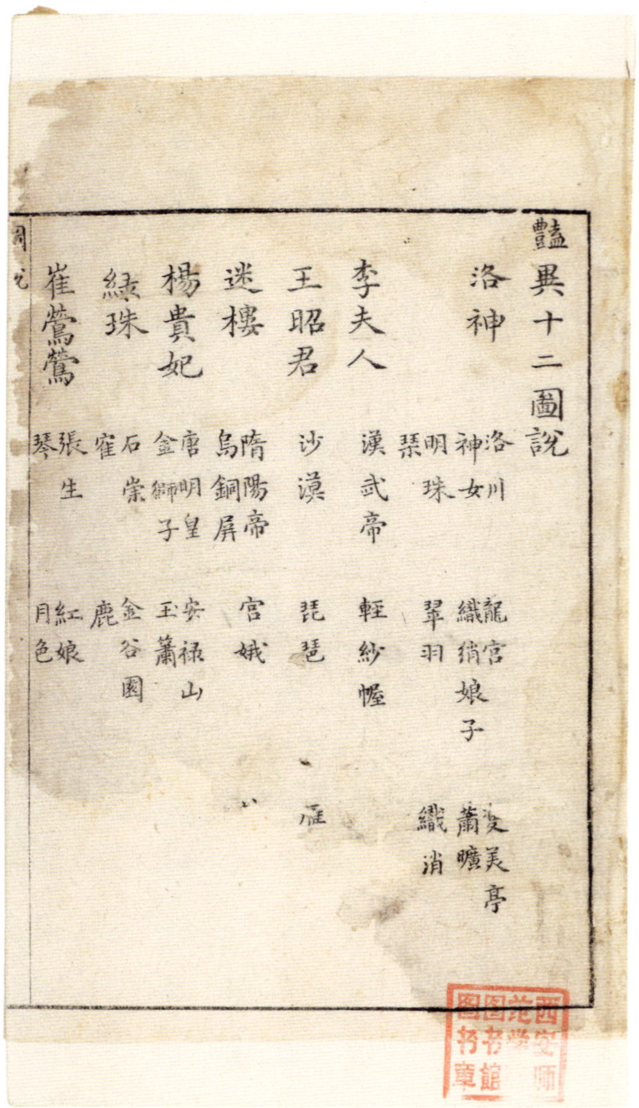

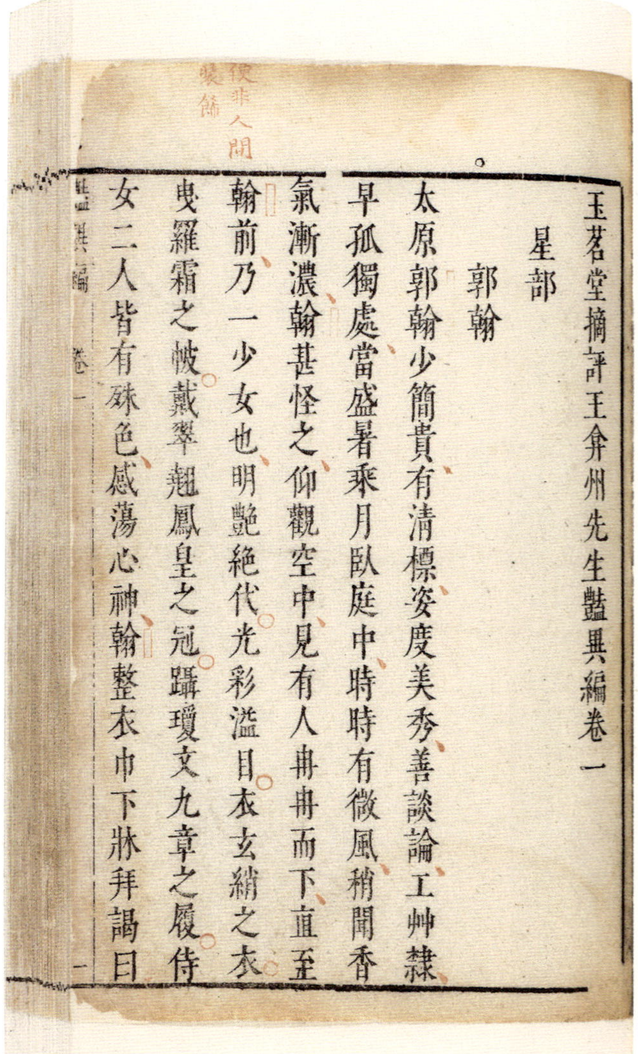

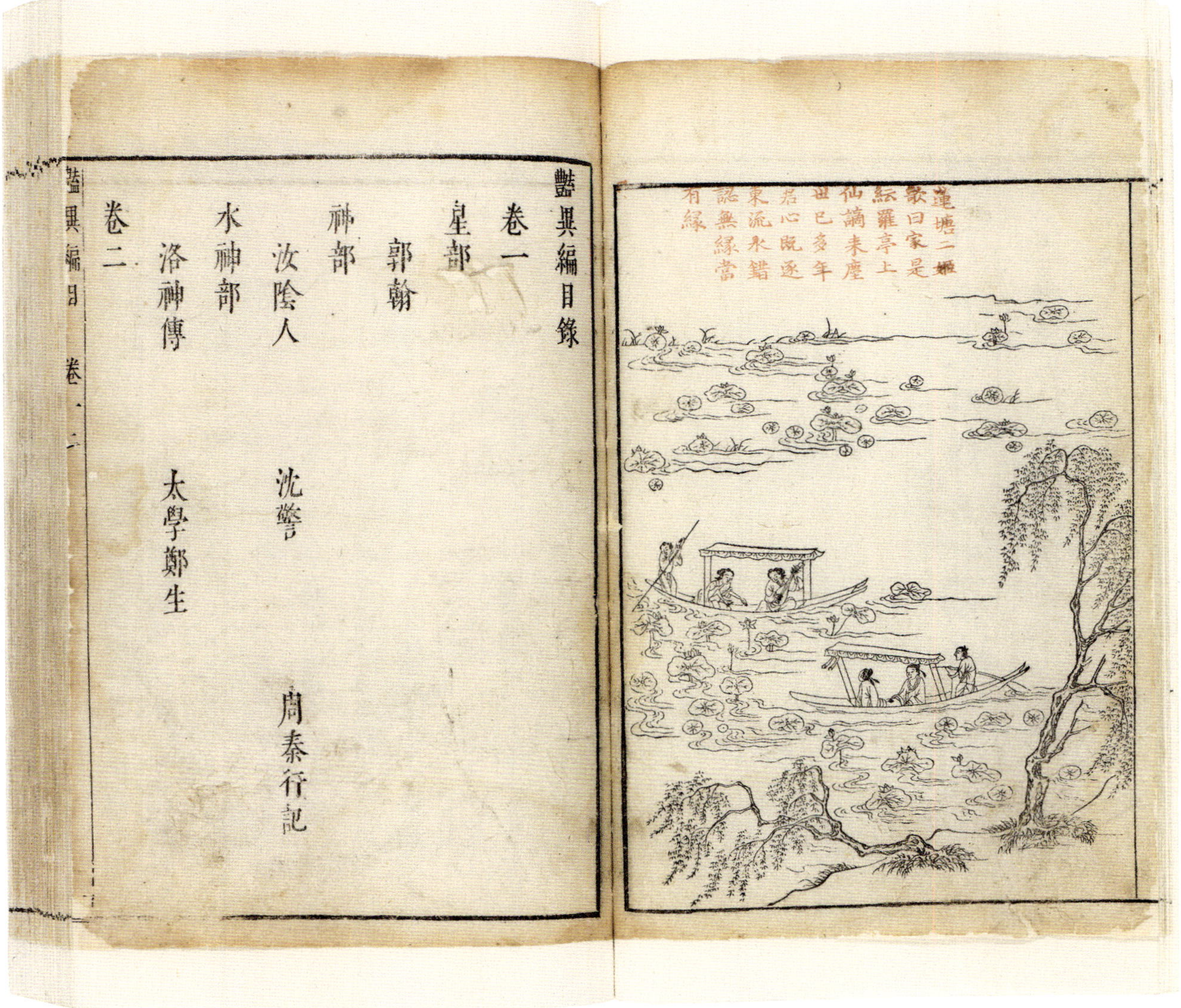
豔異編目錄
卷一
星部
郭翰
神部
汝陰人　沈警　周秦行記
水神部
洛神傳　太學鄭生
卷二

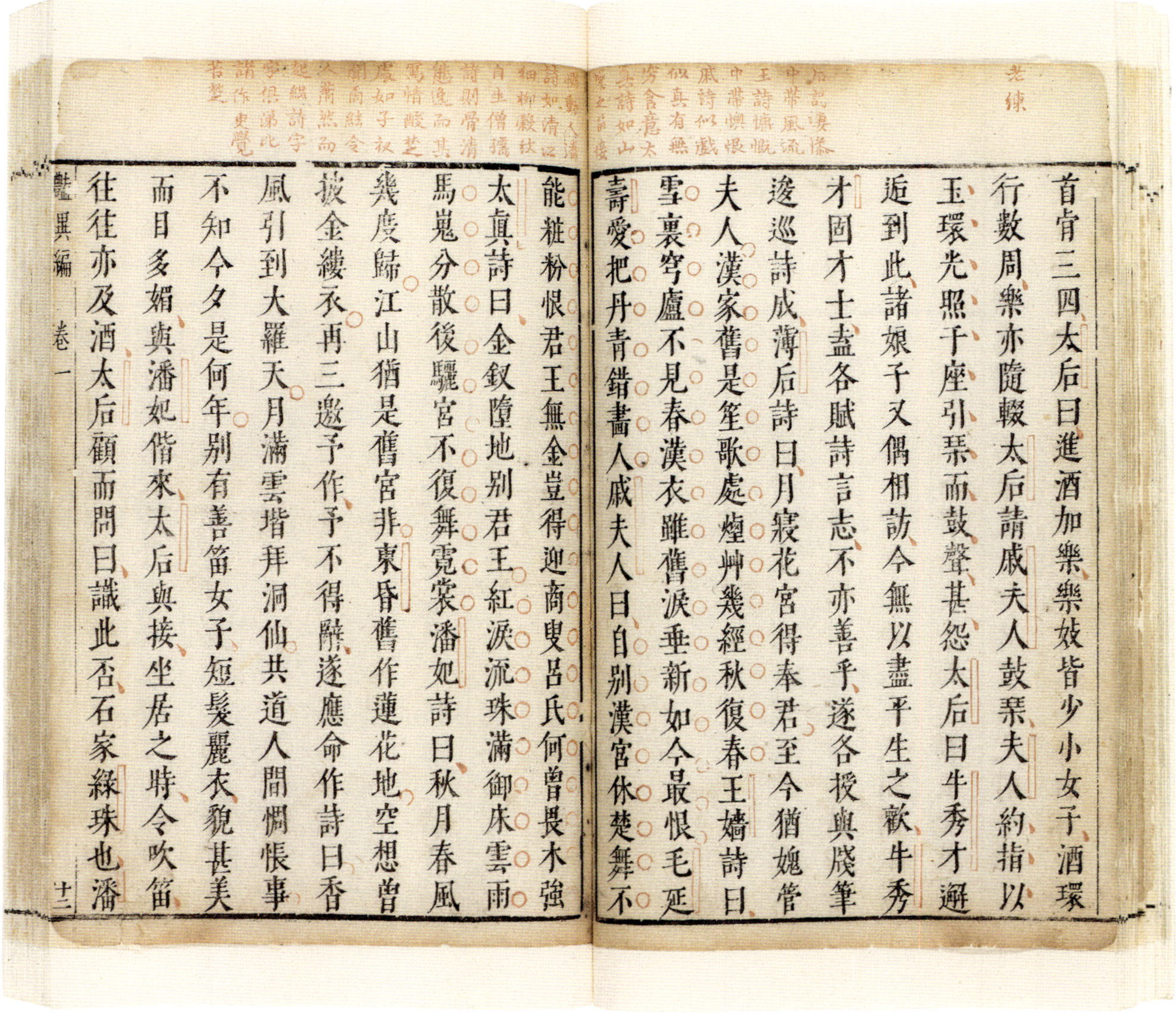
首肯三四太后曰進酒加樂樂妓皆少小女子酒環行數周樂亦隨輟太后請戚夫人鼓琹夫人約指以玉環光照于座引琹而鼓聲甚怨太后曰牛秀才邂逅到此諸娘子又偶相訪今無以盡平生之歡牛秀才固才士盍各賦詩言志不亦善乎遂各授與牋筆逡巡詩成薄后詩曰月寢花宮得奉君至今猶媿管夫人漢家舊是笙歌處煙艸幾經秋復春王嬙詩曰雪裏穹廬不見春漢衣雖舊淚垂新如今最恨毛延壽愛把丹青錯畫人戚夫人曰自別漢宮休楚舞不能粧粉恨君王無金豈得迎商叟呂氏何曾畏木強太真詩曰金釵墮地別君王紅淚流珠滿御床雲雨馬嵬分散後驪宮不復舞霓裳潘妃詩曰秋月春風幾度歸江山猶是舊宮非東昏舊作蓮花地空想曾披金縷衣再三邀予作予不得辭遂應命作詩曰香風引到大羅天月滿雲堦拜洞仙共道人間惆悵事不知今夕是何年別有善笛女子短髮麗衣貌甚美而且多媚與潘妃偕來太后與接坐居之時令吹笛往往亦及酒太后顧而問曰識此否石家綠珠也潘

豔異編　卷一　十三

中州集十卷首一卷
中州乐府集一卷

明末毛晋汲古阁刻本

［金］元好问辑，［清］陈沂震朱笔过录，

［清］吴慎思评点

一函十二册

版框：19cm×13.7cm

开本：27.3cm×16.9cm

半页8行，每行19字，小字双行不等。白口，左右双边。书前有清康熙三十一年（1692）陈沂震题记、明弘治严永濬序、金元好问『中州集引』。目录第三卷首页钤有『卢子枢』小印，姓氏总目首页钤有『杜蘅馆』朱文长印，第一卷卷首钤有『陈沂震』白文方印、『狷亭』朱文方印、『此中有真味』白文方印。后附《中州乐府集》，有彭汝寔序，书后有毛晋墨笔跋，书中钤有『沂震』白文方印、『起雷』朱文方印。

二级古籍，入选《陕西省珍贵古籍名录》，名录号：0599。

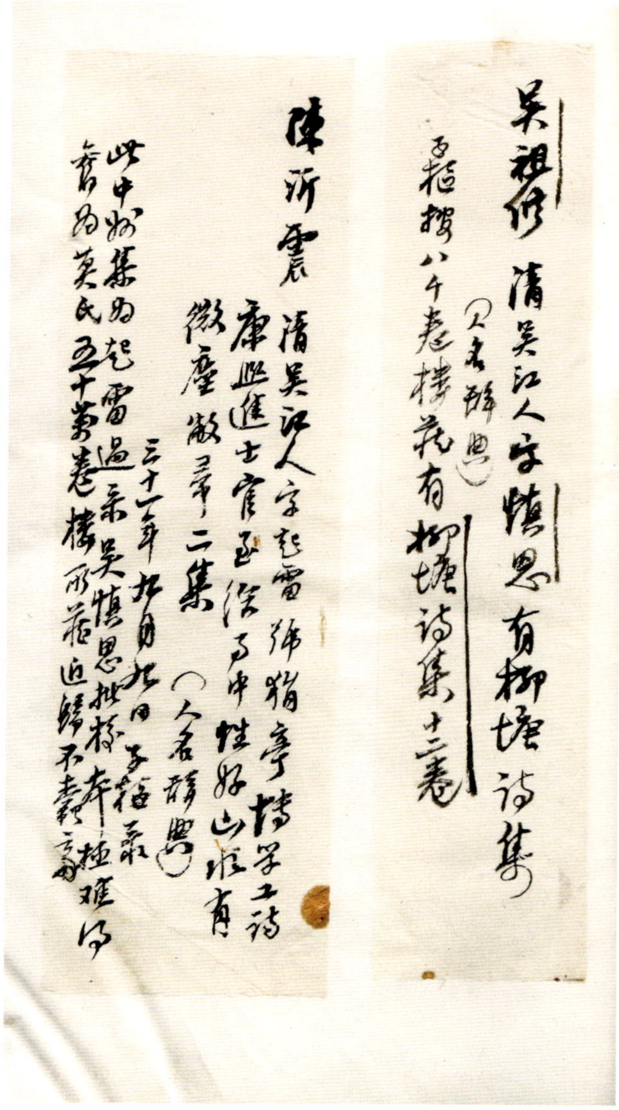

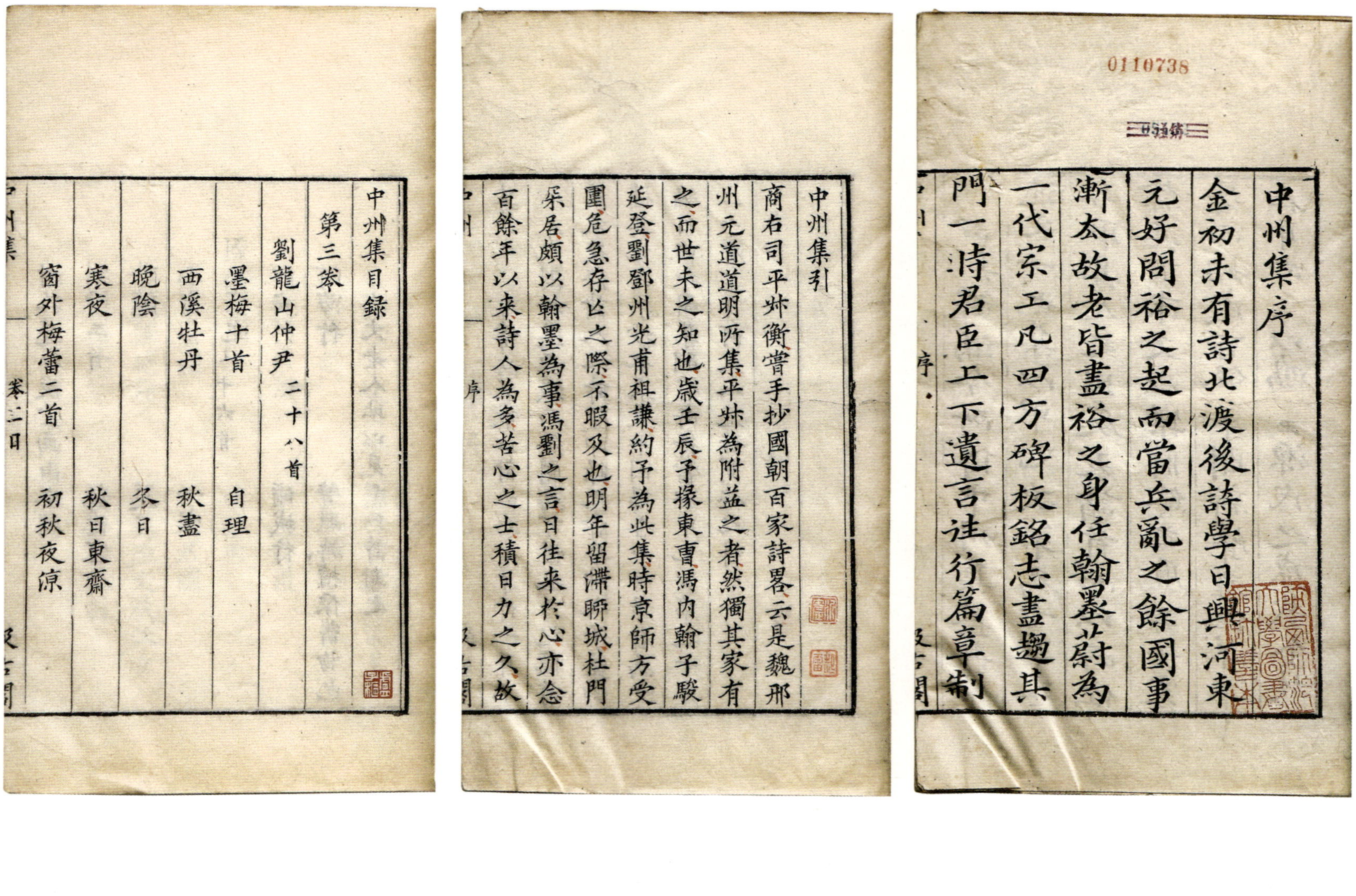

中州集序

金初未有詩北渡後詩學日興河東元好問裕之起而當兵亂之餘國事漸太故老皆盡裕之身任翰墨蔚為一代宗工凡四方碑板銘志盡趨其門一時君臣上下遺言往行篇章制

中州集引

商右司平州衡嘗手抄國朝百家詩畧云是魏邢州元道道明所集平州為附益之者然獨其家有之而世未之知也歲壬辰予掾東曹馮内翰子駿延登劉鄧州光甫祖謙約予為此集時京師方受圍危急存亡之際不暇及也明年留滯聊城杜門采居頗以翰墨為事馮劉之言日往來於心亦念百餘年以來詩人為多苦心之士積日力之久故

中州集目録

第三卷

劉龍山仲尹 二十八首

墨梅十首　自理

西溪牡丹　秋晝

晚陰　秋日

寒夜　秋日東齋

窗外梅蕾二首　初秋夜涼

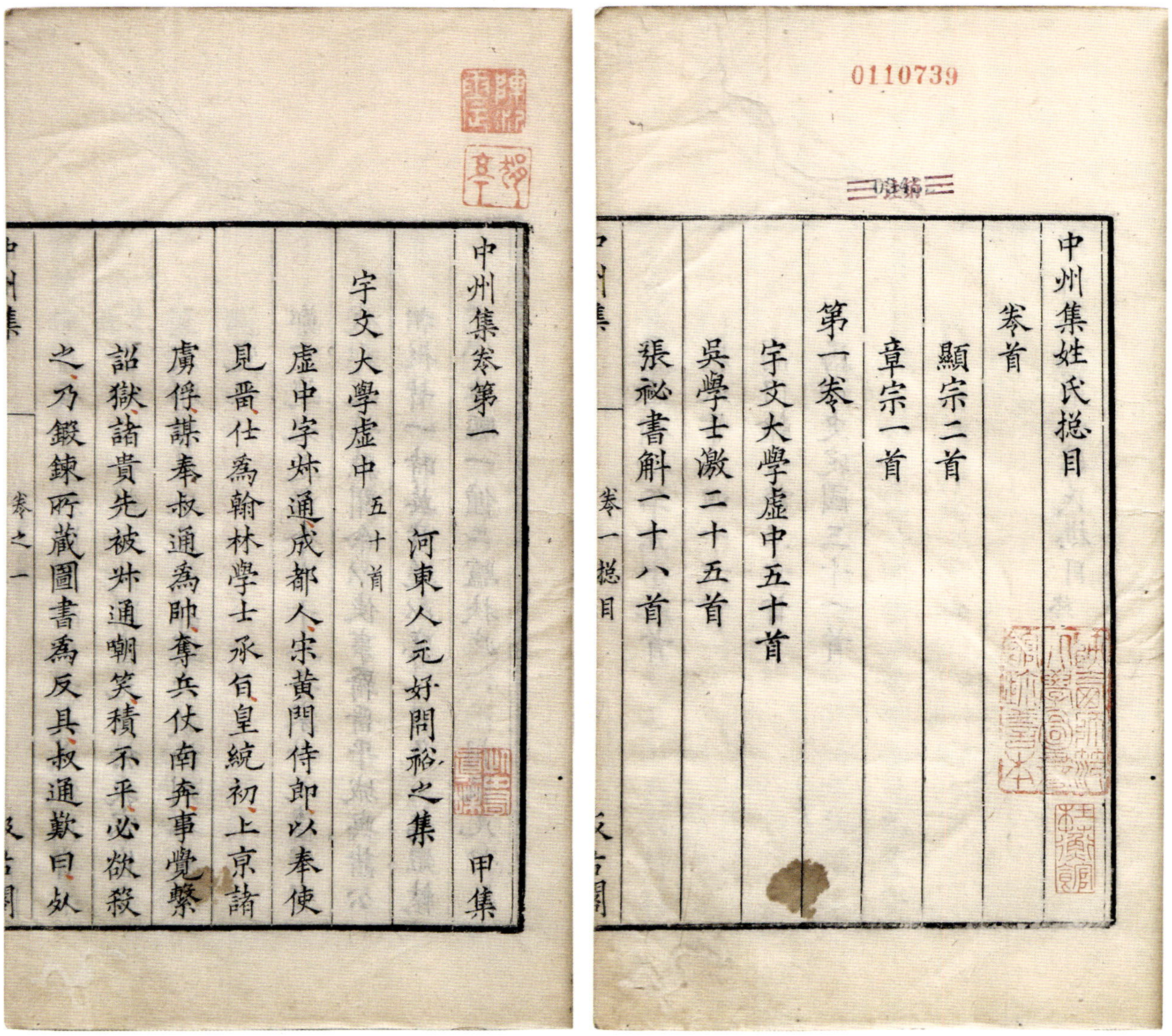

中州集姓氏揔目

卷首

顯宗二首

章宗一首

第一卷

宇文大學虚中五十首

吳學士激二十五首

張祕書斛一十八首

卷一　揔目

中州集卷第一　甲集

河東人元好問裕之集

宇文大學虚中　五十首

虚中字𠦑通成都人宋黄門侍郎以奉使見留仕爲翰林學士承旨皇統初上京諸虜俘謀奉叔通爲帥奪兵仗南奔事覺繫詔獄諸貴先被𠦑通嘲笑積不平必欲殺之乃鍛鍊所藏圖書爲反具叔通歎曰死

卷之一

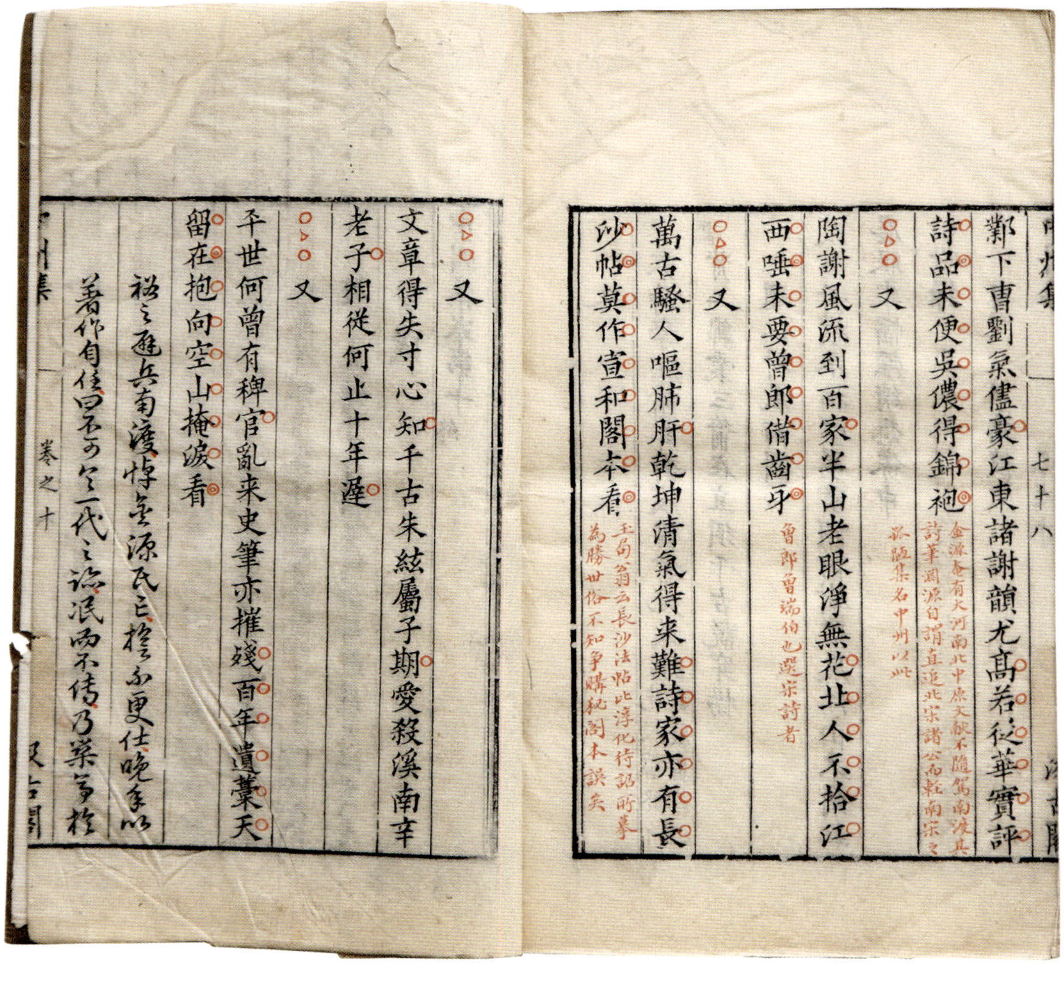

七十八

鄴下曹劉氣儘豪江東諸謝韻尤高若從華實評詩品未便吳儂得錦袍

金源奄有大河南北中原文獻不隨駕南渡其詩筆淵源自謂直追北宋諸公而輕南宋之

又

故題集名中州以此

陶謝風流到百家半山老眼淨無花北人不拾江西唾未要曾郎借齒牙

曾郎曾端伯也選宋詩者

又

萬古騷人嘔肺肝乾坤清氣得來難詩家亦有長沙帖莫作宣和閣本看

王荊翁云長沙法帖比淳化待詔所摹為勝世俗不知爭購秘閣本誤矣

又

文章得失寸心知千古朱絃屬子期愛殺溪南辛老子相從何止十年遲

又

平世何曾有稗官亂来史筆亦摧殘百年遺稾天留在抱向空山掩淚看

裕之遭兵南渡悼金源氏已亡不更仕晚年以著作自任曰不可令一代之迹泯而不傳乃築亭於

卷之十

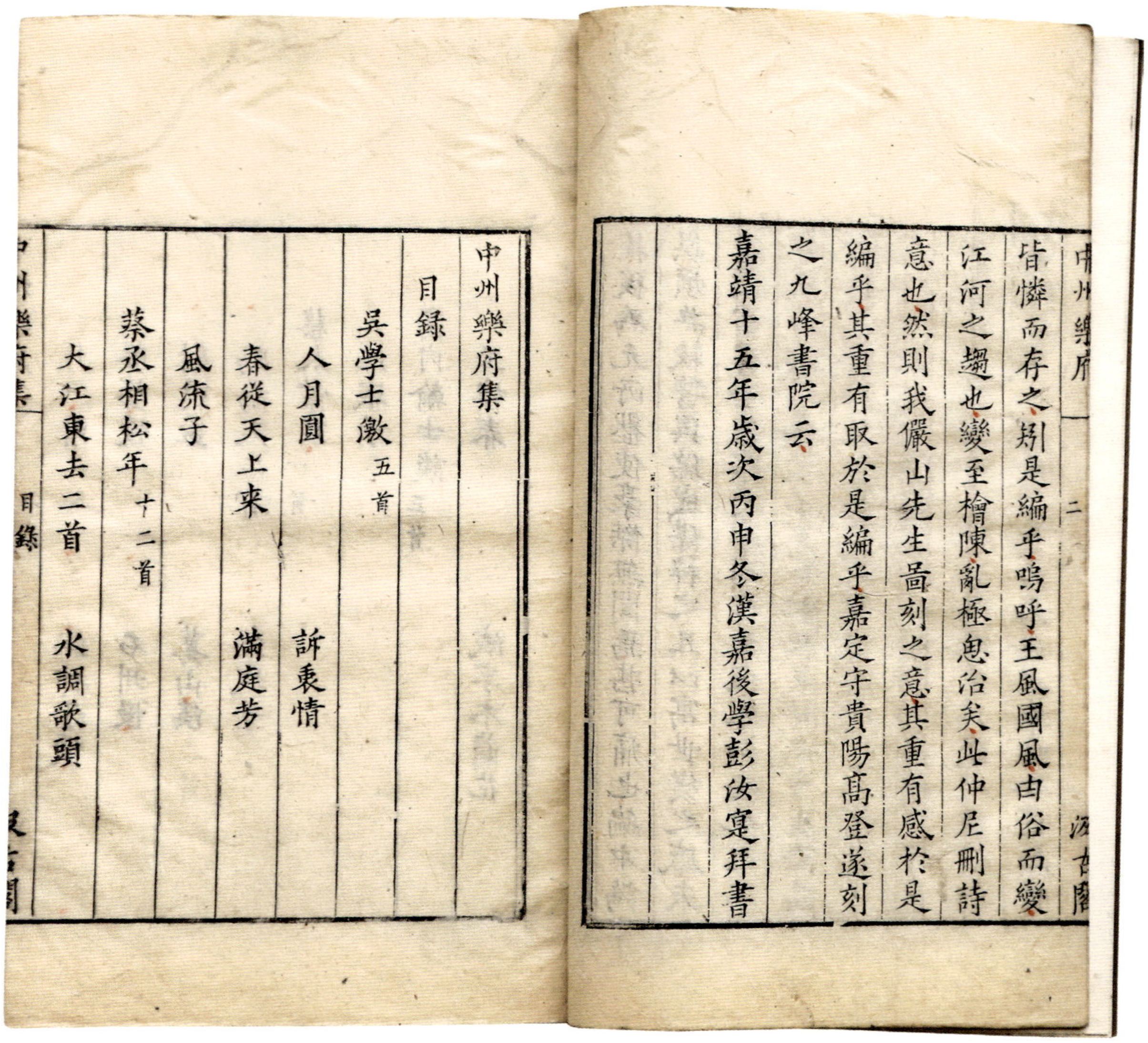
皆憐而存之矧是編乎嗚呼王風國風由俗而變
江河之趨也變至檜陳亂極思治矣此仲尼删詩
意也然則我儼山先生喦刻之意其重有感於是
編乎其重有取於是編乎嘉定守貴陽高登遂刻
之九峰書院云
嘉靖十五年歲次丙申冬漢嘉後學彭汝寔拜書

中州樂府　二　汲古閣

中州樂府集
目録
吳學士激 五首
人月圓　訴衷情
春從天上来　滿庭芳
風流子
蔡丞相松年 十二首
大江東去二首　水調歌頭

中州樂府集　目録　汲古閣

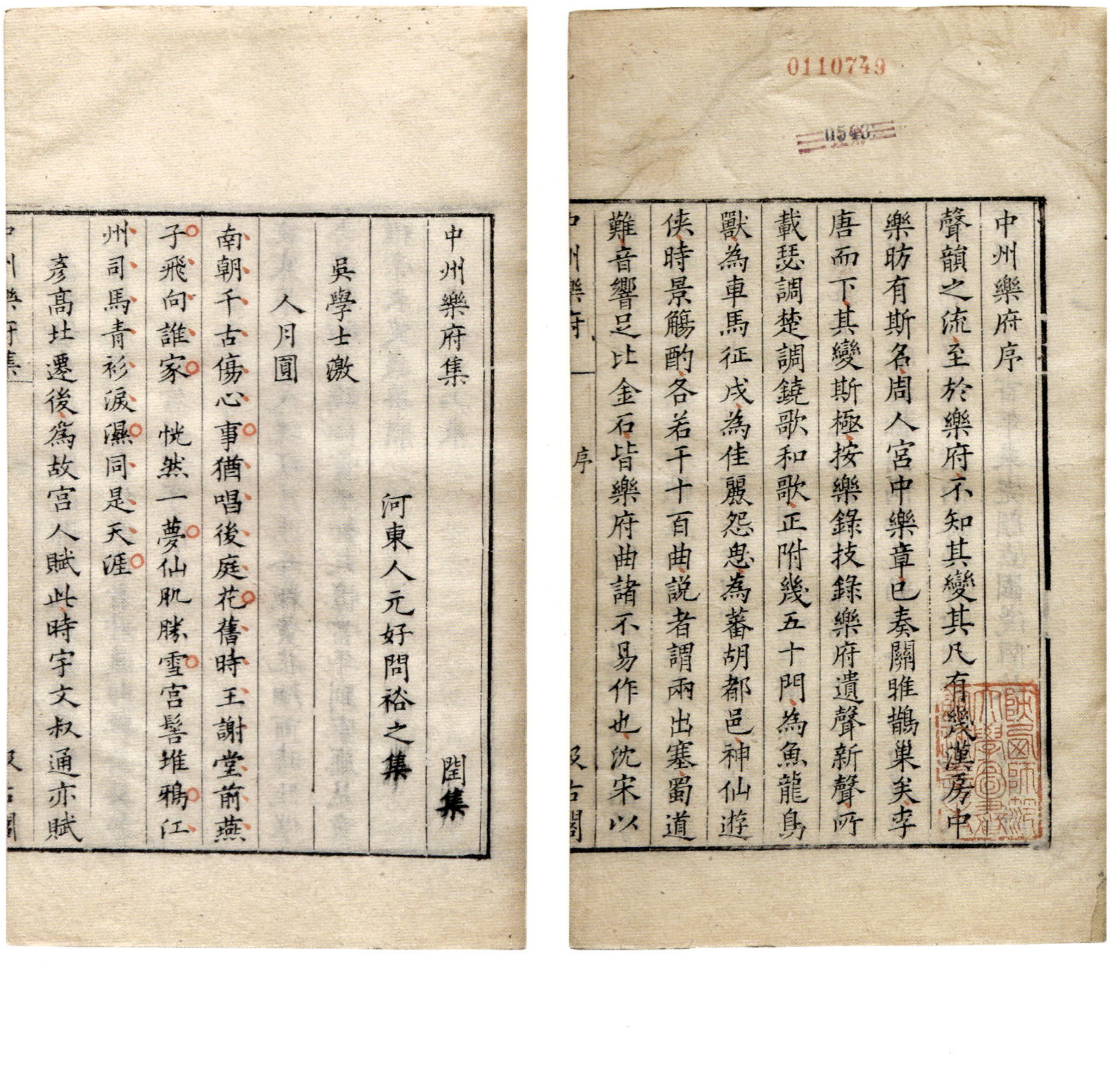
中州樂府序
聲韻之流至於樂府不知其變其凡有幾漢房中
樂昉有斯名周人宮中樂章已奏關雎鵲巢矣李
唐而下其變斯極按樂録技録樂府遺聲新聲所
載瑟調楚調鐃歌和歌正附幾五十門為魚龍鳥
獸為車馬征戍為佳麗怨思為蕃胡都邑神仙遊
俠時景觴酌各若干十百曲説者謂兩出塞蜀道
難音響足比金石皆樂府曲諸不易作也沈宋以

中州樂府　序　汲古閣

中州樂府集　河東人元好問裕之集　閏集
吳學士激
人月圓
南朝千古傷心事猶唱後庭花舊時王謝堂前燕
子飛向誰家　恍然一夢仙肌勝雪宮髻堆鴉江
州司馬青衫淚濕同是天涯
彥高北遷後為故宮人賦此時宇文叔通亦賦

中州樂府集　汲古閣

此書刊板藏于毛氏其初
秘不肯行世予久求之不
可得曾于親戚家亂
書中見丁集一冊堅索
其餘則無有也後數年
毛氏之書稍稍出予始
購得此本而予友柳塘
吴慎思于此書先有
評隲丹黄予因借得
之傳摹此本云壬申
三日 雪識

中州集 七十九 汲古閣

家寒暑不出有所聞見隨以寸楮細字紀錄之名
曰野史亭下百餘萬言中州集其第詩一種也凡
十卷共二百四十九人每人敘略以宗袞讓史臣
推爲一代宗工其至泰矣以第五卷首載題章二
作卷尾附其父兄詩見忠孝至于俯仰感
慨之意讀其自題子絕句可想見云海虞毛
晉識

中州集卷第十 終

古文渊鉴六十四卷

清康熙二十四年（1685）武英殿原刻五色套印本

［清］徐乾学等辑注

三函二十四册

版框：19.2cm×14.2cm

开本：28.2cm×17cm

半页9行，每行20字，小字双行不等。黑口，四周单边，双黑鱼尾。书前有康熙二十四年（1685）清圣祖御制序。序末钤有『稽古右文之章』白文方玺、『体元主人』圆形玺。

二级古籍，入选《陕西省珍贵古籍名录》，名录号：0397。

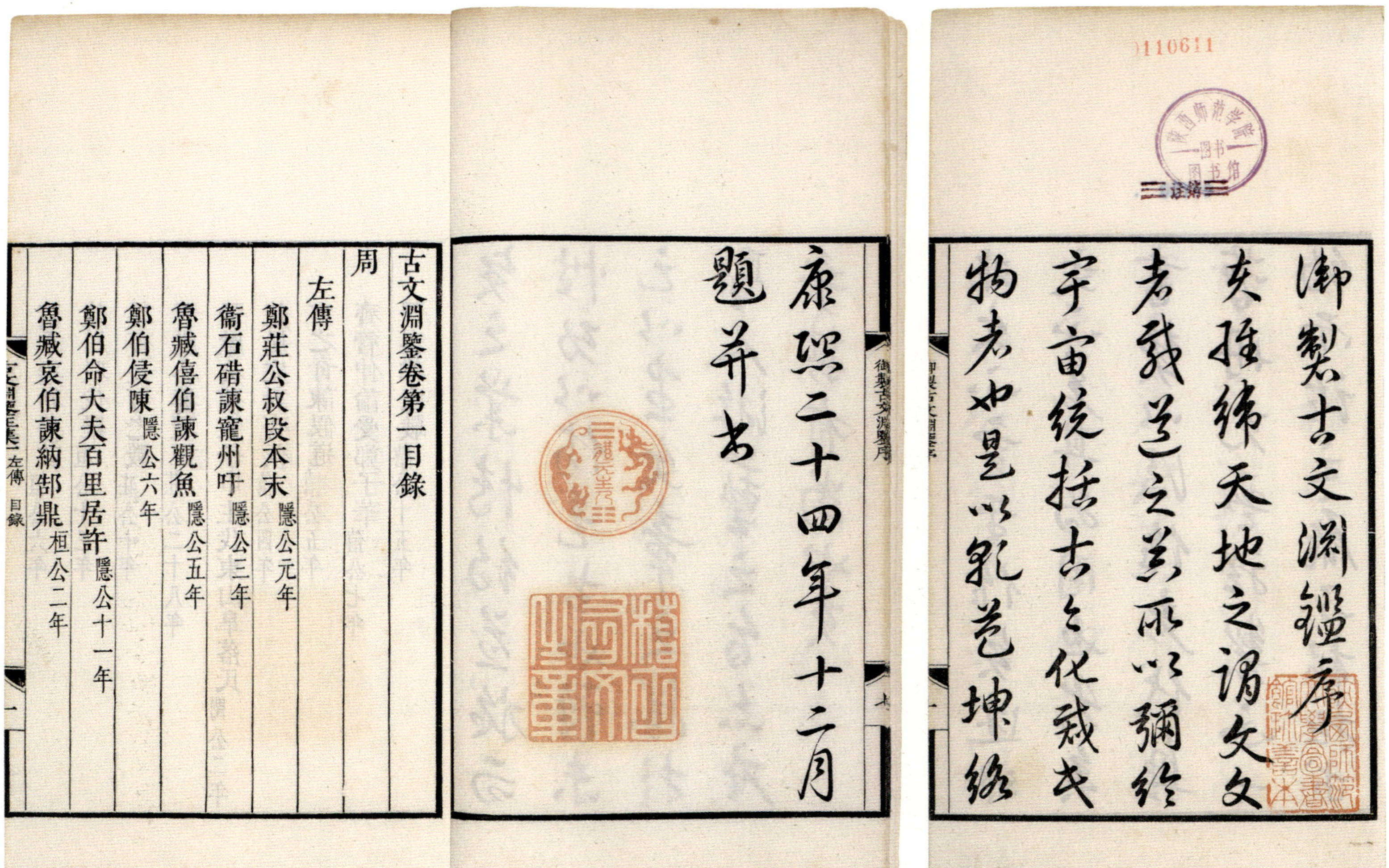

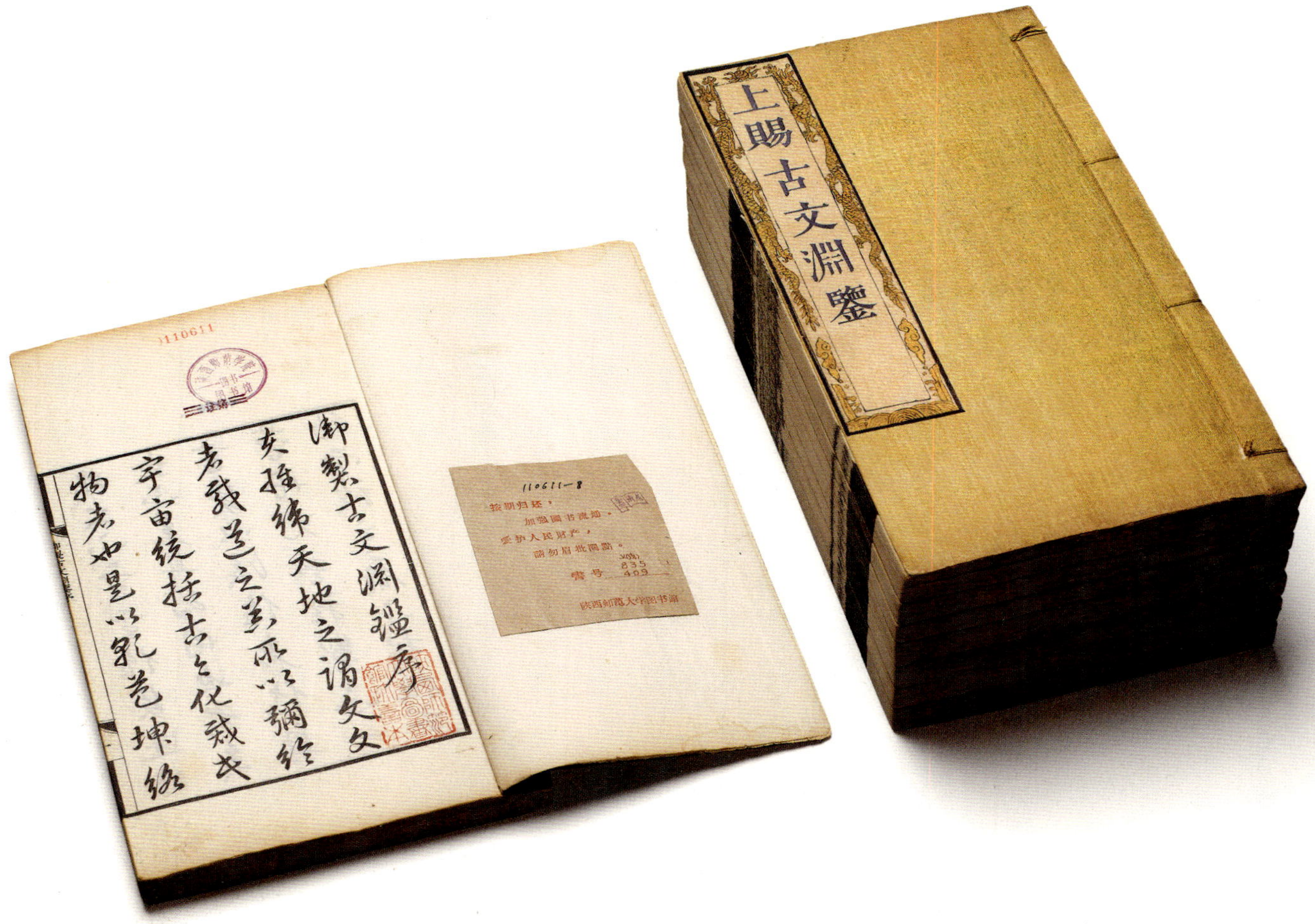
上賜古文淵鑒
御製古文淵鑒序

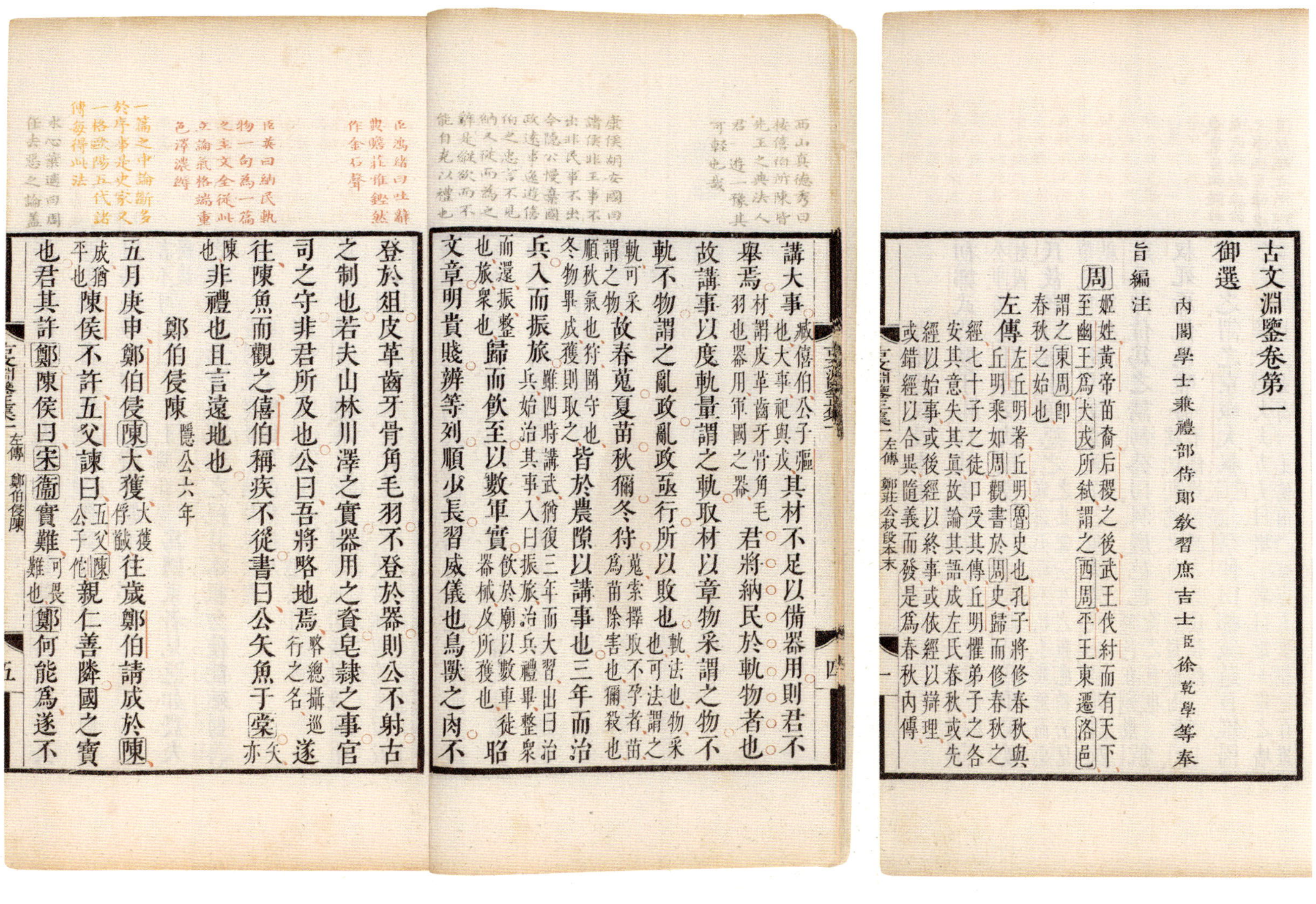
古文淵鑒卷第一
御選
內閣學士兼禮部侍郎教習庶吉士臣徐乾學等奉
旨編注
周
左傳
講大事
故講事以度軌量謂之軌取材以章物采謂之物不
軌不物謂之亂政亂政亟行所以敗也
文章明貴賤辨等列順少長習威儀也鳥獸之肉不
登於俎皮革齒牙骨角毛羽不登於器則公不射古
之制也若夫山林川澤之實器用之資皁隸之事官
司之守非君所及也公曰吾將略地焉遂
往陳魚而觀之僖伯稱疾不從書曰公矢魚于棠
非禮也且言遠地也
鄭伯侵陳
五月庚申鄭伯侵陳大獲往歲鄭伯請成於陳
陳侯不許五父諫曰親仁善鄰國之寶
也君其許鄭陳侯曰宋衛實難鄭何能爲遂不

御定历代赋汇正集一百四十卷外集二十卷逸句二卷目录三卷

清康熙四十五年（1706）武英殿刻本

［清］陈元龙等辑

六函五十册

版框：19.4cm×14.4cm

开本：26.4cm×17.5cm

半页11行，每行21字，小字双行同。大黑口，左右双边，单黑鱼尾。书前有清康熙四十五年（1706）清圣祖御制序。序末刻印有『万几余暇』白文方玺、『体元主人』圆形玺，《进呈表》首钤有『□龙章』半白半朱文方、『星溪主人看过』朱文长方印。

二级古籍，入选《陕西省珍贵古籍名录》，名录号：0668。

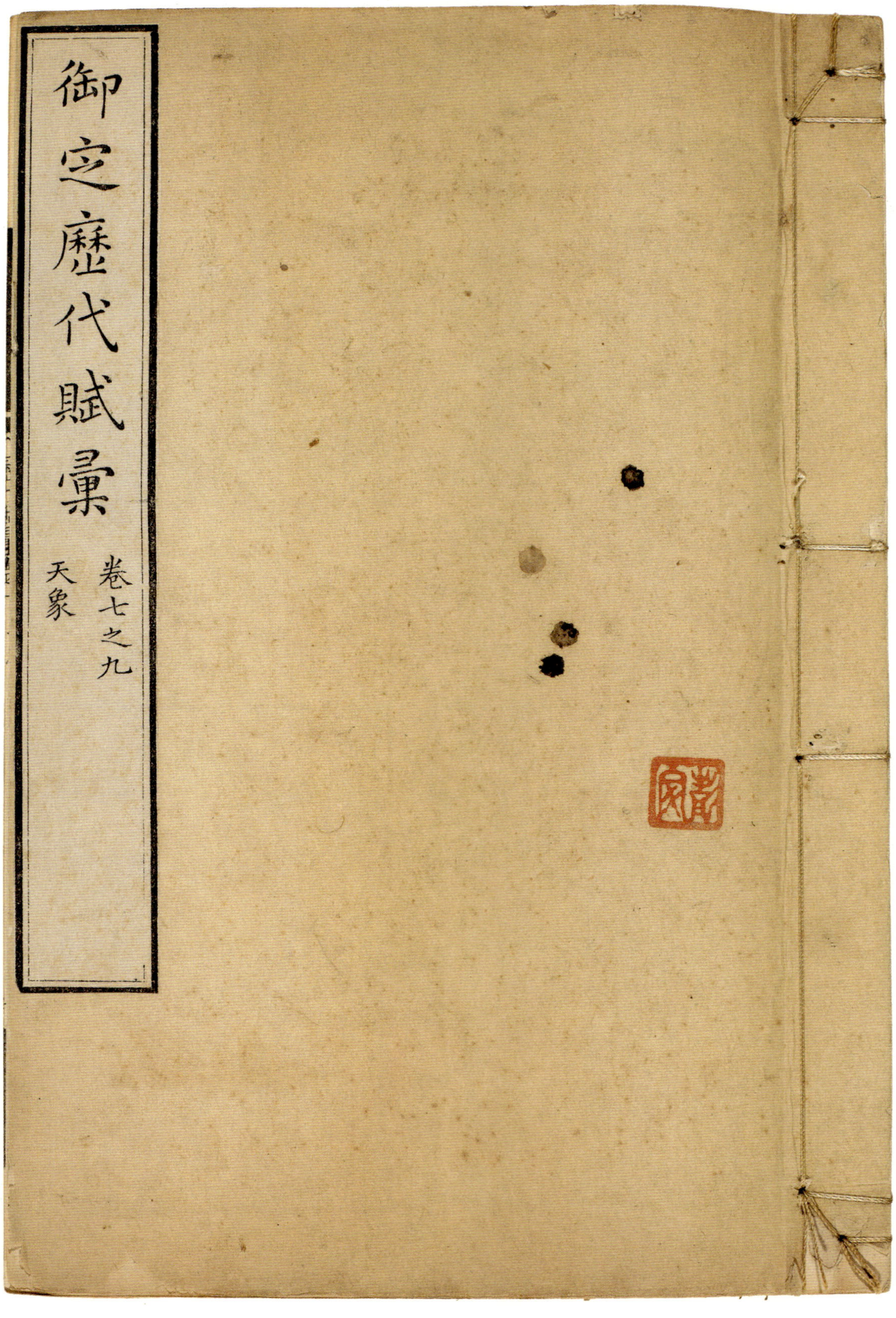

御製歷代賦彙序

賦者六義之一也
風雅頌興賦比六
者而賦居興比之
中蓋其敷陳事理

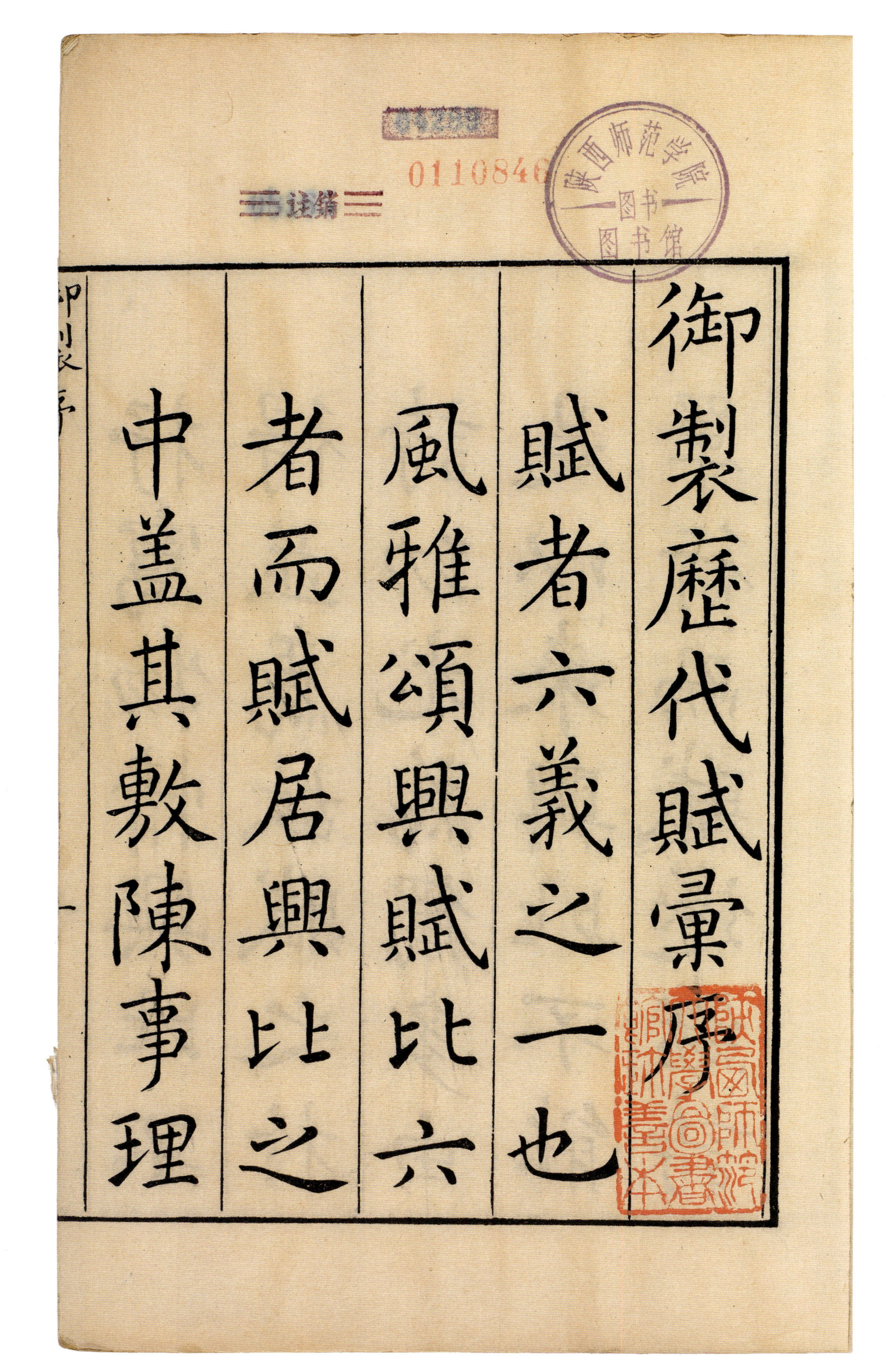

御定歷代賦彙卷第一

經筵日講官起居注詹事府詹事兼翰林院侍讀學士加三級臣陳元龍奉

旨編輯

天象

天地賦有序　　晉　成公綏

賦者貴能分賦物理敷演無方天地之盛可以致思矣歷觀古人未之有賦豈獨以至麗無文難以辭贊不然何其闕哉遂爲天地賦

惟自然之初載兮道虛無而玄清太素紛以溷淆兮始有物而混成何一元之芒昧兮廓開闢而著形爾乃清濁剖分玄黄判離太極既殊是生兩儀星辰煥列日月

圖遠則坐而貫害故方朔言也明俟時之難莊周著之
表游方之外客有勤學孜孜憂心悄悄服仁義而罔舍
守翰墨而自矯將搦管而是窺顧天上之不遺微眇

管中窺天賦　唐　闕　名

惟大也不可以小測惟高也不可以近知況窮天之至
象徒執管而潛窺驟景風激馳光電移迷蒼蒼之正色
杳的的而成規桂魄未圓餘輝來而尚溢陽烏當晝遠
色照而全虧當其懸象在天明眸在管環視而遠維不
極仰觀而長河若斷雲明滅而浮影時聚星曖昧而流
光倏滿紫微黃道斯蔽其縱橫北陸南躔曷究其長短
觀其悠然遠象浩矣玄穹老氏守眞不窺而自見裨公

億度屢中而無功況乎溥天四極之大依微徑寸之中
詎能分其經緯固且昧其變通若乃迨夜澄月高飈掃
霧衆形必流羣象斯布邈上下之遠邇夐東西之晷度
儔能算其盈縮孰可研於推步玄機莫覩徒騁離朱之
明大象都迷安徵平子之賦且夫莫細匪管莫高匪天
仰瞻而範圍斯昧垂覆而周流自遷則知德之微難以
片言語道之廣難以一理筌苟持此而不舍吾未見極
深而造玄者矣

三無私賦 以平上去入爲韻　唐　范　榮

天得一以清地得一以寧日月得一以明聖人法之以
化成無私之謂莫之與京三者不忒天下和平天之道

歷代賦彙卷一　天象　三無私賦

故以示天下使凡
爲學者知朕意云
康熙四十五年三
月二十日

御製序

御定歷代賦彙告成進
呈表
經筵日講官起居注詹事府詹事兼翰林院侍讀
學士加三級臣陳元龍恭承
勅旨編刻
御定歷代賦彙今已成書謹奉
表上
進者臣元龍誠惶誠恐稽首頓首
上言伏以書契之作代不乏人古詩之流賦居其一
摛華掞藻事既極於敷陳旨遠辭文義或兼乎比
興入蘭臺而給札才集羣英從漳浦而抽毫文多

歷代賦彙　進表

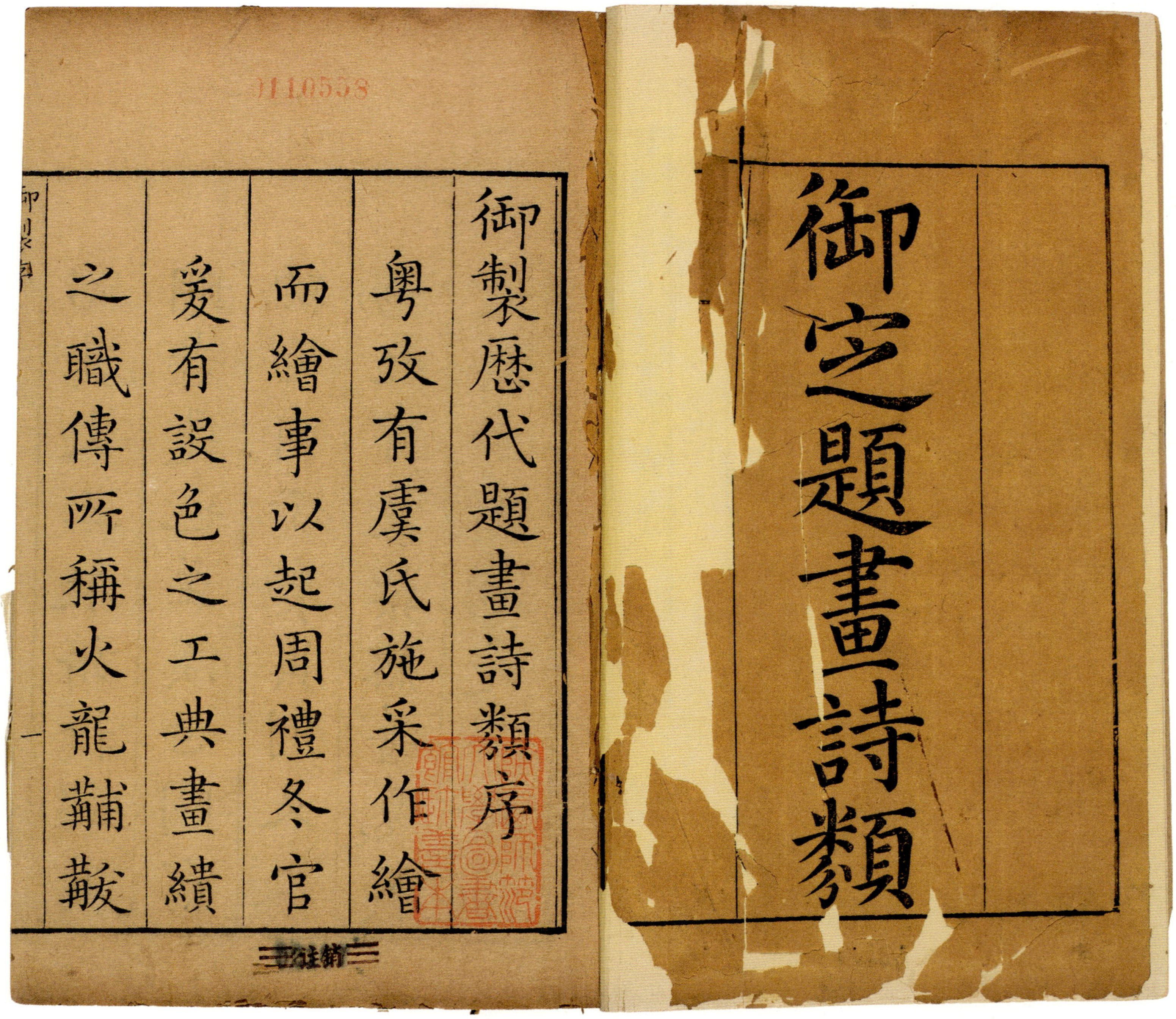

御定历代题画诗类一百二十卷

清康熙四十六年（1707）武英殿刻本
［清］陈邦彦辑
四函二十四册
版框：18.7cm×12.8cm
开本：24.2cm×15.5cm

半页11行，每行23字。大黑口，左右双边，单黑鱼尾。书前有康熙御制序。

二级古籍，入选《陕西省珍贵古籍名录》，名录号：0394。

凡例

一畫家山水人物各有專家而布置設色又各不同天文地理名勝古蹟皆山水類也故實古像寫真閑適行旅羽獵仕女仙佛神鬼漁樵耕織牧養以及飛潛動植之屬皆人物類也然寫山水者或倩人物點綴寫人物者或依山水結搆一家之畫各景俱備但畫者以所重命名則從其所重以歸類如天文之雲霞雨雪日月星辰本難憑虛設造勢必附麗山水成景惟唐人觀慶雲圖詩專屬天文故首列天文部以冠此書其他以山水摹繪天文者俱附入焉至他部重在人物即有風雲雪月等景亦不攔入

御定歷代題畫詩類卷第一

翰林院編脩臣陳邦彥奉

旨校刊

天文類

觀慶雲圖　唐　李行敏

縑素傳休祉丹青狀慶雲非煙凝漠漠似蓋乍紛紛尚駐從龍意全舒捧日文光因五色起影向九霄分裂素觀嘉瑞披圖賀聖君寧同窺汗漫方此覩氛氳

觀慶雲圖　唐　柳宗元

設色初成象卿雲示國都九天開祕祉百辟贊嘉謨抱日依龍衮非煙近御爐高標連汗漫向望接虛無裂素榮光發舒

御选唐诗三十二卷 目录三卷

清康熙五十二年（1713）武英殿刻朱墨套印本

［清］爱新觉罗·玄烨辑，［清］吴廷桢等纂注

三函十五册

版框：18.7cm×12.6cm

开本：26.4cm×14.8cm

半页7行，每行字数不等，小字双行不等。白口，四周双边，单黑鱼尾。书前有清康熙五十二年（1713）清圣祖御制序，称此书系在汇刻《全唐诗》的基础上重加选编而成。序末刻印有『万几余暇』白文方玺、『体元主人』圆形玺。

二级古籍，入选《陕西省珍贵古籍名录》，名录号：0402。

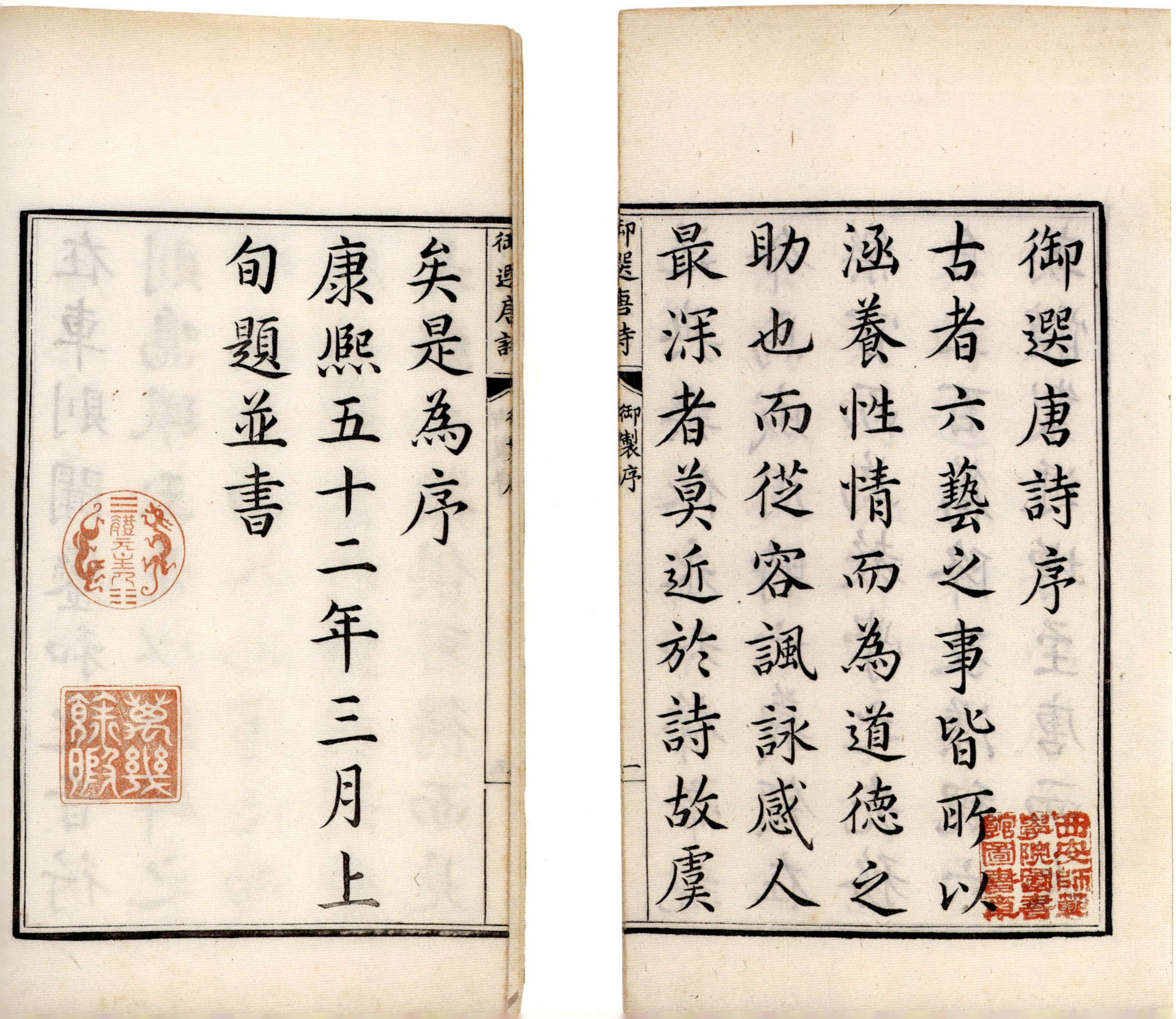

御選唐詩目錄上卷
卷之一 五言古一
唐太宗皇帝
帝京篇九首
於北平作
幸武功慶善宮賦
經破薛舉戰地

康熙五十二年六月二十二日奉
旨開載
御選唐詩閱纂校寫監造官員職名
總閱
原任經筵講官文淵閣大學士兼吏部尚書加三級臣陳廷敬
校勘官
日講官起居注翰林院侍講學士加三級臣勵廷儀

御選唐詩第一卷
五言古
唐太宗皇帝 帝姓李氏諱世民神堯次子初建秦邸即開文學館既即位殿左置弘文館悉引內學士番宿更休聽朝之間則與討論典籍雜以文詠詩筆草隸卓越前古至於天文秀發沈麗高朗有唐三百年風雅之盛帝實有以啟之焉
帝京篇
秦川雄帝宅 三秦記長安正南秦嶺嶺根水流為秦川一名樊川魏明帝詩出身秦川爰居伊洛

大清会典二百五十卷

清雍正十年（1732）武英殿刻本

［清］尹泰等纂修

十函一百册

版框：22.8cm×17.4cm

开本：29.8cm×19.4cm

半页10行，每行20至21字。白口，四周双边，单黑鱼尾。书前有清雍正十年（1732）清世宗御制序。

二级古籍，入选《陕西省珍贵古籍名录》，名录号：0610。

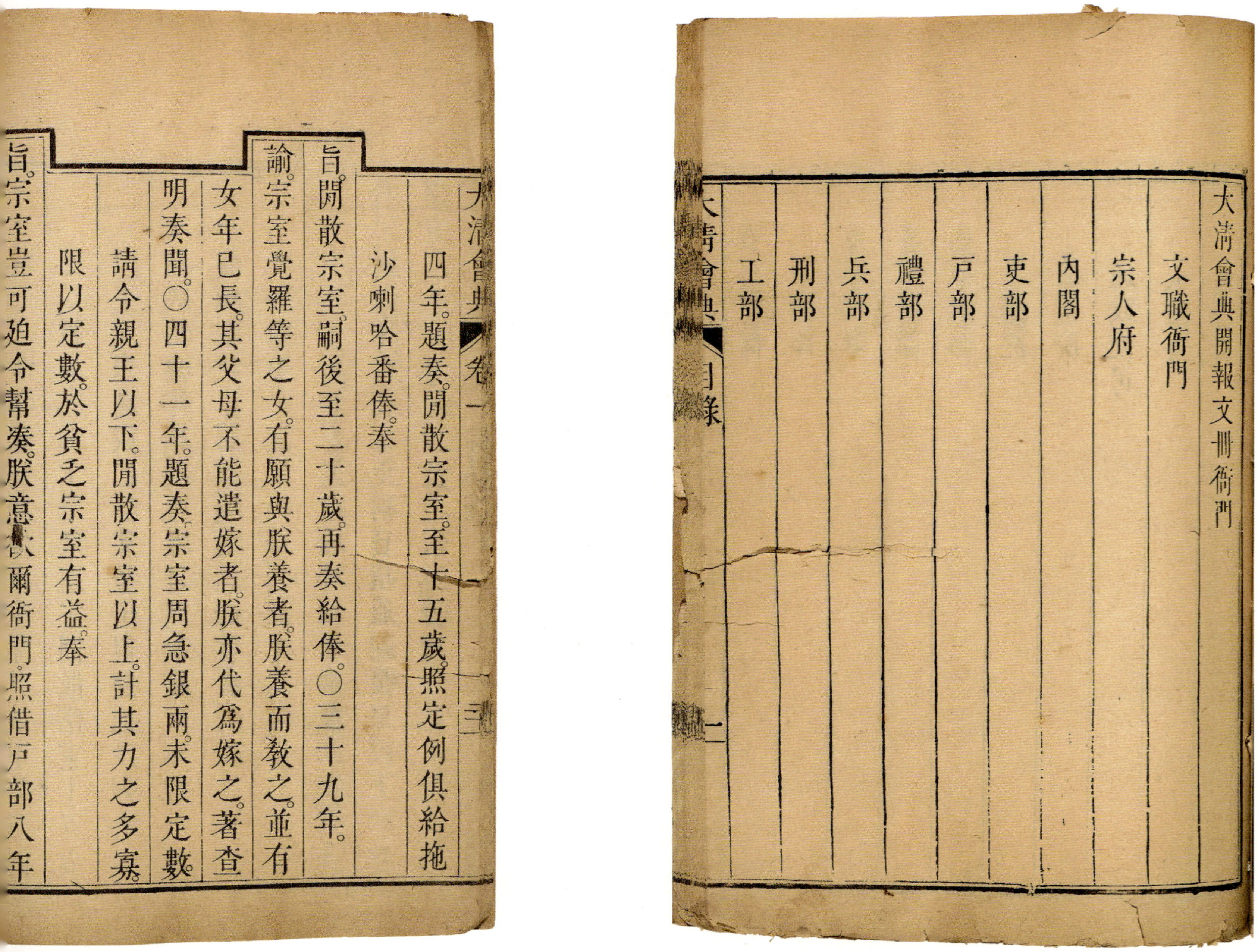

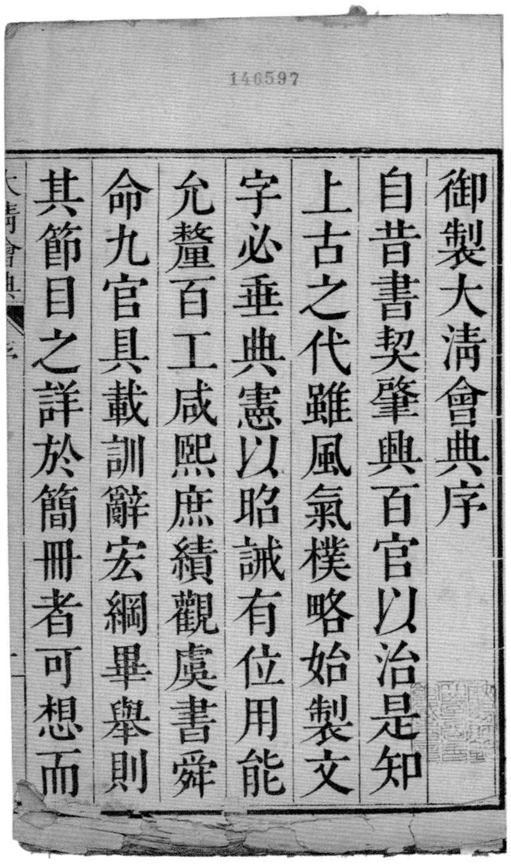
146597

御製大清會典序
自昔書契肇興百官以治是知
上古之代雖風氣樸略始製文
字必垂典憲以昭誡有位用能
允釐百工咸熙庶績觀虞書舜
命九官具載訓辭宏綱畢舉則
其節目之詳於簡冊者可想而

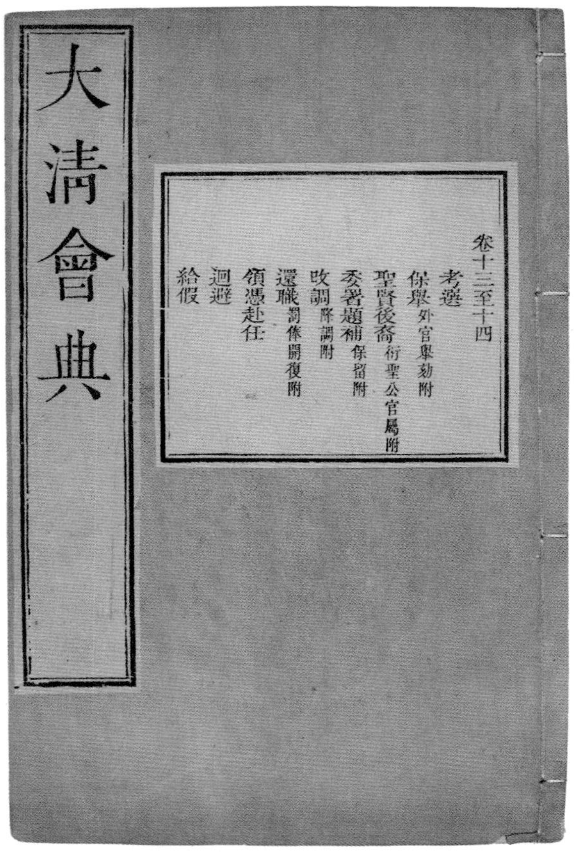
大清會典

卷十三至十四
考選
保舉 外官舉劾附
聖賢後裔 衍聖公官屬附
委署題補 停留附
改調 降調附
還職 罰俸開復附
領憑赴任
迴避
給假

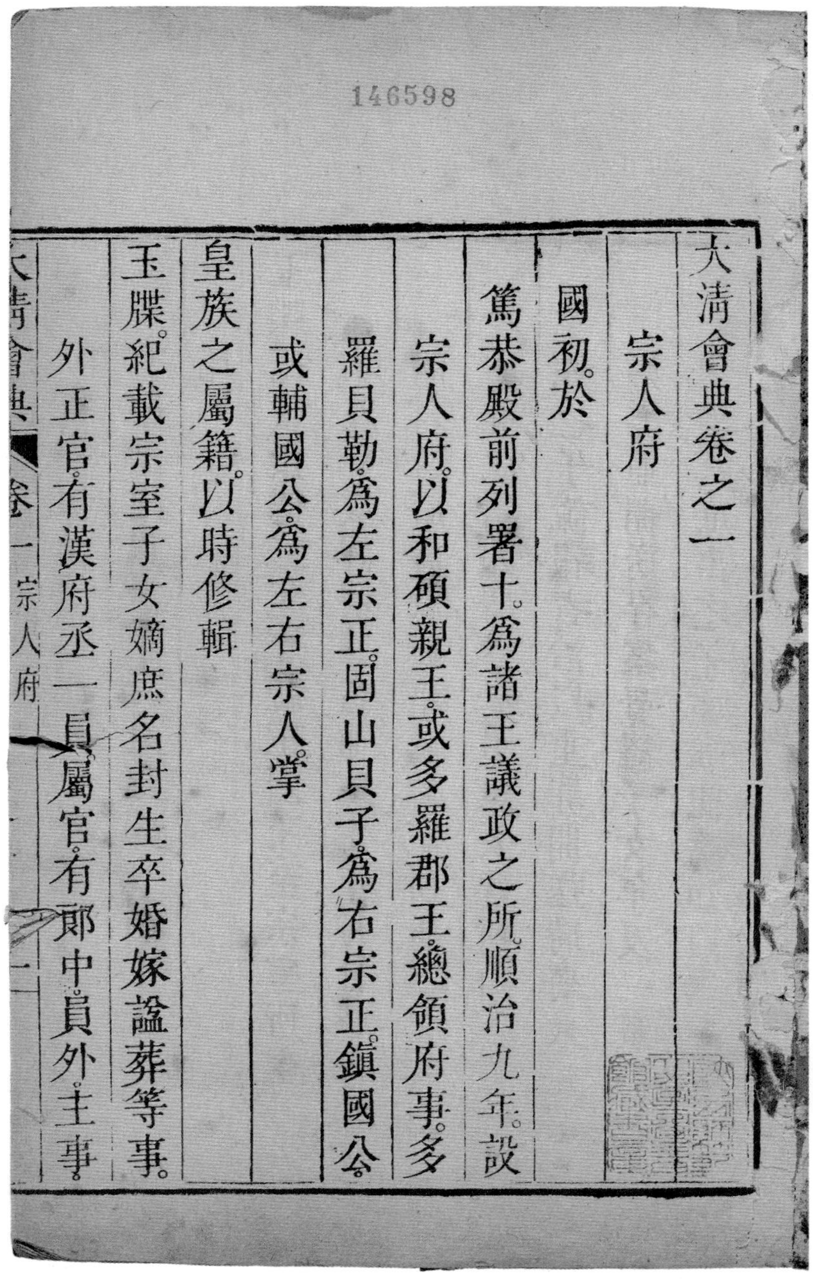
146598

大清會典卷之一
宗人府
國初於
篤恭殿前列署十。為諸王議政之所。順治九年。設
宗人府。以和碩親王。或多羅郡王。總領府事。多
羅貝勒。為左宗正。固山貝子。為右宗正。鎮國公
或輔國公。為左右宗人。掌
皇族之屬籍。以時修輯
玉牒。紀載宗室子女嫡庶名封生卒婚嫁謚葬等事。
外正官。有漢府丞一員。屬官。有郎中員外。主事。

大清會典 卷一 宗人府 一

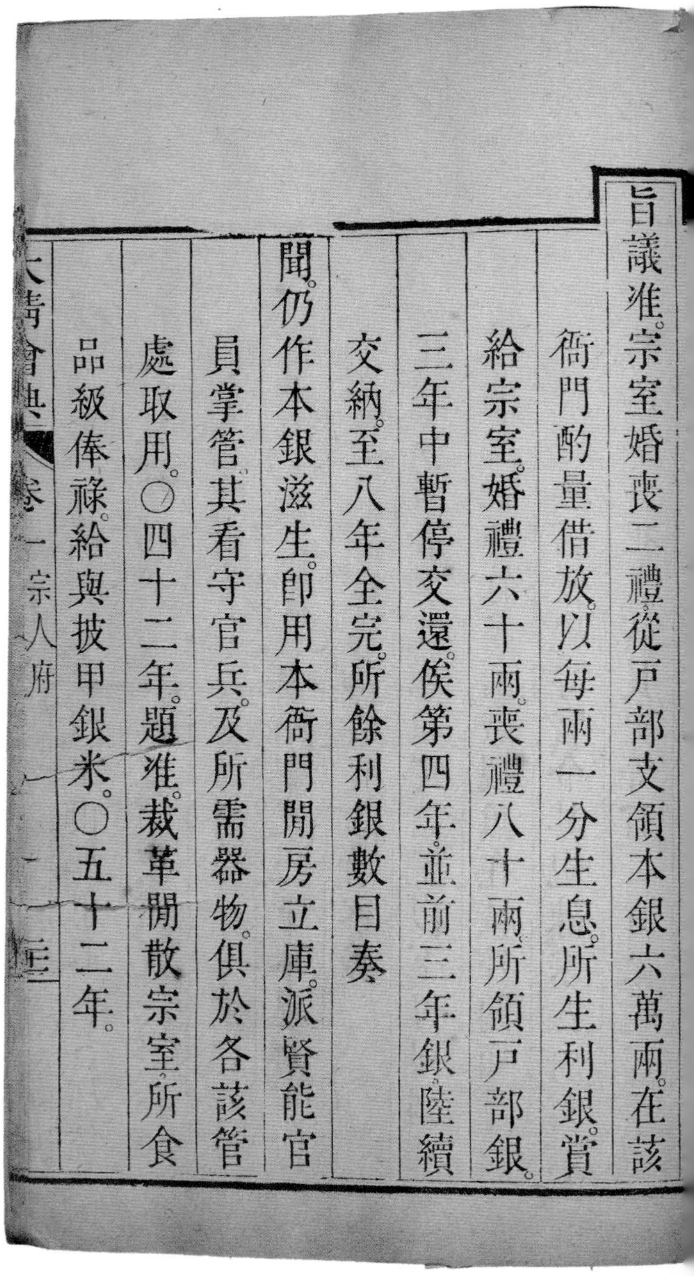
旨議准。宗室婚喪二禮。從戶部支領本銀六萬兩。在該
衙門酌量借放。以每兩一分生息。所生利銀。賞
給宗室。婚禮六十兩。喪禮八十兩。所領戶部銀。
三年中暫停交還。俟第四年並前三年銀陸續
交納。至八年全完。所餘利銀數目奏
聞。仍作本銀滋生。卽用本衙門開房立庫。派賢能官
員掌管。其看守官兵。及所需器物。俱於各該管
處取用。○四十二年。題准。裁革閒散宗室所食
品級俸祿。給與披甲銀米。○五十二年。

大清會典 卷一 宗人府 三

八旗通志初集二百五十卷目录二卷

清乾隆四年（1739）武英殿刻本

［清］鄂尔泰等撰

十六函八十册

版框：22.9cm×17cm

开本：29.5cm×19.8cm

半页10行，每行20至21字。白口，四周双边，单黑鱼尾。前有清乾隆四年（1739）清高宗御制序。

二级古籍，入选《陕西省珍贵古籍名录》，名录号：0612。

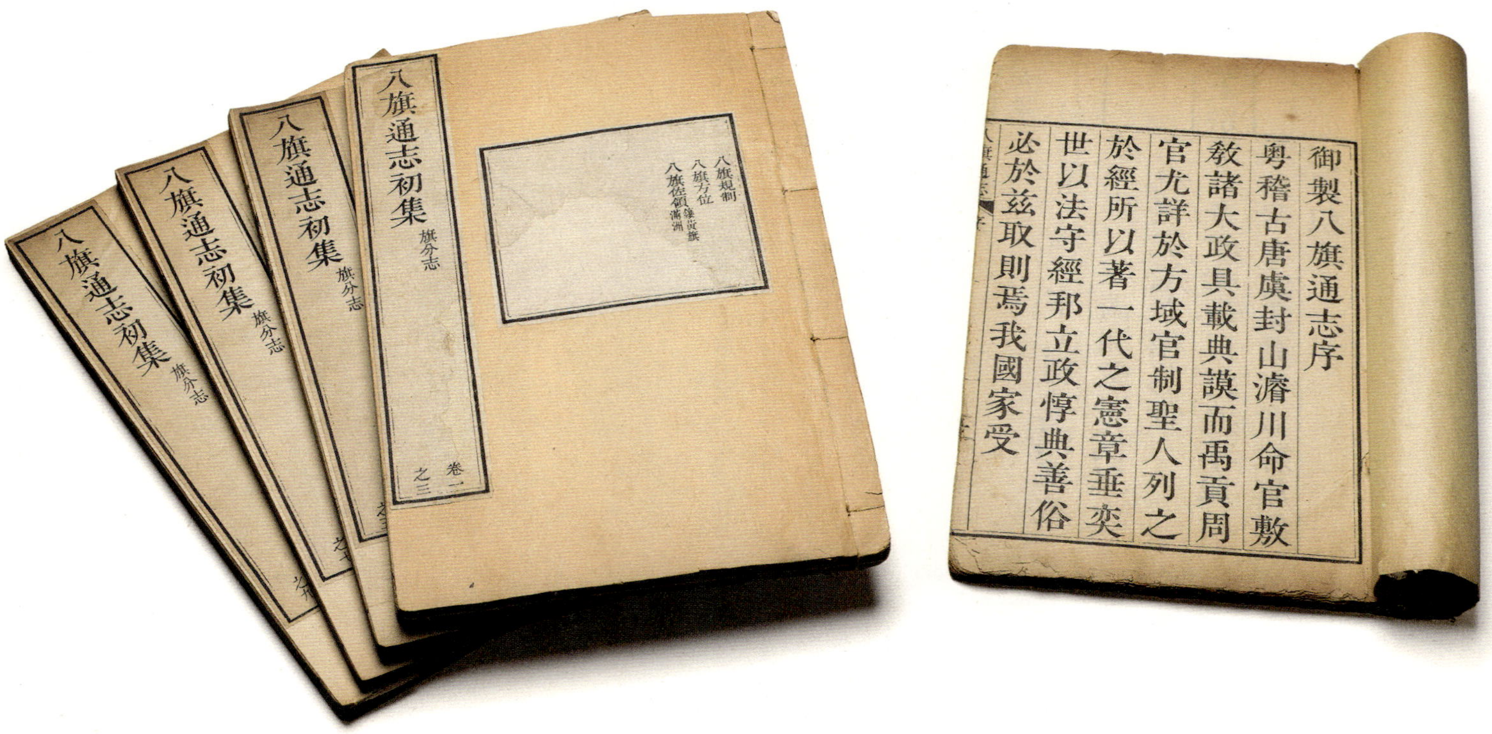

御製八旗通志序

粤稽古唐虞封山濬川命官敷
教諸大政具載典謨而禹貢周
官尤詳於方域官制聖人列之
於經所以著一代之憲章垂奕
世以法守經邦立政惇典善俗
必於兹取則焉我國家受

八旗通志初集目錄上

宗學

國學。順天奉天兩府學。左右兩翼學。
內廷官學。俱查明建立緣由。爲學校志。其歲貢恩
貢。俱列兩府學之後。拔貢列國學之後。

一

國家車書一統。典禮明備。其有禮文專爲八旗設
者。因事制宜。經曲咸具。特加紀載。爲典禮志。

一志書例載藝文。自帝王御製。下至士大夫著
作。凡有關地方者。並皆登載。今將欽奉
祖宗制誥詔諭事關八旗。及
御製詩幷褒賜八旗臣工者。恭載簡首。其各旗人員進
呈賦頌。應
制詩文。及奏疏等篇。有關八旗者。並皆編載。爲藝文
志。

一志書例載封爵。

禮甚盛。理宜紀載。垂示萬世。自親王郡王以下。
至奉恩將軍以上。列為封爵世表。民公侯伯子
男附焉。其阿達哈哈番以下。至拖沙喇哈番世

奉

敕纂修八旗通志

諭旨

朕惟漢史始志地理蓋本禹貢職方之遺而條其郡
邑紀其戶口以宣究其風俗教化也今各省皆有志
書惟八旗未經紀載我朝立制滿洲蒙古漢軍俱隸
八旗每旗自都統副都統叅領佐領下逮領催閑散
之人體統則尊卑相承形勢則臂指相使其規模宏
遠條理精密超越前古豈可無以紀述其盛其間偉
人輩出樹宏勳而建茂績與夫忠臣孝子義夫節婦

八旗通志初集卷之一

旗分志

國家龍飛東海。
列聖肇基。顯庸創制。始立四旗。復鑲為八旗。丕應徯志。
兆姓歸往。蒙古萬里。盡入版圖。
正號紀元。遂成
帝業。凡蒙古漢人輸誠先服者。亦各編為八旗。列在
親信。迨
定鼎
燕京。統一四海。有明舊臣。率先慕義者。皆得編在

星烈日记汇要四十卷
新烈日记二十二卷

清黑格稿本

［清］方玉润撰

二函十九册

版框：13.7cm×10.6cm

开本：18.9cm×14cm

半页9行，每行字数不等，小字双行不等。大黑口，四周单边。书前有清光绪元年（1875）自序。本馆所藏为孤本。

《星烈日记汇要》存卷首之一（年表上）至二（附表）、卷一至卷十四、卷十七至卷二十、卷二十五至卷三十、卷三十八至卷四十，卷末附一卷。《新烈日记》存卷一至卷十六［光绪五年（1879）九月至六年（1880）十二月］，又存卷七至卷十二［光绪七年（1881）一月至六月］。

二级古籍，入选《国家珍贵古籍名录》，名录号：03991。

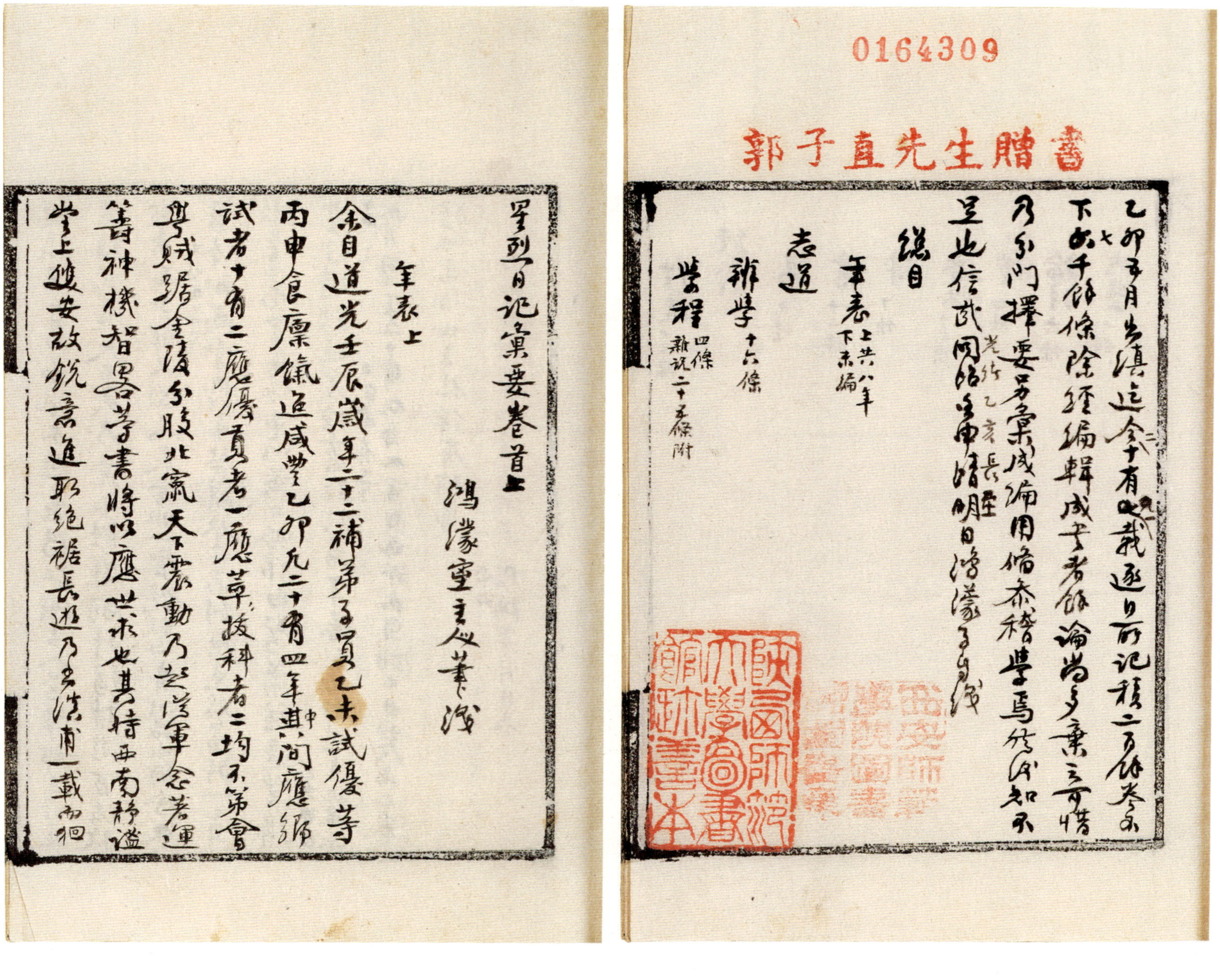

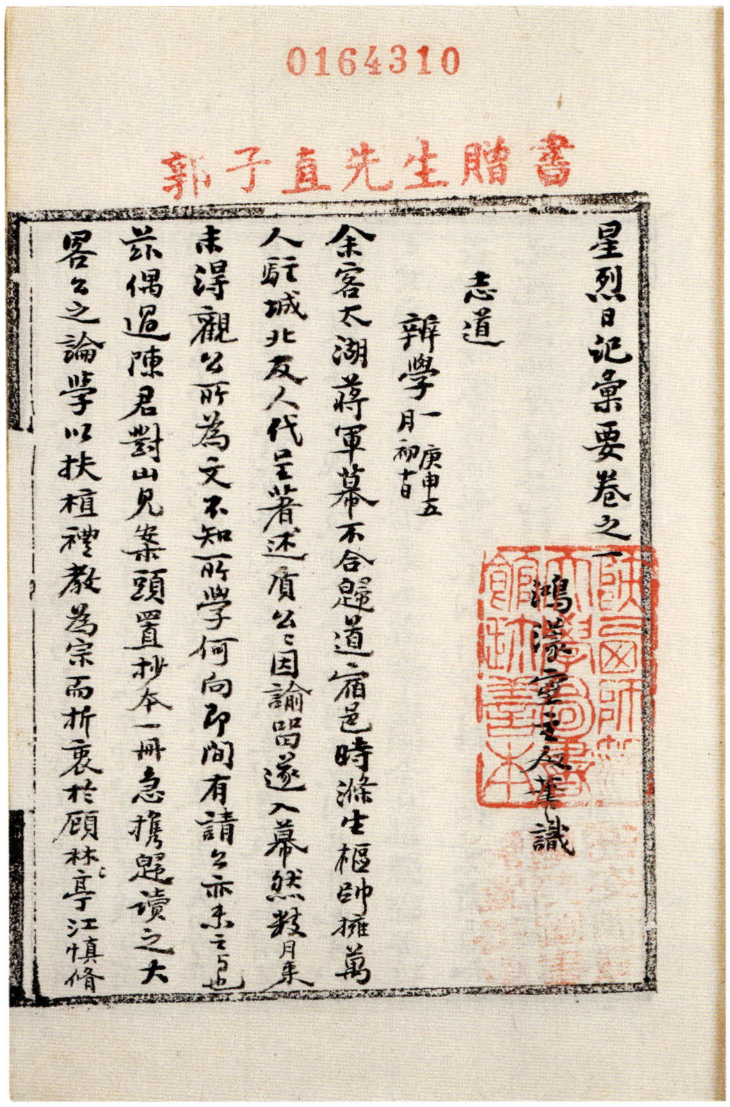

星烈日記彙要卷之一　鴻濛室主人筆識

志道

辨學一 庚申五月初七日

余客太湖蔣軍幕不合題道庸邑時滌生揮帥擁萬人駐城北友人代呈著述質公公因諭留遂入幕然數月來未得覩公所為文不知所學何向即間有請亦未之見也偶過陳君對山見案頭置抄本一冊急携歸讀之大略之論學以扶植禮教為宗而折衷於顧林亭江慎脩

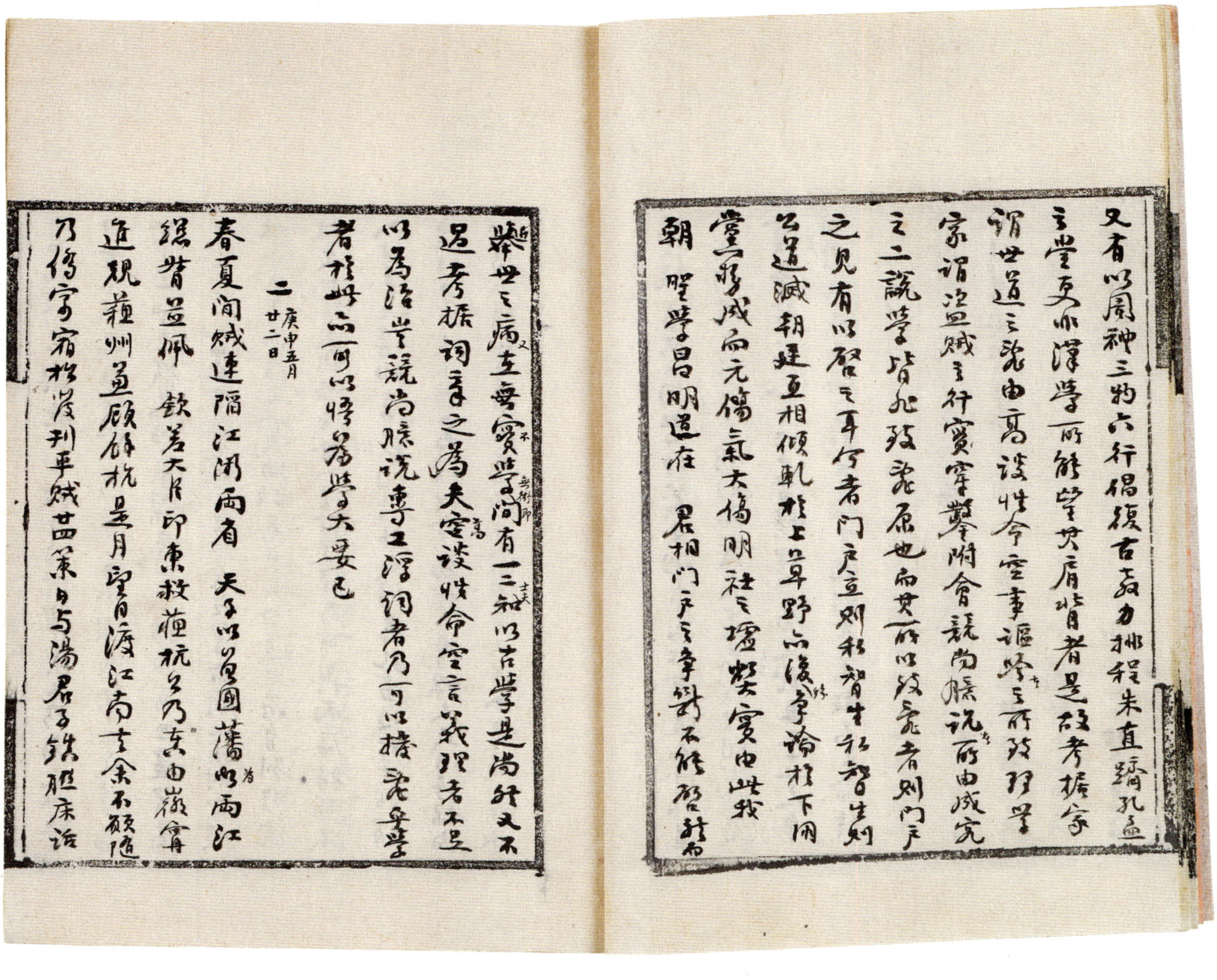

又有以周神三物六行倡復古為力排程朱直躋孔孟之堂更亦漢學所能掌其肩背者是故考據家謂世道之亂由高談性命空事詬誶之所致理學家謂漢賊之行實宰攀附會說尚膝說所由成究之二說學皆足致亂原也而其所以致亂者則門戶之見有以啓之耳今者門戶立則私智生私智生則公道滅朝廷且相傾軋於上草野亦復爭論於下用啓之形成而元偏氣大傷明社之墟實由此我朝　聖學昌明道在　君相門戶之爭斷不能啓於布

舉世之病在無要實學問有一二稍以古學是尚於文不過考據詞章之為夫空談性命空言義理者不足以為治學說尚膝說專工漢詞者乃可以接是學者樹此而可以得為學大要已

二 庚申五月廿二日

春夏間賊連陷江浙兩省　天子以曾國藩為兩江總督並佩　欽差大臣印東救蘇杭乃先由嶺窩進規蘇州並顧餘杭是月曾自渡江而南余不敢隨乃僑寓於皖刊平賊廿四策與湯君子鈞胜床話

陕西师范大学图书馆藏精品集萃

拓片篇

珍典撷英

峄山刻石

民国拓

整纸立轴（2轴）

250cm×92cm

秦始皇二十八年（前219）刻，又名《峄山碑》，是秦始皇东巡时所立刻石中最早的一块。传为李斯书。石原在山东邹县峄山，唐时已不传。重摹刻本有七种：长安本、绍兴本、浦江郑氏本、应天府学本、青社本、蜀本、邹县本。宋淳化四年（993）郑文宝据南唐徐铉摹本复刻于长安的『长安本』为众摹本中最佳者，现藏于西安碑林博物馆。

石高218cm，宽84cm。两面刻文，共15行，行15字。篆书。前为秦始皇诏，计144字，『皇帝曰』以下为秦二世诏，计79字，字略小。

■ 碑阳

秦相李斯書嶧山碑跡妙時古殊為世重故散騎常侍徐公鉉酷耽玉箸垂五十年時無其比晚節獲嶧
山碑摹本師其筆力自謂得思於天人之際因是廣求已之舊跡焚擲略盡文寶受學徐門粗堅企及之
志太平興國五年春再舉進不中東適齊魯客鄒登嶧山求訪秦碑邈然無覩建於旬浹悵恨于榛
蕪之下惜其神蹤將墜於世今以徐所授摹本刊石於長安故都國子學庶博雅君子見先儒之指歸淳
化四年八月十五日承奉郎守太常博士陝府西路計度轉運副使賜緋魚袋鄭文寶記

碑阴

开母庙石阙铭

清拓

整纸横轴

400cm×43cm

东汉延光二年（123）刻，又称《嵩山开母庙西石阙铭并题名》。东汉颍川太守朱宠兴造。石在河南登封太室山南麓。石分二层，各层高61cm，宽295cm。隶篆杂糅。

馆藏拓本为清末著名金石学家、收藏家端方旧藏，钤有『端方读碑』白文方印两枚、『陶斋所藏』朱文方印两枚。

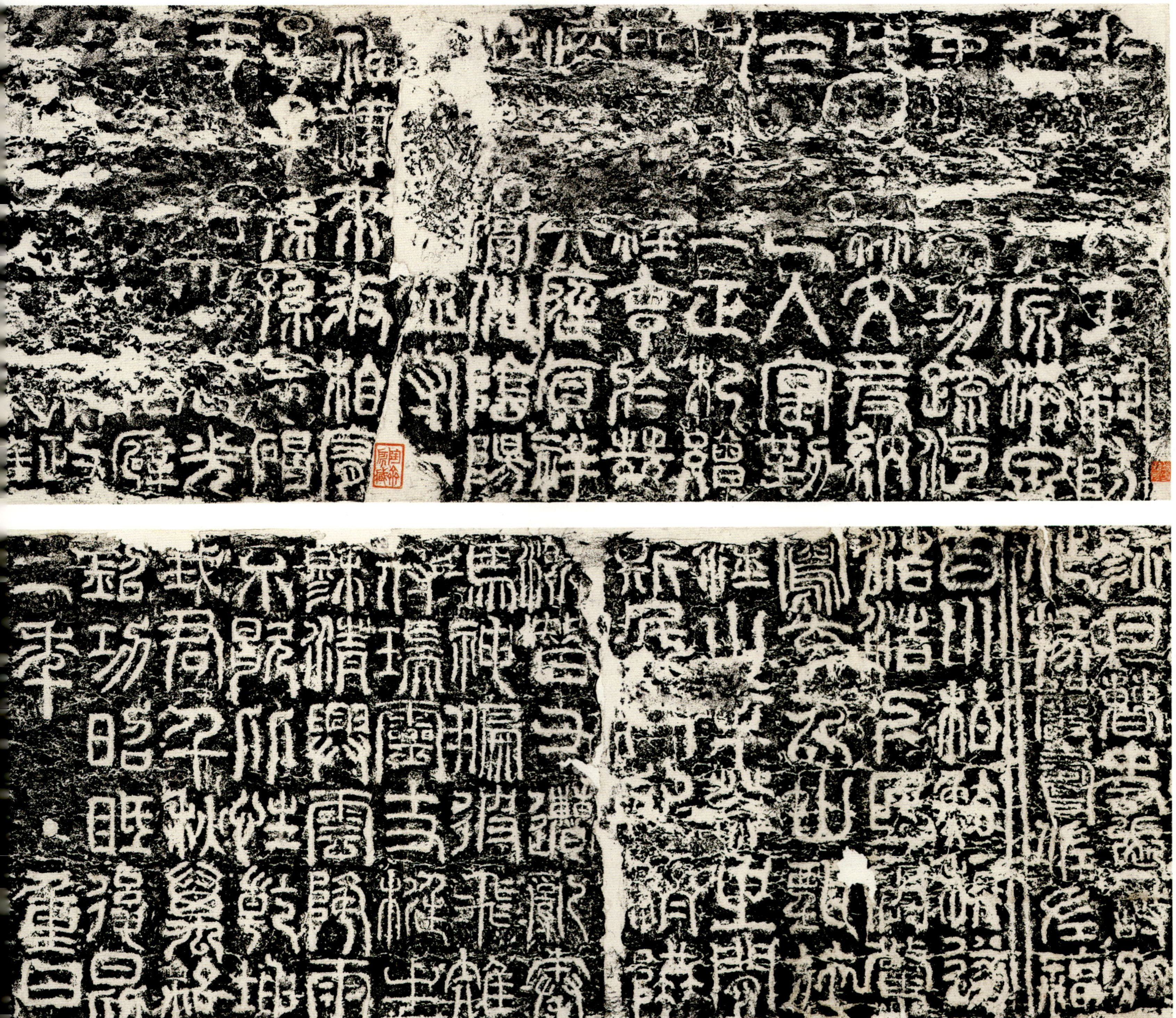

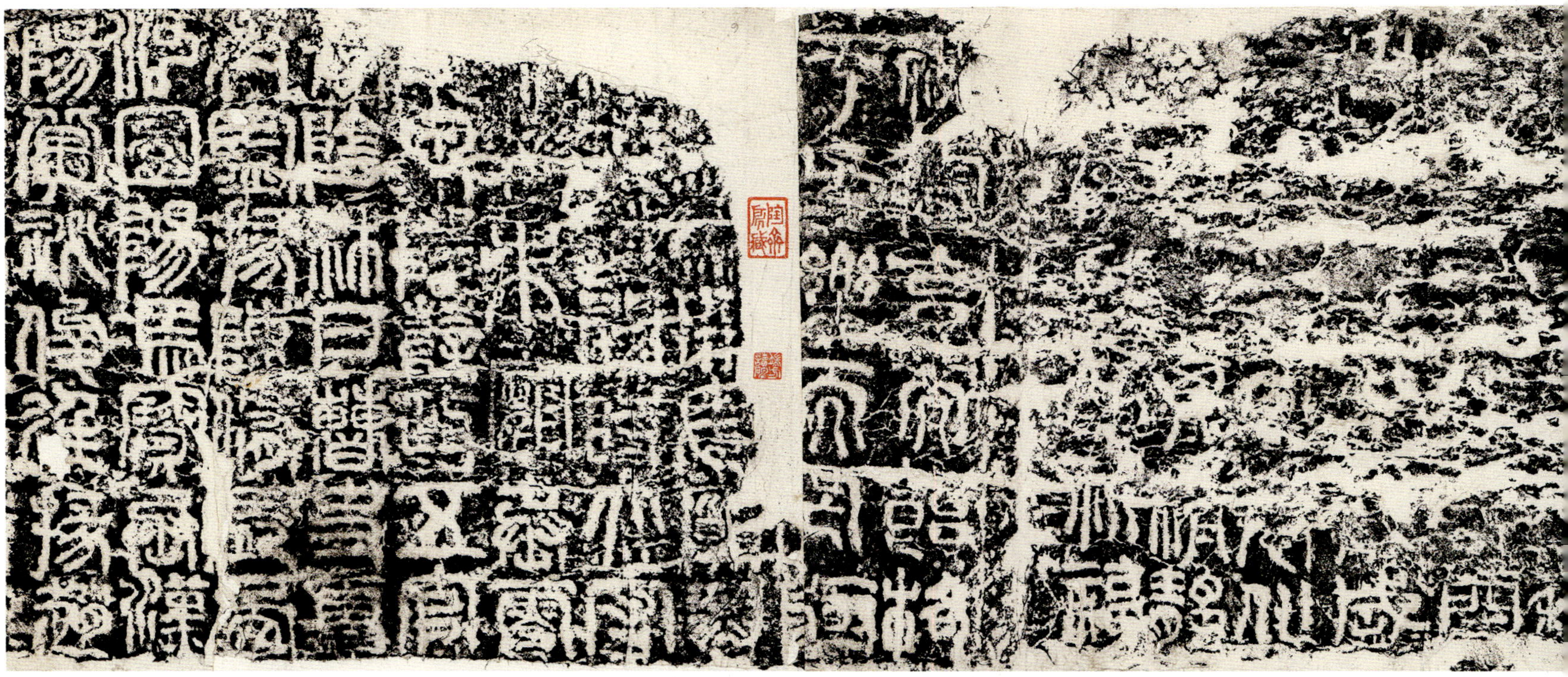

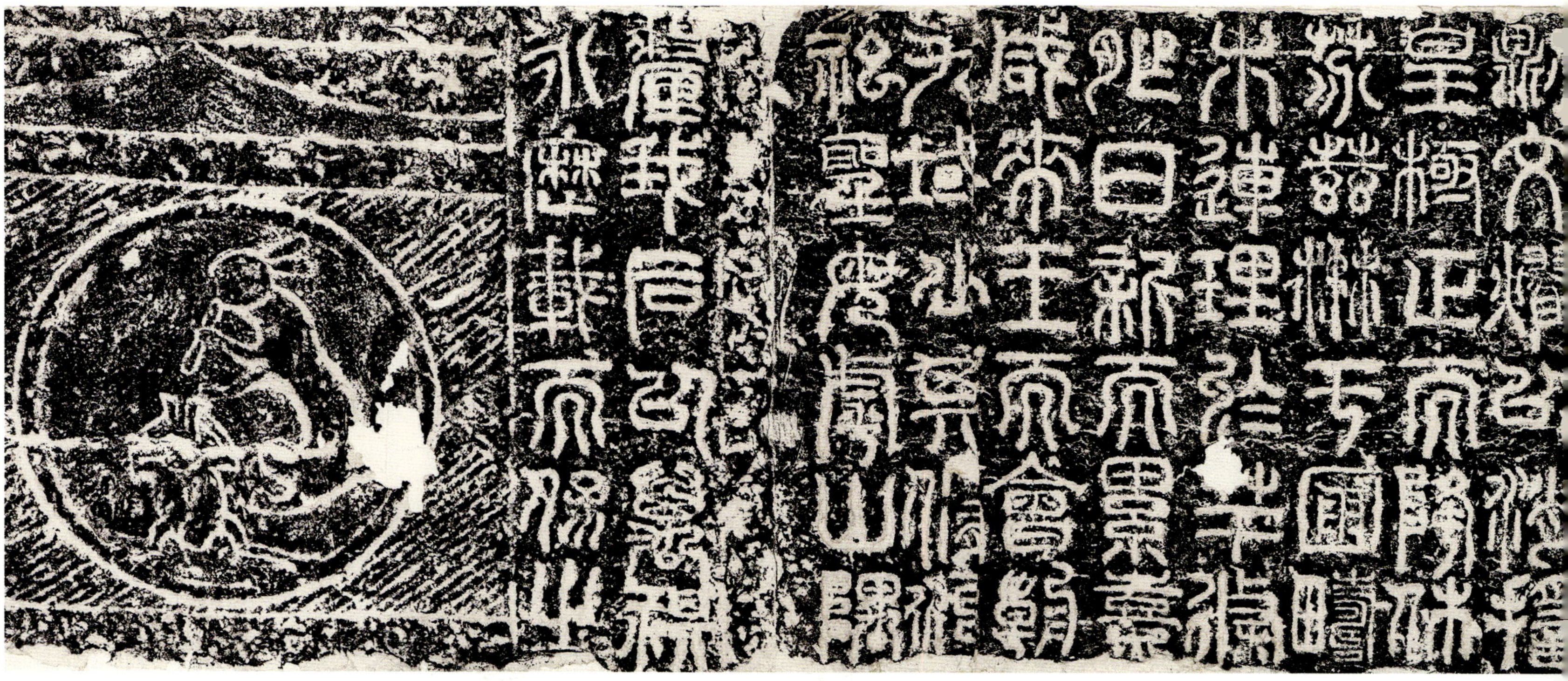

石门颂

清拓

立轴六条屏（6轴）

203cm×36cm

东汉建和二年（148）刻，全称《汉司隶校尉楗为杨君颂》，又称《杨孟文颂》。汉中太守王升撰文。石原刻于陕西省褒城县古褒斜道石门西壁上，现藏于汉中市博物馆。

石高 261cm，宽 205cm。22 行，行 30、31 字不等。隶书。

礼器碑

清拓

整纸立轴（2轴）

180cm×100cm

东汉永寿二年（156）刻，全称《汉鲁相韩敕造孔庙礼器碑》，又称《韩明府修孔子庙碑》《韩敕碑》等。碑原立于山东曲阜孔庙，现藏于曲阜汉魏碑刻陈列馆。

碑身高173cm，宽78.5cm。四面刻字。碑阳16行，满行36字；碑阴3列，各17行；左侧3列，各4行；右侧4列，各4行。隶书。

碑阳

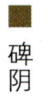

碑阴

封龙山碑

民国拓
整纸立轴
168cm×100cm

东汉延熹七年（164）刻，又名《封龙山颂》。原碑出土于河北元氏县王村山下，道光二十七年（1847）被元氏知县刘宝楠访得，在移置城内薛文清祠时断为三截，现已佚。

碑高166cm，宽100cm。碑文15行，行26字。隶书。

杨淮表记

清拓
整纸立轴
200cm×74cm

东汉熹平二年（173）刻，全称《司隶校尉杨淮从事下邳相弼表记》，又称《杨阙碑》《杨淮、杨弼表记摩崖》等。卞玉撰文。原刻于陕西省褒城石门西壁，后因修建水库在1971年与石门其他摩崖一同被凿出，迁入汉中市博物馆。

此摩崖呈长方形，上宽下窄，高274cm，顶部宽73cm，底部宽52cm。共7行，行15字至26字不等，共173字。

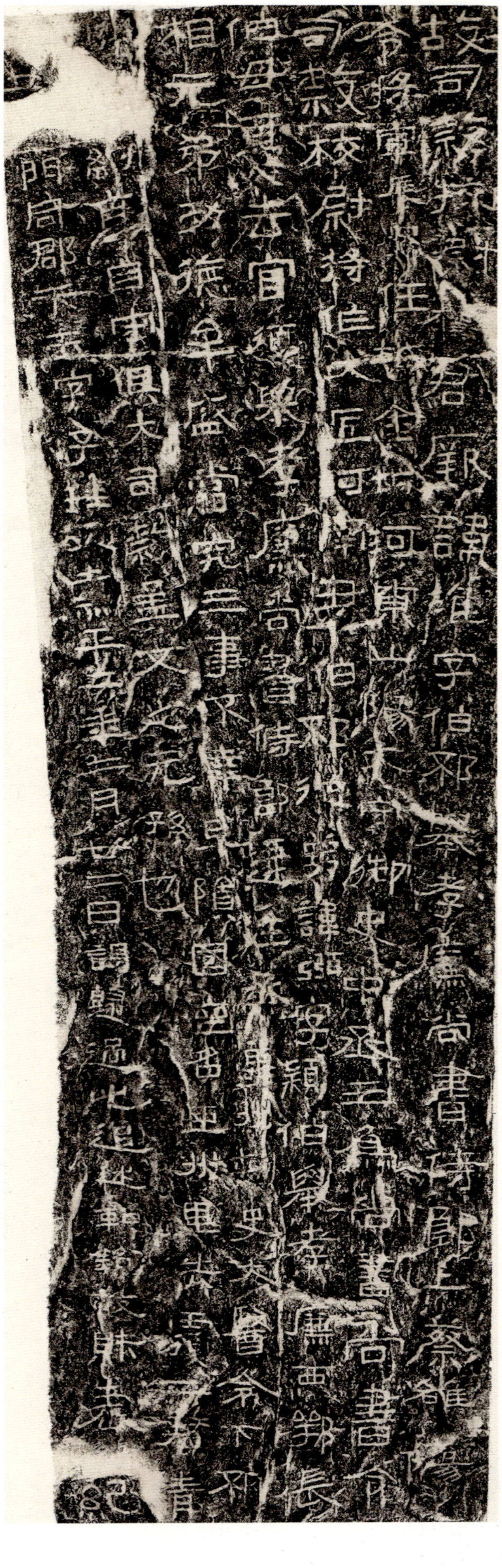

曹全碑

民国拓

剪裱本（1册36页）

24cm×15cm

东汉中平二年（185）刻，全称《汉郃阳令曹全碑》，又名《曹景完碑》。万历间出土于陕西郃阳（今陕西合阳），现存于西安碑林博物馆。碑额久佚不存。

碑竖长方形，高253cm，宽123cm。碑阳隶书，20行，行45字；碑阴隶书，5列，字数不等。

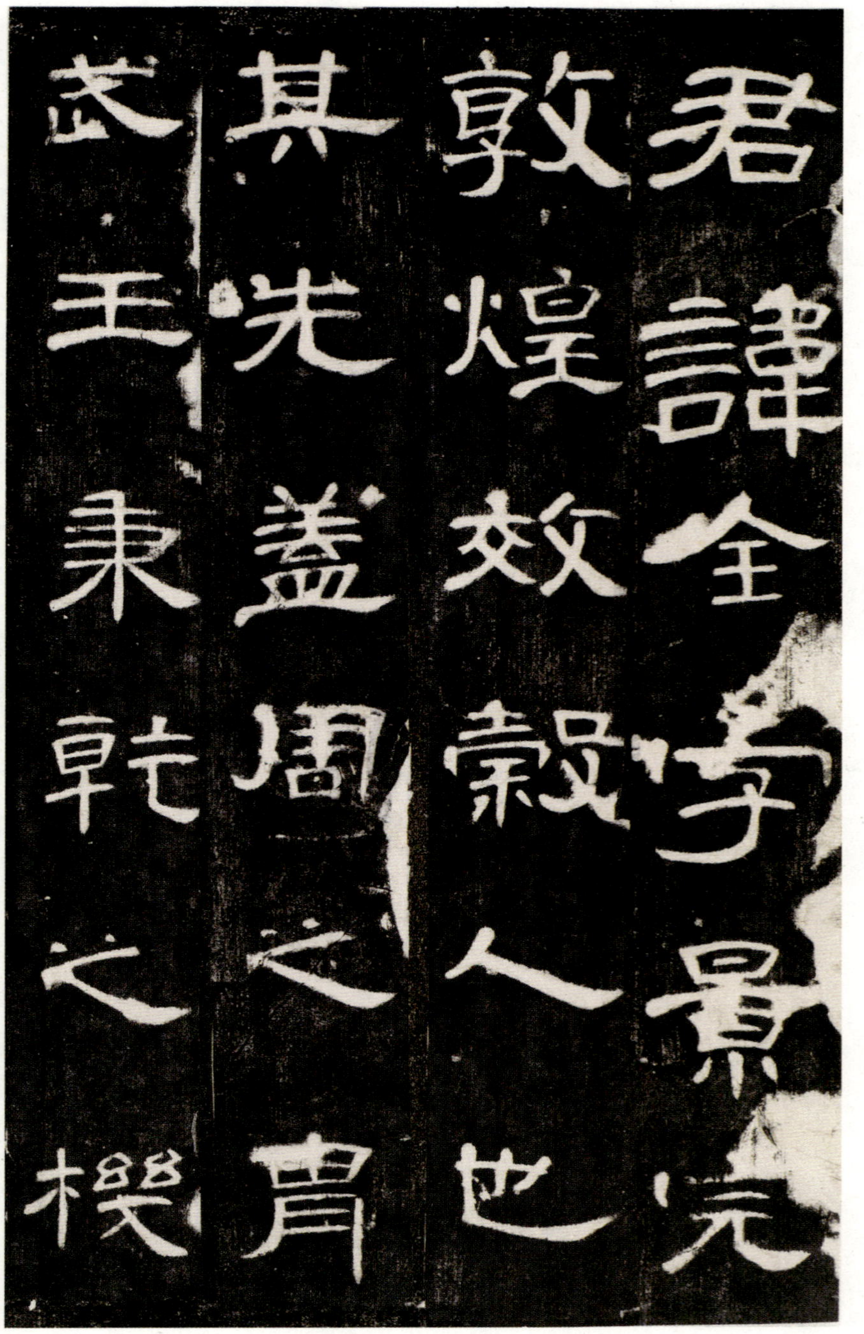

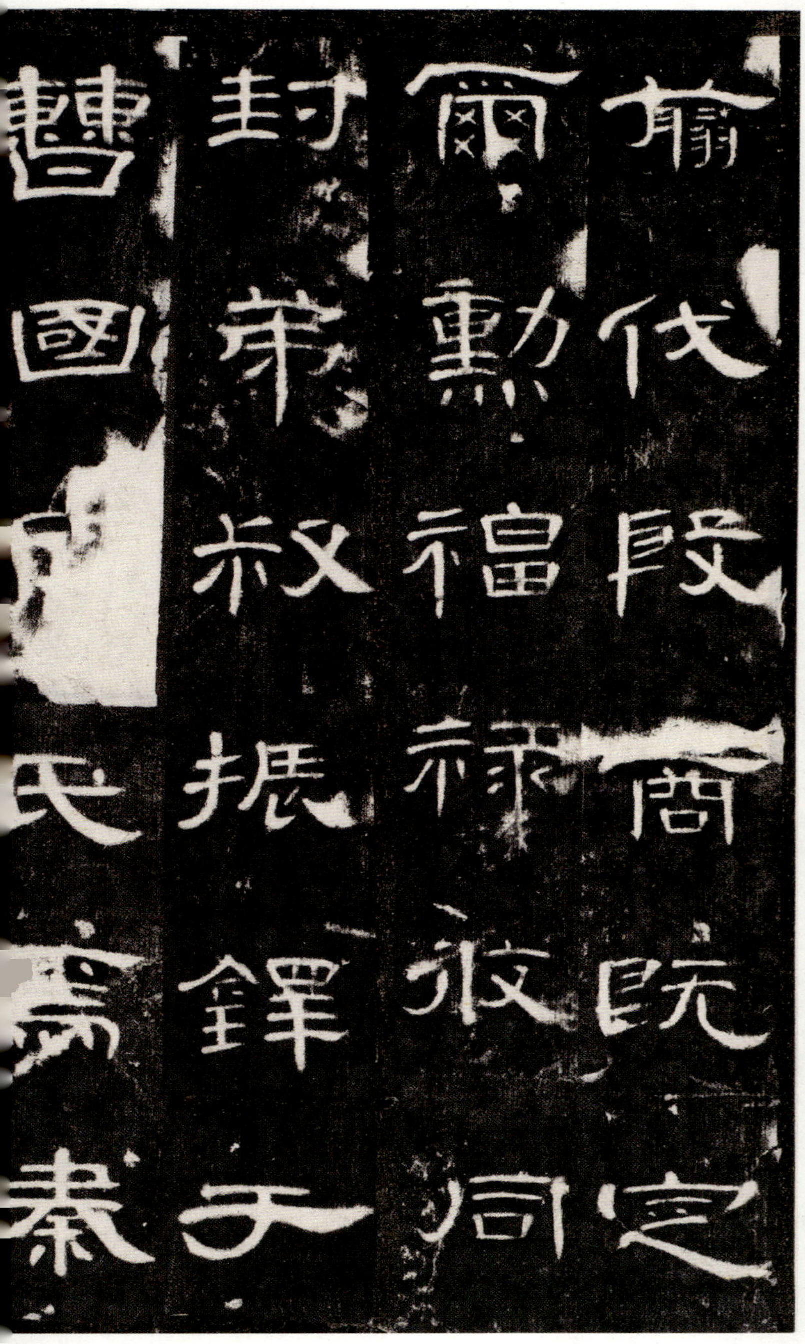

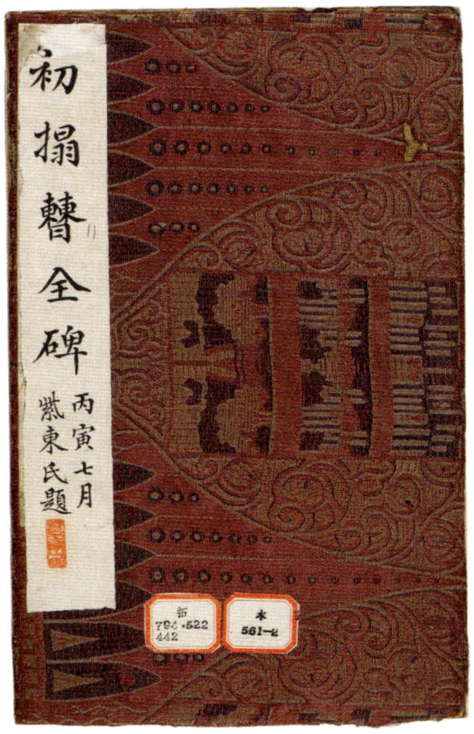
初搨曹全碑
丙寅七月
獣東氏題

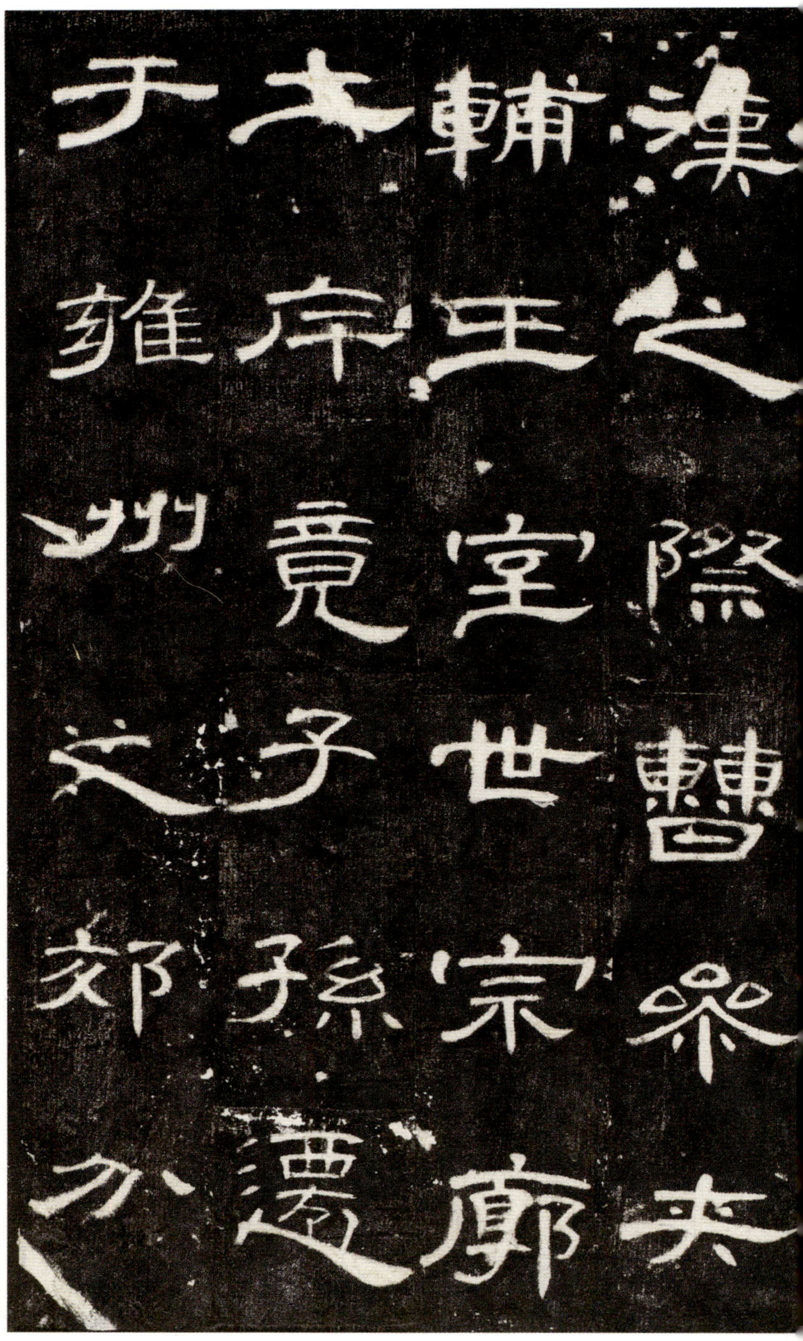
漢之際曹參夾
輔王室世宗廓
土斥竟子孫遷
于雍州之郊分

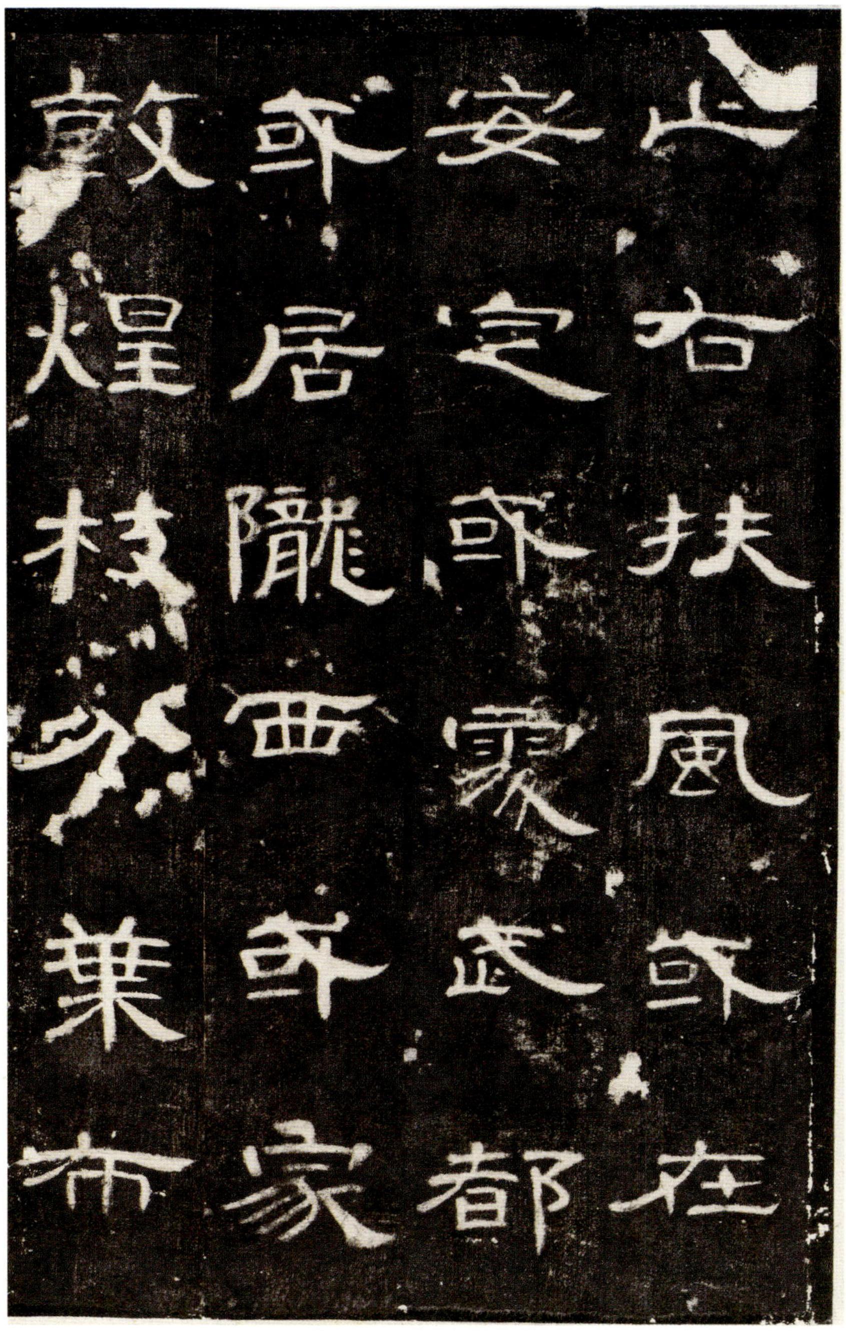
止右扶風或在
安定或處武都
或居隴西或家
敦煌枝分葉布

谷朗碑

民国拓
整纸立轴
120cm × 85cm

三国吴凤凰元年（272）刻，全称《吴九真太守谷朗碑》。石原在湖南耒阳谷府君祠内，后迁入耒阳蔡侯祠。

碑用青石刻成，高176cm，宽72cm。碑文18行，行24字。隶书。

吳故九真太守谷府君之碑

君諱朗字義先桂陽耒陽人豫章府君之曾孫公府君之玄
郎中君之子也其先出自顓頊益為舜虞賜姓嬴氏至于厲□
封□秦谷因而氏焉君承洪原之清流稟弈世之高素履道思
順德行純備三歲喪母十一亡父獨與弟居承奉繼親和顏悅
色孝友溫恭曾閔之操君其辭為郡府仕郡歷右職守陽安長
湘鄉宣沅遂耒王府除郎中尚書令史郡中正遷長沙劉陽令
播遠惠以育物垂仁恩以布化蒞政三期徵拜立忠都尉尚書
郎靖密樞機名冠眾賢遷部廣州督軍校尉正身率下不長彊
御不清寧萬里書功成辭退拜五官郎中遷大中正平衡
清格彝倫攸敘于時交州寇色收國戒車妥□□未戢南思
俾乂訓咨羣司余□君經部南州威恩素著遷九真太守君稟
朗德所歷垂勳宜遠退紀光猷皇家如何不永春秋五十有四
鳳皇元年四月乙未寢疾而卒嗚呼哀哉凡百君子莫不嗟痛
乃立碑作頌以昭行績其詞曰
於鑠府君稟性玄通積行閨閥九族睦虞羽儀上京德與雲騰
入躋丹墀夙夜靖恭出撫黎民風移俗興名累約著勳奇往□
當升黃耉畢佐帝庸奚天不弔哲人其萎齊紳罷喑庭宗
勒茲石永光無窮

广武将军碑

民国拓

整纸立轴

264cm×104cm

前秦建元四年（368）刻，又称《张产碑》，是前秦仅存的两通碑石之一。此碑现藏于西安碑林博物馆。

碑为圭形、尖首，高 174cm，宽 73cm。碑阳楷书刻文 17 行，行 31 字；额刻『立界山石祠』。碑阴楷书题名 18 行，行 33 字；碑阴额题名 15 行，行字数不等。碑侧也刻满题名。

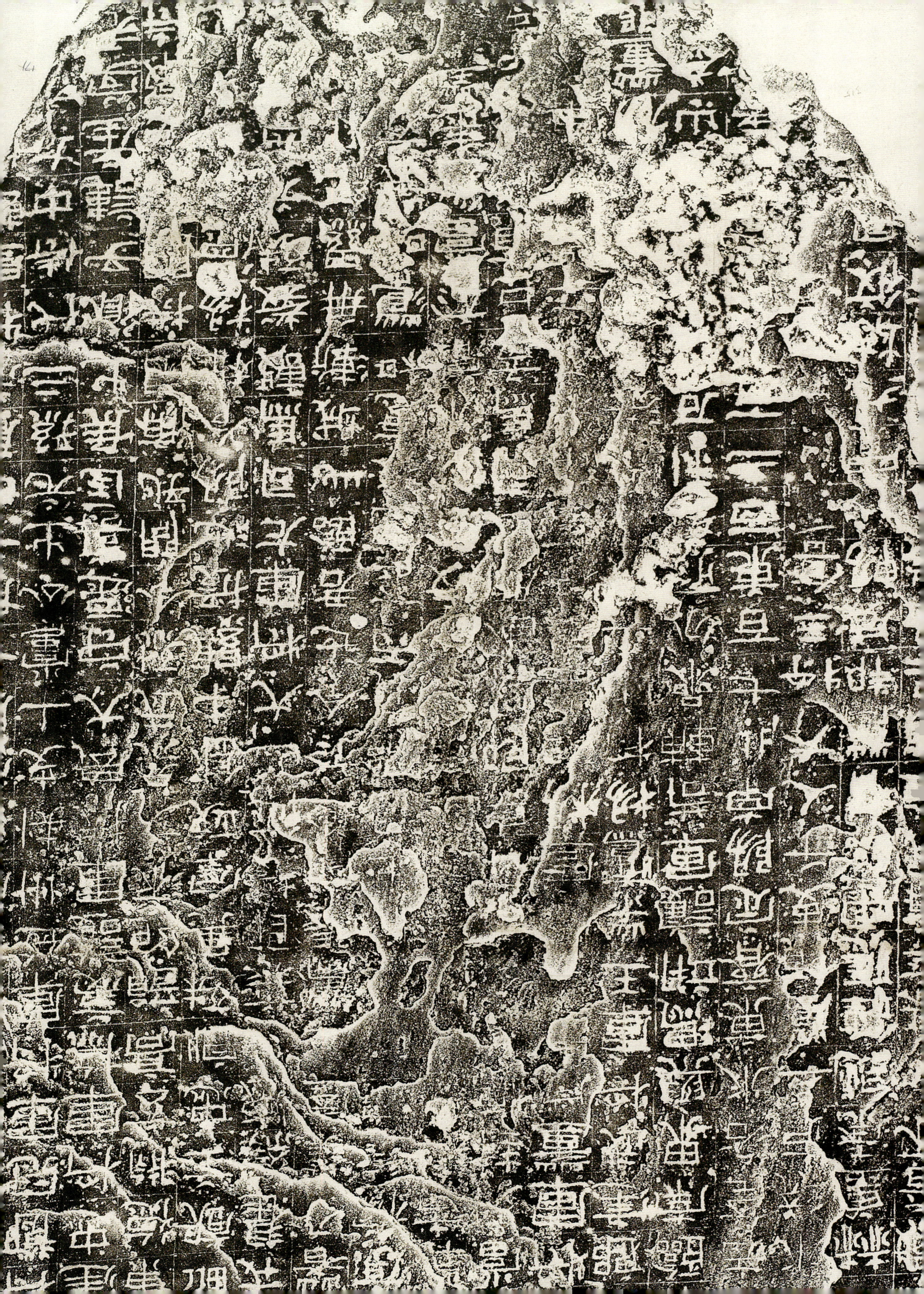

中岳嵩高灵庙碑

民国拓

整纸立轴

242cm×108cm（碑阳）

199cm×108cm（碑阴）

碑阳

北魏太安二年（456）刻，一说北魏太延五年（439）刻，是目前发现最早的一块北魏碑刻。传为寇谦之书。石在河南登封嵩山中岳庙。

碑高213cm，宽99cm。圆首有穿，篆额『中岳嵩高灵庙之碑』阳文8字。碑阳楷书，23行，满行50字；碑阴楷书，7列，首列22行，次列16行，第3至6列各29行，第7列9行。碑风化严重，字迹剥蚀过半。

碑阴

晖福寺碑

民国拓

整纸立轴

225cm×97cm

北魏太和十二年（488）刻，全称《大代宕昌公晖福寺碑》。碑原在陕西省澄城县如来庙内，现藏于西安碑林博物馆。

碑竖方形，首身一体，圭首方座，额下有圆穿，碑身下部为束腰形，成上宽下窄、上直下曲的形状，形制奇特。碑通高294cm，宽90cm，两面刻字。碑额篆题『大代宕昌公晖福寺碑』9字。碑阳楷书，24行，满行44字；碑阴楷书，刻题名，9行。

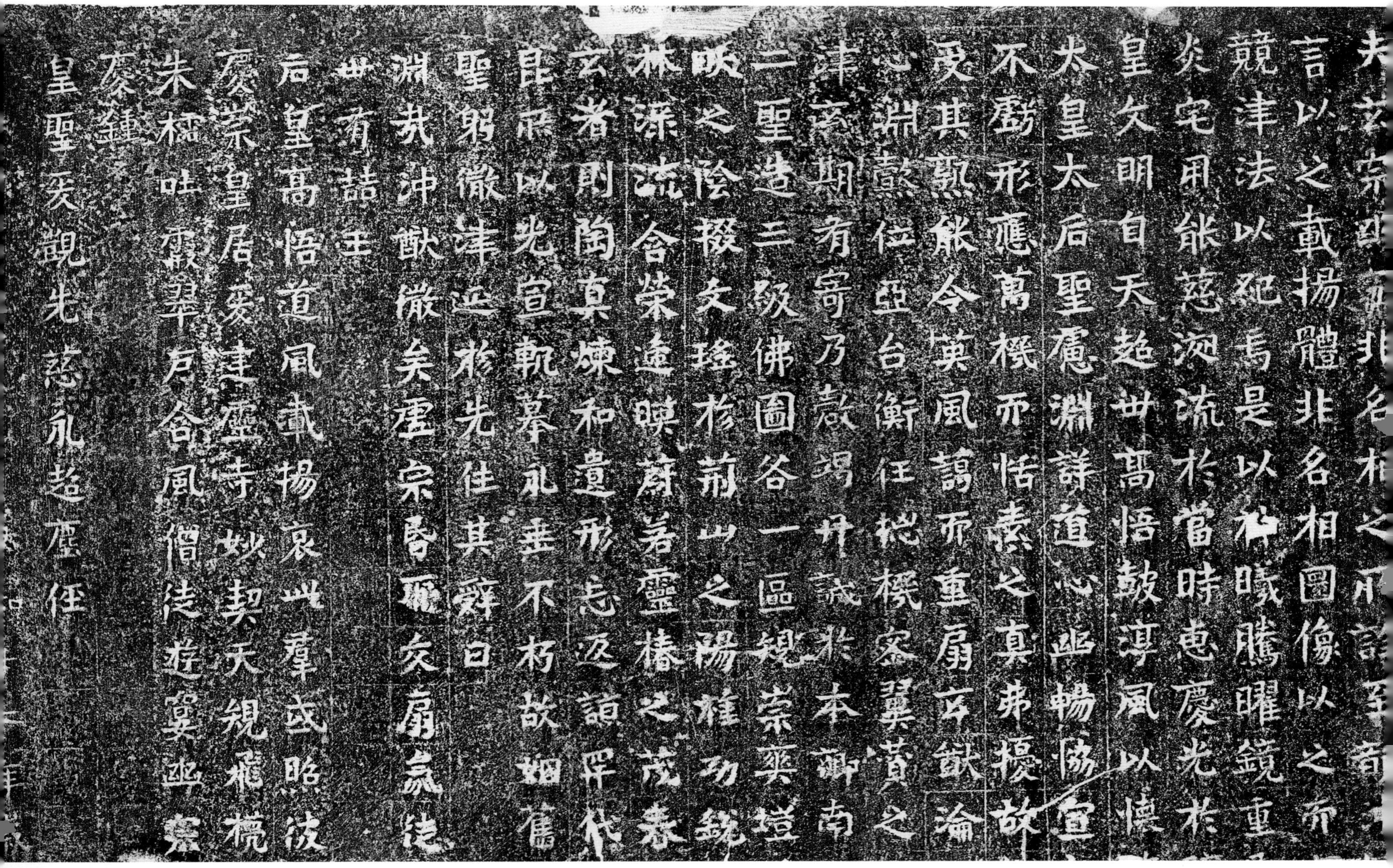

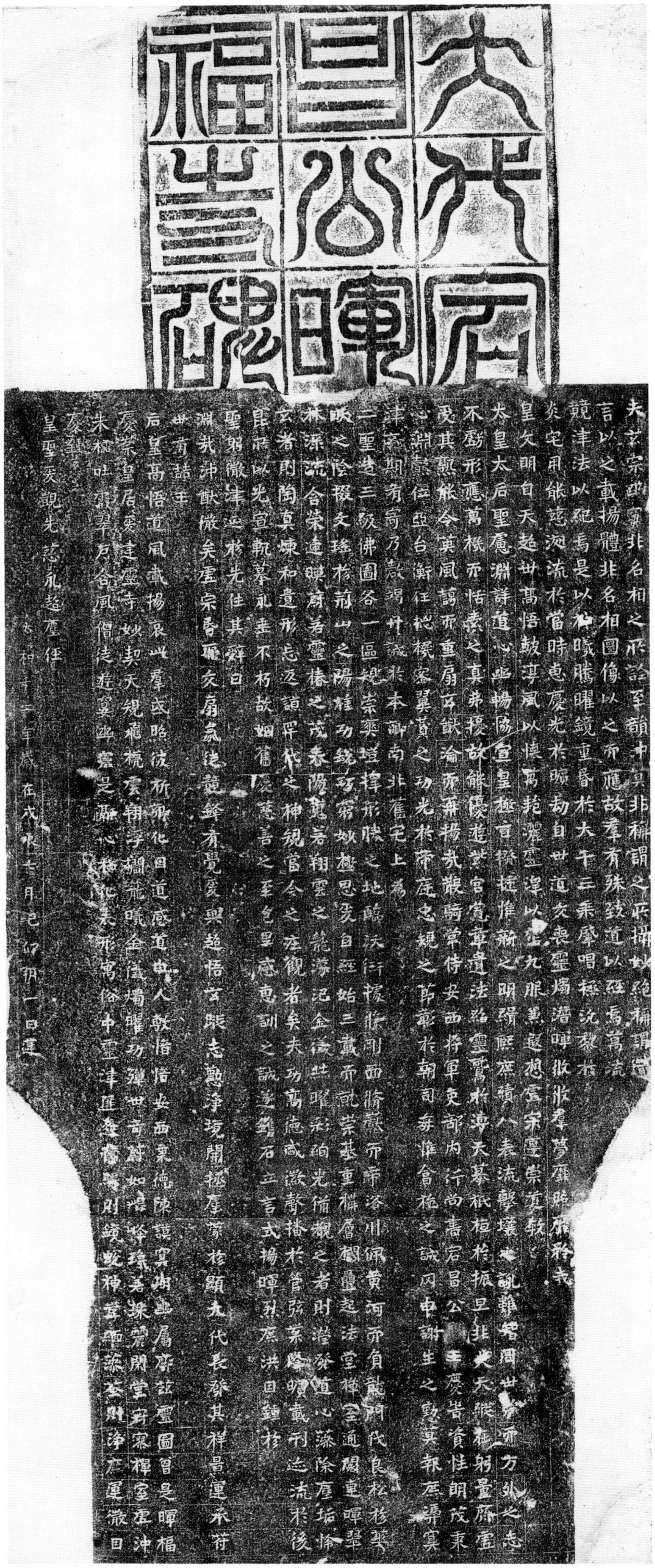

马鸣寺根法师碑

民国拓
整纸立轴
167cm×94cm

北魏正光四年（523）刻，全称《马鸣寺魏故根法师之碑铭》。碑原在山东乐安（今山东广饶）大王桥，清同治年间移置广城书院时断为三块，现藏于山东省石刻艺术博物馆。

碑通高167cm，宽81cm。圭首无座，碑额楷书阳文『魏故根法师之□□』，末尾二字漫漶不可辨，其上另有楷书阴文『马鸣寺』3字。碑文楷书，22行，行30字。

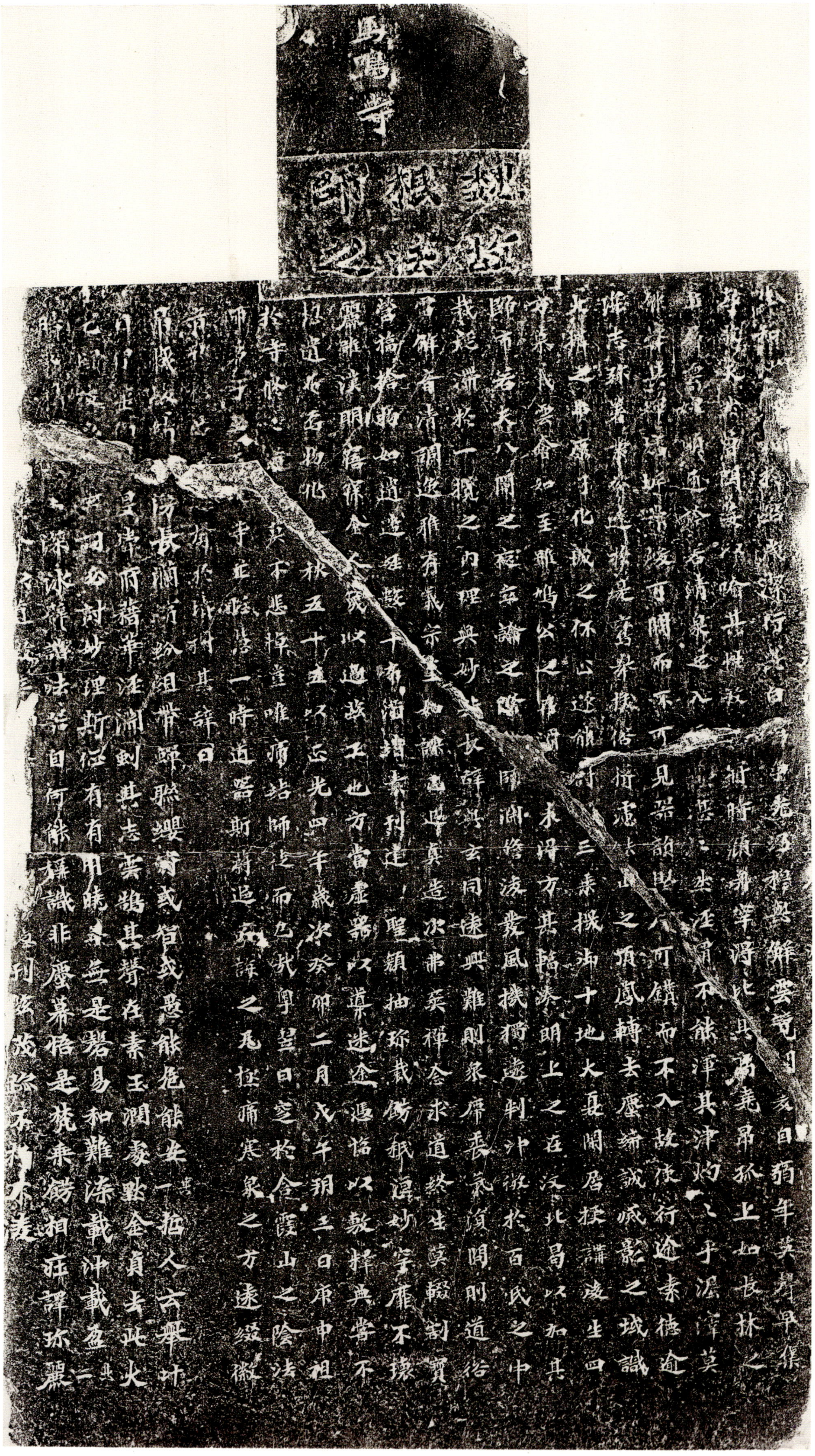

龙藏寺碑

民国拓

剪裱本（1册52页）

23cm×13cm

隋开皇六年（586）刻，因龙藏寺于宋初更名为龙兴寺，此碑又称《正定府龙兴寺碑》。恒州刺史鄂国公王孝仙立，未著撰书者姓名，据宋欧阳修《集古录》载，撰文者为张公礼，光绪元年《正定县志》载书者亦为张公礼。碑在河北省正定龙兴寺。

碑通高315cm，宽90cm。碑首半圆形，龟趺，碑额刻有六龙浮雕。额题楷书，15字，即『恒州刺史鄂国公为国劝造龙藏寺碑』。碑阳楷书，30行，行50字，碑阴及碑左刻题名及恒州诸县名。

馆藏拓本钤有『和氏文轩所得金石书画之印』『豫北临漳和文轩珍藏书画印』朱文方印等多枚印章。

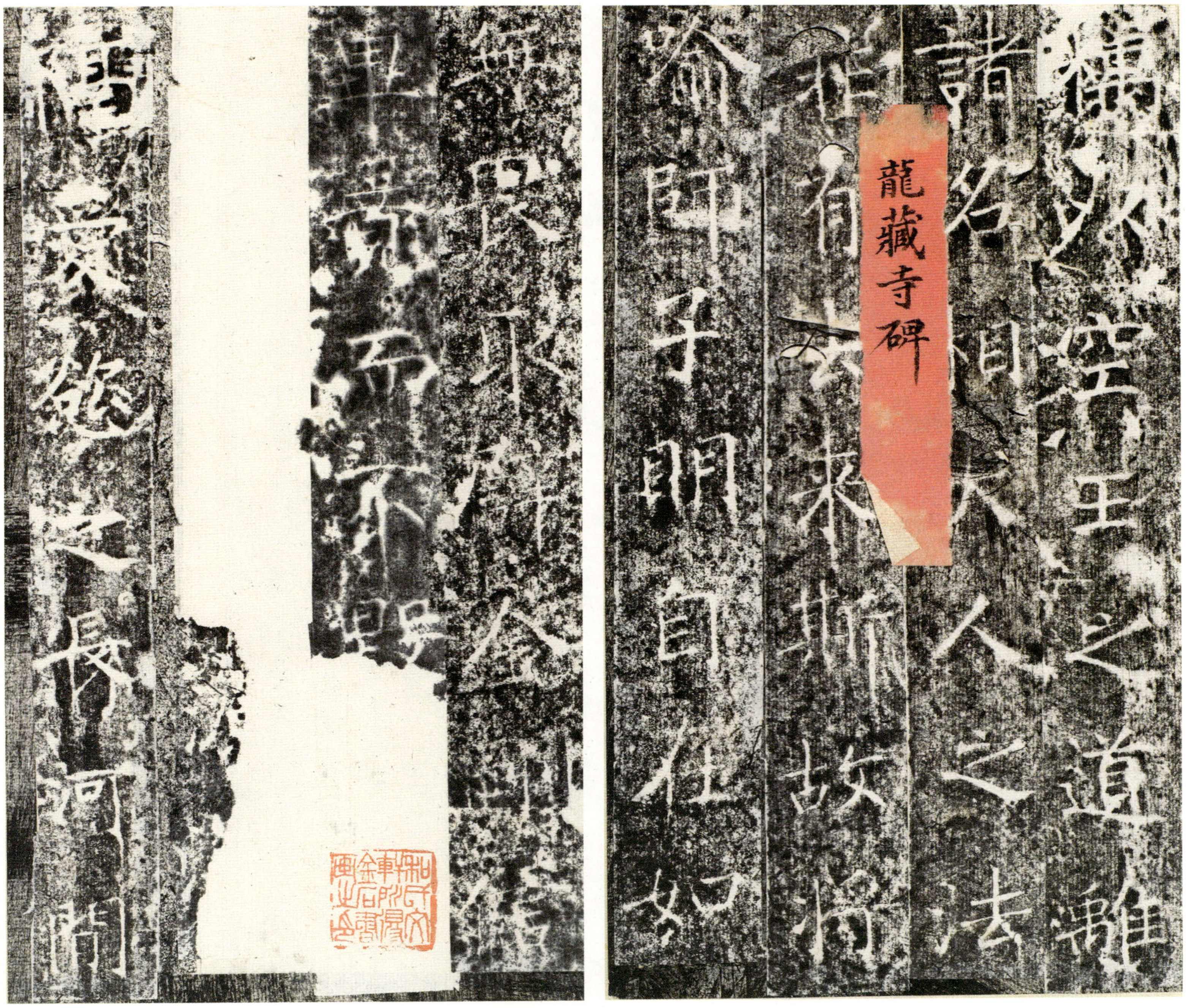

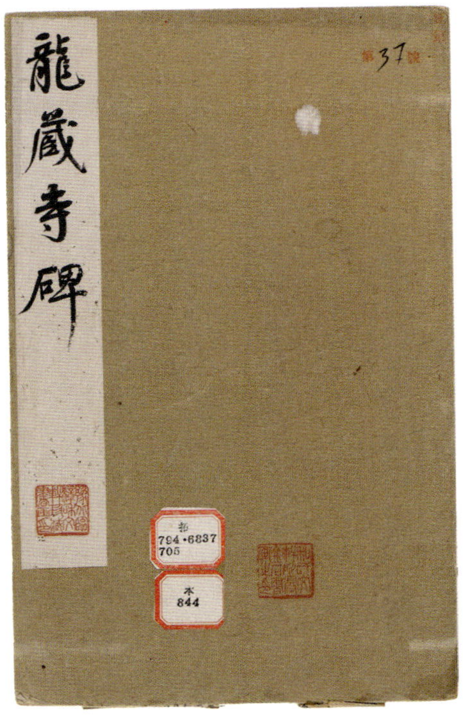
龍藏寺碑
37
794·6837
705
844

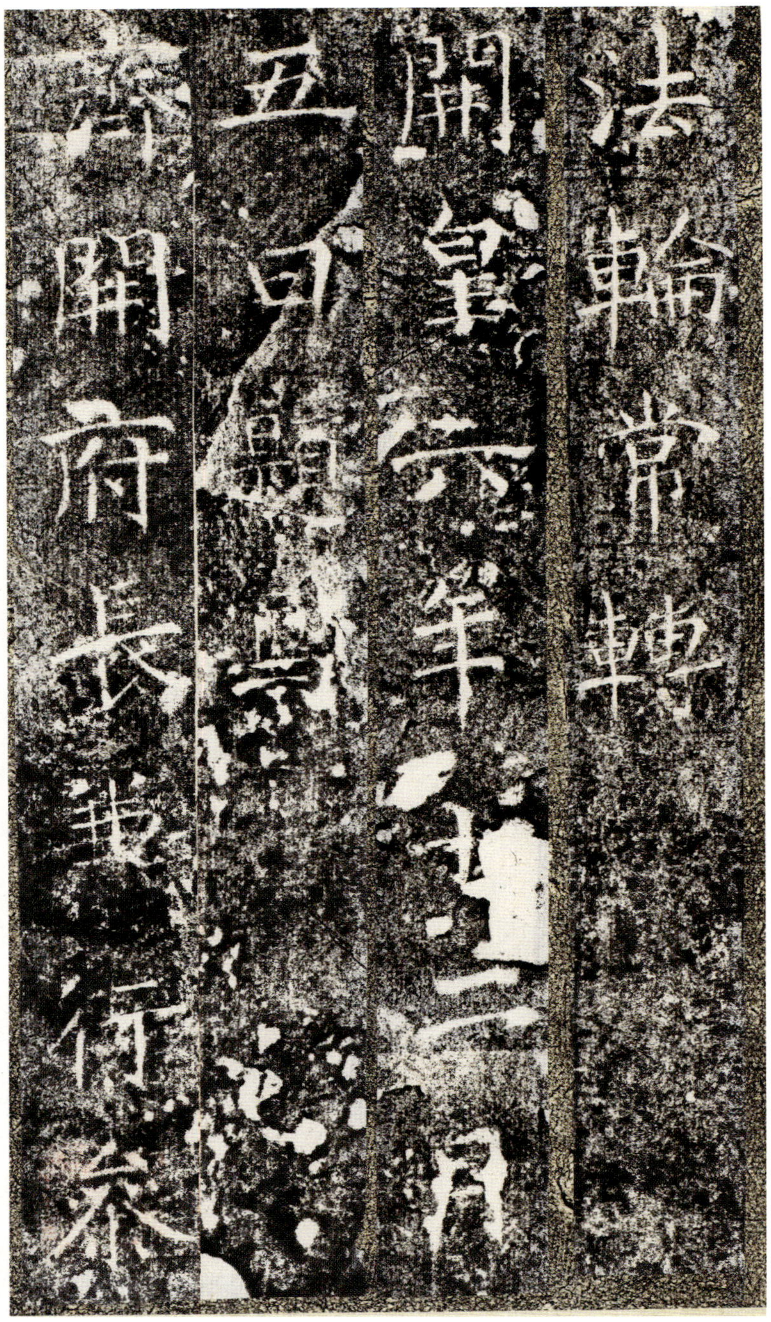

孔子庙堂碑

民国拓

整纸立轴

240cm×109cm

原碑刻成于唐贞观七年（633）。褚遂良撰并书，李旦撰额。原碑在刻成不久后便遭损毁，后经过多次重刻，其中最为人称颂的是北宋王彦超重刻本，世称《西庙堂碑》，现藏于西安碑林博物馆。

碑高280cm，宽110cm，螭首。碑额刻『孔子庙堂之碑』6字。碑文楷书，34行，行65字。

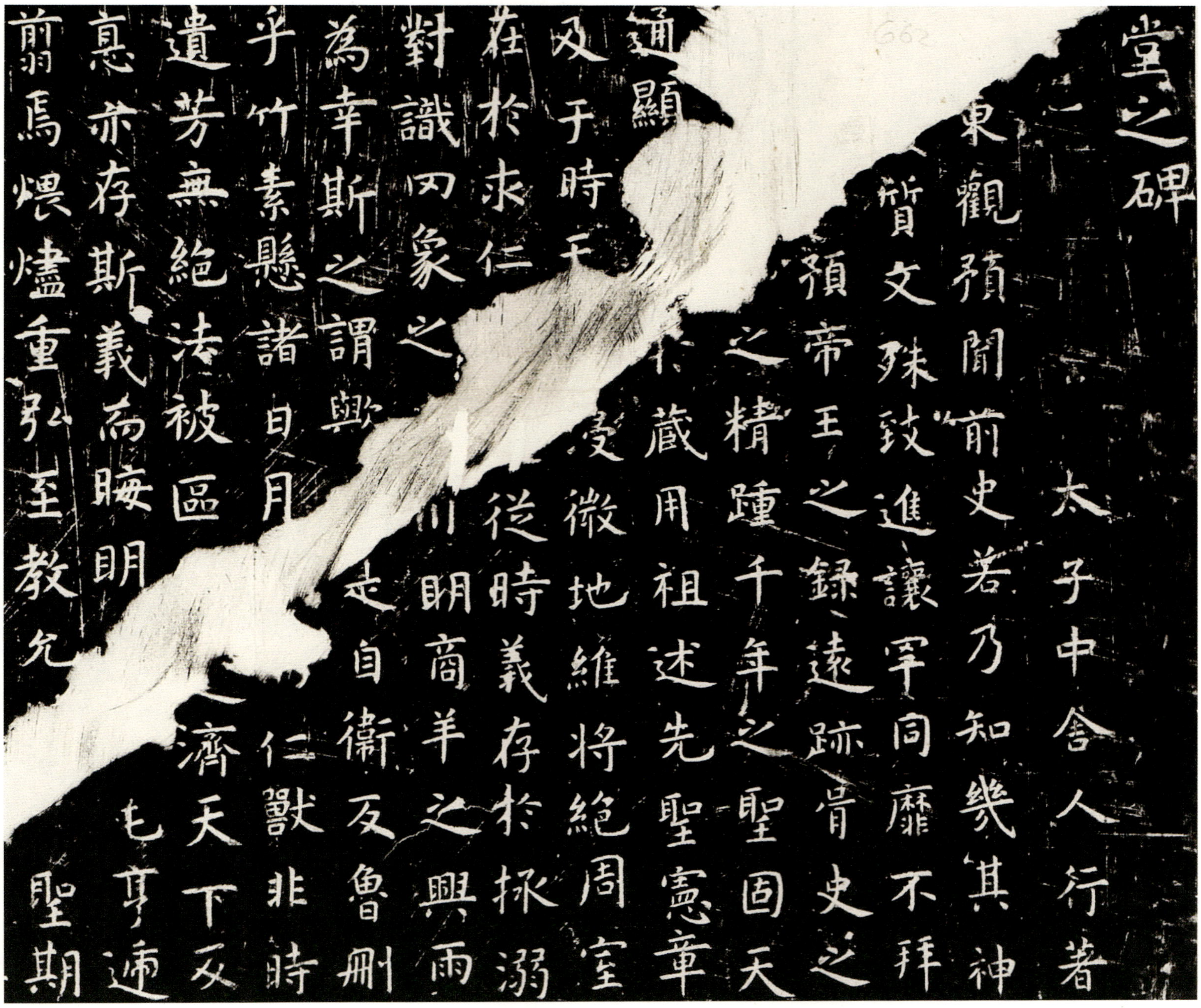

孔子廟堂之碑

九成宫醴泉铭

民国拓

整纸立轴

185cm×100cm

唐贞观六年（632）刻。魏徵撰文，欧阳询书丹。石在陕西宝鸡麟游县。

碑高 247cm，宽 120cm。碑文楷书，24 行，满行 50 字。

姜行本纪功碑

清拓
整纸立轴
191cm×78cm

唐贞观十四年(640)刻，又称《天山碑》。司马太真撰文。石原立于新疆巴里坤东松树塘，清雍正年间迁至天山庙，1947年李朗星将其迁至哈密老城中山堂，现存新疆维吾尔自治区博物馆。

碑高180cm，宽60cm。碑额书『大唐左屯卫将军姜行本勒石文』。碑文楷书，18行，满行47字。碑左侧有唐萨孤吴仁、牛进达题名，右侧为李朗星移碑题记。

馆藏拓本右上钤有『管辖巴里坤满州兵丁领队大臣之印』满汉文关防印一枚。

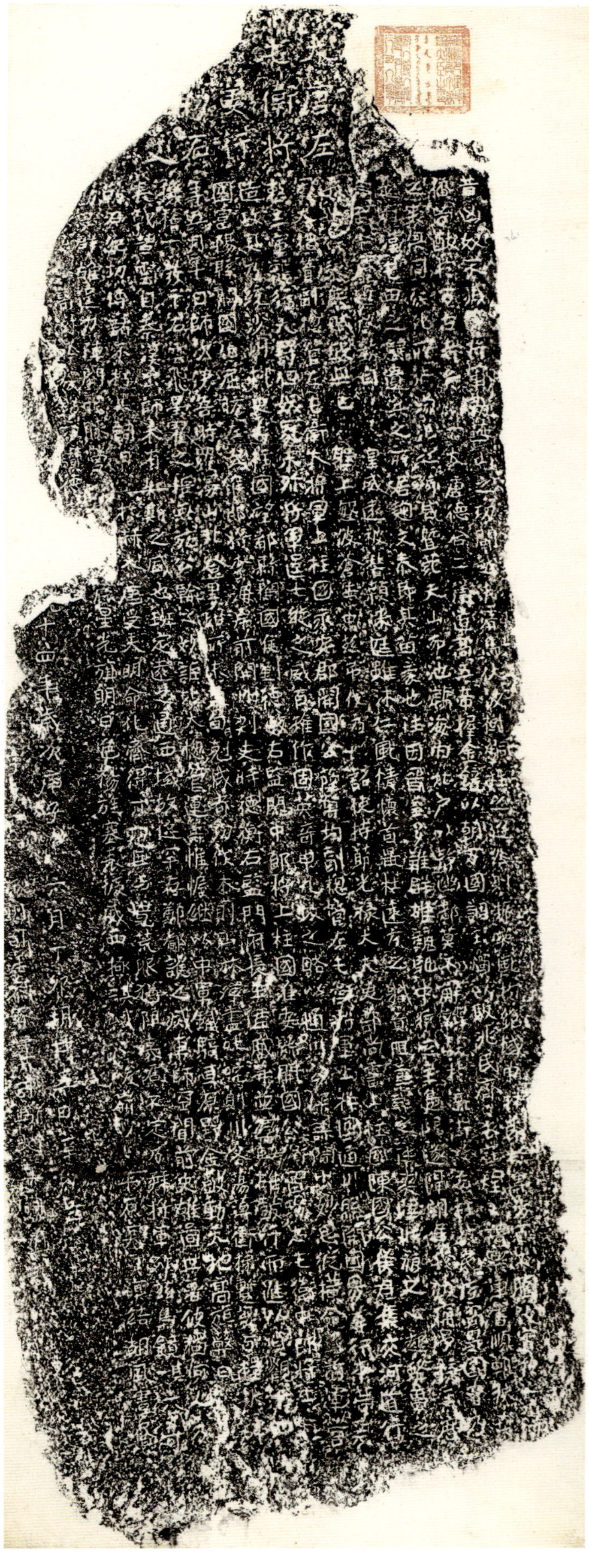

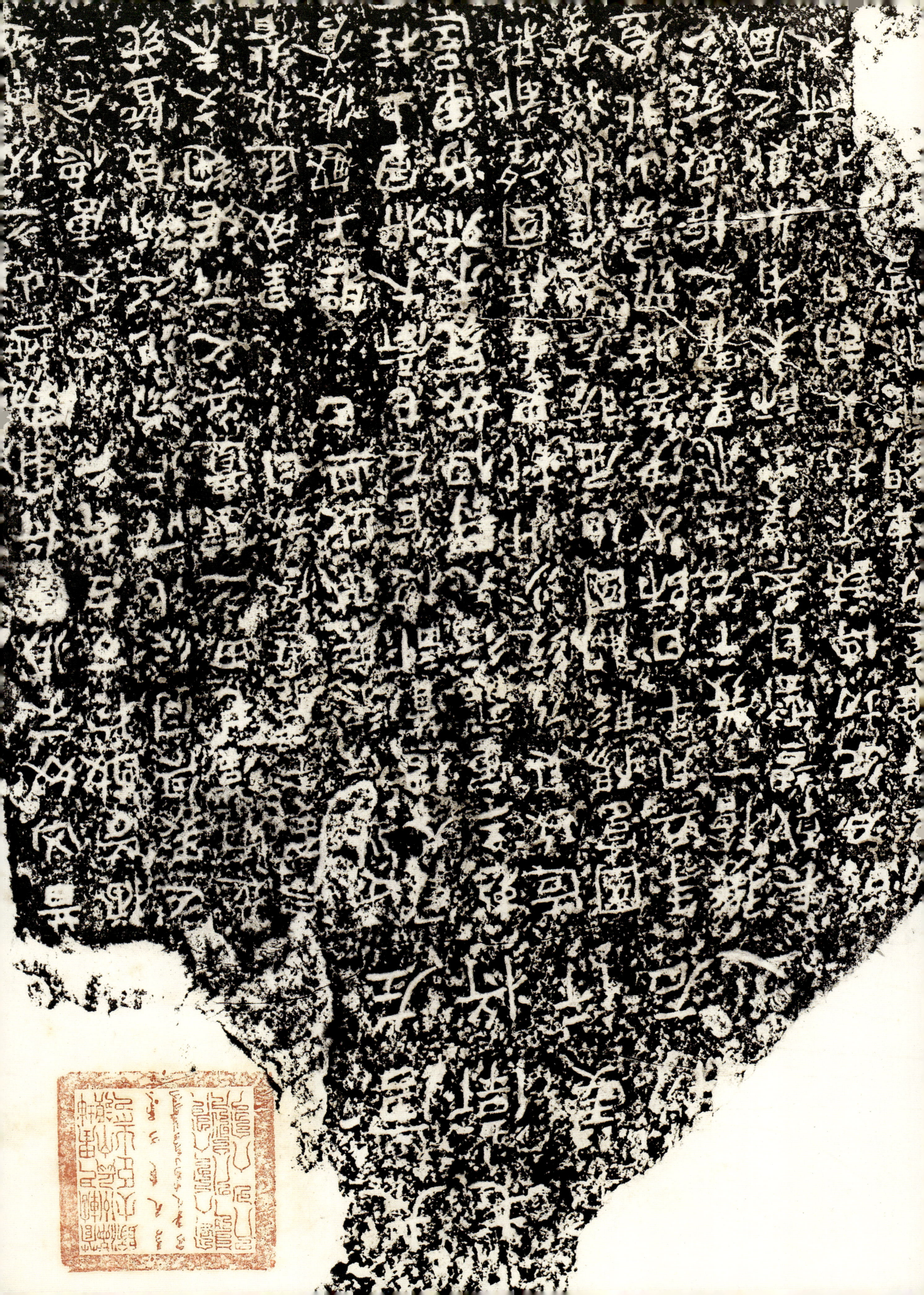

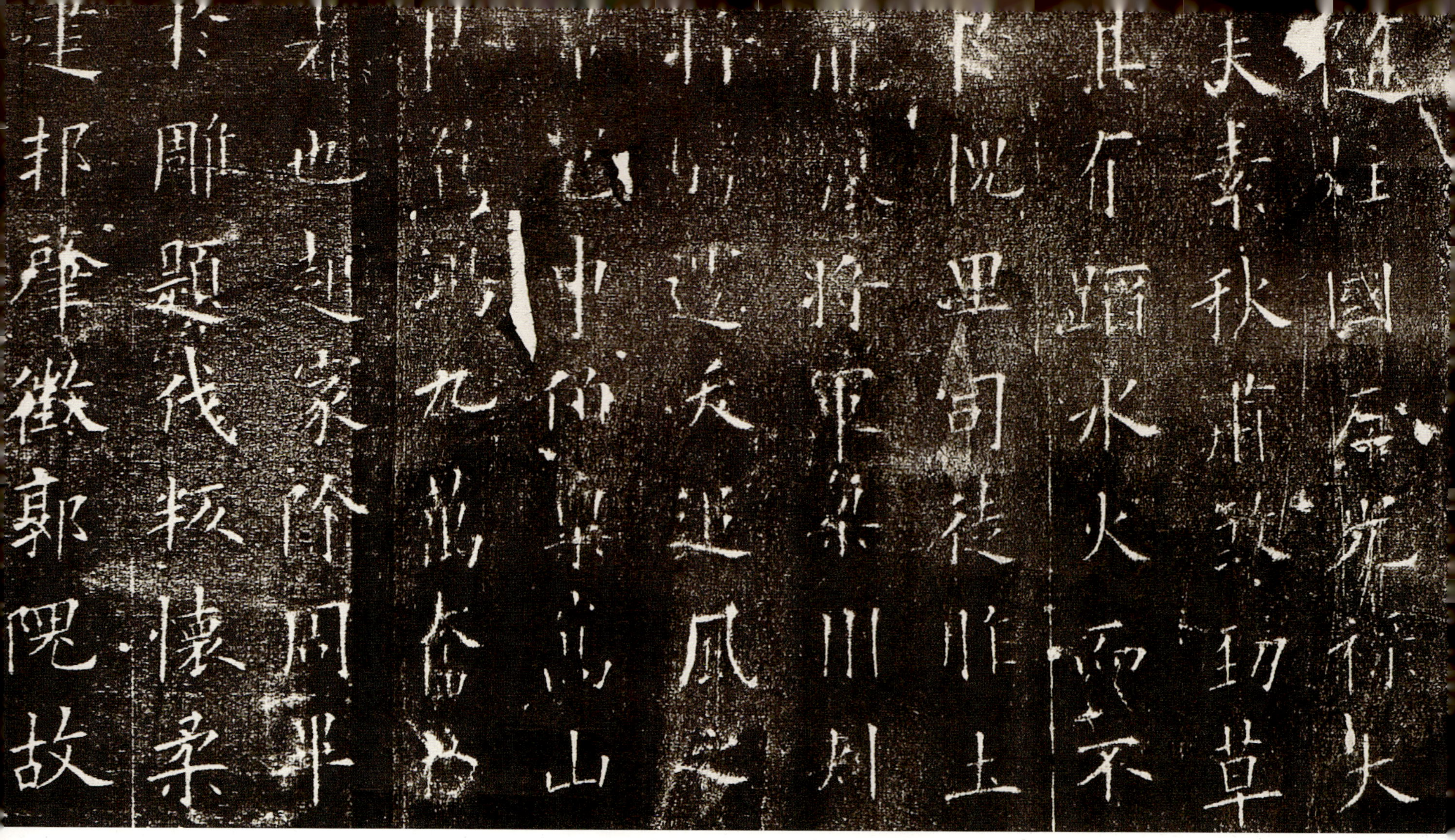

皇甫诞碑

民国拓

整纸立轴

190cm×101cm

唐贞观年间（627—649）刻，全称《隋柱国左光禄大夫弘义明公皇甫府君之碑》。于志宁撰文，欧阳询书。碑原立于陕西西安南郊鸣犊镇，现藏于西安碑林博物馆。

碑通高 268cm，宽 96cm，螭首。碑额篆书『隋柱国弘义明公皇甫府君碑』。碑文楷书，28 行，满行 59 字。

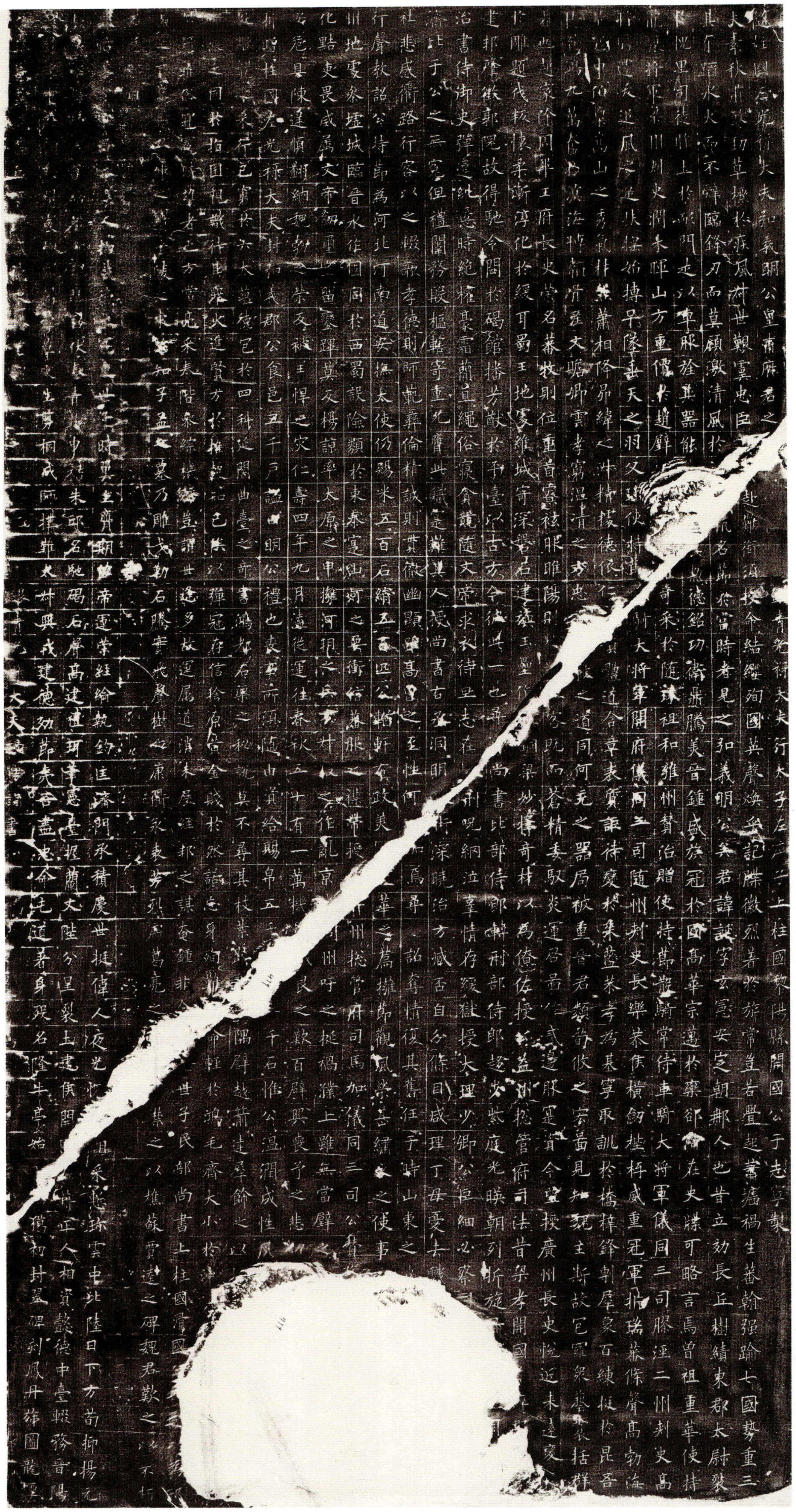

晋祠铭

清拓

剪裱本（1册69页）

23.5cm×12cm

唐贞观二十一年（647）刻，全称《晋祠之铭并序碑》。唐太宗李世民撰文并书。碑在山西太原晋祠北隅贞观宝翰亭内。

碑通高353cm，宽140cm。碑额为半圆形，雕有齐头下垂螭首一对，额书唐太宗飞白体『贞观廿年正月廿六日』9字。碑身高196cm。碑阳行书，28行，行44—50字不等；碑阴刻有长孙无忌、马周等初唐功臣的名字和官衔。

馆藏拓本为清代杨守敬旧藏，钤有『杨守敬印』白文方印及『惺吾所作』朱文方印等印章。

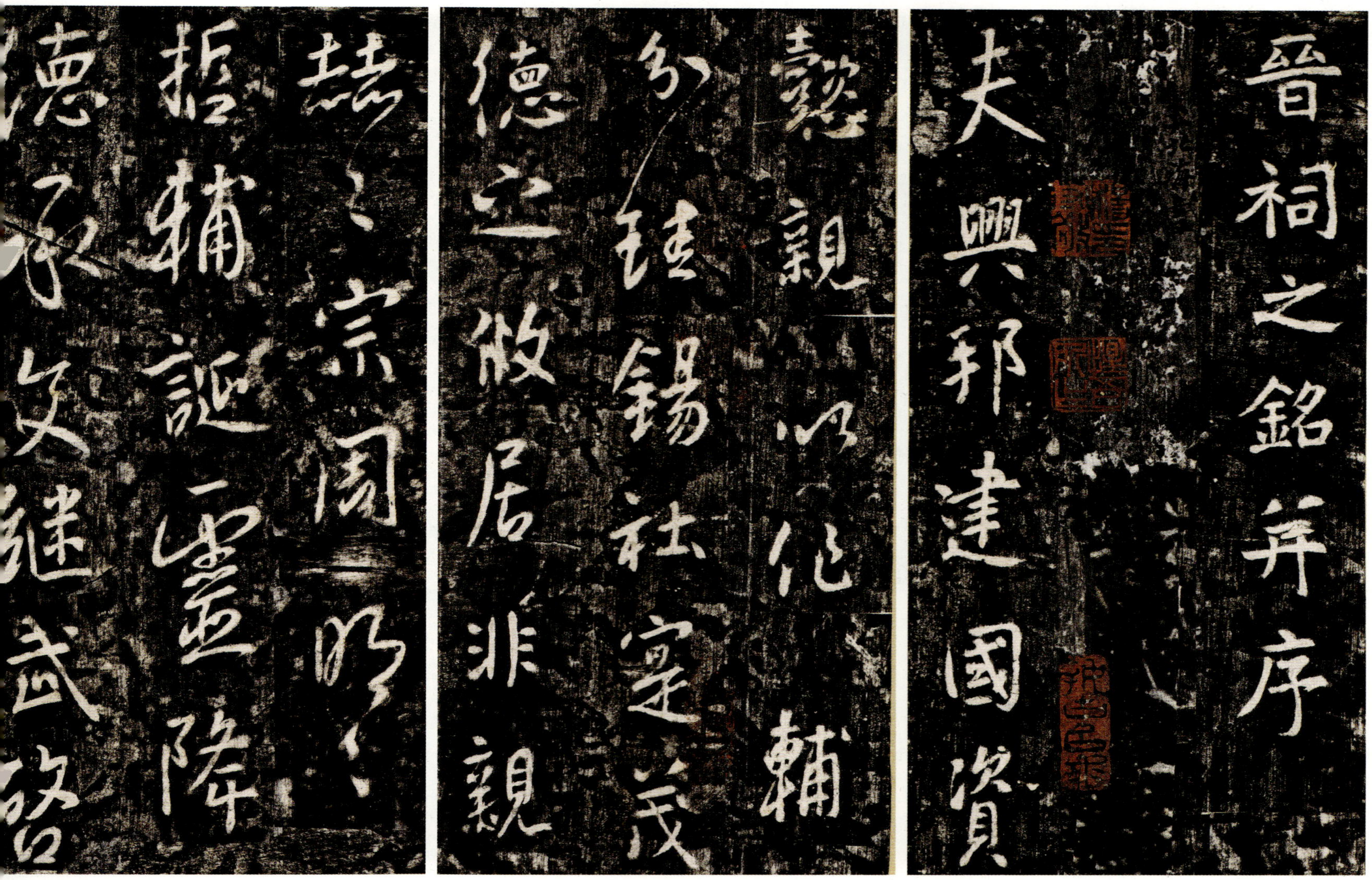

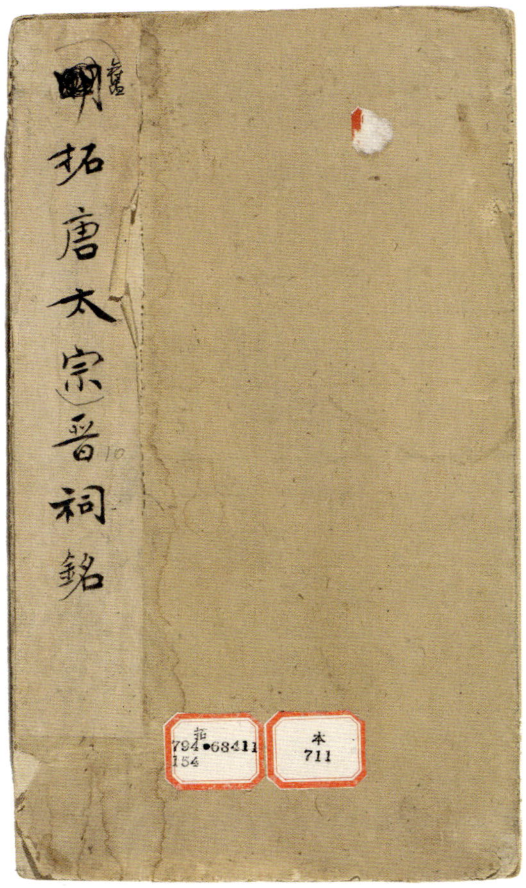
明拓唐太宗晋祠铭
794·68411
154
本
711

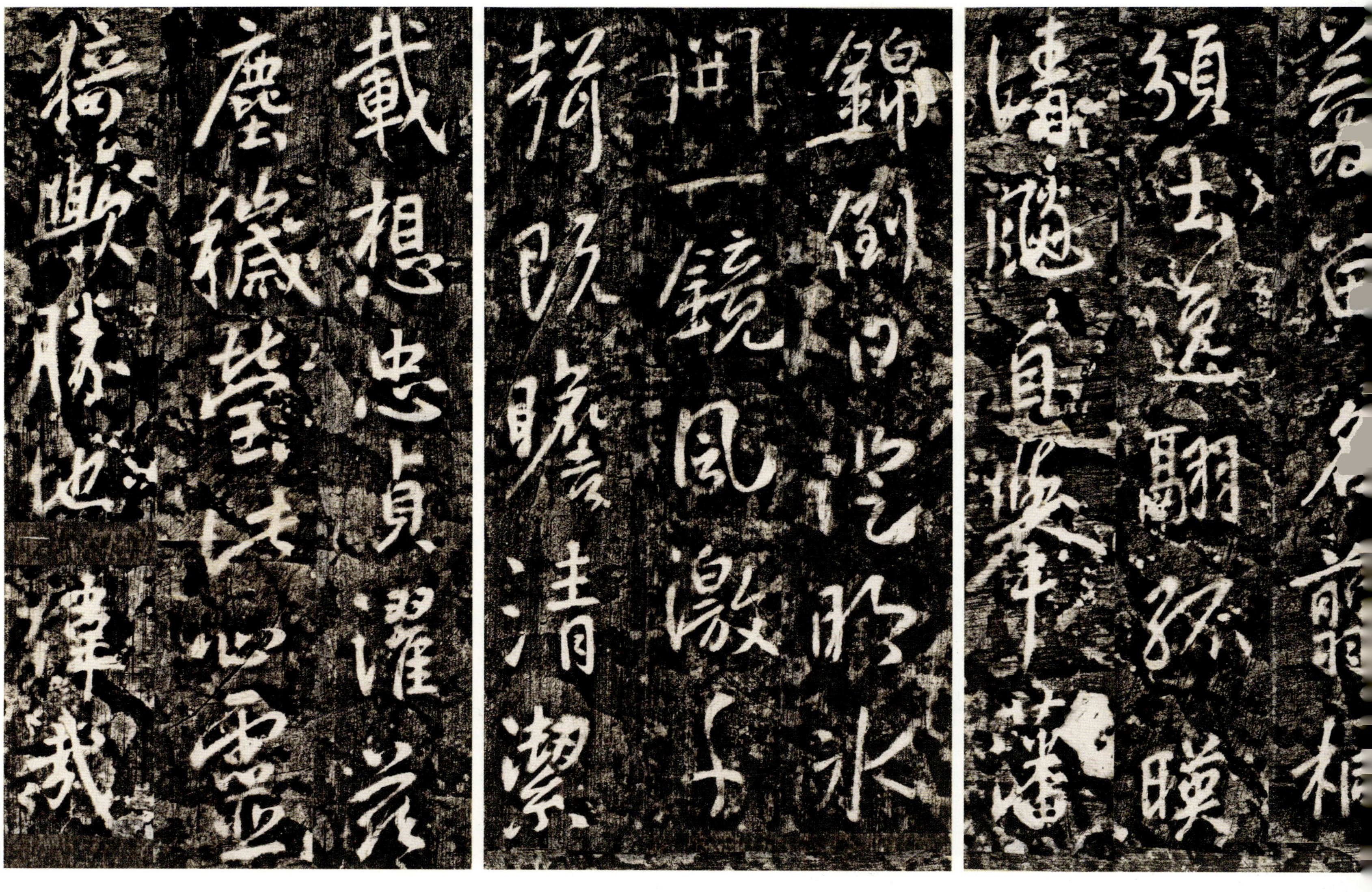

雁塔圣教序碑

清拓

整纸立轴

《大唐三藏圣教序》158cm×80cm

《大唐三藏圣教序记》160cm×81cm

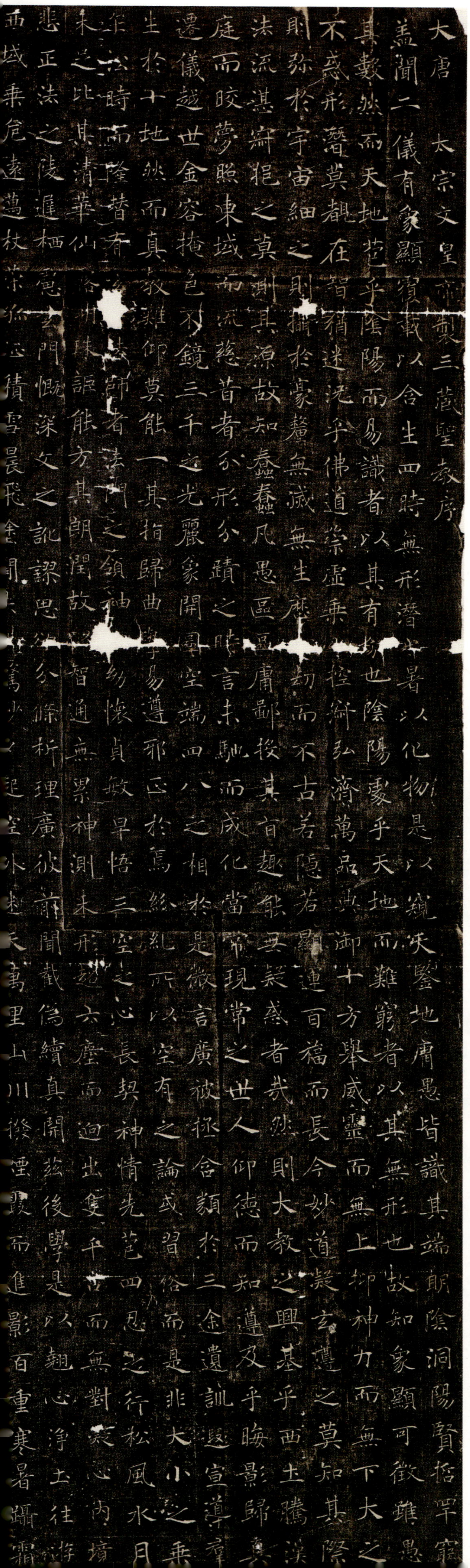

大唐三藏圣教序

唐永徽四年（653）刻，石在陕西西安慈恩寺。唐太宗李世民撰写《大唐三藏圣教序》，唐高宗李治撰写《大唐三藏圣教序记》，俱由褚遂良书丹，分别嵌入慈恩寺大雁塔南门左右龛内，后人合称为《雁塔圣教序碑》。

二碑形制相同，上窄下宽，螭首方座，通高337.5cm，上宽86cm，下宽100cm。《大唐三藏圣教序》碑文从右向左楷书，21行，行42字。《大唐三藏圣教序记》碑文从左向右楷书，20行，行40字，与《大唐三藏圣教序》相对。

記

皇帝在春宮日製此文

御製眾經論序照古騰今理合金石之聲文抱風雲之潤治輒

我皇福臻同二儀之固伏見

勅明自非久植勝緣何以顯揚斯旨所謂法相常住齊三光之明

恒於弘福寺翻譯聖教要文凡六百五十七部引大海之法流洗塵勞而不竭傳智燈之長

半珠問道往還十有七載備通釋典利物為心以貞觀十九年二月六日奉

強少伽維會一乗之旨隨機化物以中華之無質尋印度之真文遠涉恒河終期滿字頻登

懷聰令立志夷簡神清齠齓之年體拔浮華之世凝情定室匿跡幽巖栖息三禪巡遊

於是百川異流同會於海方區分義總成乎實遂使阿耨達水通神甸之八川耆闍崛山接嵩華之翠嶺

法性凝寂靡歸心而不通智地玄奧感懇誠而遂顯豈謂重昏之夜燭慧炬之光火宅之朝

歸目葉之文澤及昆蟲金匱流梵說之偈遐宣貝

皇帝陛下

上玄資福垂拱而治八荒德被黔黎斂衽而朝萬國恩加朽骨石

合伏惟

不朽晨鐘夕梵交二音於鷲峯慧日法流轉雙輪於鹿苑排空寶蓋接翔雲而共飛莊野春林與天花而

其塗炭啓三藏之祕高是以名無翼而長飛道無根而永固道名流慶歷遂古而鎮常赴感應身經塵

綜括宏遠奧旨遐深極空有之精微體生滅之機要詞茂道曠尋之者不究其源文顯義幽履之者莫測其際故知聖慈所被業無善而不臻妙化所敷緣無惡而不翦開法綱之綱紀弘六度之正教

夫顯揚正教非智無以廣其文崇闡微言非賢莫能定其旨蓋其真如聖教者諸法之

大唐皇帝述三藏聖教序記

尚書右僕射上柱國河南郡開國公臣褚遂良書

永徽四年歲次癸丑十二月戊寅朔十日丁亥建

萬文韶刻字

御製眾經序垂拱而

永徽四年歲次癸丑

己卯朔十五日癸巳建

中書令臣褚遂良書

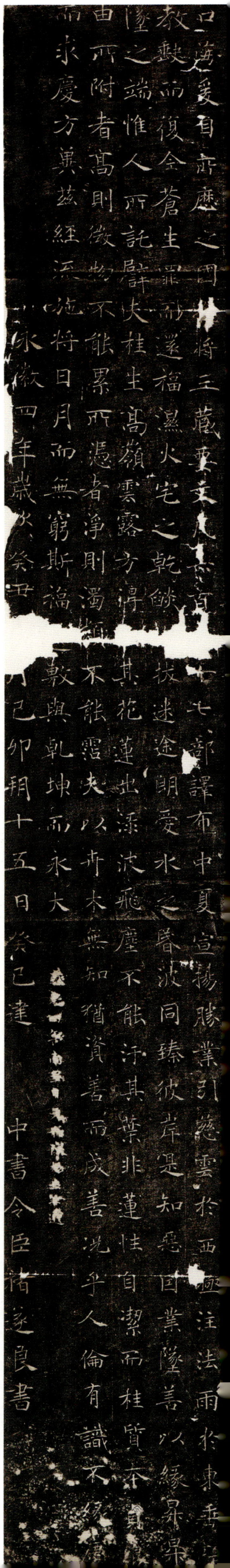

大唐纪功颂碑

清拓

剪裱本（4 册 72 页）

24cm×22cm

唐显庆四年（659）刻。唐高宗李治撰文并书丹。碑原在河南荥阳市等慈寺内，后被毁，1961 年残块移至郑州博物馆。

碑原高 450cm，宽 190cm。碑额飞白书『大唐纪功颂』5 字。碑文行书，35 行，行 70—72 字不等。

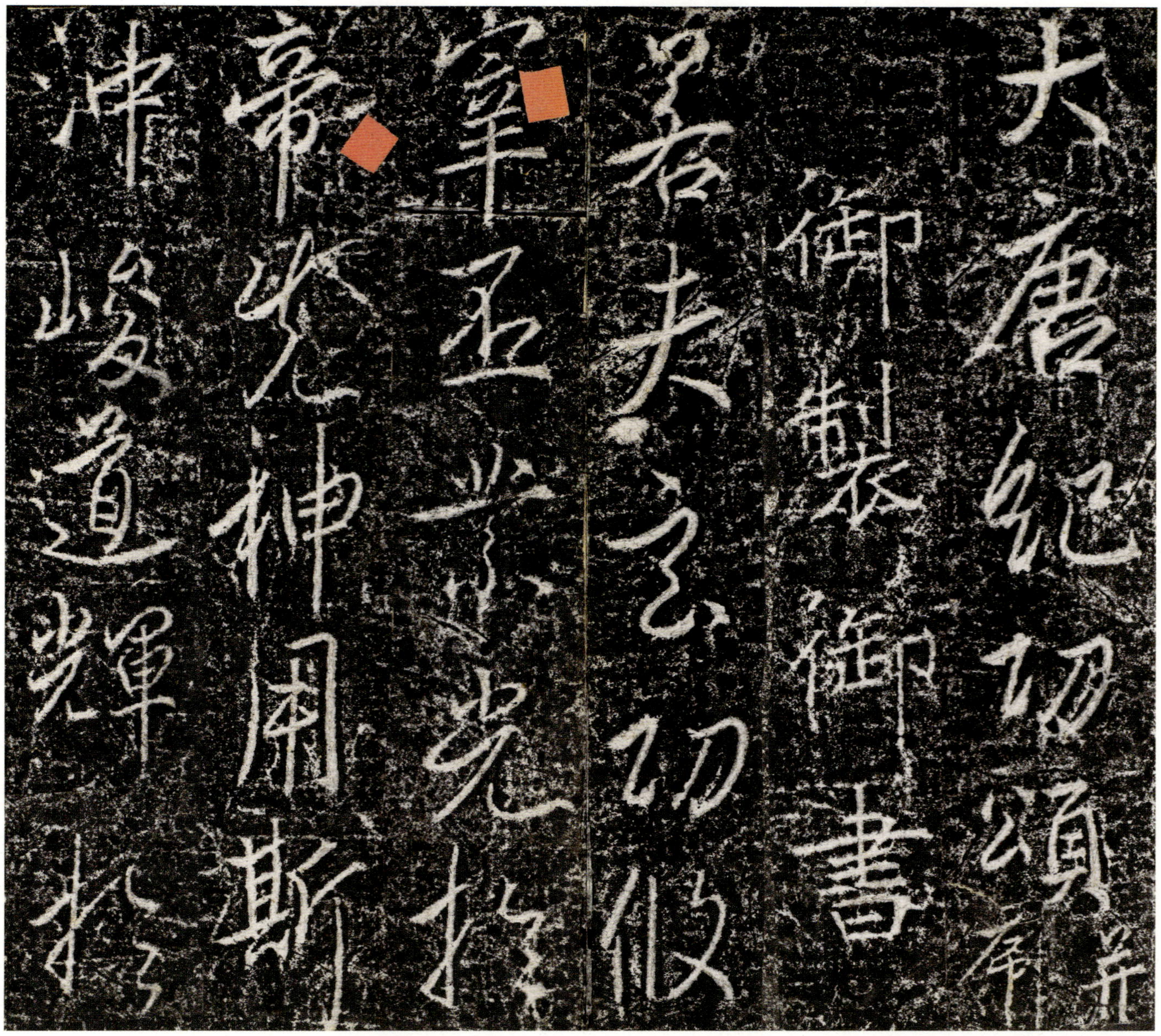

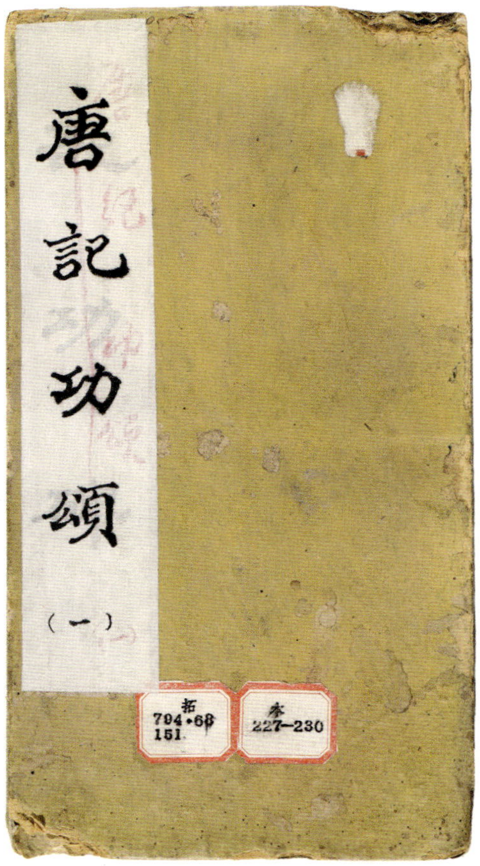
唐記功頌
（一）
拓
704·68
151
227-230

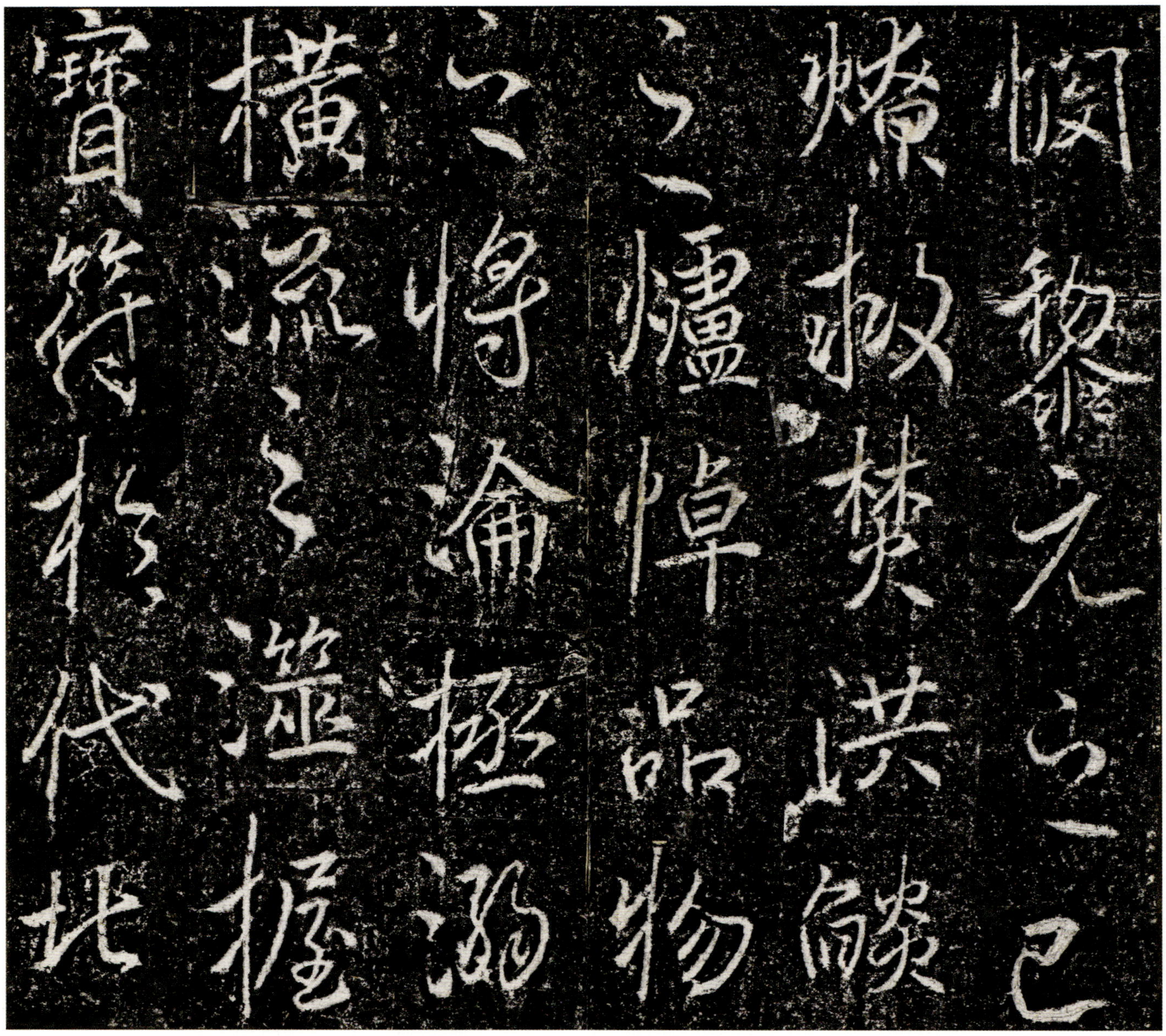

同州圣教序碑

民国拓

整纸立轴

214cm×103cm

唐龙朔三年（663）刻。唐太宗李世民、唐高宗李治撰文，褚遂良书。此碑是褚遂良在同州（今陕西大荔）所书写的又一《圣教序碑》，现藏于西安碑林博物馆。

碑螭首方座，高350cm，宽113cm。额题隶书『大唐三藏圣教之序』8字。碑文题『大唐太宗文皇帝制三藏圣教序』，楷书，29行，满行58字。碑后有后人补题『大唐褚遂良书在同州倅厅』和『龙朔三年建』二行字。

大唐　太宗文皇帝製三藏聖教
蓋聞二儀有象顯覆載以含生四時
有象也陰陽處乎天地而難窮者以
無上抑神力而無下大之則弥於宇
莫測其源故知蠢蠢凡愚區區庸鄙
成化當常現常之世人仰德而知遵
遐宣導羣生於十地然而真教難仰
法門之領袖也幼懷貞敏早悟三空
塵而迥出隻千古而無對凝心內境
乘危遠邁杖策孤征積雪晨飛途閒

道因法师碑

清拓

剪裱本（1册62页）

24cm×14cm

唐龙朔三年（663）刻。李俨撰文，欧阳通书，常长寿、范素镌刻。碑原立于长安怀德坊，现藏于西安碑林博物馆。

碑高312cm，宽103cm。螭首龟趺，碑额题有楷书『故大德因法师碑』。碑文共34行，满行73字，首行题『大唐故翻经大德益州多宝寺道因法师碑文并序』。

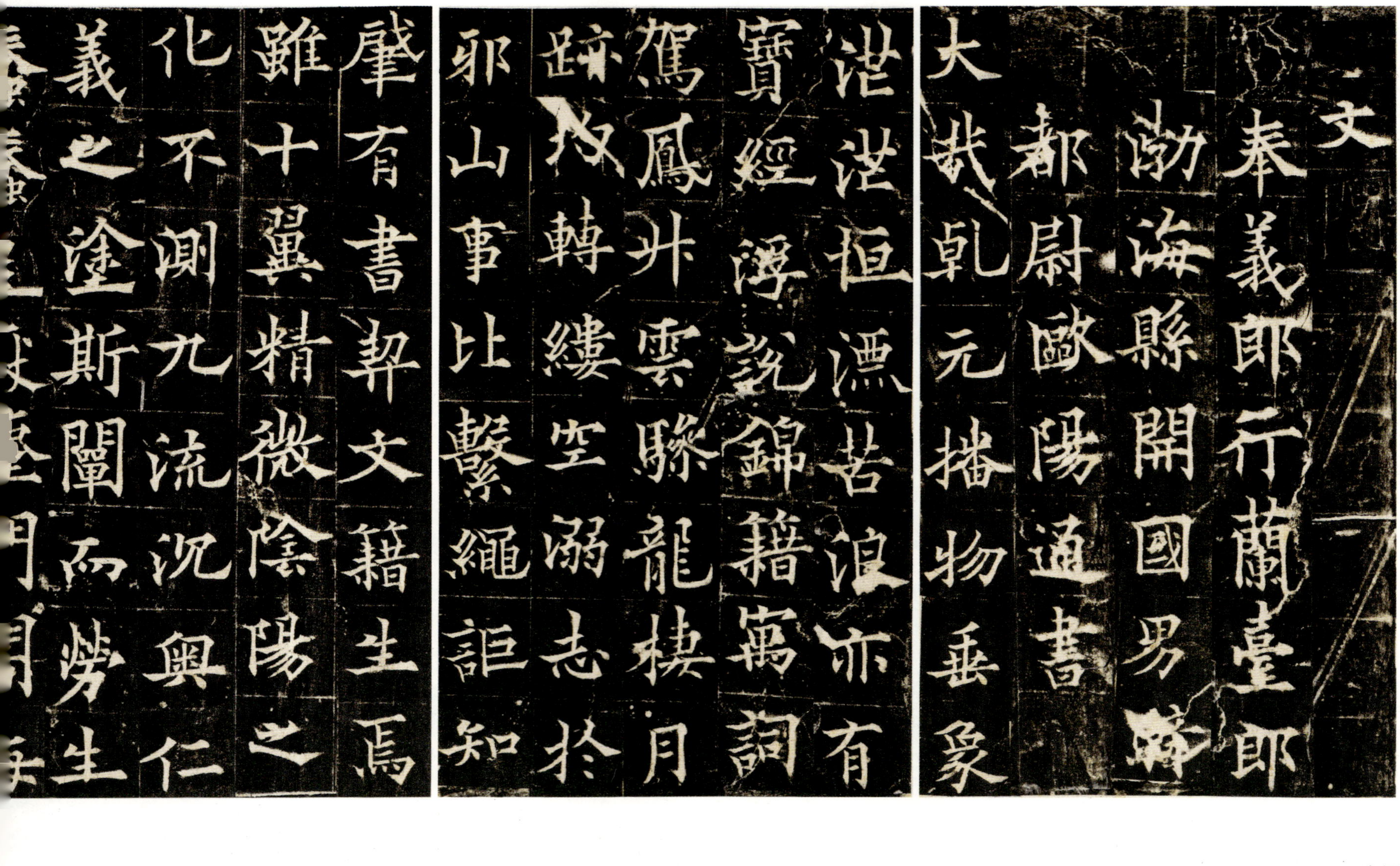

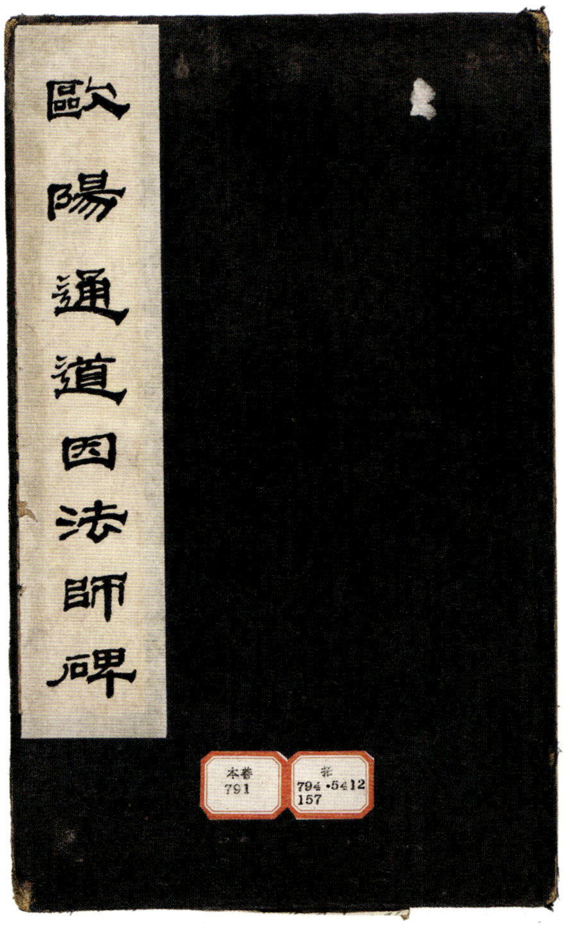
歐陽通道因法師碑
本巻
791
794·5412
157

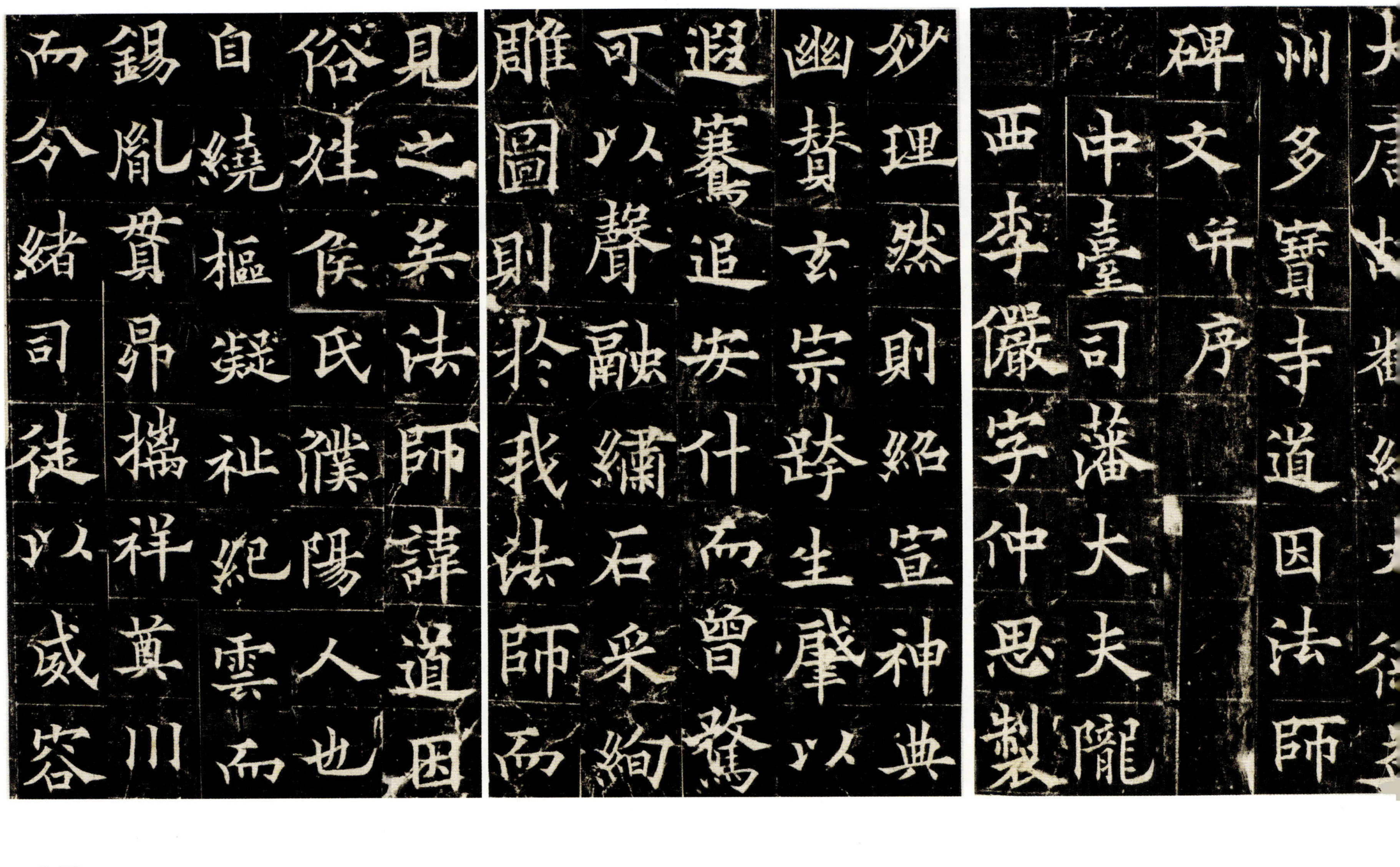
洲多寶寺道因法師
碑文并序
中臺司藩大夫隴
西李儼字仲思製
妙理然則紹宣神典
幽賛玄宗踌生摩以
遐騫追安什而曾騖
可以聲融繡石采絢
雕圖則於我法師而
見之矣法師諱道因
俗姓侯氏濮陽人也
自繞樞凝祉紀雲而
錫亂貫昴攜祥奠川
而分緒司徒以威容

怀仁集王圣教序碑

民国拓
整纸立轴
214cm×95cm

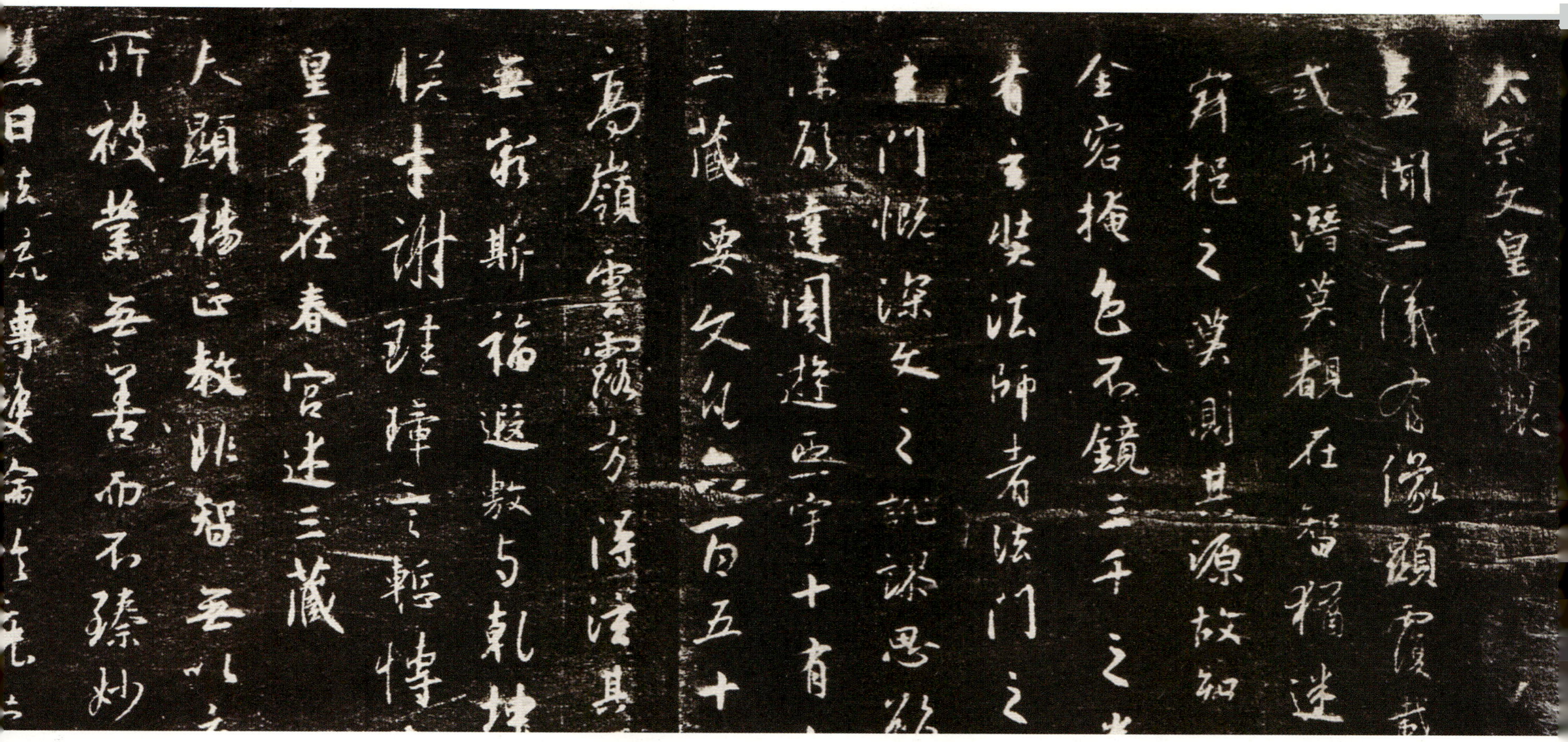

唐咸亨三年（672）刻成，由长安弘福寺沙门怀仁从书圣王羲之遗墨中集字摹勒而成，亦称《怀仁集王右军书圣教序碑》，现藏于西安碑林博物馆。

碑螭首方座，通高350cm，宽108cm。碑首刻有七尊佛像。碑文行书，30行，行85、86字不等。

契苾明碑

清拓

剪裱本（2册108页）

24.5cm×14cm

唐先天元年（712）立。娄师德撰文，殷玄祚书。碑原在陕西咸阳药王洞村契苾明墓前，现藏于咸阳博物馆。

碑螭首方座，碑身高328cm，宽153cm。碑额长方形，阳刻篆书15字『大唐故大将军凉国公契苾府君之碑』。碑阳楷书，36行，行77字，内有武则天造字10个，首题『大周故镇军大将军行左鹰扬卫大将军兼贺兰州都督上柱国凉国公契苾府君之碑铭并序』。

馆藏拓本钤有『曾在梁正庵处』『正庵经目』朱文方印等数枚印章。

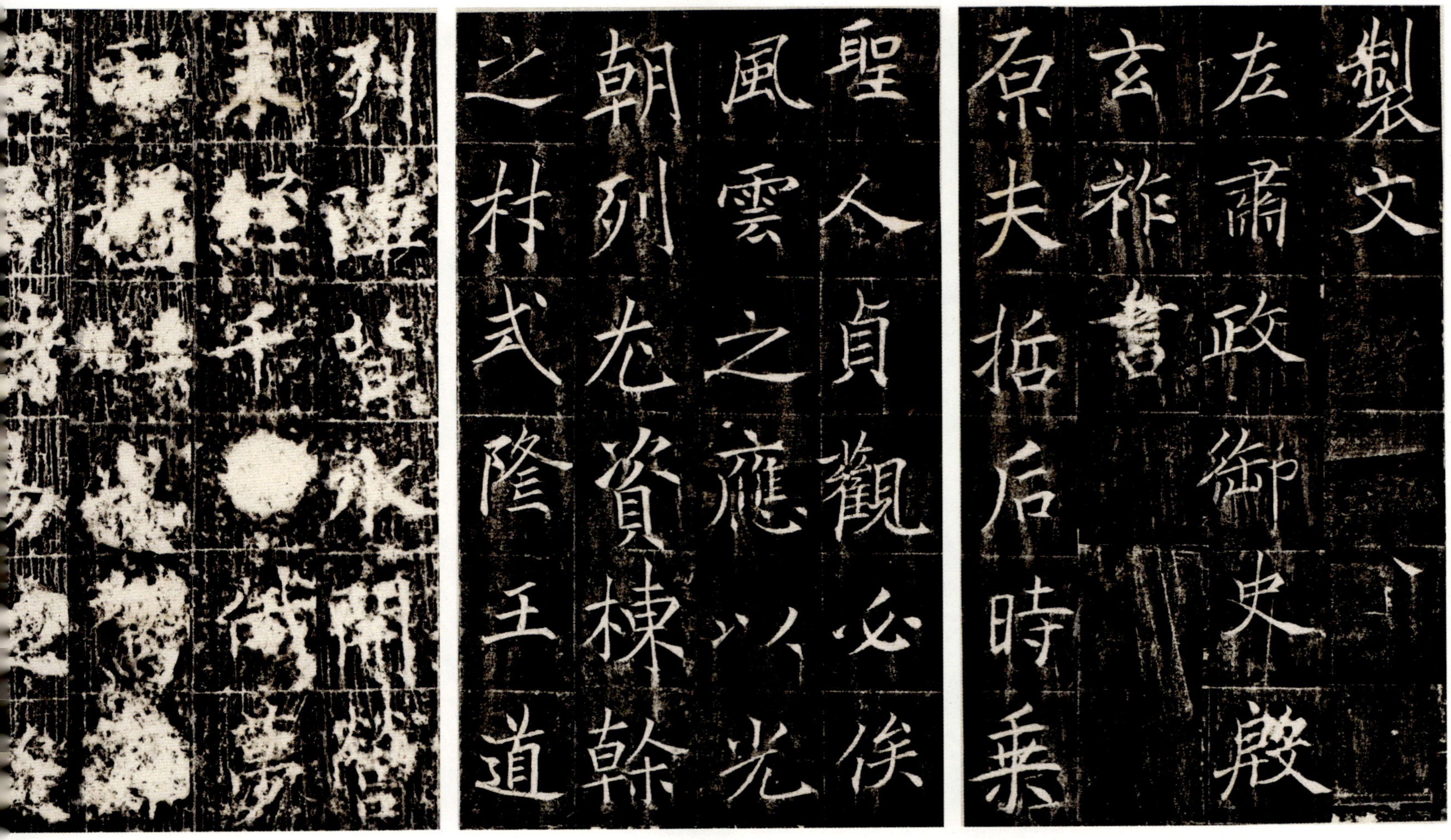

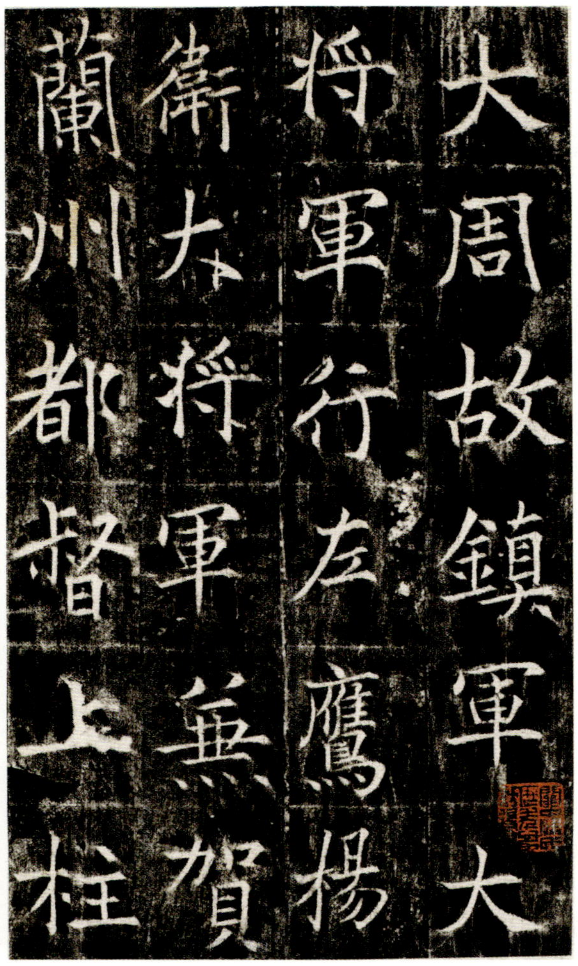
大周故鎮軍大
將軍行左鷹揚
衛大將軍兼賀
蘭州都督上柱

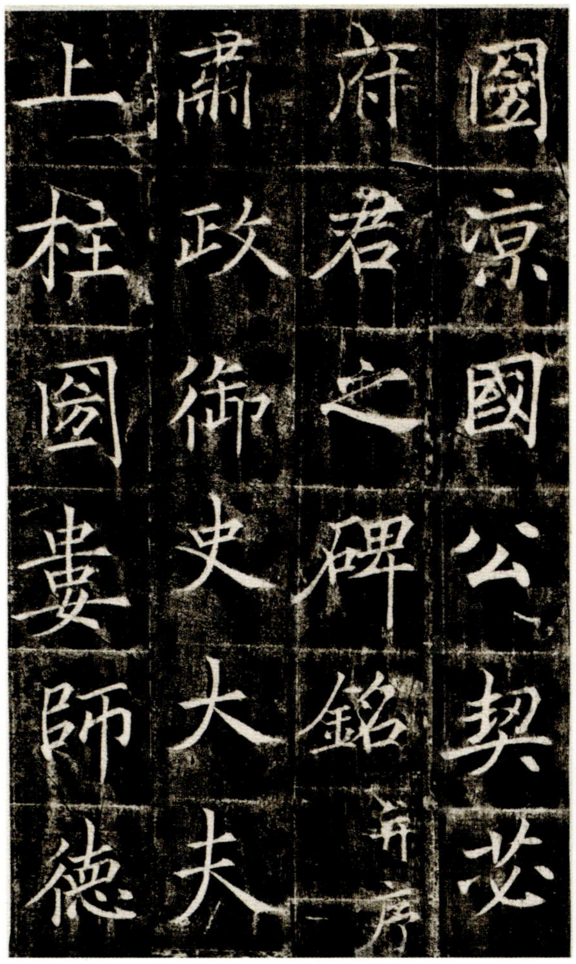
國涼國公契苾
府君之碑銘并序
肅政御史大夫
上柱國婁師德

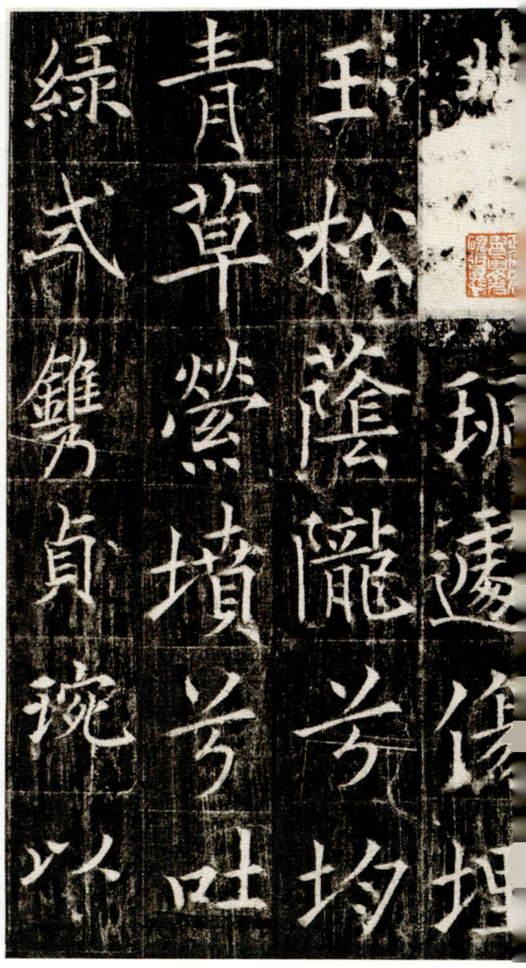
王松蔭隴兮均
青草縈墳兮吐
緑式鎸貞琬以

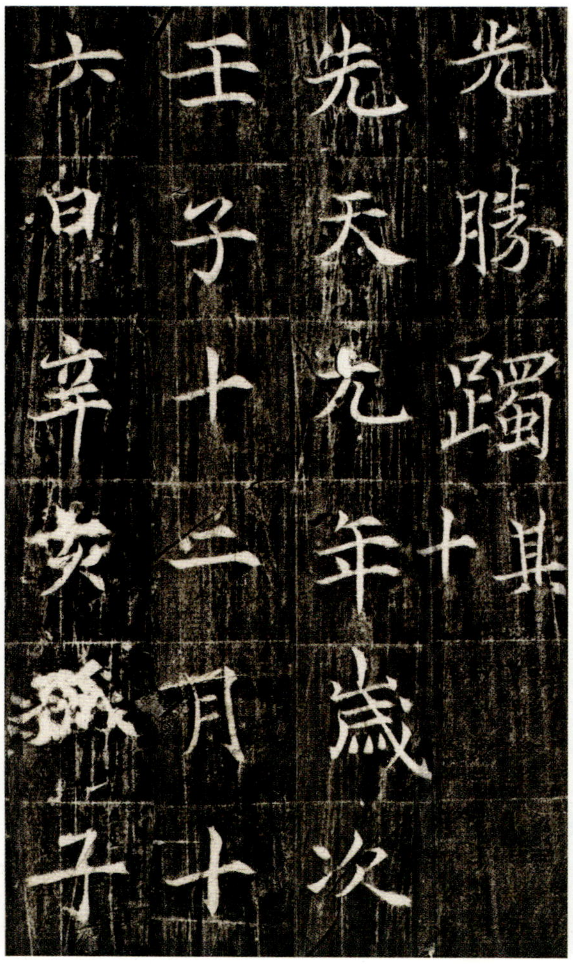
先勝躅十其
先天九年歲次
壬子十二月十
六日辛亥

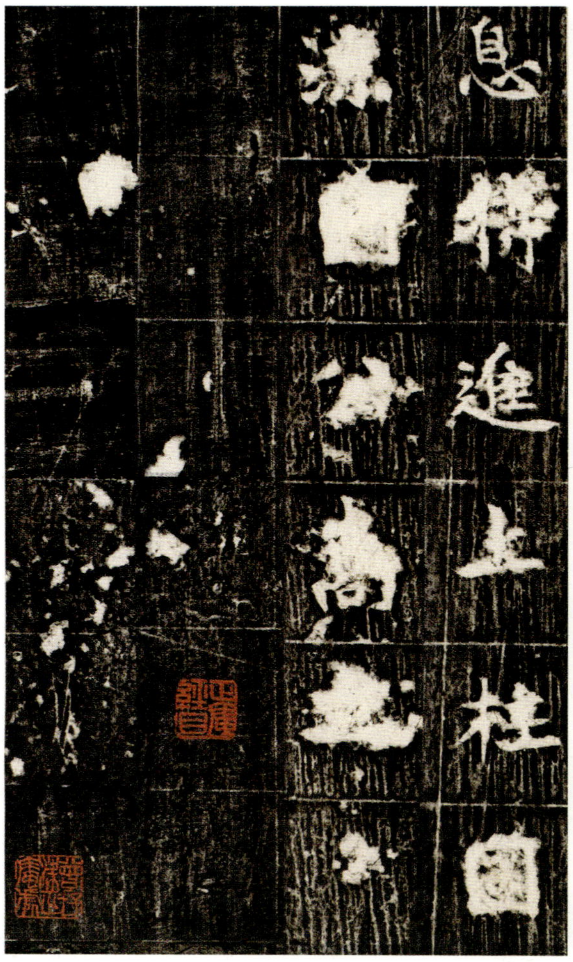
息將進上柱國

李思训碑

民国拓
整纸立轴
111cm×110cm

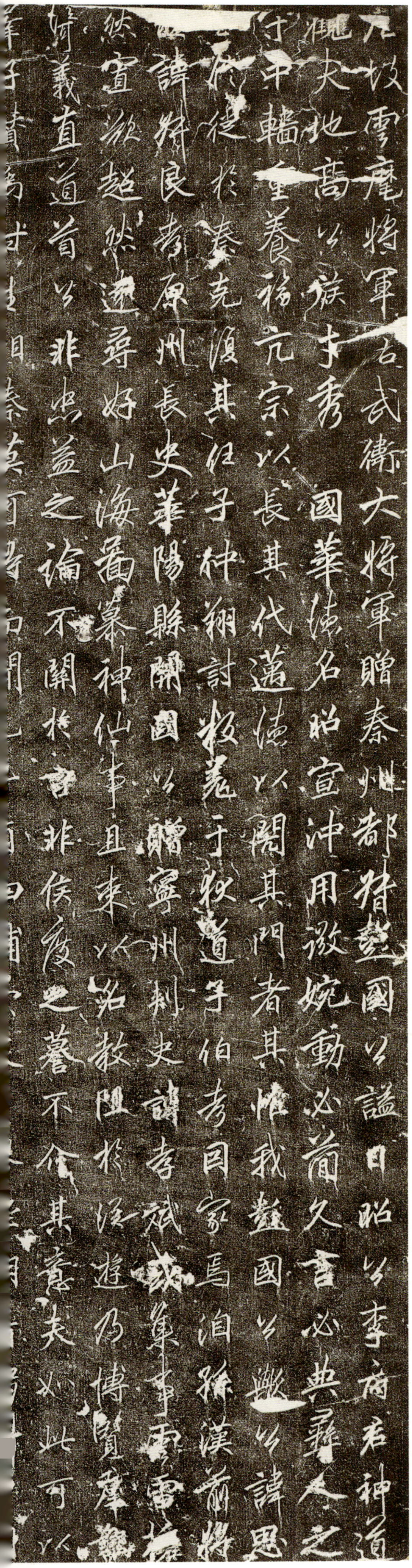

唐开元八年（720）刻，又称《云麾将军碑》。李邕撰并书。碑在陕西蒲城。此碑上截石花满布，下截多漫漶，几不能读。

碑为竖方形，高265cm，宽130cm。碑额篆书『唐故右武卫大将军李府君碑』12字，亦为李邕所书。碑文行书，30行，行70字，首题『唐故云麾将军右武卫大将军赠秦州都督彭国公谥曰昭公李府君神道碑并序』。

兴福寺残碑

民国拓

整纸立轴（3 轴）

94cm × 70cm（碑阳）

79cm × 28cm（碑侧）

唐开元九年（721）刻。撰者不详，长安兴福寺僧人大雅集王羲之行书，徐思忠镌刻。此碑原立于长安城兴福寺，北宋年间修城墙时被掩埋于地下，明万历年间发掘出土后移置西安府学，现藏于西安碑林博物馆。由于出土时只存半截，故也称《半截碑》；又因明赵崡将碑主人姓氏误读为『吴』姓，后人沿袭亦称其为《吴文碑》。

残碑高 81cm，宽 104cm，无题。碑文行书，存 35 行，中空 3 行，余行 23—25 字不等。

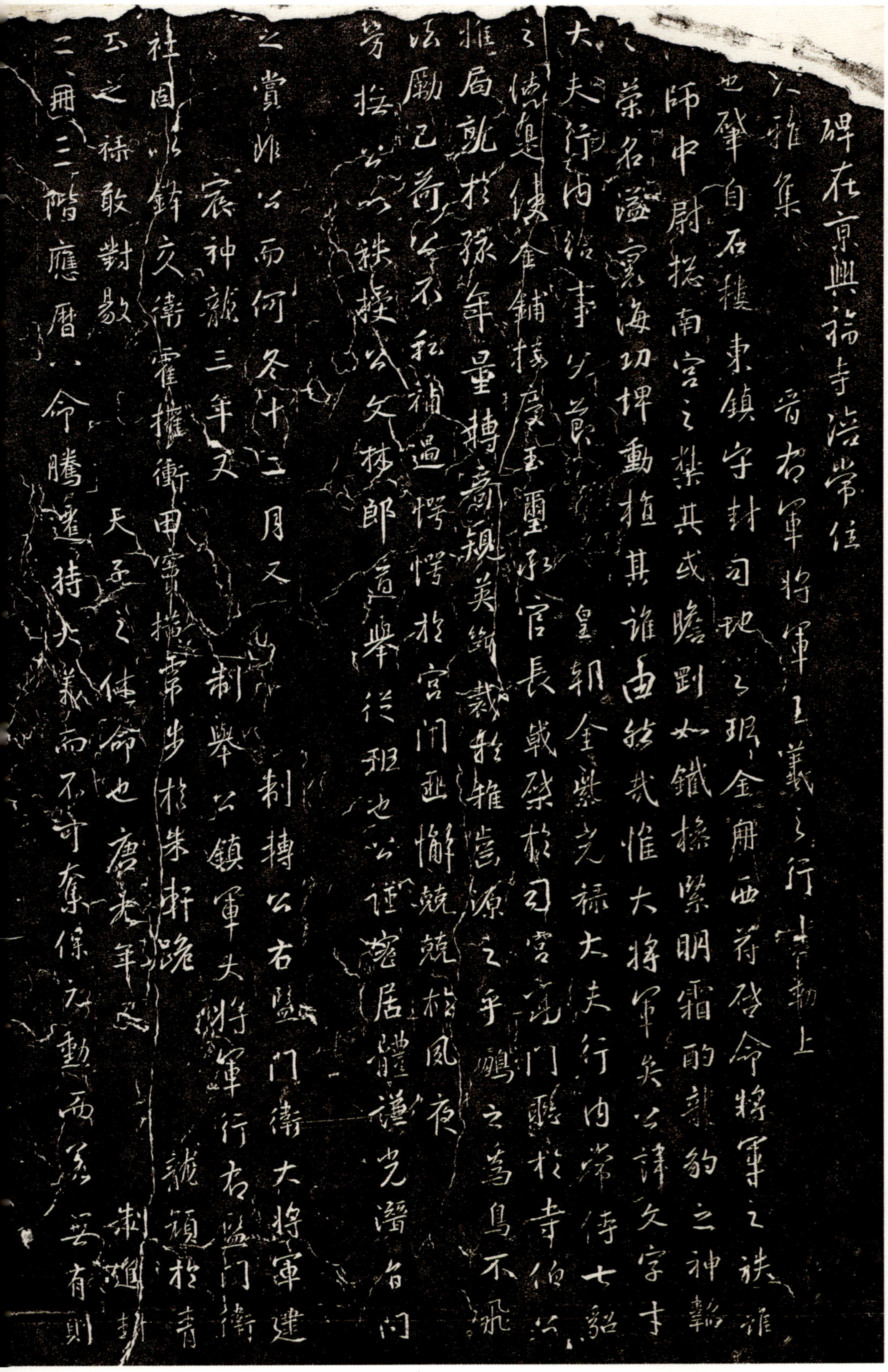

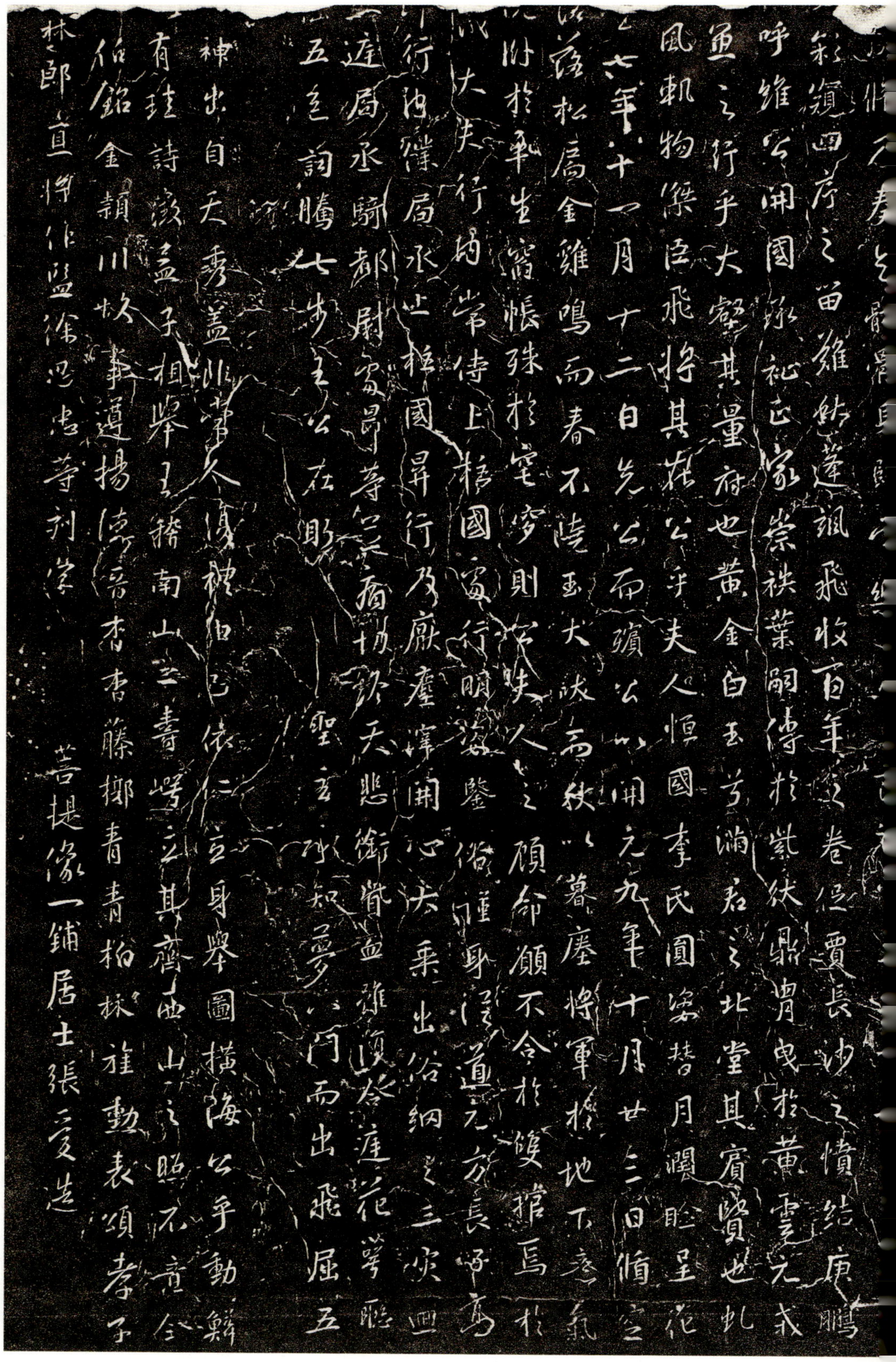

净业法师灵塔铭

民国拓
整纸立轴
68cm×64cm

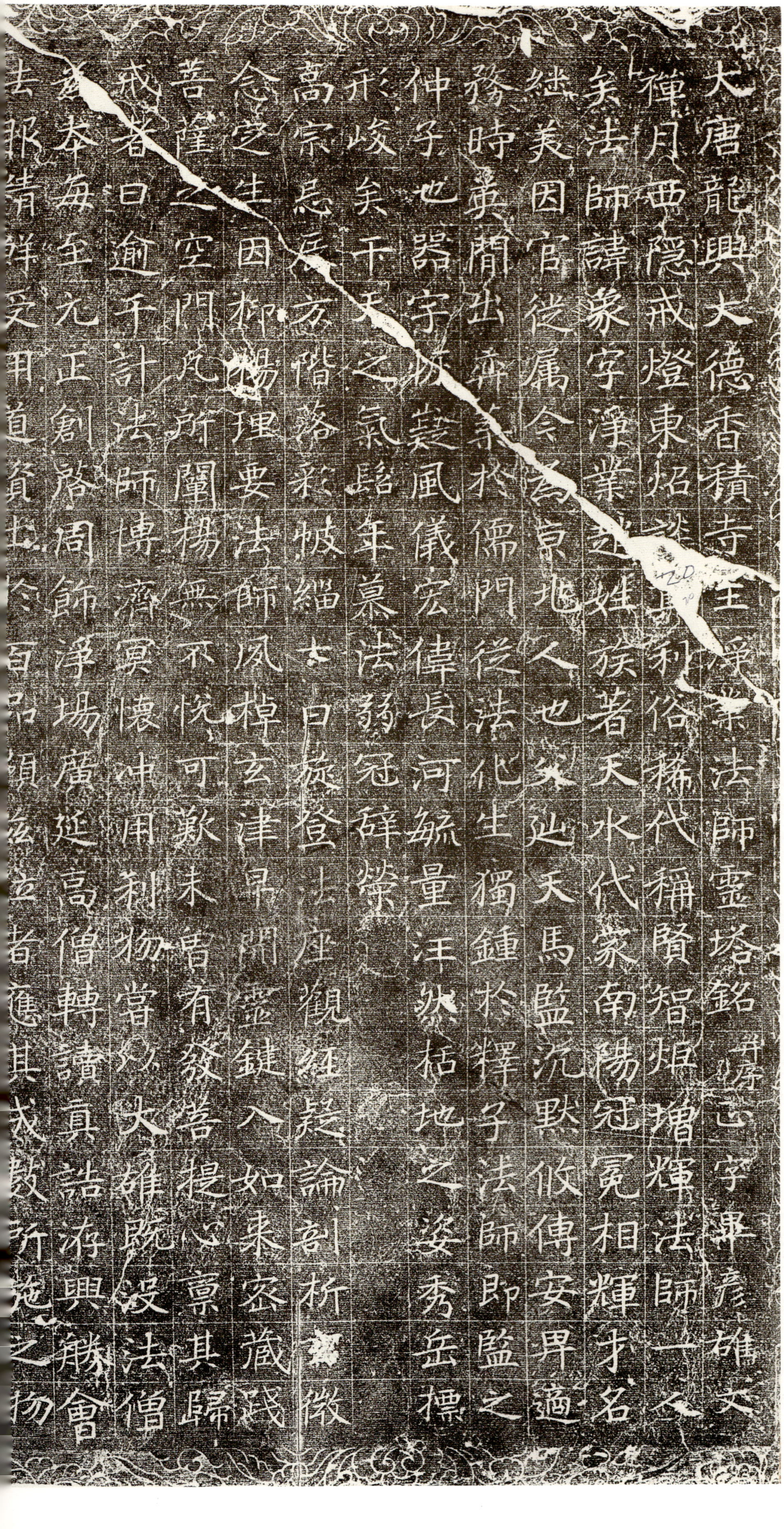

唐开元十二年（724）刻，全称《大唐龙兴大德香积寺主净业法师灵塔铭并序》。毕彦雄撰文，书者不详。塔铭原在今西安市长安区香积寺内，现存于西安碑林博物馆。

石高64cm，宽69cm，有2cm正方界格。铭文楷书，26行，满行24字。四周饰有花卉图案。

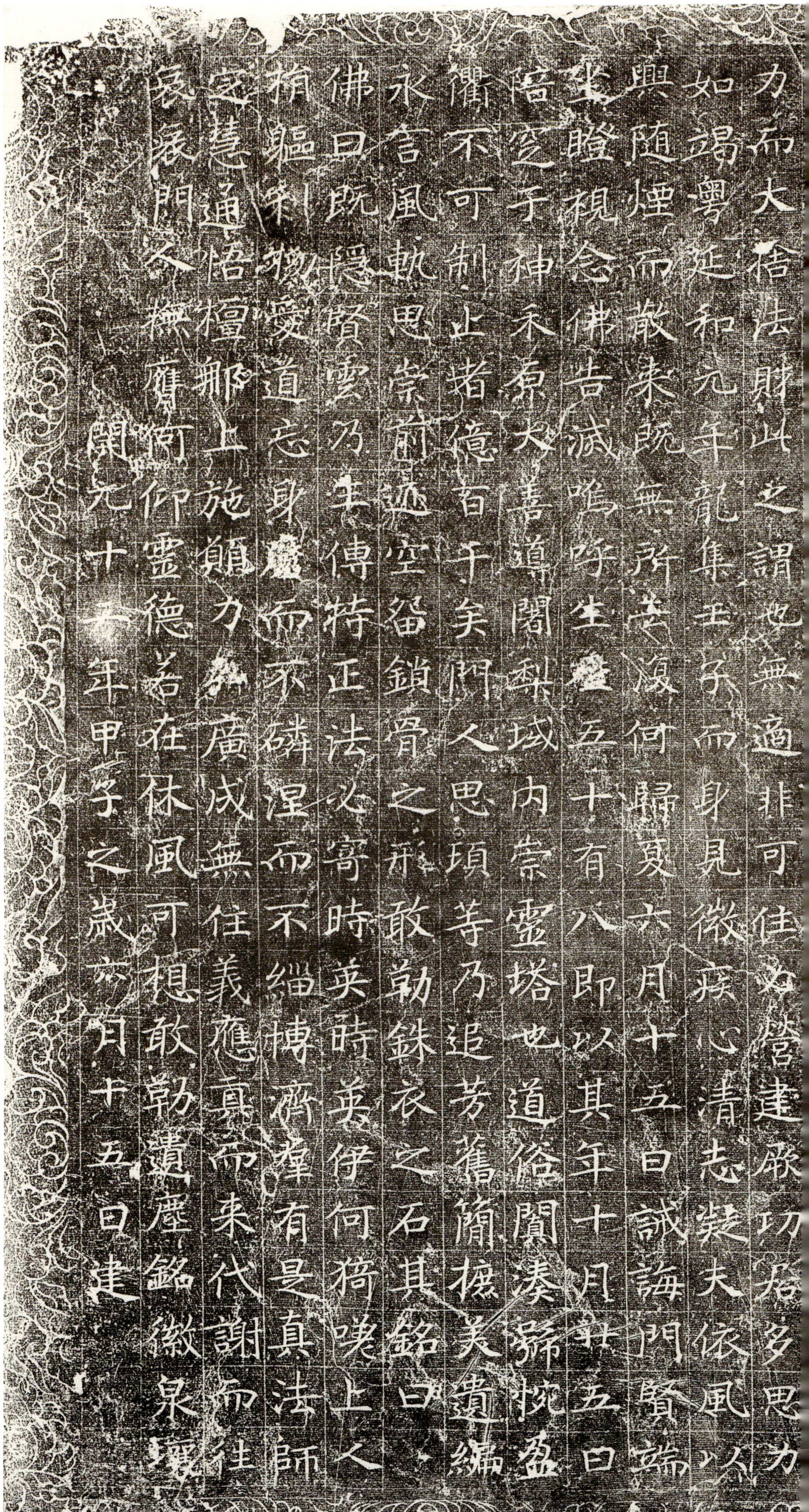
力而大德法財此之謂也無適非可住以營建厥功居多思力
如竭粤延和元年龍集壬子而身見微疾心清志凝夫依風以人
興隨煙而散來既無所從復何歸夏六月十五日誠誨門賢端
樂瞻視念佛告滅嗚呼生□五十有八即以其年十月廿五日
陪窆于神禾原大善導闍梨域內崇靈塔也道俗闐湊歸挽盈
衢不可制止者億百千矣門人思頊等乃追芳舊簡摭美遺編
永言風軌思崇前迹空留鎖骨之形敢勒銖衣之石其銘曰
佛曰既隱賢雲乃生傳持正法必寄時英時英伊何猗嗟上人
宿緼利物愛道忘身□而不磷涅而不緇博濟群有是真法師
定慧通悟檀那上施願力□廣成無住義應真而來代謝而往
哀哀門人撫膺何仰靈德若在休風可想敢勒遺塵銘徽泉壤
開元十二年甲子之歲六月十五日建

麓山寺碑

清拓

剪裱本（1 册 69 页）

27cm×14cm

唐开元十八年（730）刻，又名《岳麓寺碑》。李邕撰文并书，江夏黄仙鹤刻石。原碑现存于湖南长沙岳麓书院。

碑高 272cm，宽 133cm。额篆阳文『麓山寺碑』4字。碑阳行书，28 行，满行 56 字。碑阴所刻为衔名及赞，亦为李邕所书，由于损毁较多，故碑阴拓本稀见。

馆藏拓本钤有『古韩原翔龢氏收藏印』朱文方印等数枚印章。

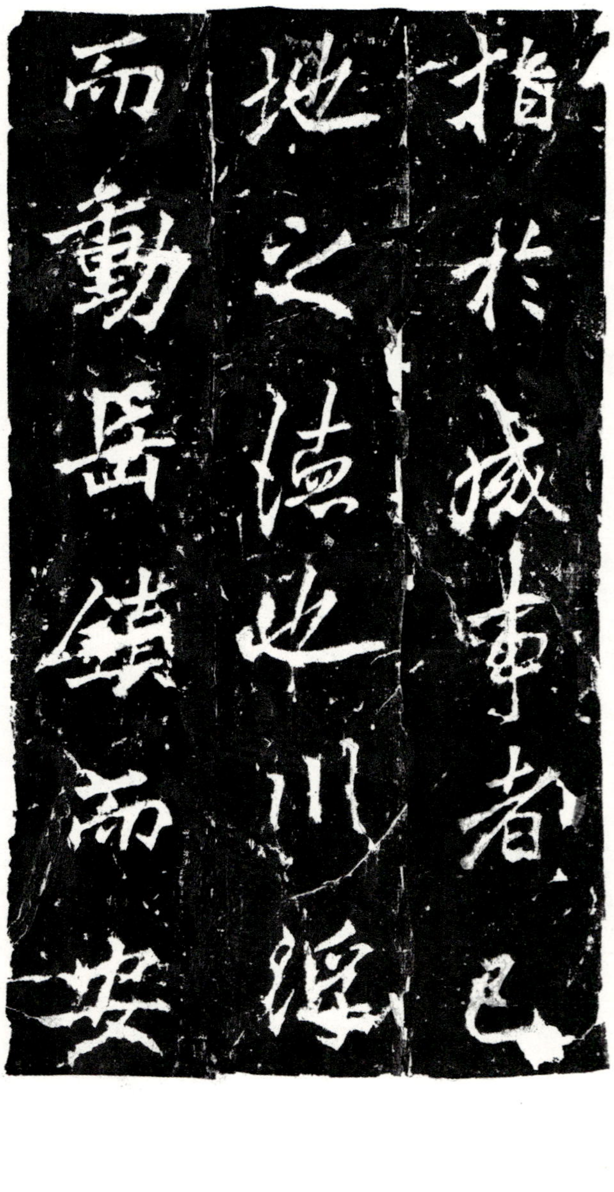

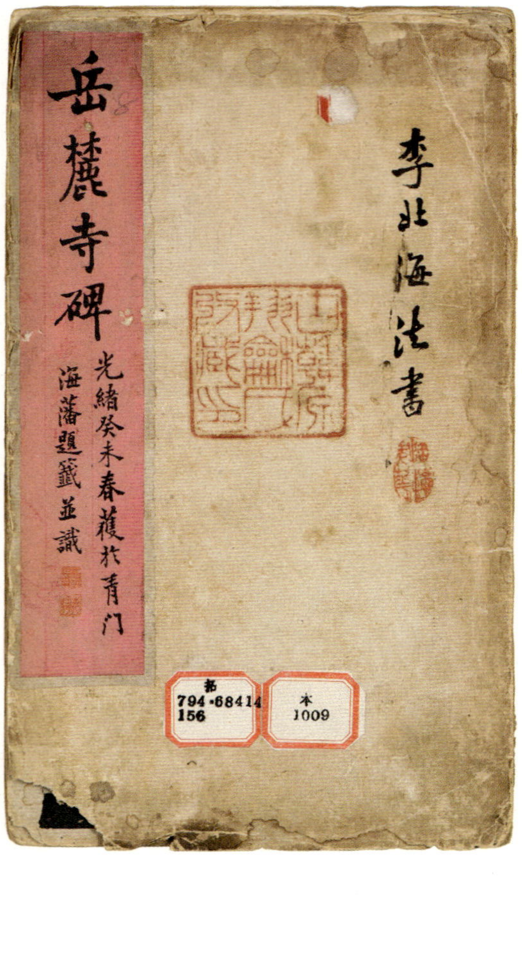

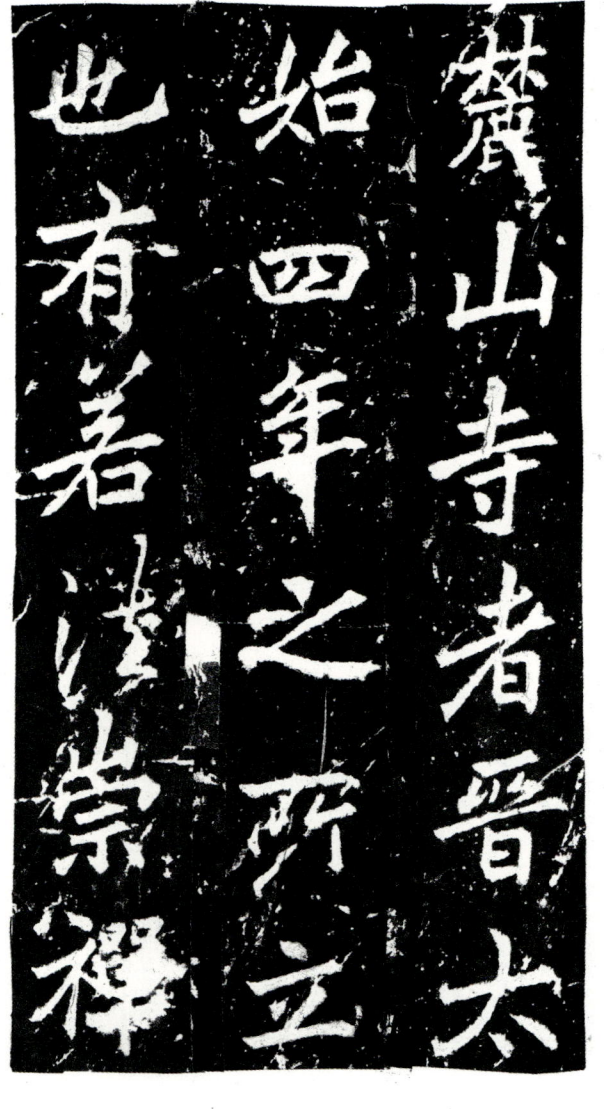

攝山寺者晉太
始四年之所立
也有若法崇禪

師者張錫江左
除結
廟棟宇接近

寶后依於佛光
至請舊居特爲
新寺禪師泊翌

雲霧晦冥豹
文狸女蘿薜帶
山祇是於法服

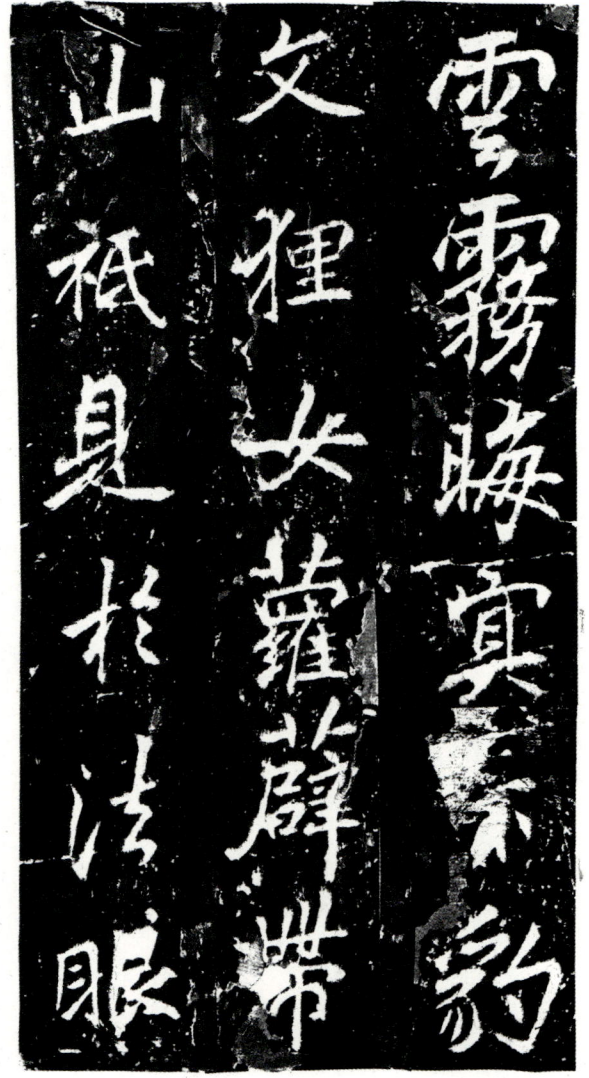

阙特勤碑

清拓

整纸立轴

208cm×100cm

唐开元二十年（732）刻，是后突厥汗国毗伽可汗为纪念其弟阙特勤而立。汉文为唐玄宗李隆基御制御书。清光绪十五年（1889）出土于今蒙古国和硕柴达木地区，现仍在原址。

碑高327cm，宽132cm。碑石四面皆刻有文字，碑阴汉文，为唐玄宗李隆基御制御书，隶书，14行，行36字，题为『故阙特勤碑』；其余三面均刻突厥文。

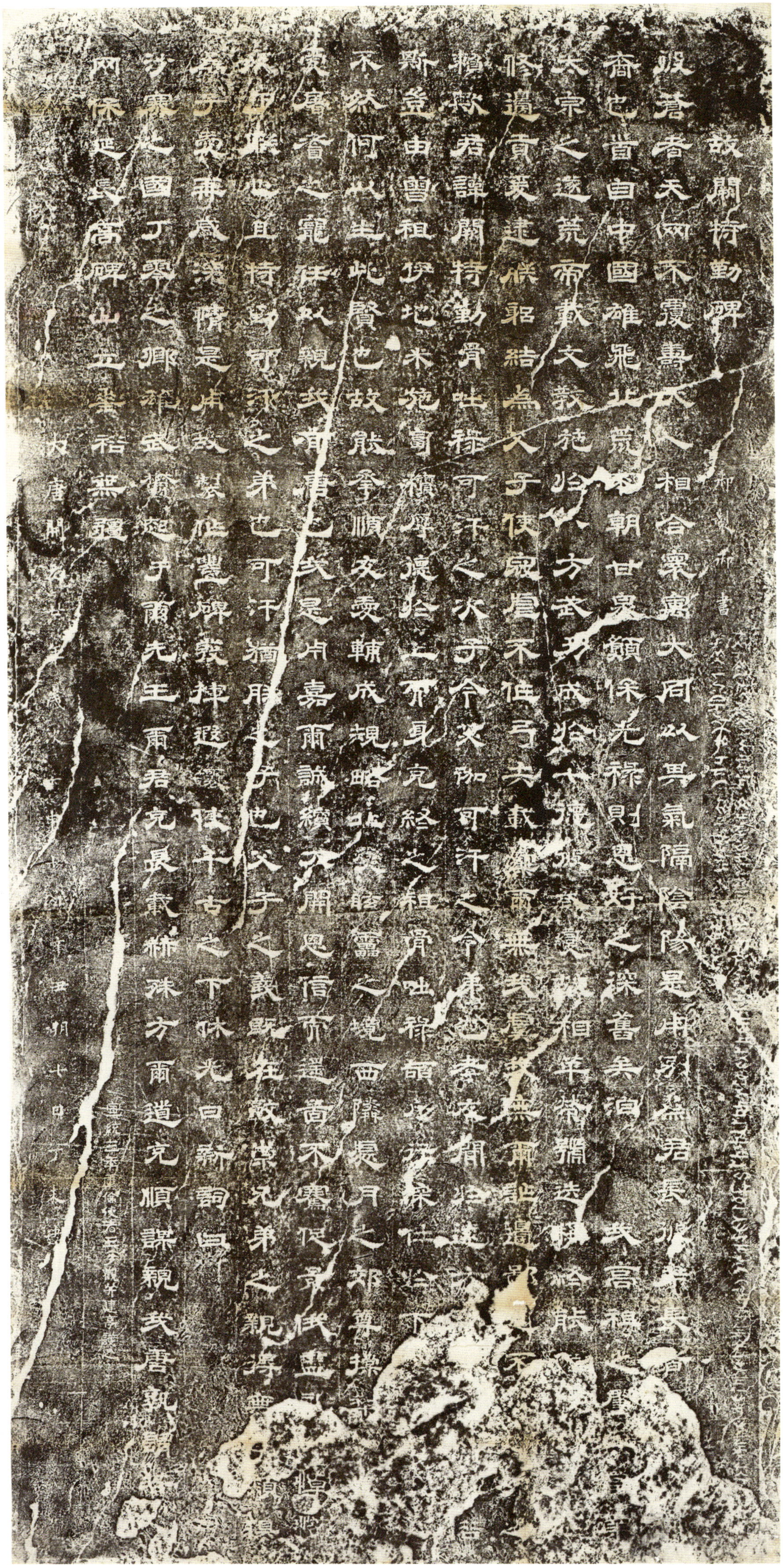

大智禅师碑

碑阳
明末拓
剪裱本（1册58页）
26cm×14cm

碑侧
民国拓
立轴（2轴）
223cm×31cm

唐开元二十四年（736）刻，是为长安慈恩寺义福禅师所立，又名《义福禅师碑》。严挺之撰，史惟则书并篆额，史子华镌刻。碑现藏于西安碑林博物馆。

碑螭首龟趺，通高345cm，宽114cm。碑额篆书阳刻『大唐故大智禅师碑』8字。碑阳隶书，32行，行61字，首题『大唐故大智禅师碑铭并序』。碑阴下端镌有《大智禅师碑阴记》，开元二十九年（741）刻，阳伯成撰，史惟则书。

馆藏拓本为名家旧藏，钤有清代藏书家孙星衍的『丁未一甲进士』白文方印、『孙星衍印』朱文方印及近代书法家张伯英的『铜山张伯英字勺圃印』朱文方印。另有『路工研读』朱文方印等印数枚。

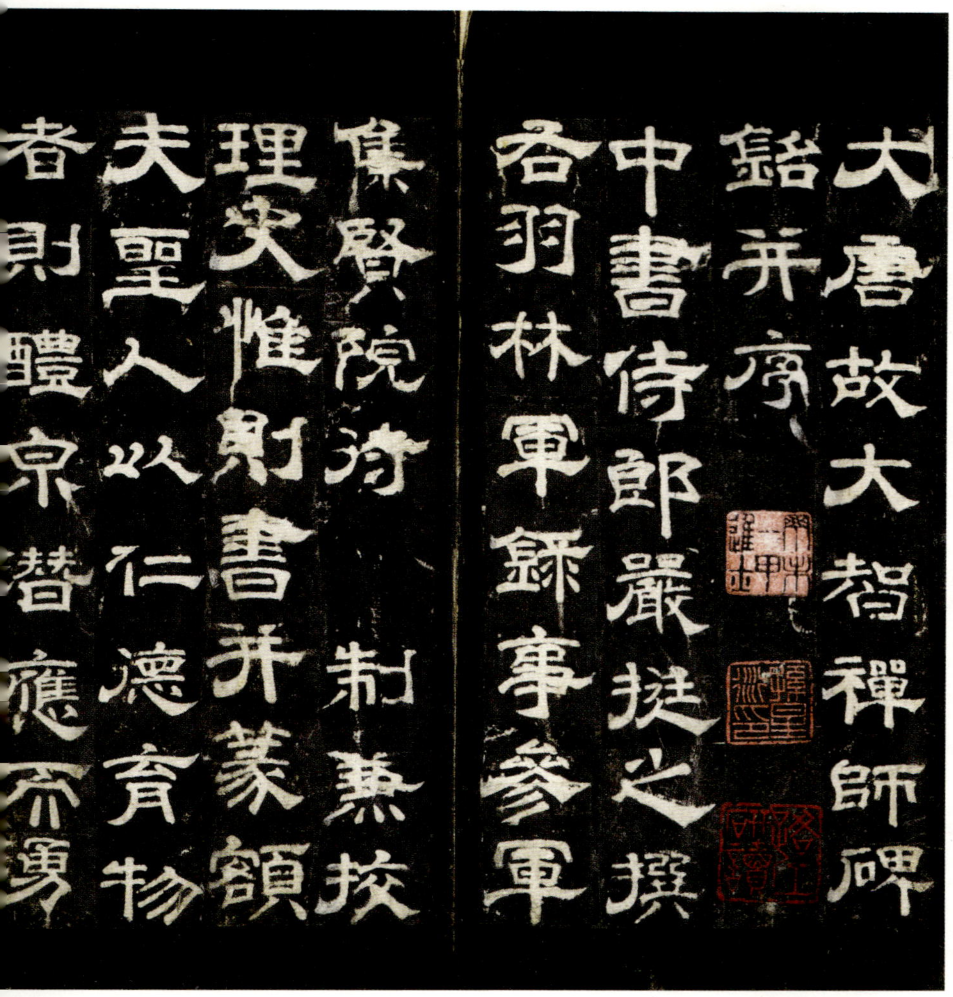

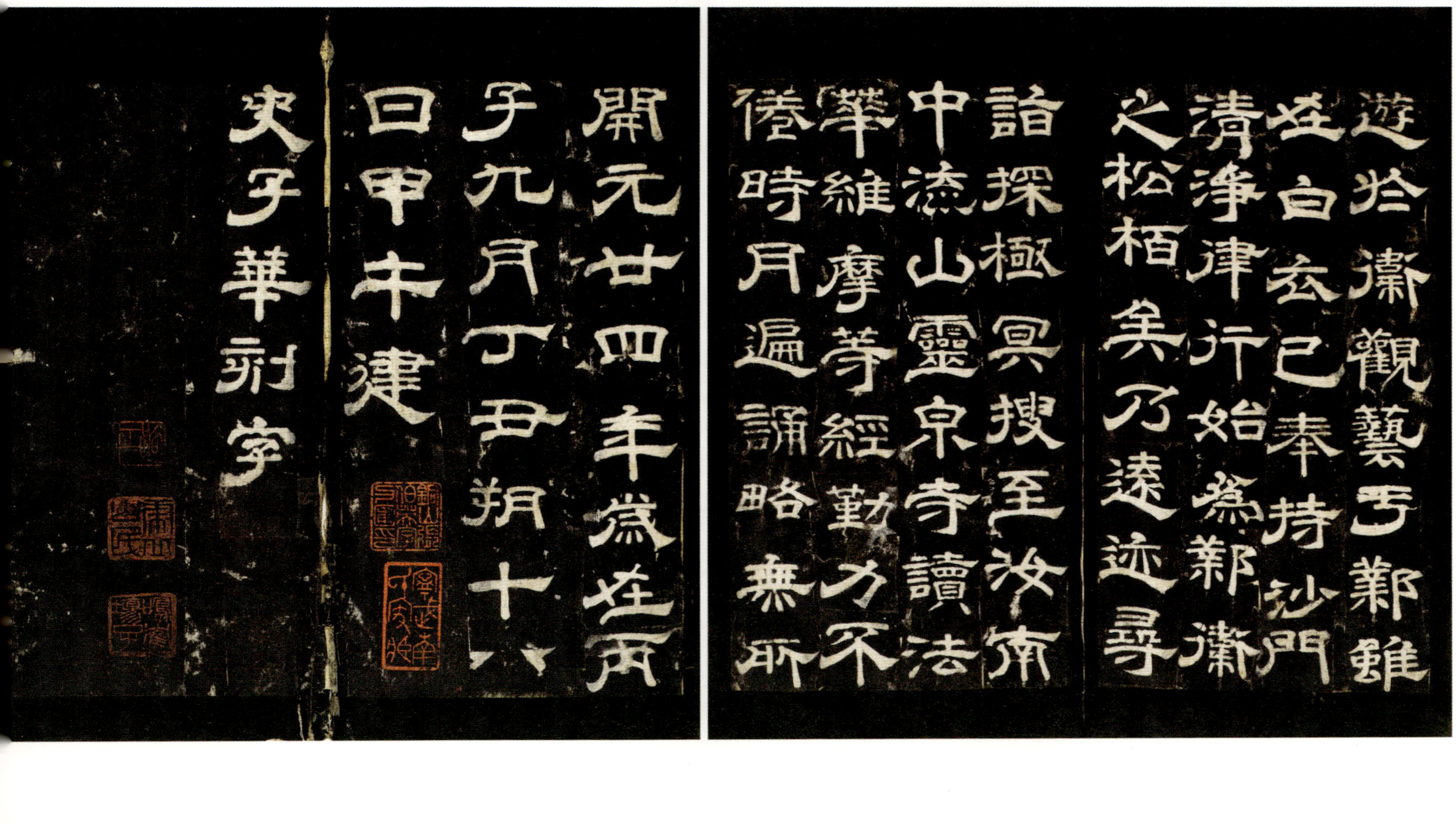

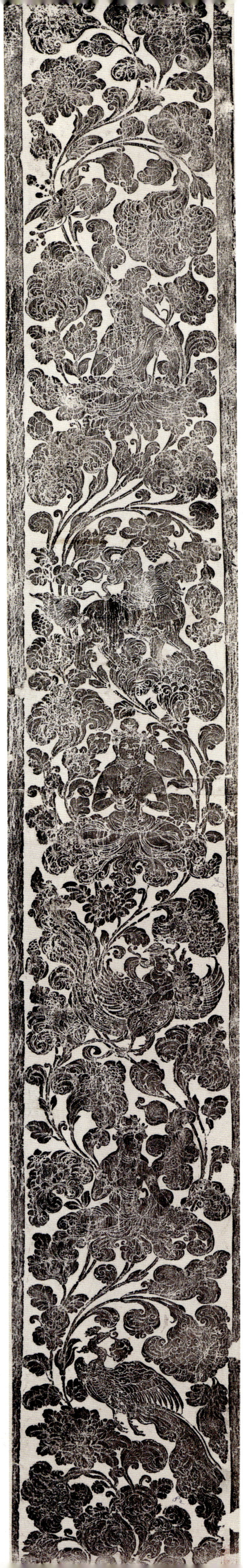

石台孝经

清拓

剪裱本（8册367页）

28cm×13.5cm

唐天宝四载（745）刻，又称《唐玄宗注孝经碑》《唐明皇八分书孝经》。唐玄宗李隆基书写并作序、注，李亨篆额。碑石原立于长安城国子监，宋元祐时入藏府学北墉，即今西安碑林博物馆。

碑通高620厘米，碑额刻太子李亨篆书『大唐开元天宝圣文神武皇帝注孝经台』，碑下有三层四方形石台座。碑身四面刻字，每面宽132厘米。前三面隶书，各18行，行55字，内容为唐玄宗序、注《孝经》；碑末面前有隶书7行，后有楷书9行，行书3行，又有楷书题名4列。

馆藏拓本钤有『和氏文轩所得金石书画之印』『豫北临漳和文轩珍藏书画印』朱文方印等多枚印章。

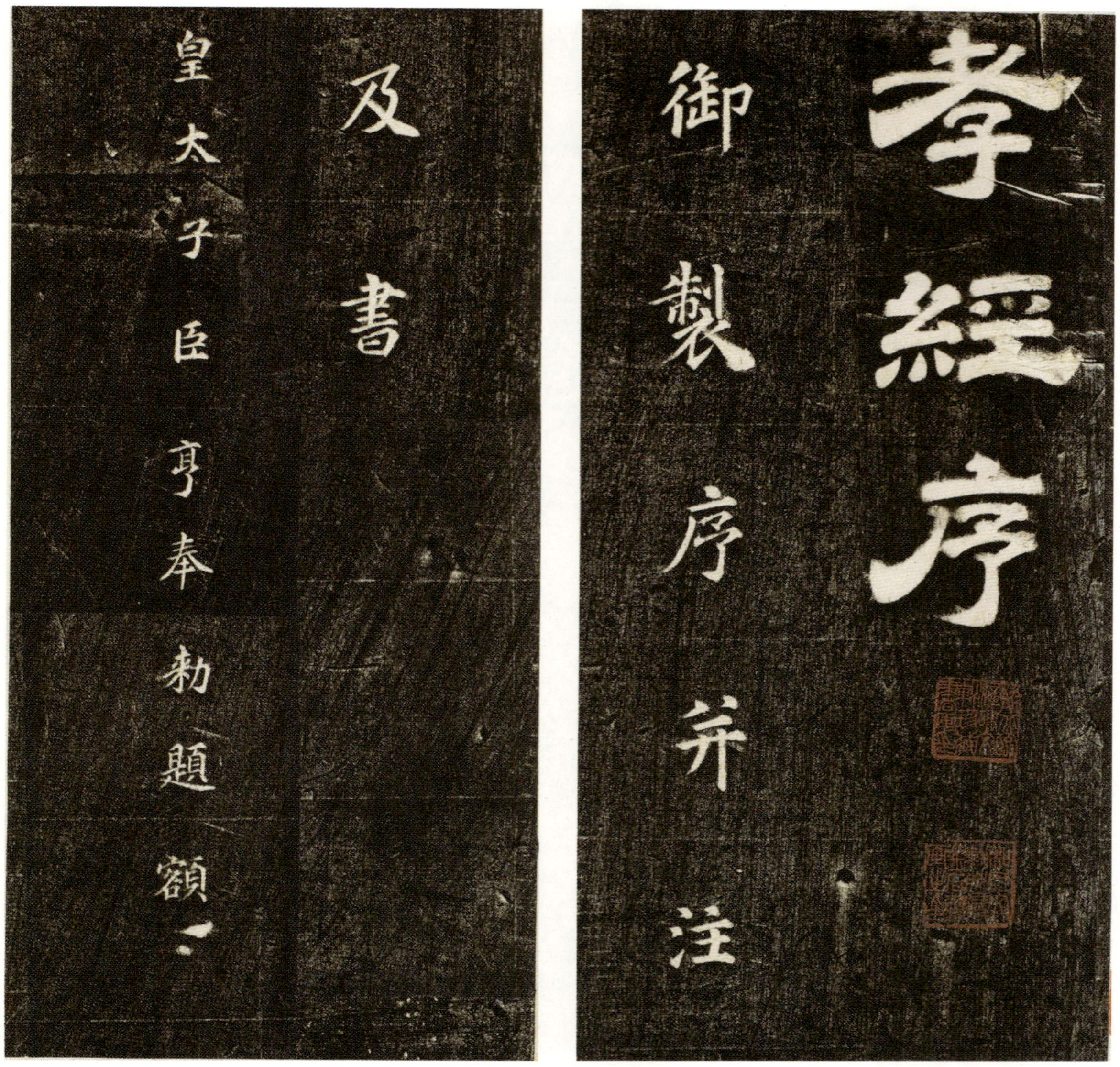

大德之

孝

以教愛於是
以順移忠之

人也故因嚴
以教敬因親

千福寺多宝塔感应碑

民国拓

整纸立轴

184cm×97cm

唐天宝十一载（752）刻，全称《大唐西京千福寺多宝佛塔感应碑文》。岑勋撰文，颜真卿书丹，徐浩题额，史华镌刻。碑原立于唐长安城安定坊千福寺，宋时入藏京兆府学，即今西安碑林博物馆。

碑螭首龟座，通高 285cm，宽 102cm。碑额阴刻隶书『大唐多宝塔感应碑』。碑文楷书，34 行，满行 66 字。

大唐西京千福寺多寶佛塔感應碑

粤妙法蓮華諸佛之秘藏也多寶佛塔證經

諸佛覺而有娠是生龍象之徵無取熊羆之

自揩出家禮藏探經法華在手宿命潛悟如

城而可息尔後因靜夜持誦至多寶塔品身

滿六年揩建茲塔既而許王瓘及居士趙崇

水發源龍興流注千福清澄泛灩中有方舟

並泛表於慈航塔現兆於有成燈明示於無

工乃用壯禪師每夜於築階所懇志誦經勵

帝夢七月十三日　勅內侍趙思侃求

天而不違純如之心當後佛之授記昔漢明

臧怀恪碑

清拓

剪裱本（2册101页）

27cm×15cm

唐广德元年（763）刻，全称《唐故右武卫将军赠工部尚书上柱国上蔡县开国侯臧公神道碑铭并序》。颜真卿撰文并书丹，李秀岩摹勒。碑原立于陕西省三原县，现藏于西安碑林博物馆。

碑螭首方座，高266cm，宽124cm。额题篆书『唐故东莞臧公神道碑』。碑文楷书，28行，满行58—64字不等。馆藏拓本钤有『定一珍玩』朱文方印等多枚印章。

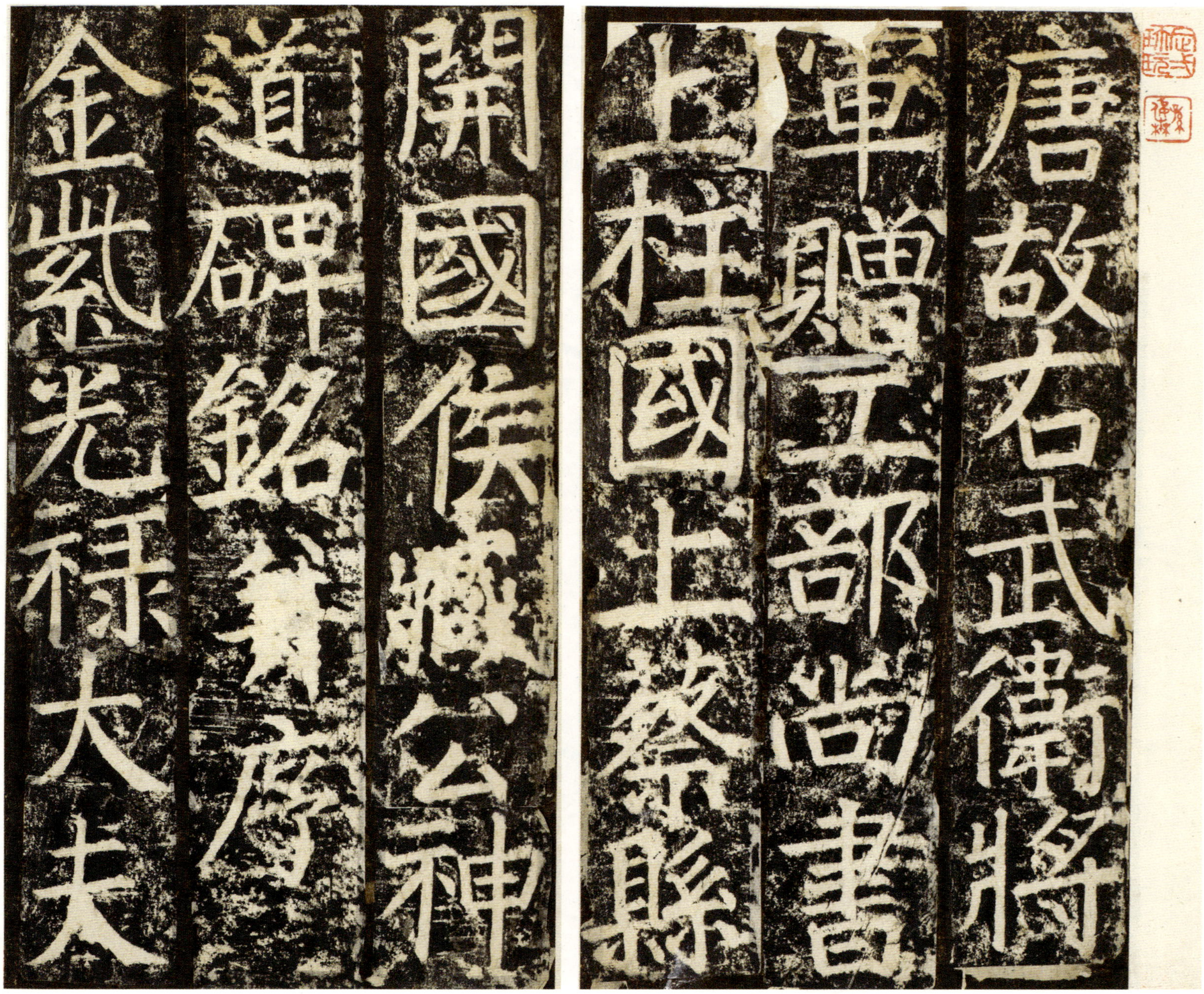

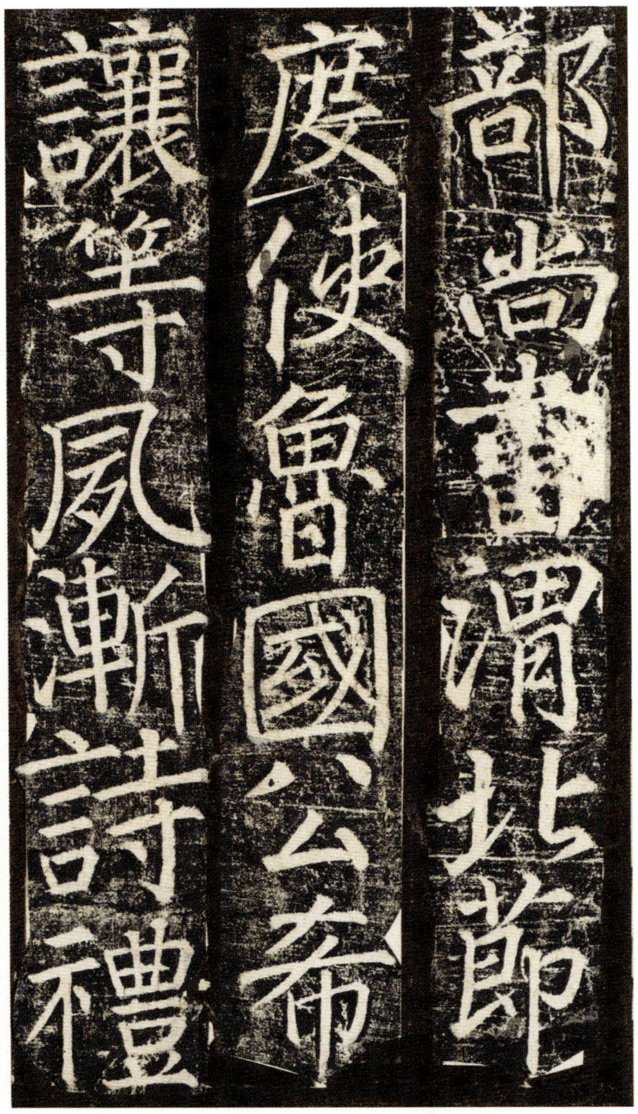
部尚書渭北節
度使魯國公希
讓等夙漸詩禮

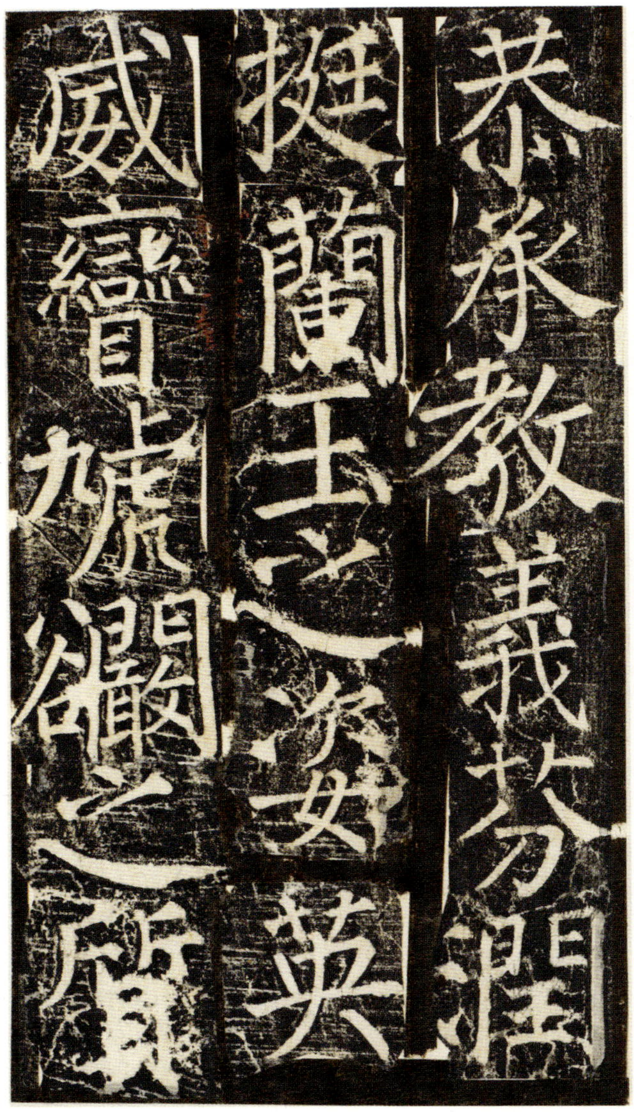
恭承教義芬潤
挺蘭玉之姿英
威矕虎闞之質

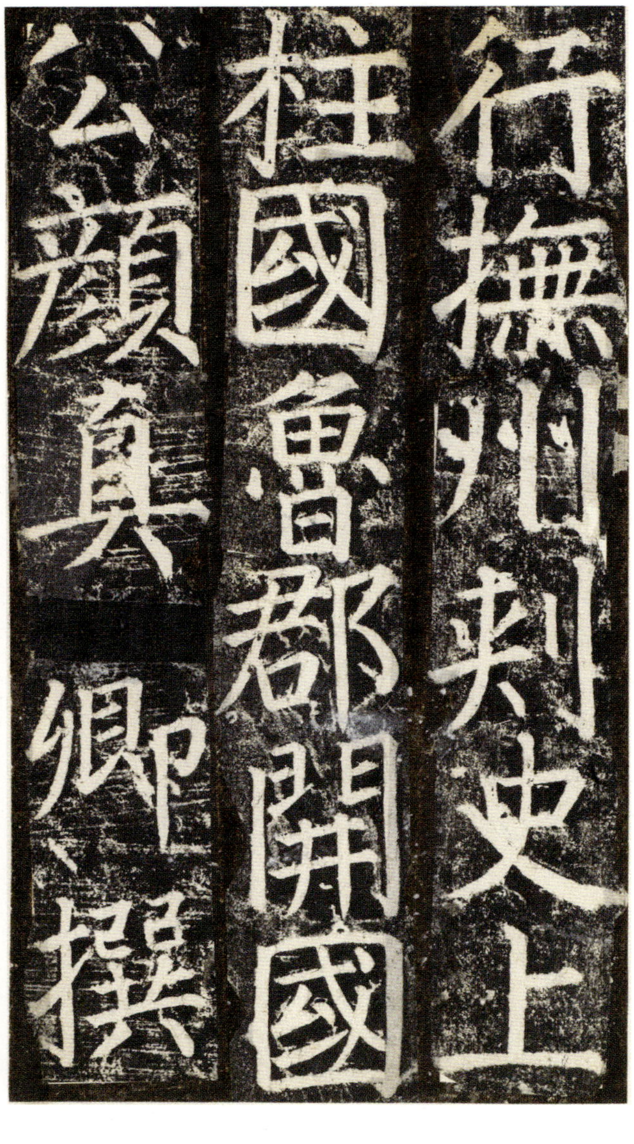
行撫州刺史上
柱國魯郡開國
公顏真卿撰

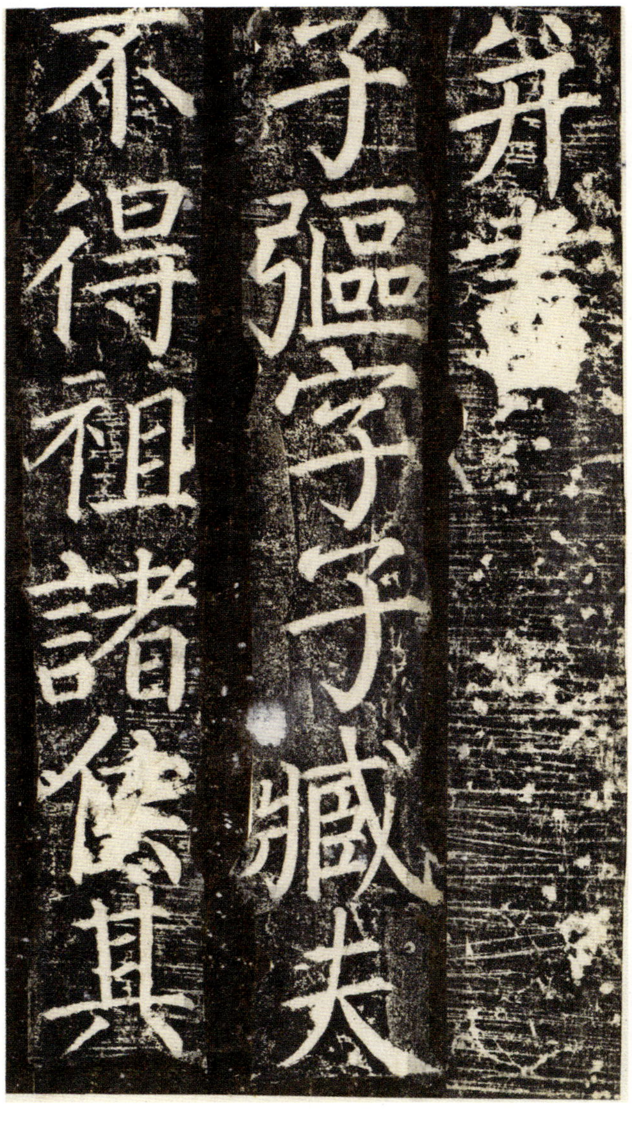
并[illegible]
子彊字子臧夫
不得徂諸儀其

争座位稿

民国拓
整纸横轴
105cm×69cm

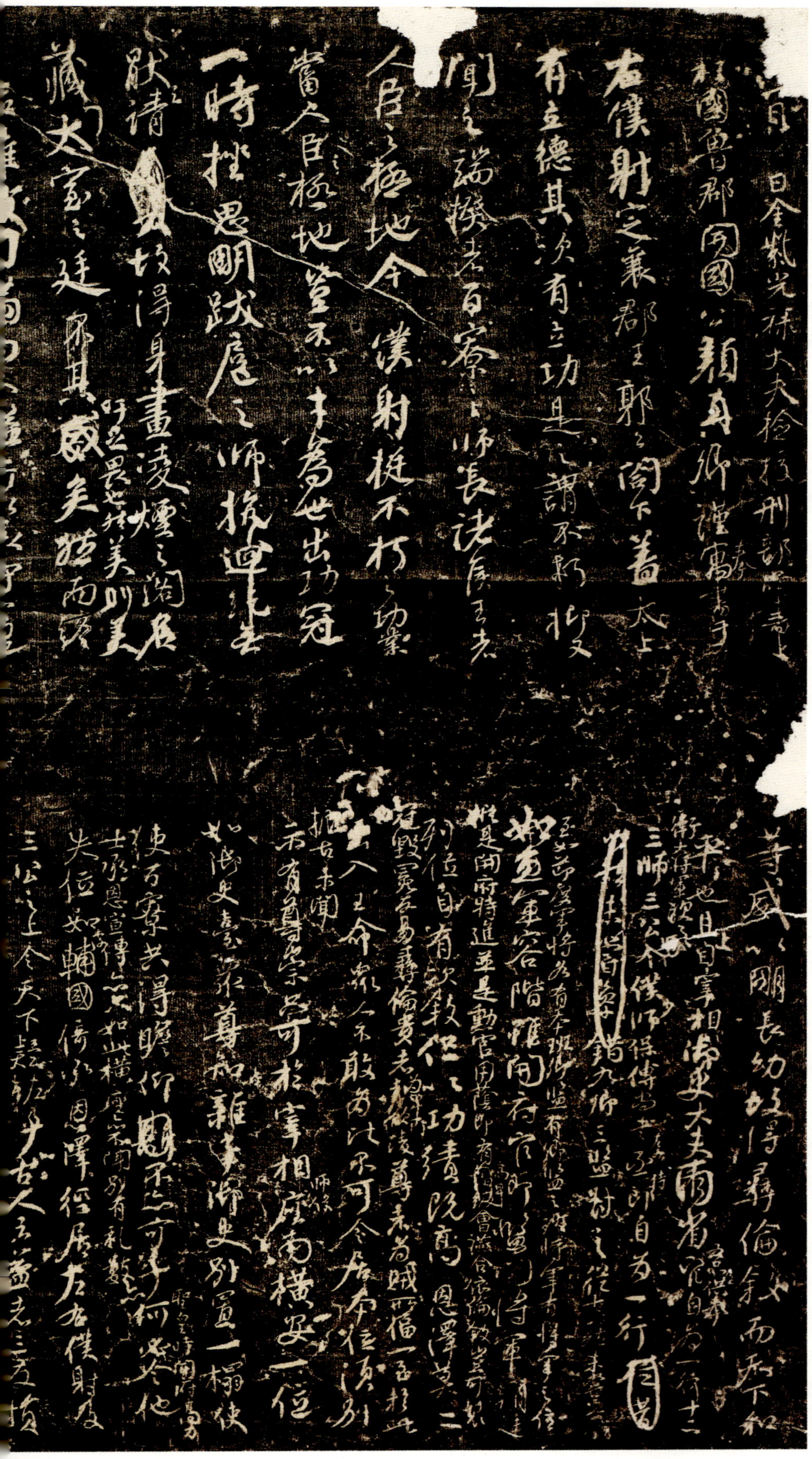

唐广德二年（764）书，单刻帖，又名《颜鲁公与郭仆射书》《争座位帖》。颜真卿撰书。真迹传有7纸，北宋时由长安安师文藏，安师文于北宋熙宁年间（1068—1077）依真迹摹勒上石。后安氏本失传，后世翻刻甚多，以关中本最佳，此石现藏于西安碑林博物馆。

石竖长形横刻，高152cm，宽81cm，分上下两截刻。行草书，各32行，行间多有添注。

峿台铭

清拓

剪裱本（1 册 55 页）

25.5cm×14.5cm

唐大历二年（767）六月刻。元结撰文，石上无书者姓名，传为瞿令问书。石在湖南祁阳县浯溪之崖。

石上刻字 15 行，满行 16 字，篆书。

馆藏拓本有清代宋泽元识语及其『小宋』朱文方印、『忏花庵秘笈印』朱文长方印、『瀛士审定图书』朱文方印等印。另有近代温廷敬『古万川温氏藏』朱文长方印、『止斋』朱文长方印、『丹铭』朱文方印。另有『潞河程氏珍藏』朱文方印等印章数枚。

右崖臺銘不著書人姓名黄山谷云以字法觀之當是李康蒙潛研堂金石跋又謂是瞿令聞書王弇州直疑是李少溫作蓋亦如蘭亭之聚訟也第觀其筆氣遒健結構謹嚴樸茂中饒有古趣要非名手莫辦碑中崖唐二字皆說文所未載蘭泉司寇疑爲次山臆造似亦不謬光緒丁亥春初宋伯元識

碑阳

三坟记

清拓

整纸立轴

150cm×68cm（碑阳）

151cm×62cm（碑阴）

唐大历二年（767）刻。李季卿撰，李阳冰书。原石久佚，宋代重刻，现藏于西安碑林博物馆。碑螭首方座，螭首已残，碑身残高160cm，宽80cm。碑身中部横向断裂，左上角残损，无碑题。碑文刻于两面，23行，满行20字，篆书。

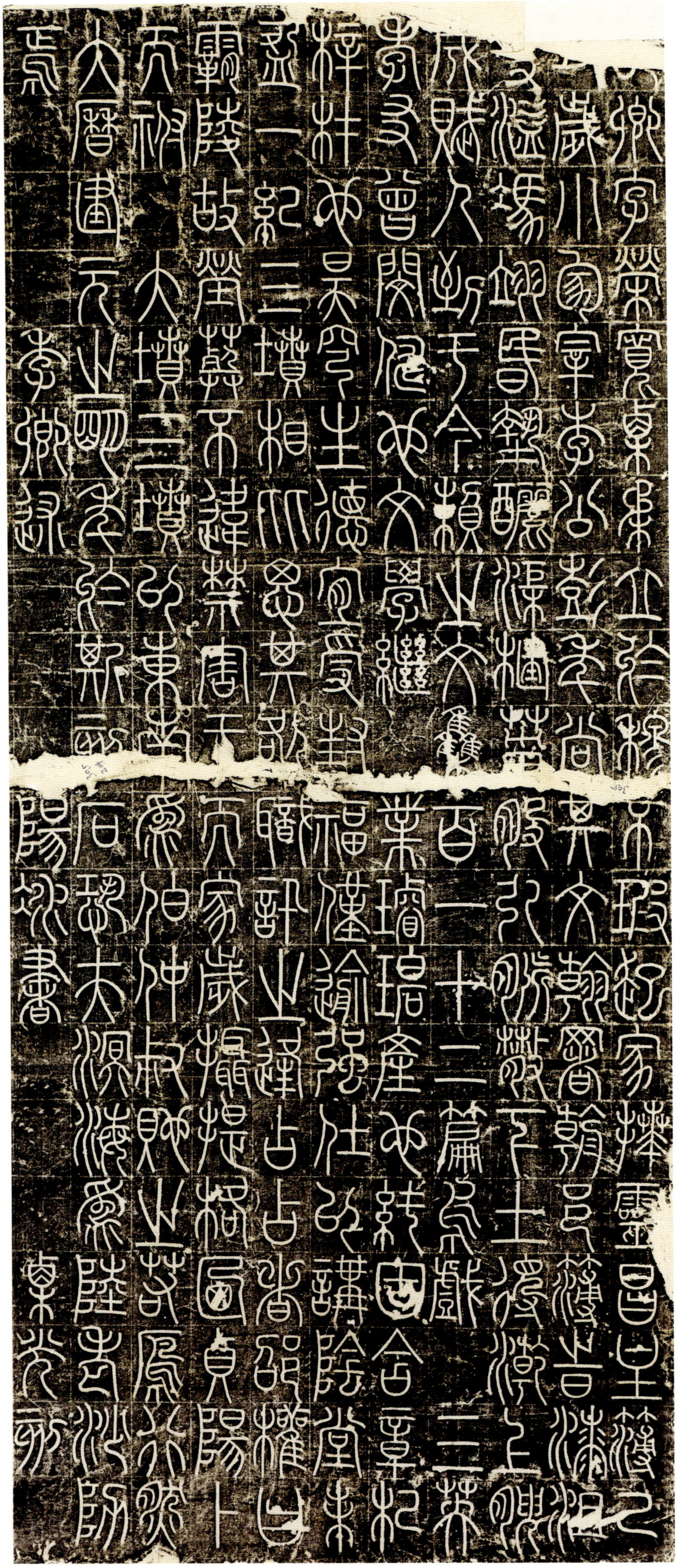

碑阴

大唐中兴颂

清拓

剪裱本（4册171页）

30cm×15.5cm

唐大历六年（771）六月刻。唐元结撰，颜真卿书。石在湖南祁阳县浯溪东崖。

石高417cm，宽422cm。石上刻字21行，行20字，字径15cm，为颜真卿楷书大字中之最大者。

馆藏拓本钤有『和氏文轩所得金石书画之印』『豫北临漳和文轩珍藏书画印』朱文方印等多枚印章。

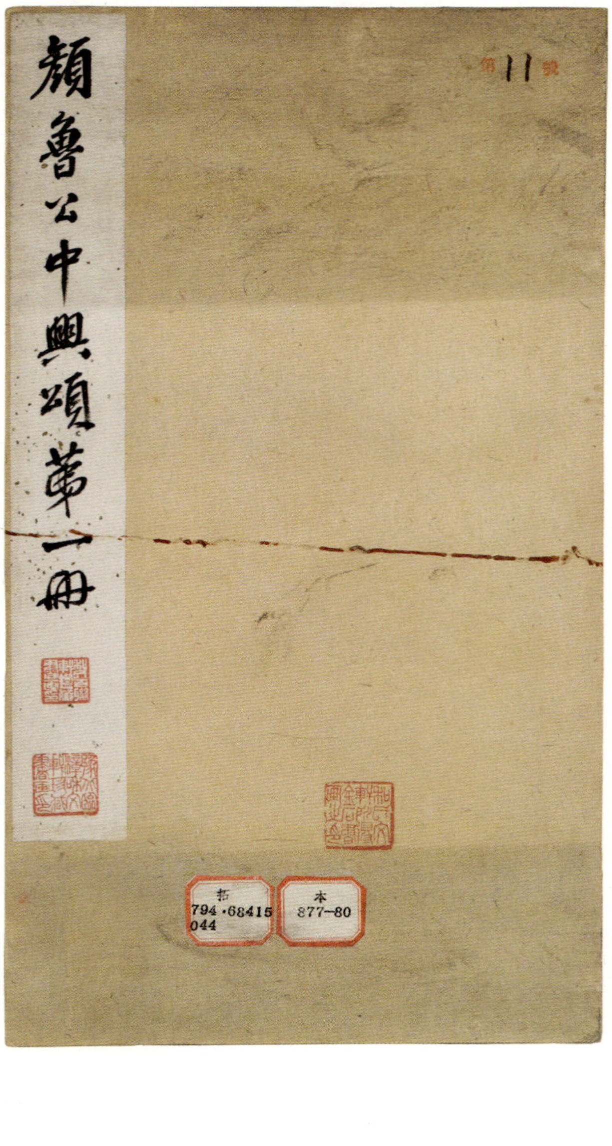

元结墓表

清拓

剪裱本（1册40页）

27cm×16.5cm

唐大历七年（772）刻，又名《元结碑》《元次山碑》《容州都督元结碑》《元君表墓碑》等。颜真卿撰并书。石在河南鲁山县。

碑高263cm，宽103cm，四面环刻。两面各17行，两侧各4行，共42行，行33—35字不等，均为楷书。首行题『唐故容州都督兼御史中丞本管经略使元君表墓碑铭并序』。

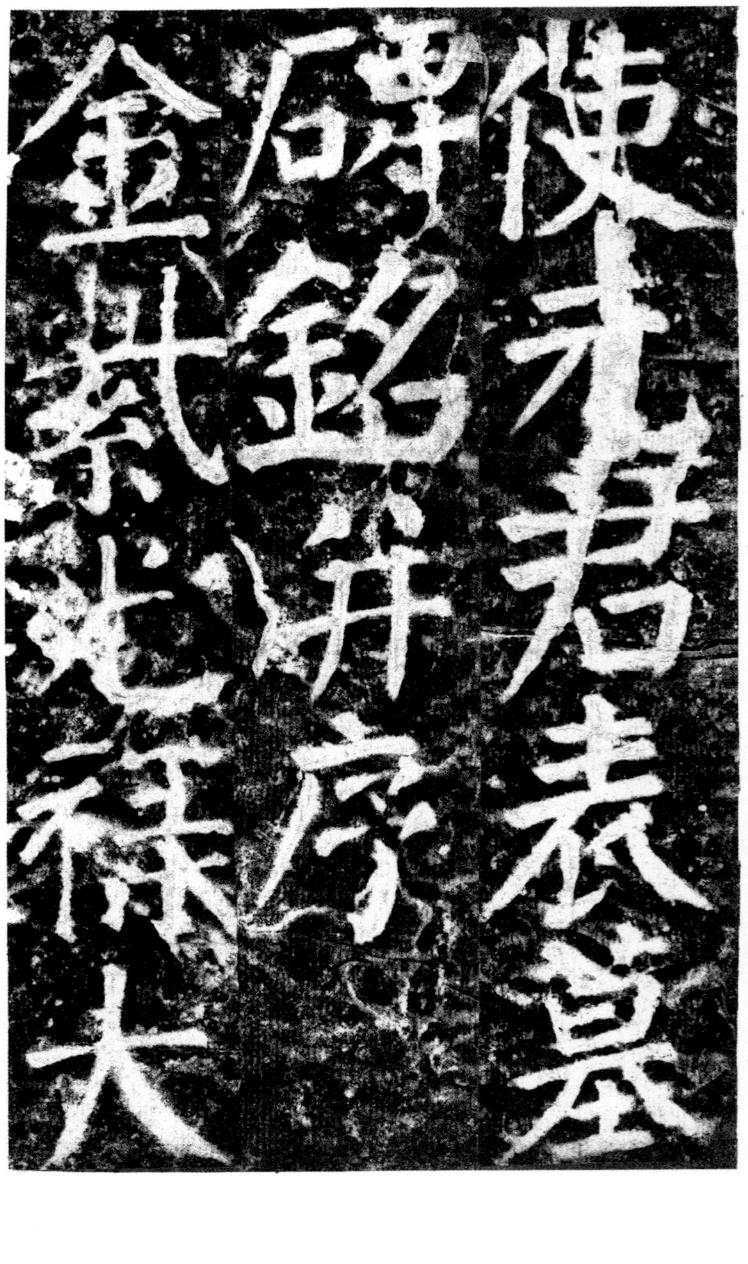

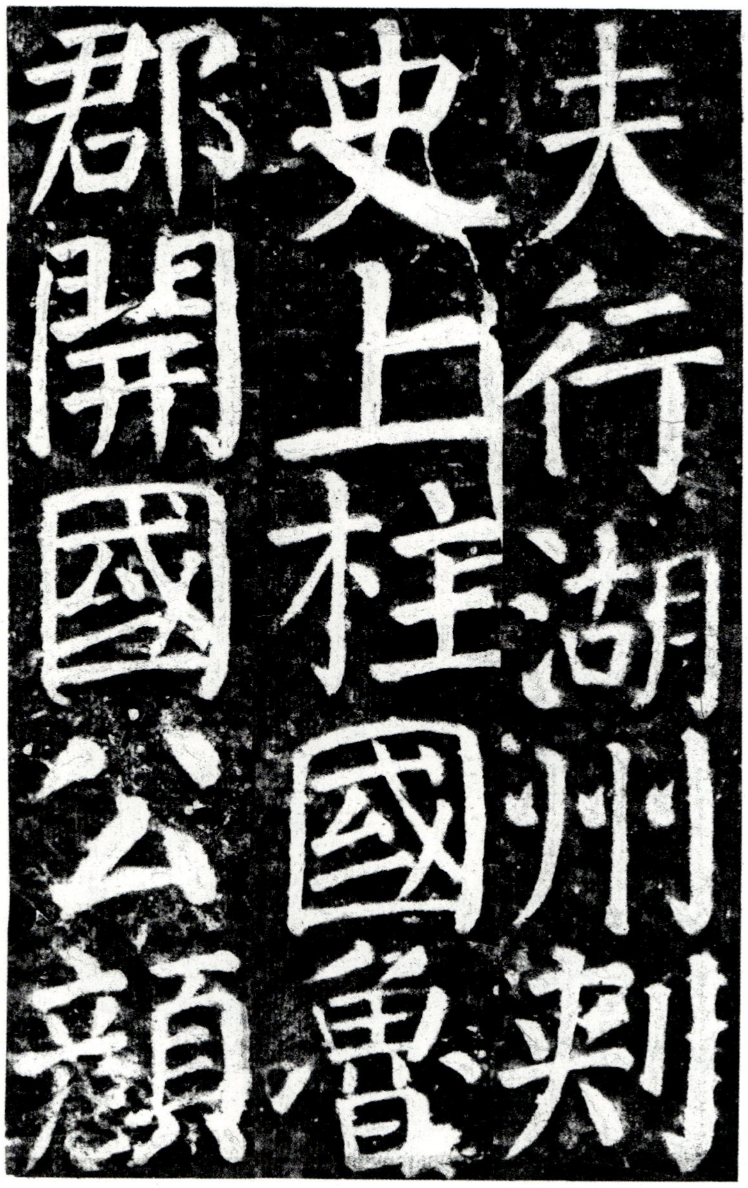
夫行湖州刺
史上柱國魯
郡開國公顏

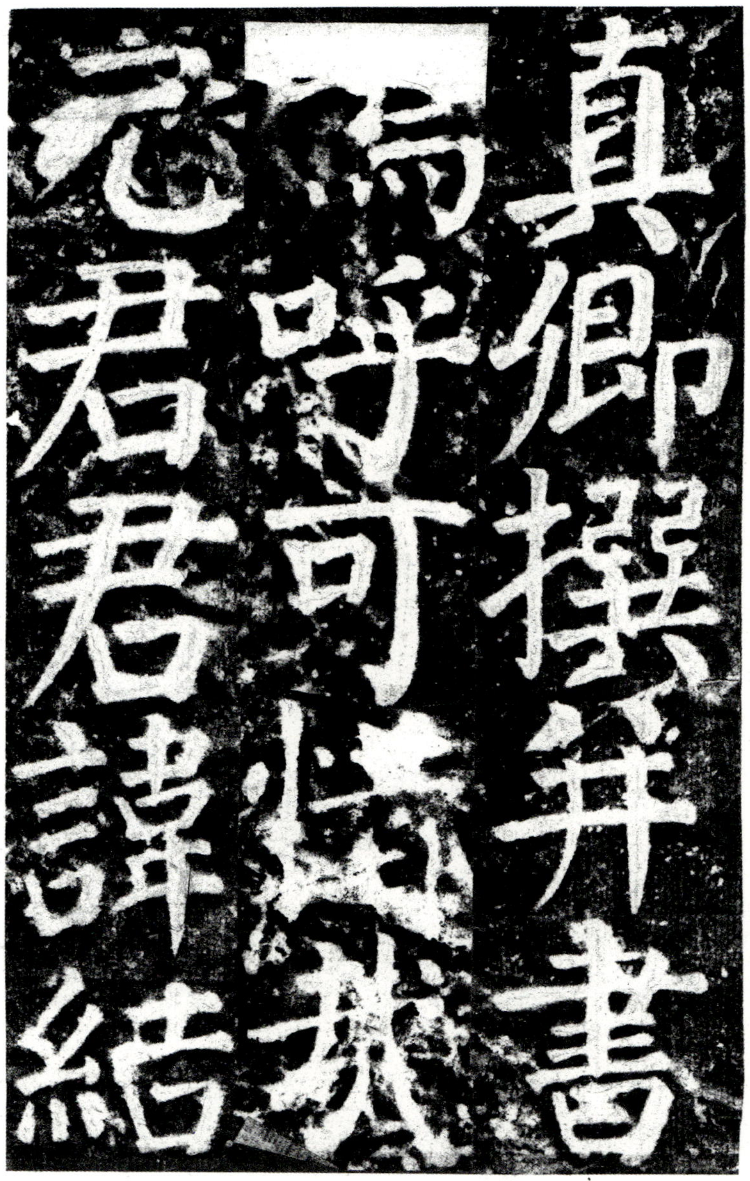
真卿撰并書
呼可
君君諱結

殷府君夫人碑

民国拓
整纸立轴
183cm×59cm（碑阳）
183cm×54cm（碑阴）

碑阳

唐大历十二年（777）刻，全称《有唐故杭州钱塘县殷府君夫人颜君神道碑铭》，又称《殷夫人墓志》《殷君夫人颜氏碑》等。颜真卿撰文并书丹。原碑清乾隆间出土于洛阳玉虚观。

碑高190cm，宽50cm，厚24cm，四面刻字，字多磨灭。碑额横题『唐钱唐丞殷君夫人颜君之□』，分刻两面。碑阳、碑阴两面各书9行，两侧各书4行，行29字，楷书。

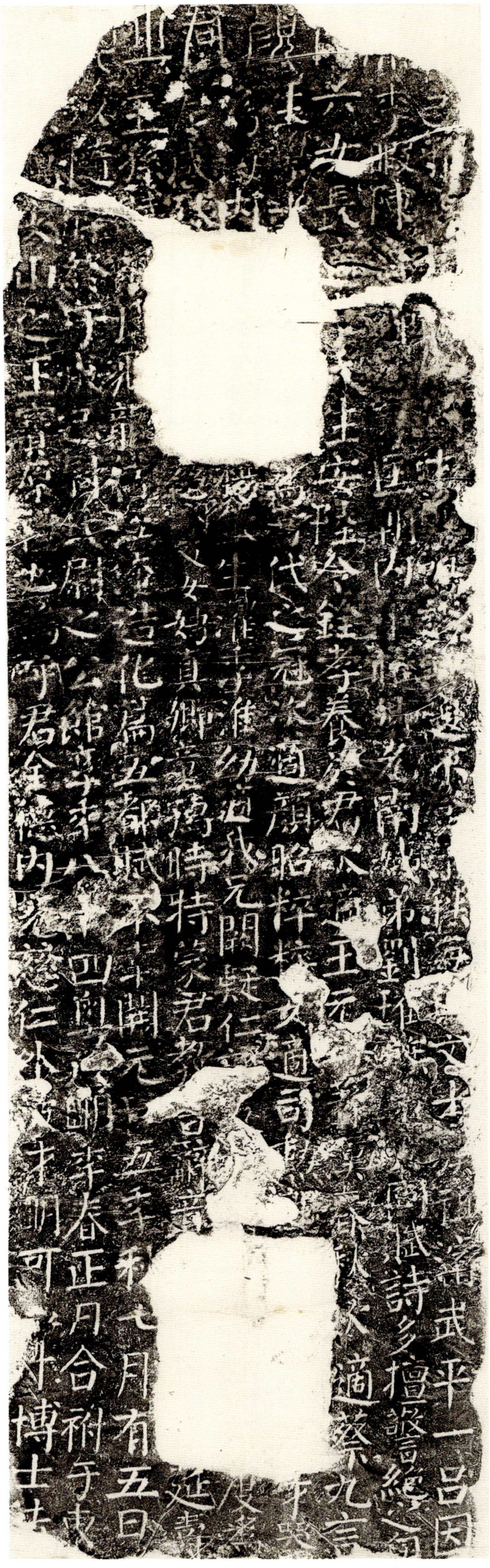

碑阴

颜勤礼碑

民国拓

整纸立轴（2轴）

174cm×85cm（碑阳）

176cm×88.5cm（碑阴）

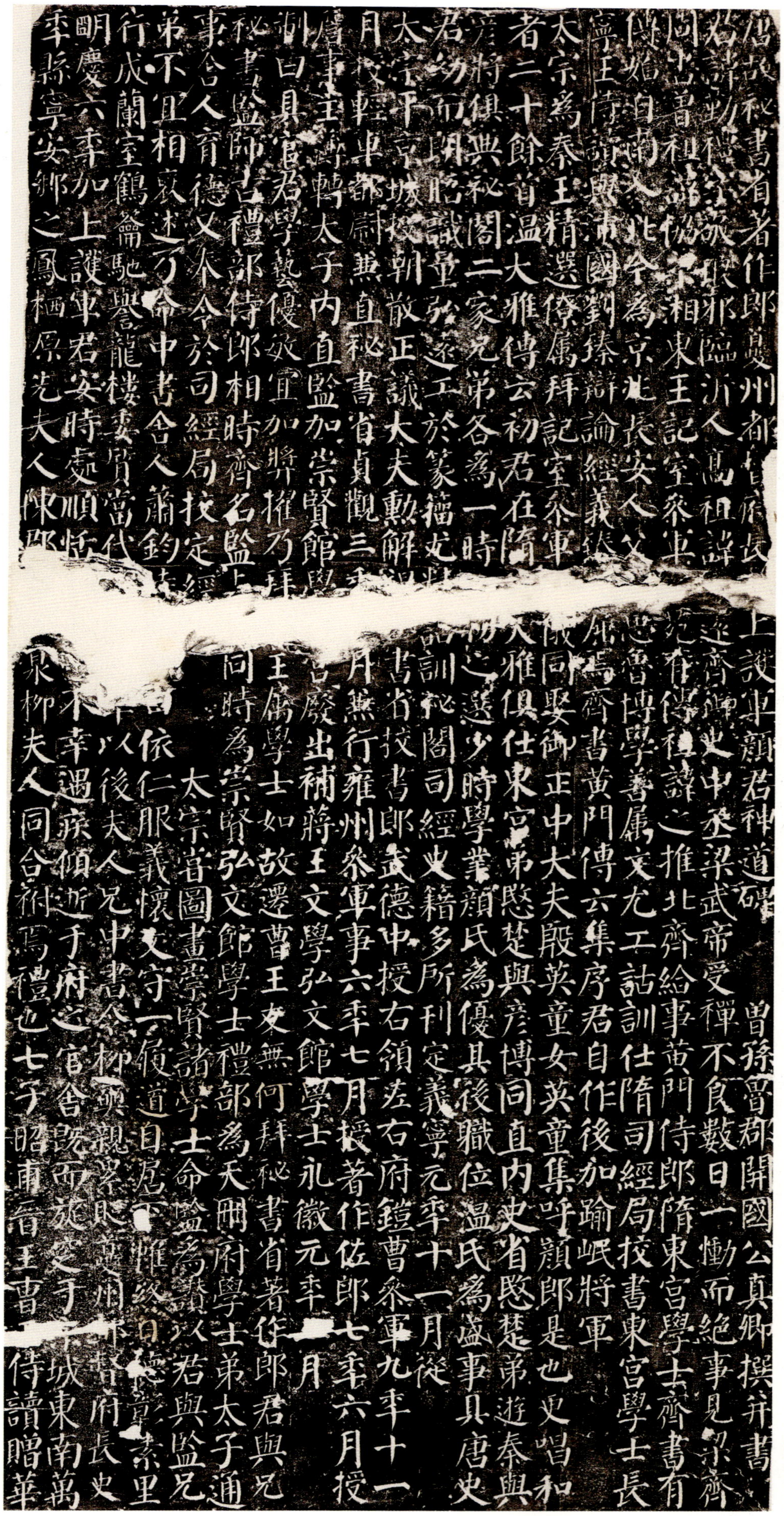

碑阳

唐大历十四年（779）刻。颜真卿撰并书。此碑原立于唐长安城颜勤礼墓前，1948年入藏西安碑林。

碑为螭首方座，碑身高268cm，宽92cm，厚25cm，四面刻字。左侧铭文在宋代已被磨去，仅存三面。碑阳19行，碑阴20行，满行38字，右侧5行满行37字，皆为楷书。首题『唐故秘书省著作郎夔州都督府长史上护军颜君神道碑』。

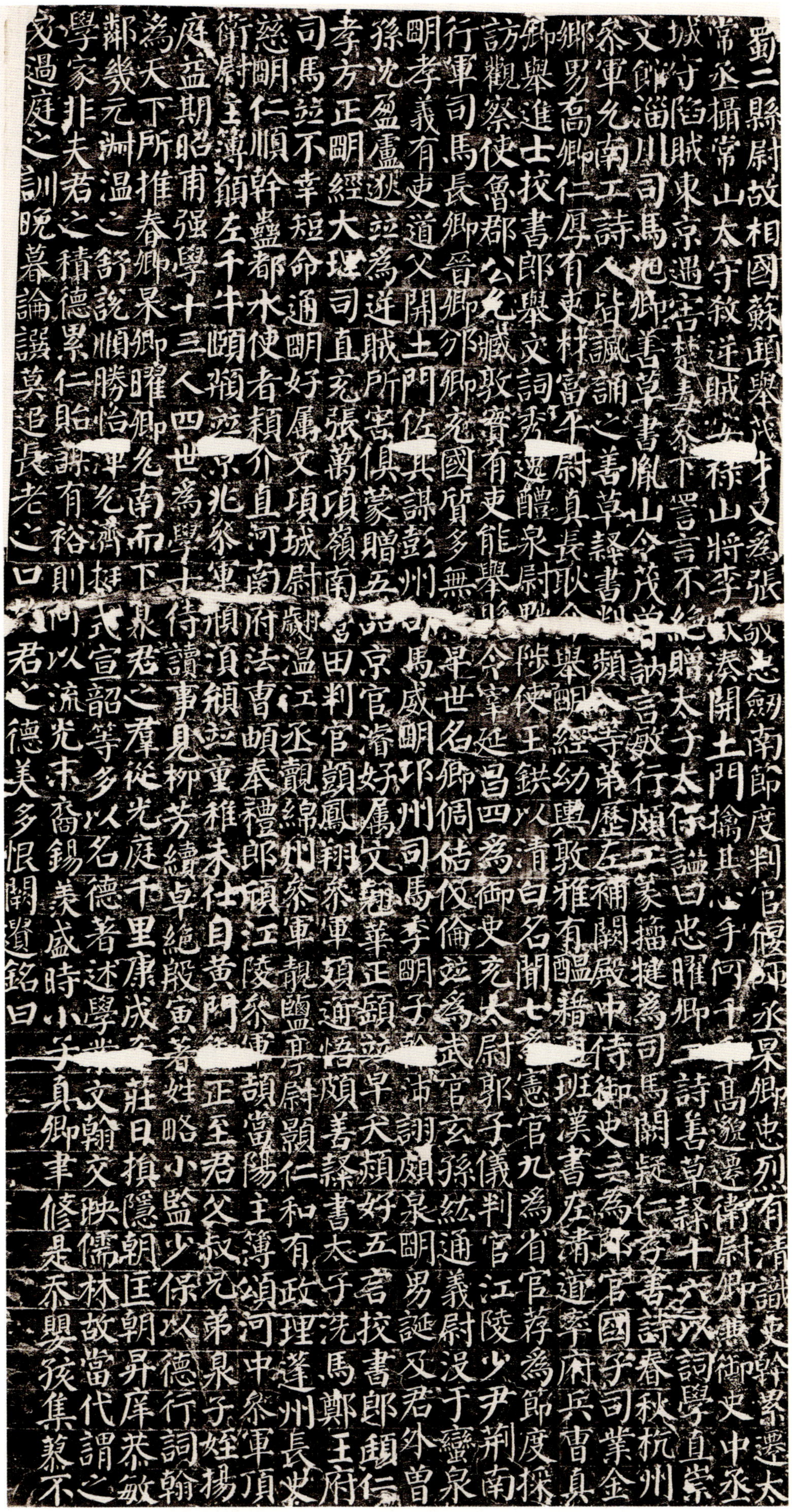

碑阴

颜氏家庙碑

民国拓

剪裱本（2册202页）

25.5cm×14.5cm

唐建中元年（780）刻，又称《颜家庙碑》。李阳冰篆额，颜真卿撰并书。此碑初立于唐长安城通化坊，唐末弃于荒野，宋时入藏京兆府学，今藏于西安碑林博物馆。

碑螭首龟座，高330cm，宽130cm，四面环刻。碑阳、碑阴文字各24行，满行47字，碑侧文字各6行，满行52字，楷书。碑额为李阳冰篆书『颜氏家庙之碑』，碑文首题『唐故通议大夫行薛王友柱国赠秘书少监国子祭酒太子少保颜君庙碑铭并序』。

馆藏拓本钤有『豫北临漳和文轩珍藏书画印』朱文方印等多枚印章。

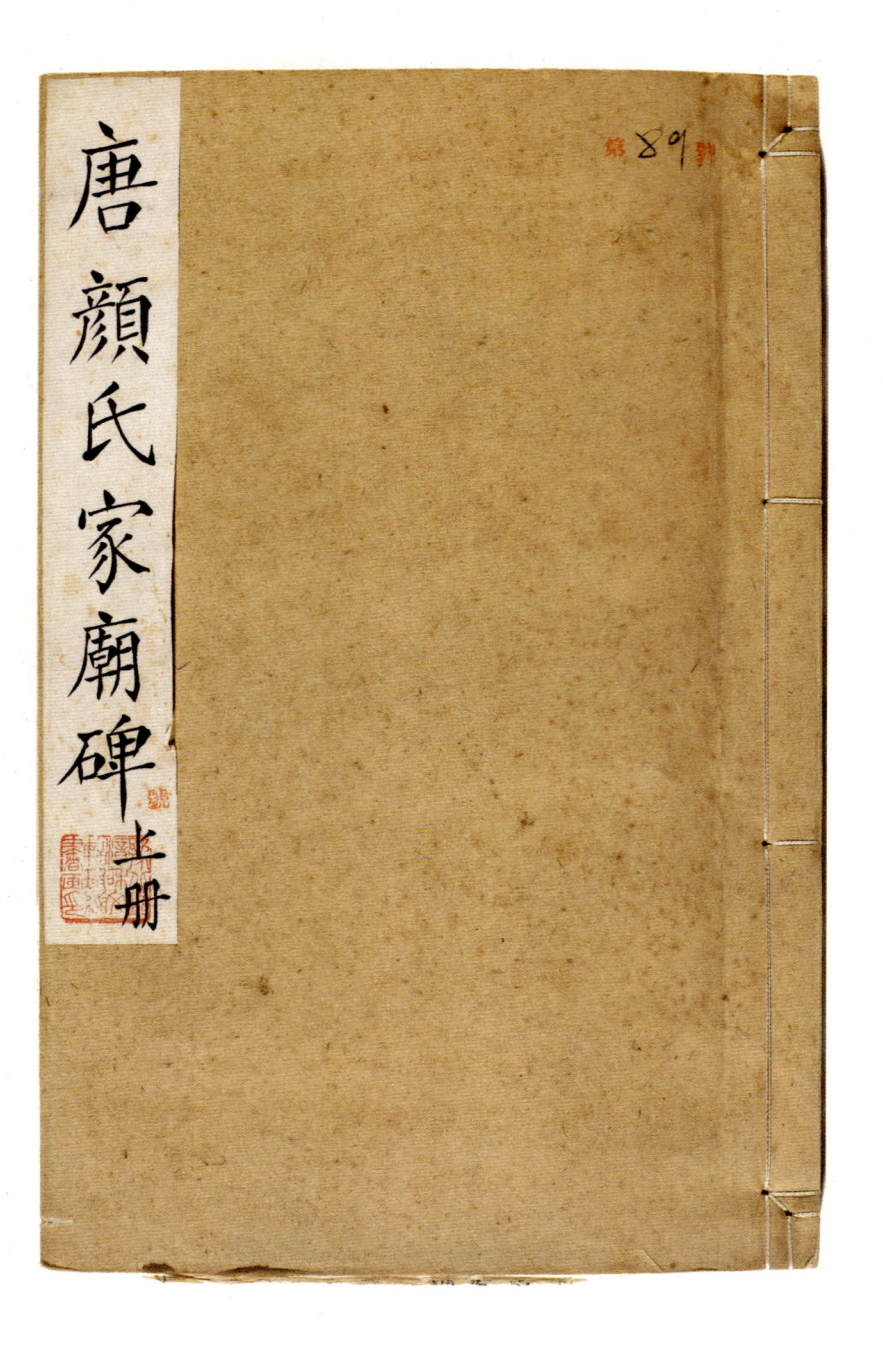

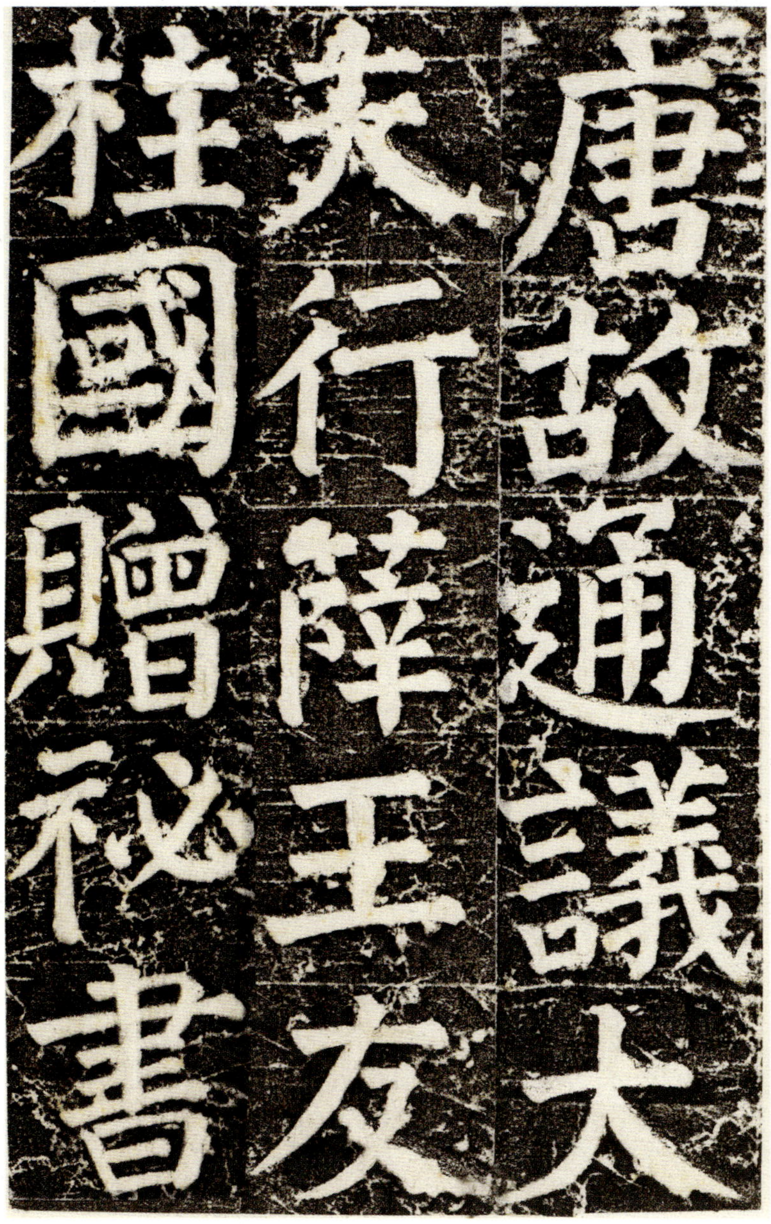
唐故通議大
夫行薛王友
柱國贈秘書

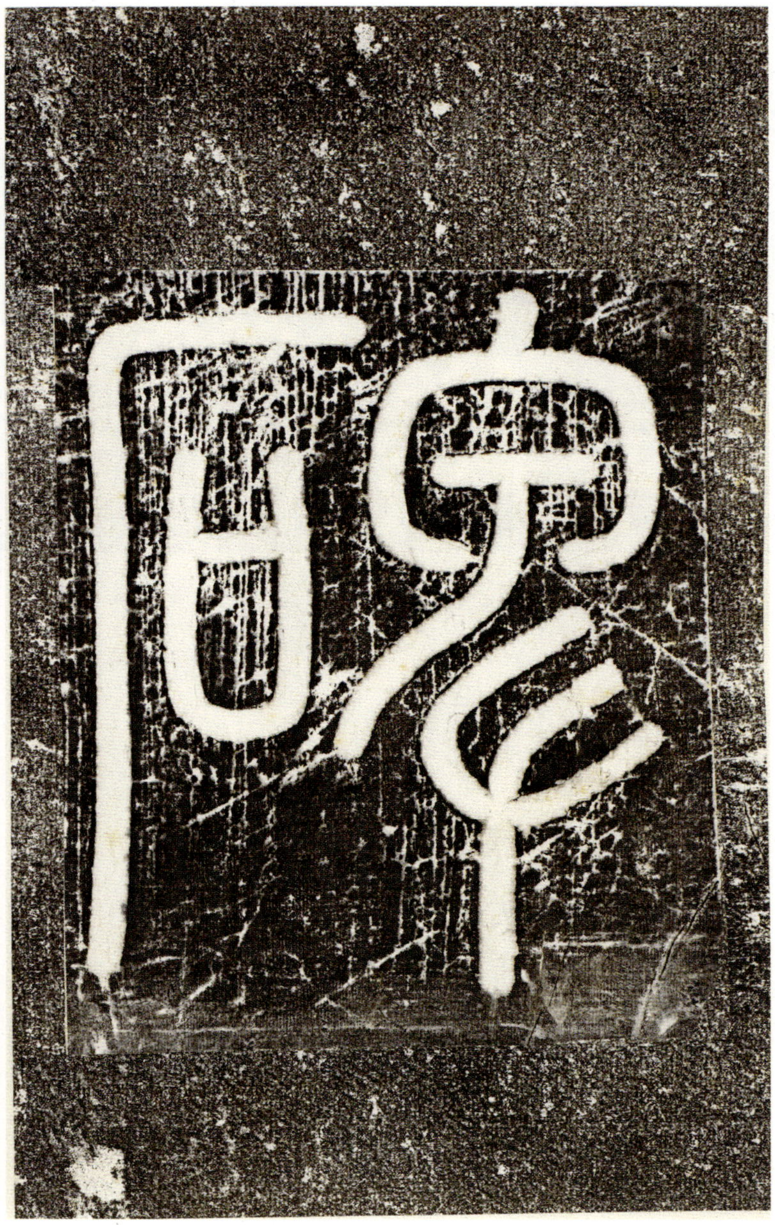

少監國子祭
酒太子少保
顔君廟碑銘
并序
第七子光禄
大夫行吏部
尚書充禮儀
使上柱國魯
郡開國公眞

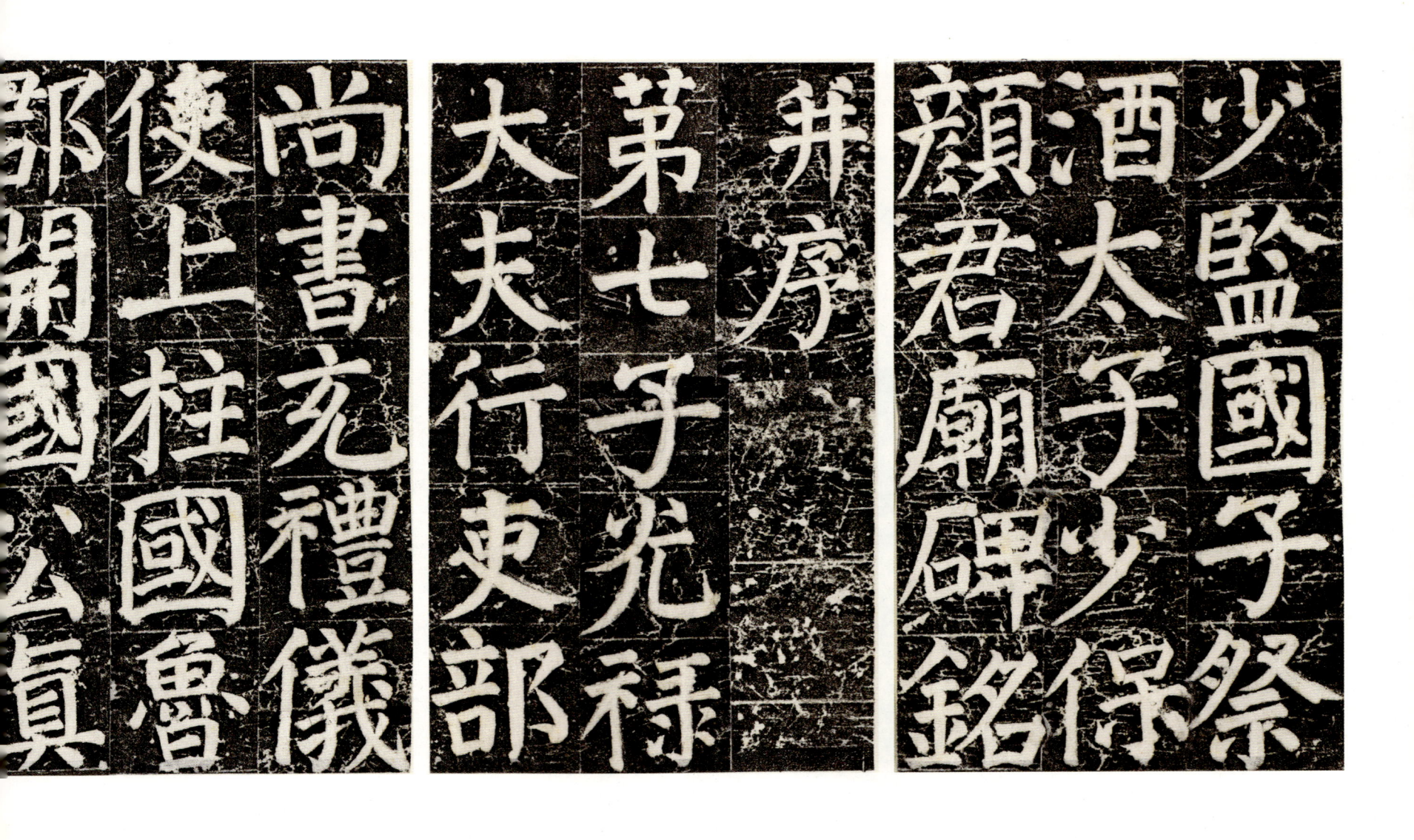

卿撰并書
集賢學士李
陽冰篆額

晉孔悝有夷
鼎之銘陸機
有祠堂之頌

皆所以發揮
祖德敷演家
聲故君子之

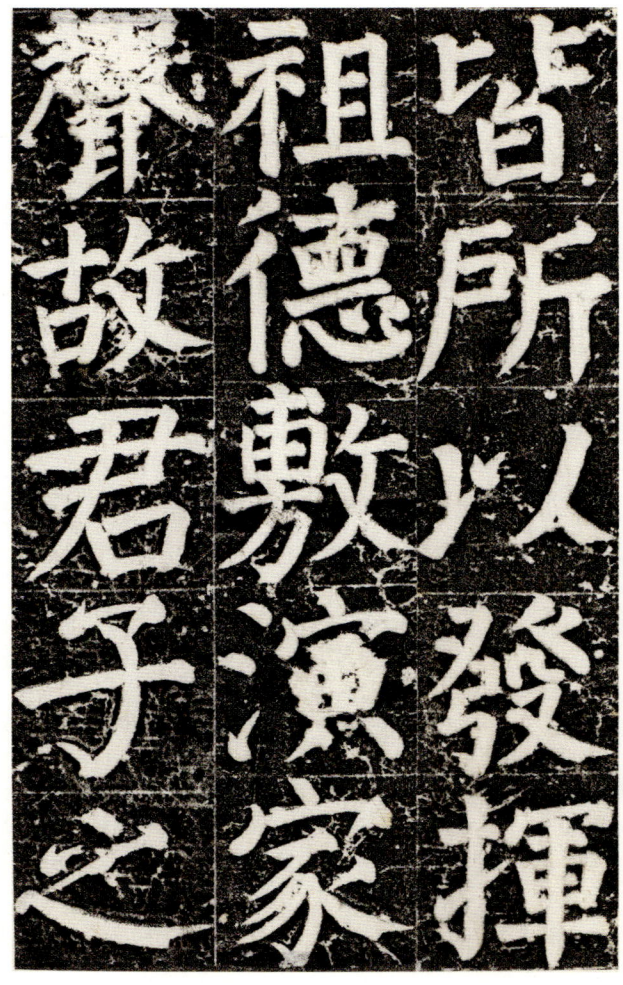

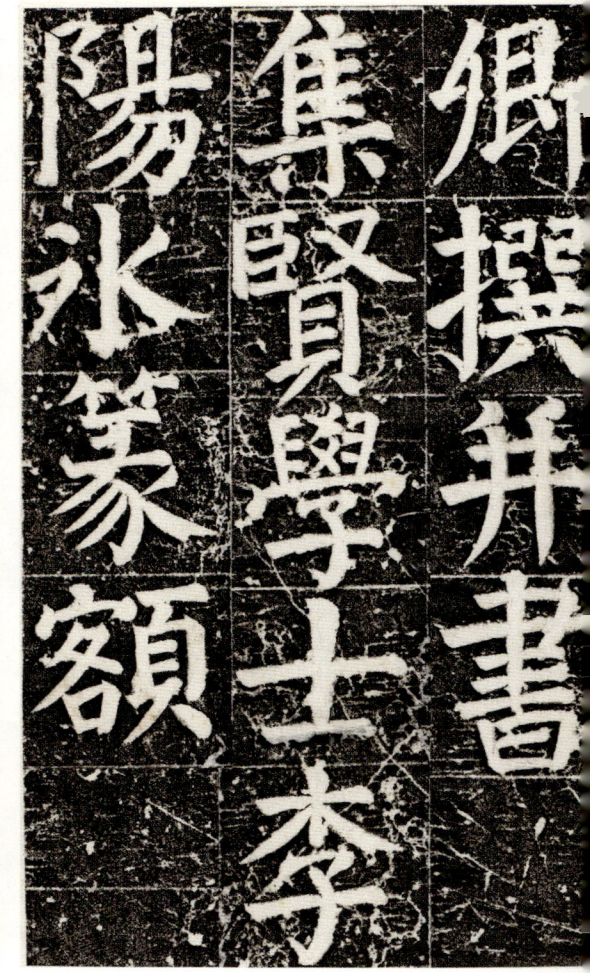

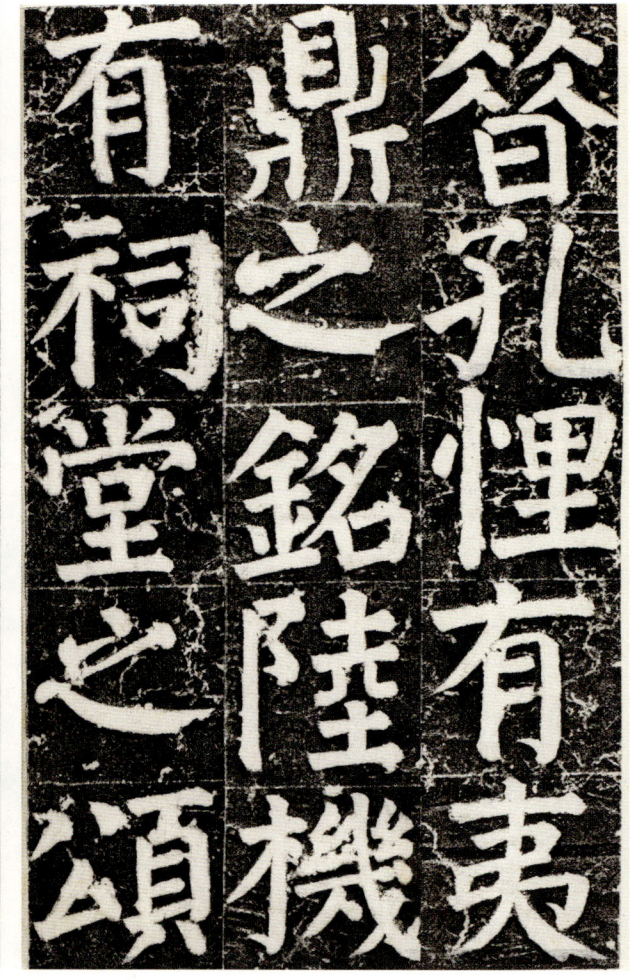

不空和尚碑

民国拓

剪裱本（1册40页）

24.5cm×15cm

唐建中二年(781)刻，又称《广智三藏和尚碑》，全称《唐大兴善寺故大德大辩正广智三藏和尚碑铭并序》。严郢撰文，徐浩书丹。碑原立于长安城大兴善寺内，宋初移至文庙，后入藏京兆府学，即今西安碑林。

碑为螭首龟座，通高305cm，宽99cm。碑文楷书，24行，满行48字。碑额圭形，楷书『唐大兴善寺大辩正广智三藏国师之碑』。

馆藏拓本有张钫题签、钤印，并钤有『豫北临漳和文轩珍藏书画印』朱文方印等多枚印章。

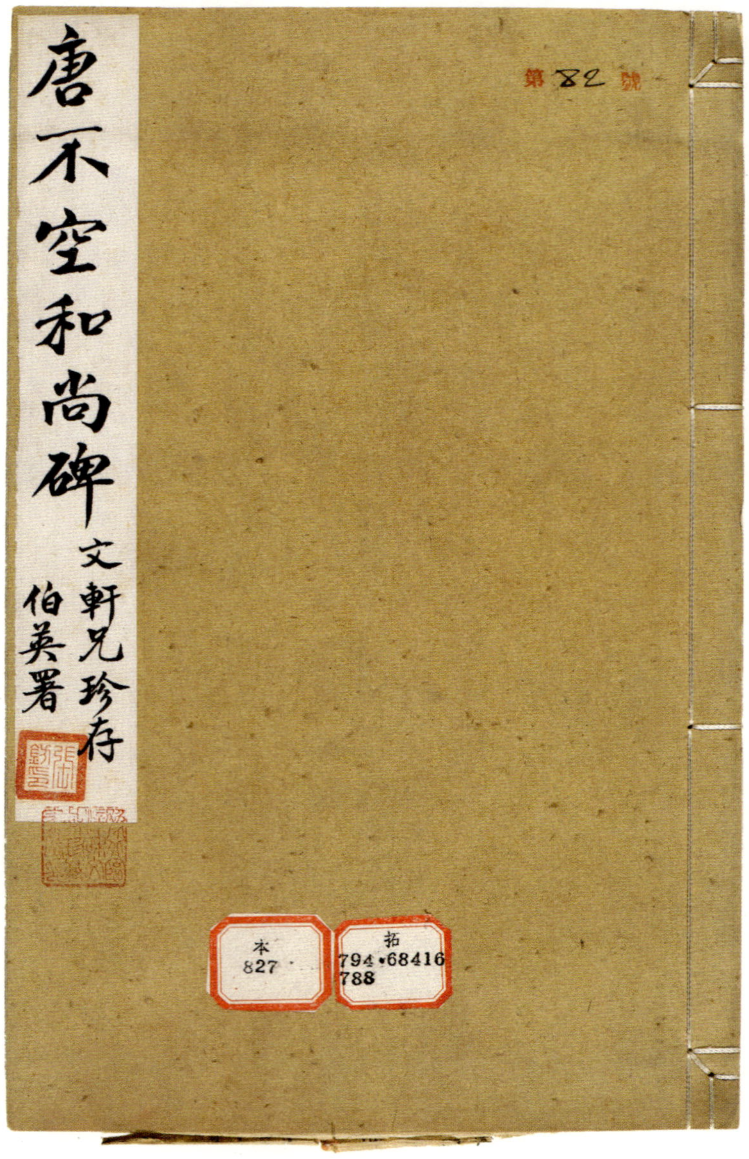

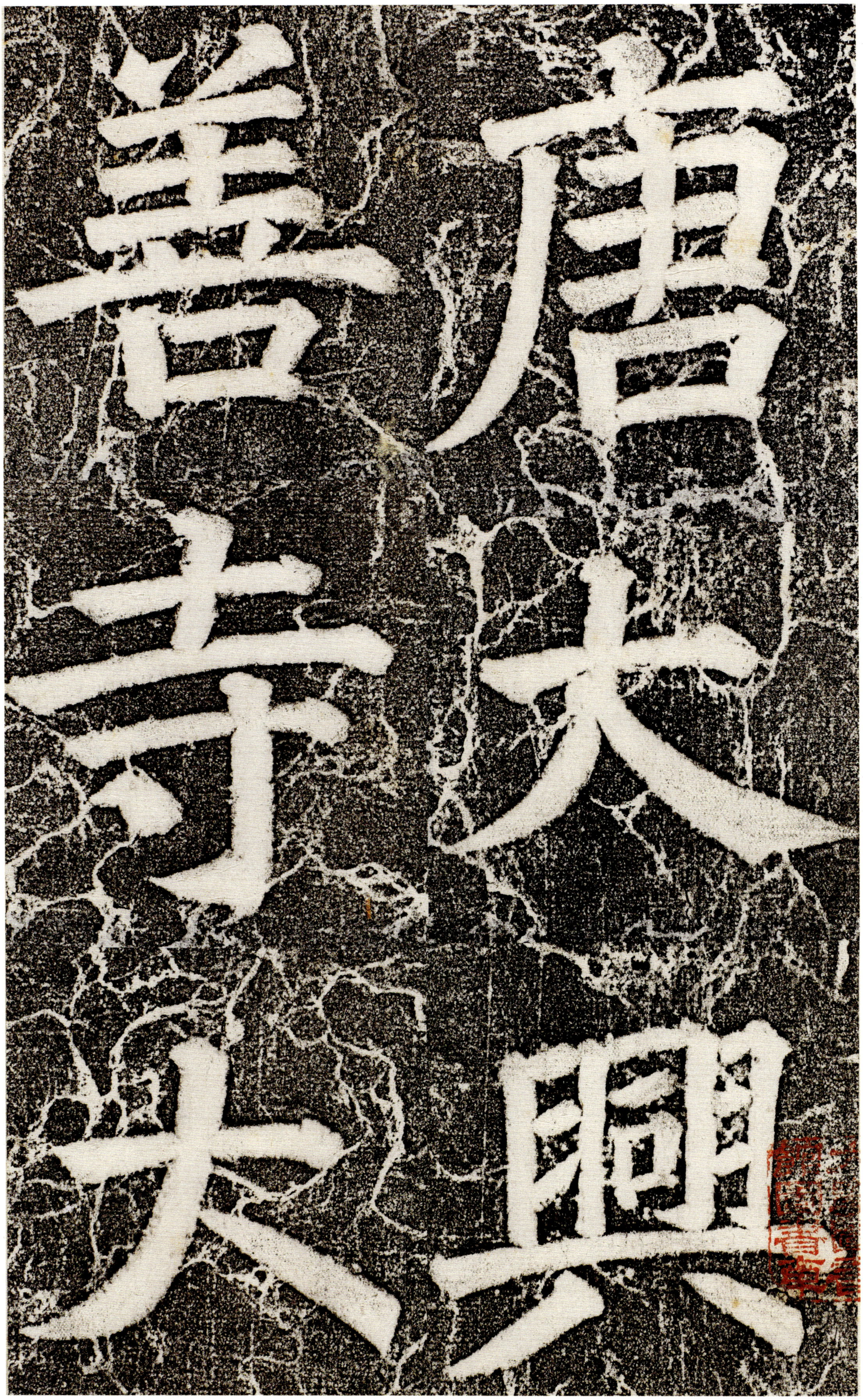
唐大興
善寺大

辯正廣
智三藏
國師之
碑

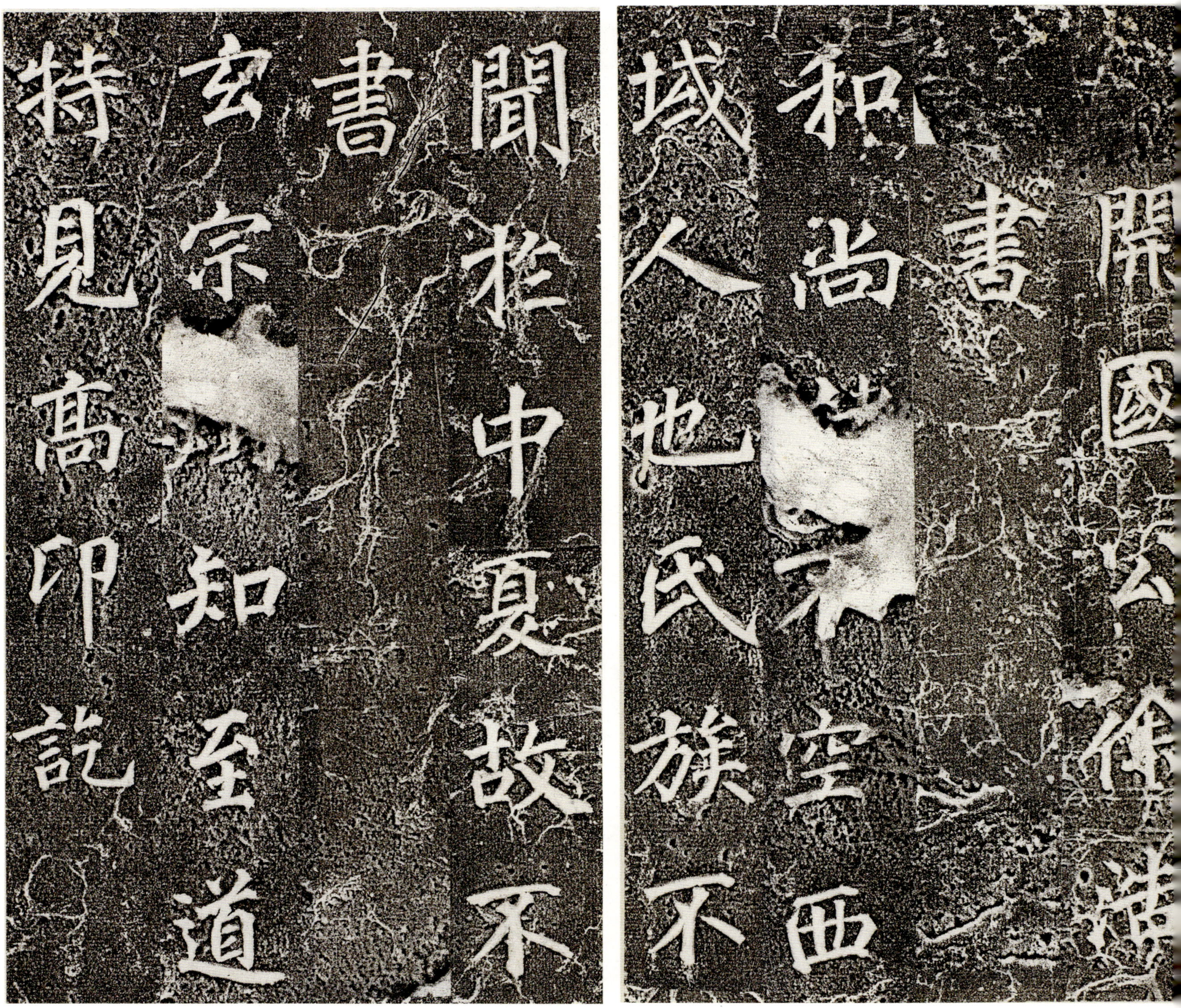
開國公
書
和尚不空西
域人也氏族不
聞於中夏故不
書
玄宗知至道
特見高卬訖

大秦景教流行中国碑

民国拓

整纸立轴

227cm×131cm

唐建中二年（781）刻。波斯传教士景净撰，吕秀岩书并题额。碑原立于长安大秦寺，明天启五年（1625）出土后安置于西安城西的崇仁寺，清光绪三十三年（1907）入藏碑林，今藏于西安碑林博物馆。

碑螭首龟座，通高 279cm，宽 99cm。碑额楷书『大秦景教流行中国碑』，题字上方刻有一个十字架图案，以莲台祥云烘托。碑文 32 行，满行 62 字，楷书。碑文首末两行及碑下部刻有叙利亚文，两侧刻有景教僧侣的叙利亚文、汉文双语署名。

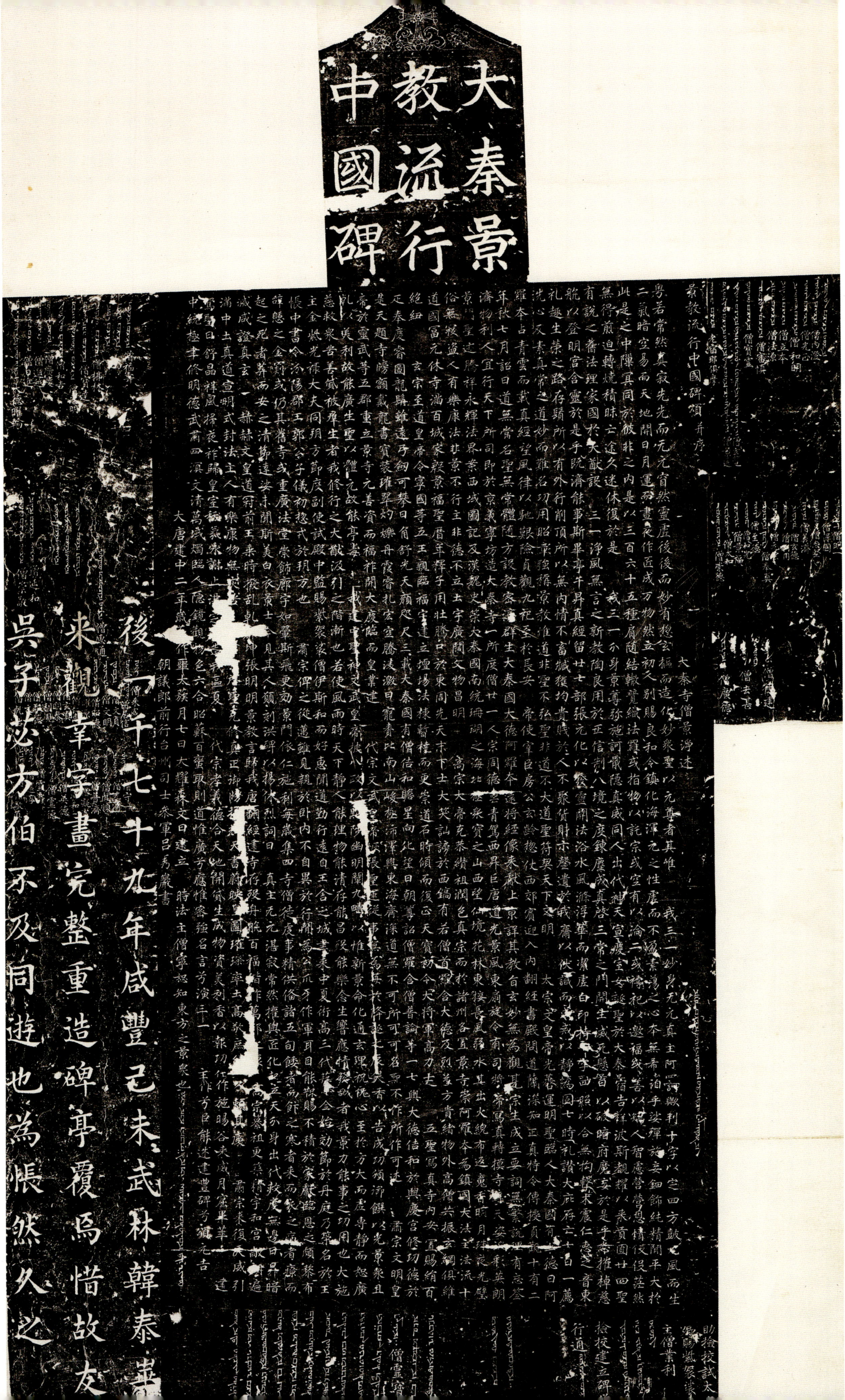
大秦景教流行中國碑
後一千七十九年咸豐己未武林韓泰華
來觀幸字畫完整重造碑亭覆焉惜故友
吴子苾方伯不及同遊也為悵然久之

开成石经

清拓
剪裱本（220册）
25.2cm×14.5cm

始刻于唐太和七年（833），唐开成二年（837）刻成，因刻成于开成年间，故称《开成石经》。郑覃住持刊刻，艾居晦、陈玠等书写。包含《周易》《尚书》《毛诗》《周礼》《仪礼》《礼记》《春秋左氏传》《公羊传》《穀梁传》《孝经》《论语》《尔雅》12种儒家经典，另附《五经文字》《九经字样》。最初放置于长安城务本坊国子监中，经唐末五代战乱，北宋时移入京兆府学，即今西安碑林博物馆。清康熙三年（1664），贾汉复等人集唐《开成石经》中的字样补刻《孟子》，共同构成儒家经典"十三经"。

《开成石经》共114石，文刻两面，共228面，字列8行，共650252字。每碑经石高216cm，宽70cm至90cm不等，下设方座，中插经碑，上置碑额。每碑上下分列8栏，每栏约刻37行，满行10字。每经篇首用唐隶刻成，经文为法度严谨的唐楷。石经末尾刊刻有『开成二年丁巳岁月次于玄日维丁亥』字样。

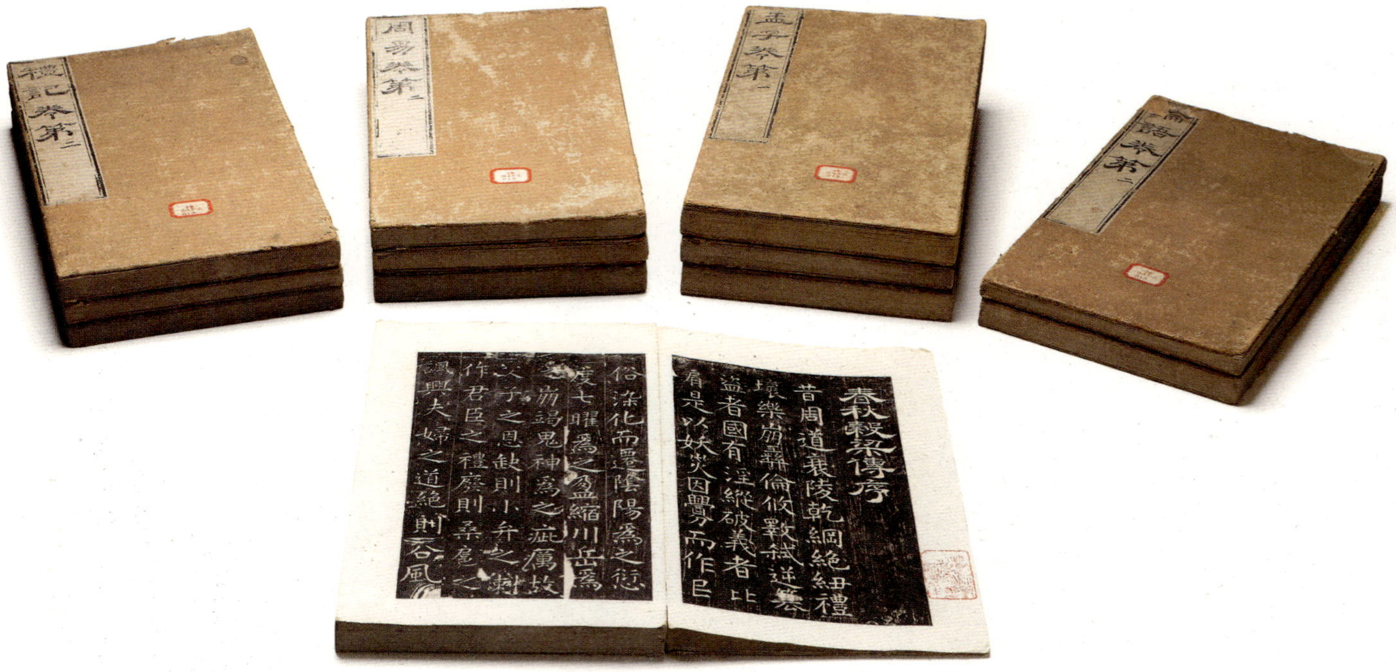

毛詩卷第一
周南關雎詁訓傳第一
毛詩國風　鄭氏箋
關雎后妃之德也風之始
也所以風天下而正夫婦
也故用之鄉人焉用之邦
國焉風風也教也風以動
之教以化之詩者志之所
之也在心爲志發言爲詩
情動於中而形於言言之
不足故嗟歎之嗟歎之不

儀禮卷第一
士冠禮第一　儀禮
鄭氏注
士冠禮筮于廟門主人玄
冠朝服緇帶素韠即位于
門東西面有司如主人服
即位于西方東面北上筮
與席所卦者具饌于西塾
布席于門中闑西閾外西
面筮人執筴抽上韇兼執
之進受命於主人宰自右

尚書序

古者伏犧氏之王天下也始畫八卦造書契以代結繩之政由是文籍生焉伏犧神農黃帝之書謂之三墳言大道也少昊顓頊高辛唐虞之書謂之五典言常道也至于夏商周之書雖設教不倫雅誥奧義其歸一揆是故歷代寶之以爲大訓八卦之說謂之八

漢司空掾任城樊何休序

昔者孔子有云吾志在春秋行在孝經此二學者聖人之極致治世之要務也傳春秋者非一本據亂而作其中多非常異義可怪之論說者疑惑至有倍經任意反傳違戾者其勢雖問不得不廣是以講誦師言至於百萬猶有不解時加釀嘲辭援引他經失其

春秋穀梁傳序

昔周道衰陵乾綱絶紐禮壞樂崩彝倫攸斁弑逆篡盜者國有淫縱破義者比肩是以妖災因釁而作民俗染化而遷陰陽爲之愆度七曜爲之盈縮川岳爲之崩竭鬼神爲之疵厲故父子之恩缺則小弁之刺作君臣之禮廢則桑扈之諷興夫婦之道絶則谷風

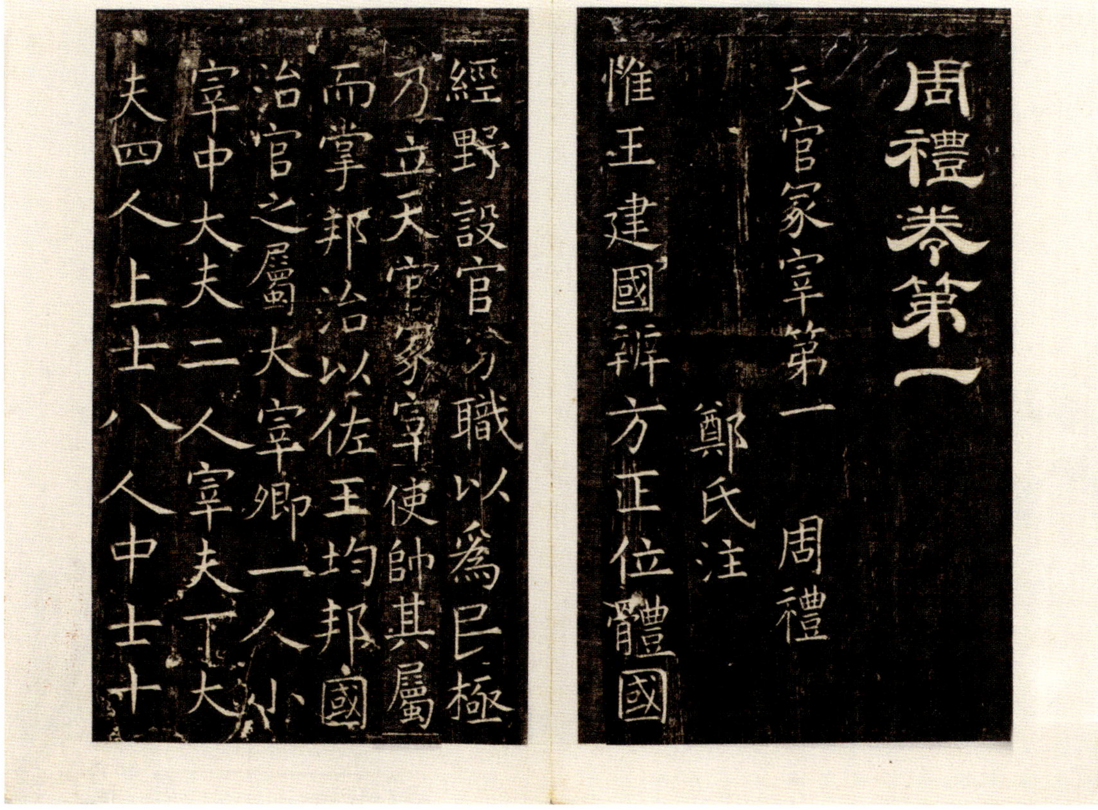
周禮卷第一
天官冢宰第一　周禮
鄭氏注
惟王建國辨方正位體國
經野設官分職以爲民極
乃立天官冢宰使帥其屬
而掌邦治以佐王均邦國
治官之屬大宰卿一人小
宰中大夫二人宰夫下大
夫四人上士八人中士十

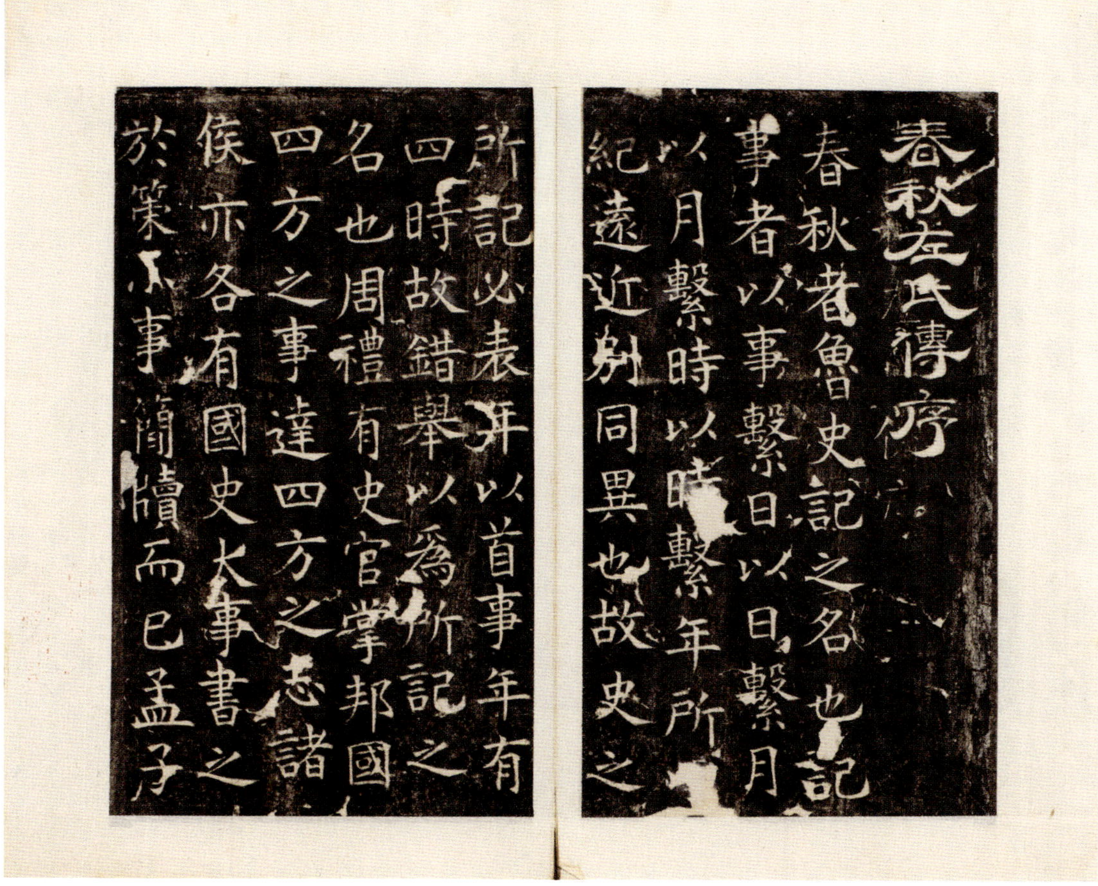
春秋左氏傳序
春秋者魯史記之名也記
事者以事繫日以日繫月
以月繫時以時繫年所
紀遠近別同異也故史之
所記必表年以首事年有
四時故錯舉以爲所記之
名也周禮有史官掌邦國
四方之事達四方之志諸
侯亦各有國史大事書之
於策小事簡牘而已孟子

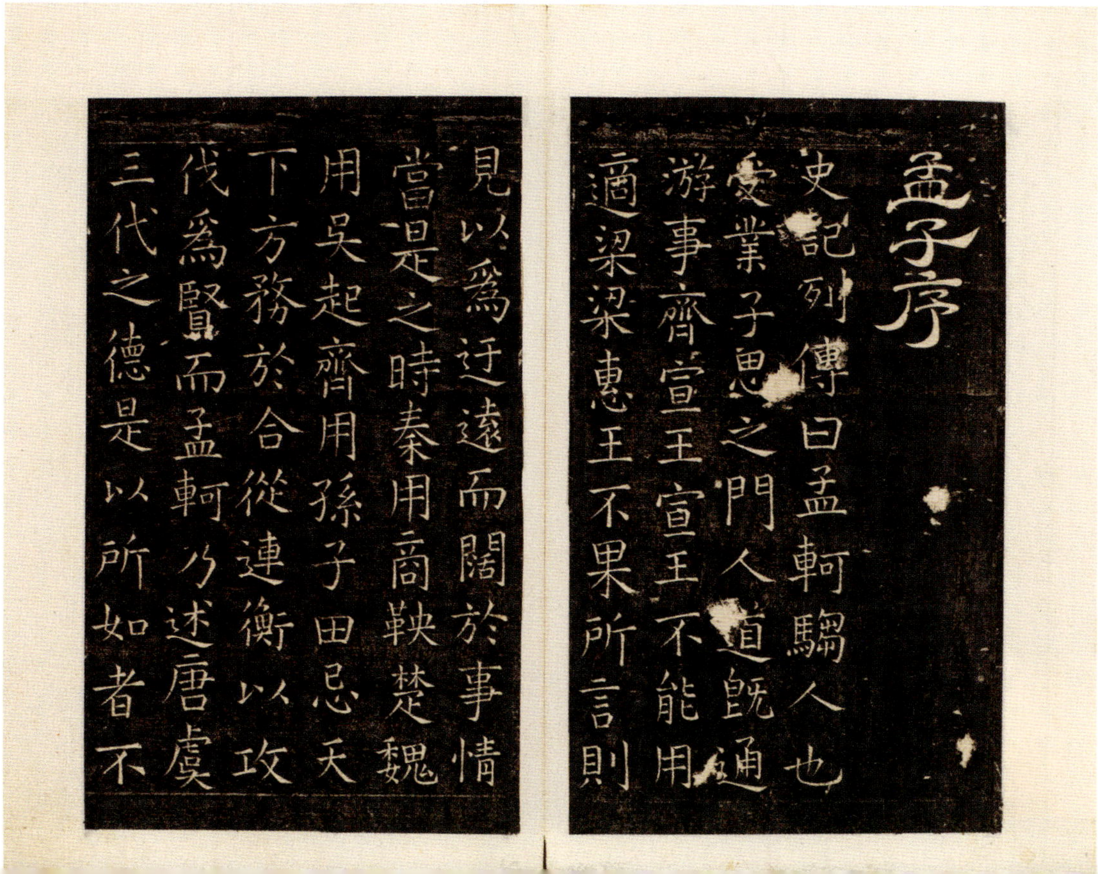
孟子序
史記列傳曰孟軻騶人也
受業子思之門人道既通
游事齊宣王宣王不能用
適梁梁惠王不果所言則
見以爲迂遠而闊於事情
當是之時秦用商鞅楚魏
用吳起齊用孫子田忌天
下方務於合從連衡以攻
伐爲賢而孟軻乃述唐虞
三代之德是以所如者不

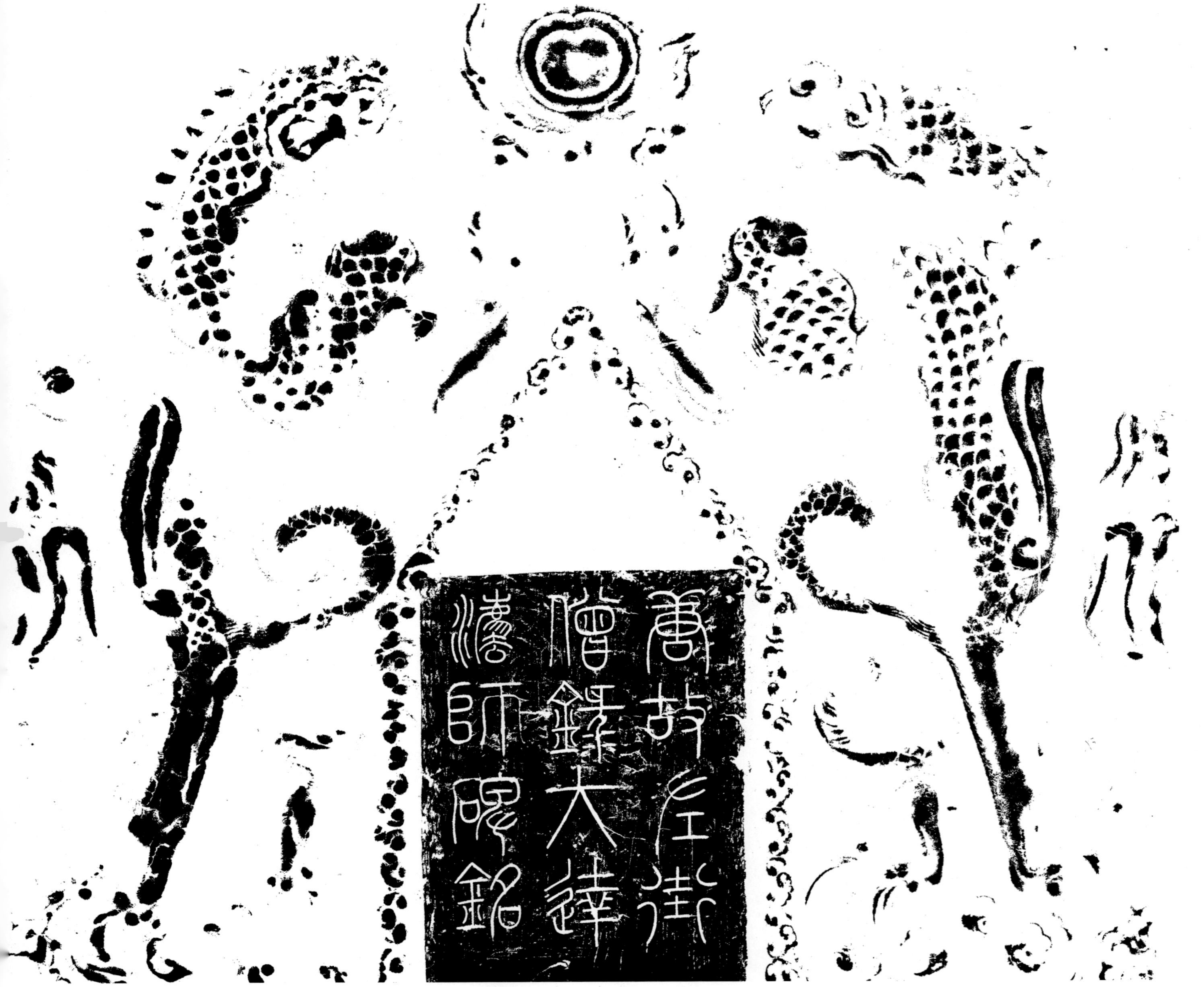

玄秘塔碑

清拓
整纸立轴
359cm×170cm

唐会昌元年（841）十二月立。裴休撰，柳公权书并篆额，邵建和、邵建初镌刻。碑原立于唐长安城安国寺内，北宋时入藏西安碑林。

碑螭首方座，通高386cm，宽120cm。碑额篆书『唐故左街僧录大达法师碑铭』。碑文楷书，28行，满行54字，首题『唐故左街僧录内供奉三教谈论引驾大德安国寺上座赐紫大达法师玄秘塔碑铭并序』。碑侧刻蔓草纹。

馆藏拓本将碑额、碑阳、碑侧整裱为一轴，观之可见原碑全貌，此裱本世所罕见。

碑额（篆書）：唐故／僧錄大達／法師碑銘

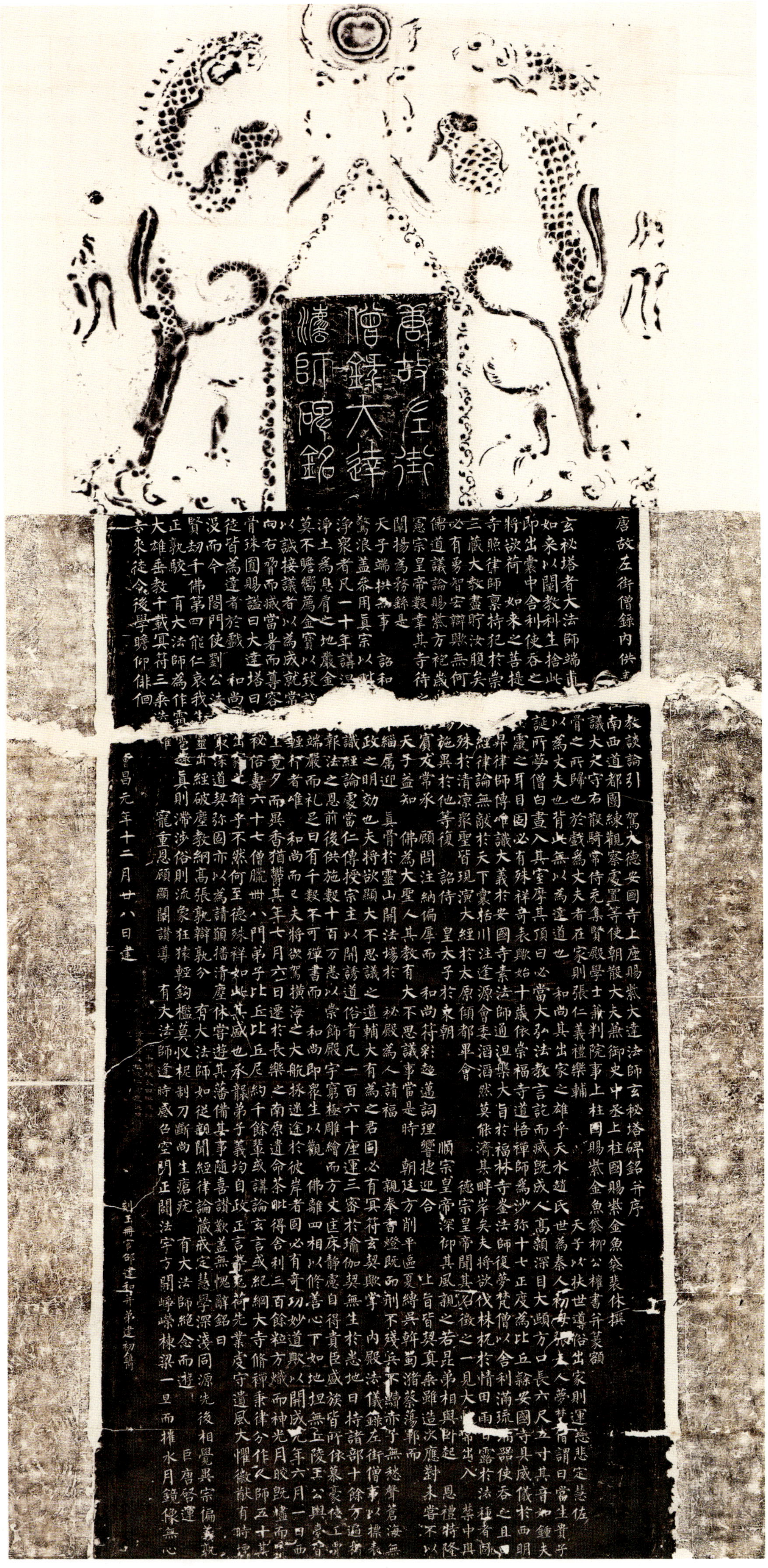

陕西师范大学图书馆藏精品集萃

书画篇

典英珍撷

吴伟《二十神仙图》（传）

明

纸本

31cm×575cm

江夏 小僊

江夏 小僊

唐寅《江边垂钓图》（传）

明

绢本

31cm×249cm

煙水雲山天梯
風容我一魚
竿麒麟閣上丹青筆要畫須

文徵明《深山松壑图》（传）

明

绢本

48cm×92cm

仇英《山涧栈道图》（传）

明

绢本

46cm×136cm

宋旭《山水》

明

绢本

38cm×81cm

憨山大师行书对联（传）

明

纸本

40cm×160cm

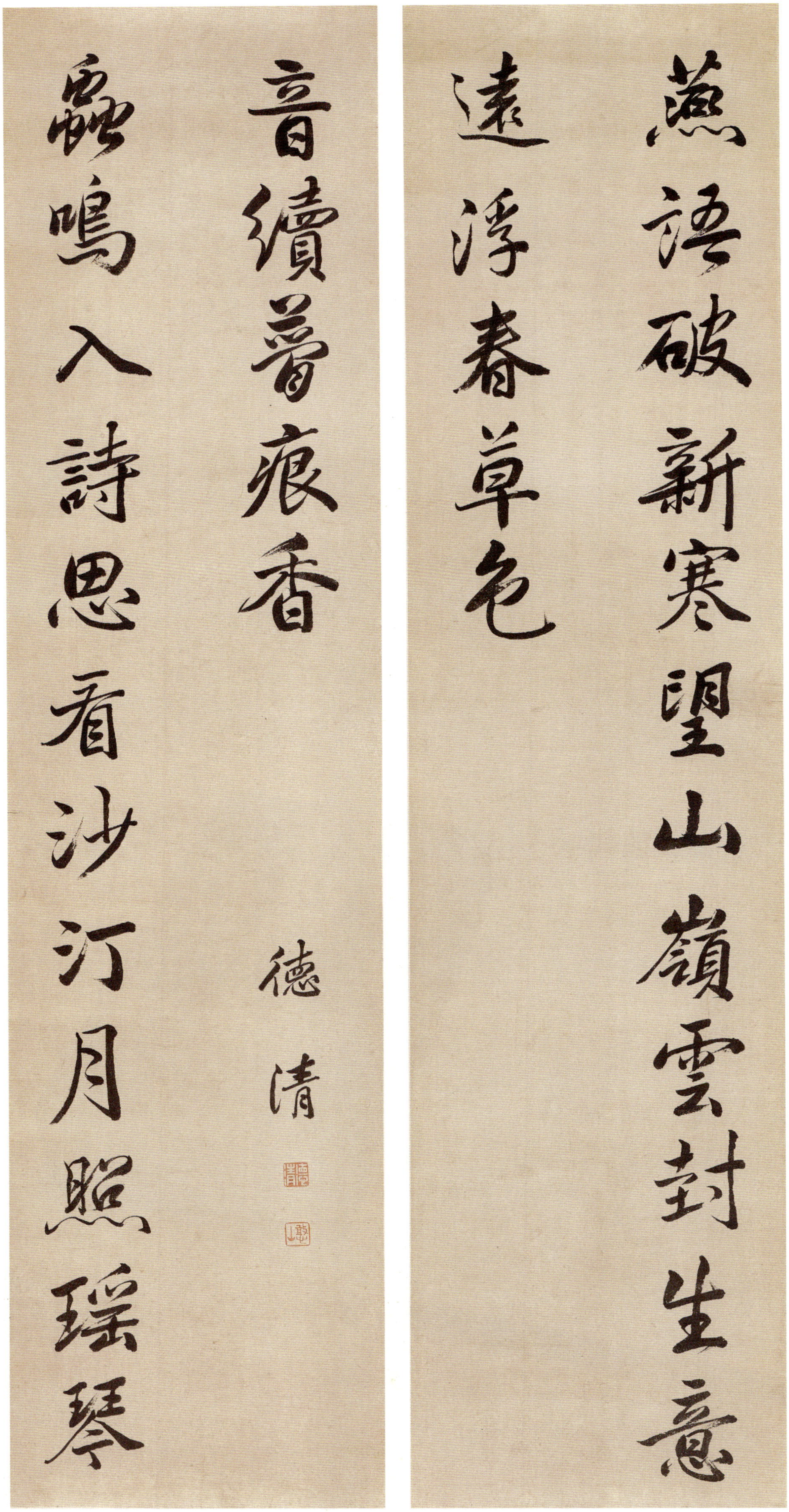

董其昌行书册页《别赋》（传）

明

纸本

13cm×22cm

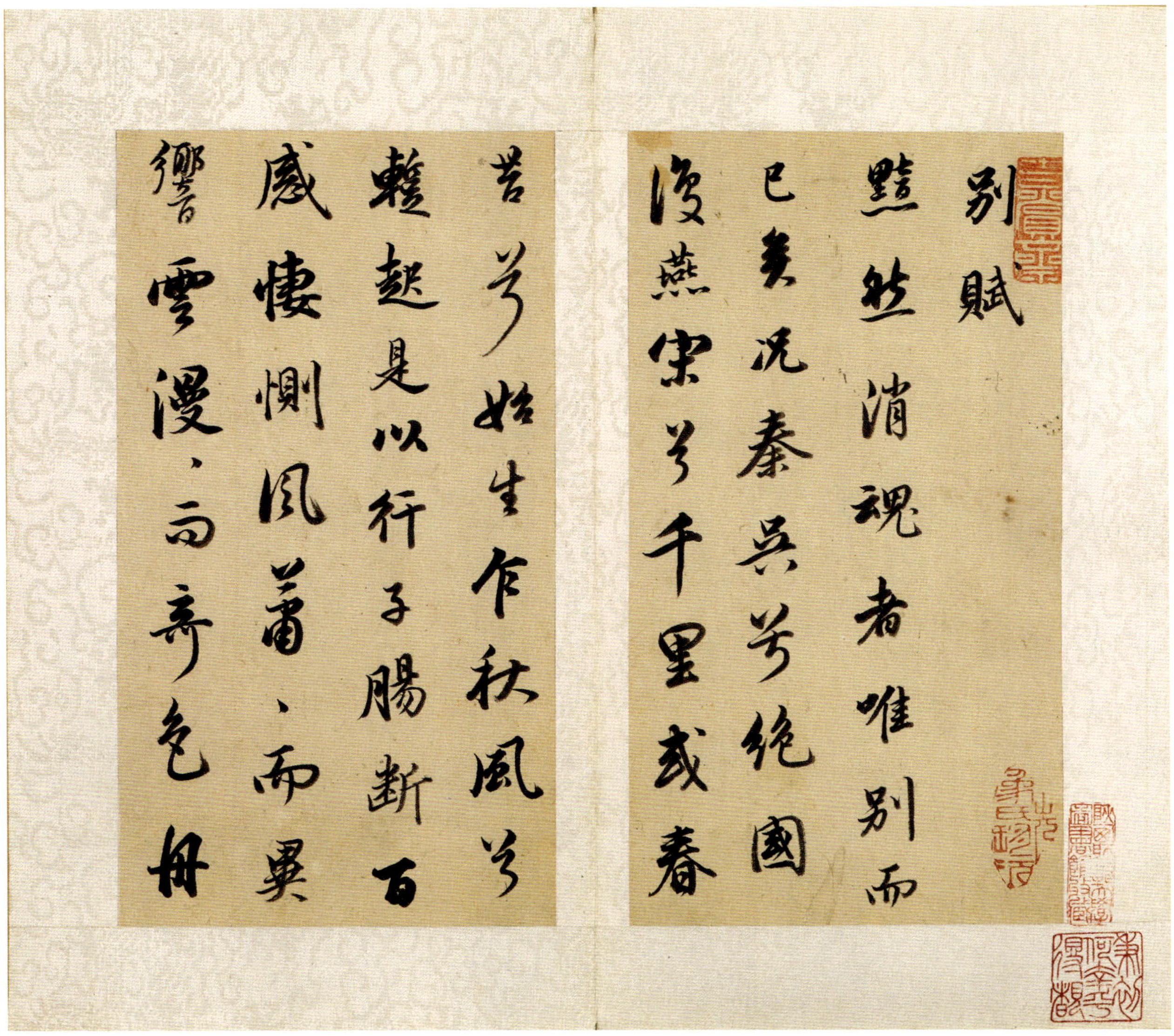
別賦
黯然消魂者唯別而
已矣况秦吳兮絕國
復燕宋兮千里或春
苔兮始生乍秋風兮
蹔起是以行子腸斷百
感悽惻風蕭蕭而異
響雲漫漫而奇色舟

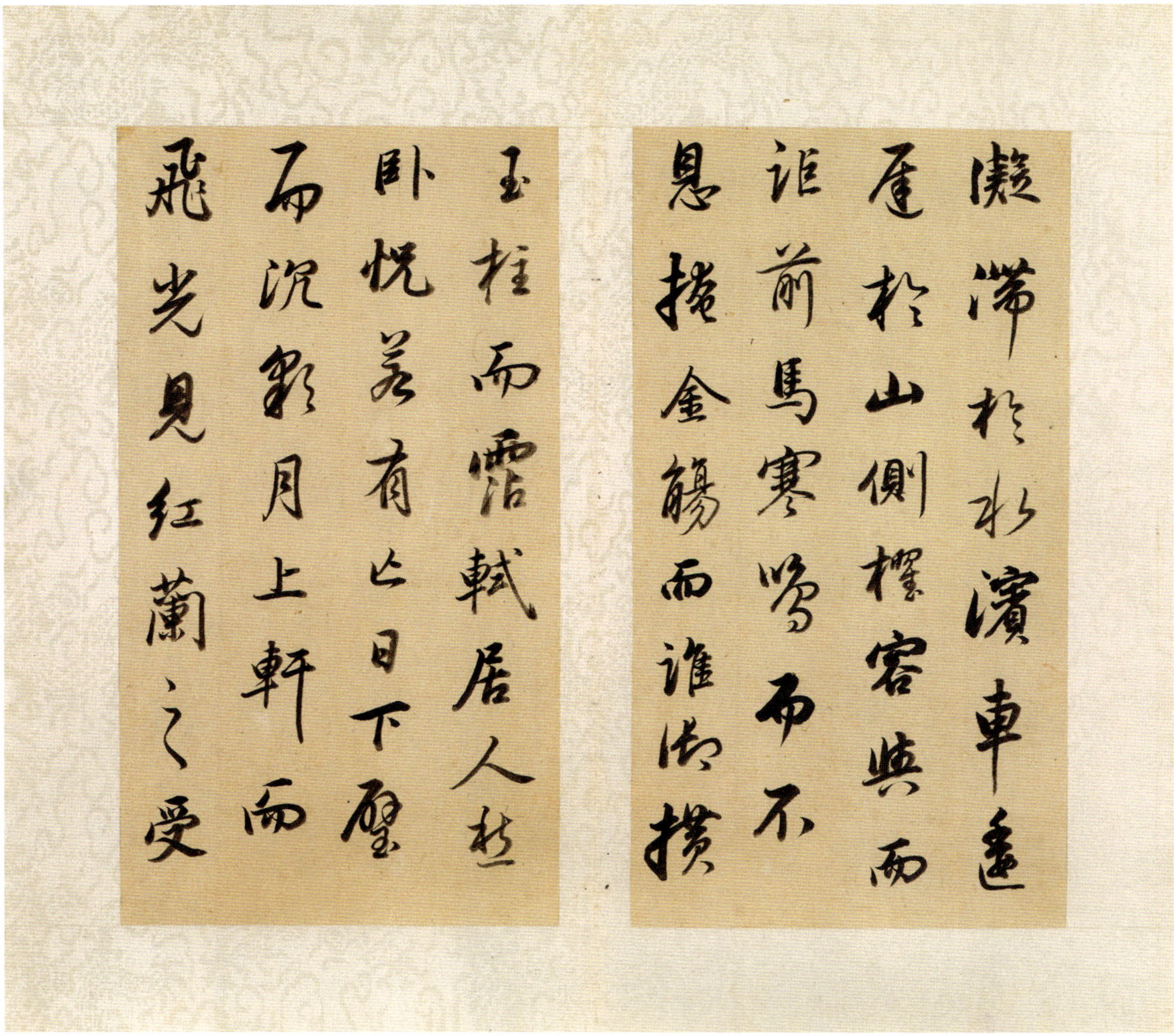
凝滯於水濱車逶
遲於山側櫂容與而
詎前馬寒鳴而不
息掩金觴而誰御横
玉柱而霑軾居人愁
卧怳若有亡日下壁
而沉彩月上軒而
飛光見紅蘭之受

露空青楸之雜霜

達層樓而空捲捧

錦幕而雲凉知離

夢之蹰躇意別魂

之飛揚攲別雖一

緒事乃万族玉著

龍馬銀鞍朱軒繡

軸帳飲東都送客金

積空善千文示余披賞為

日風雨如晦沁頗久處於

求如見霽毫偶挂於古書

竟此卷觀君必評為余東

家筆安在也

辛亥臘月　董其昌

余書蓋恆神隨奧所如故

為勾吏此册豈搬虞永興

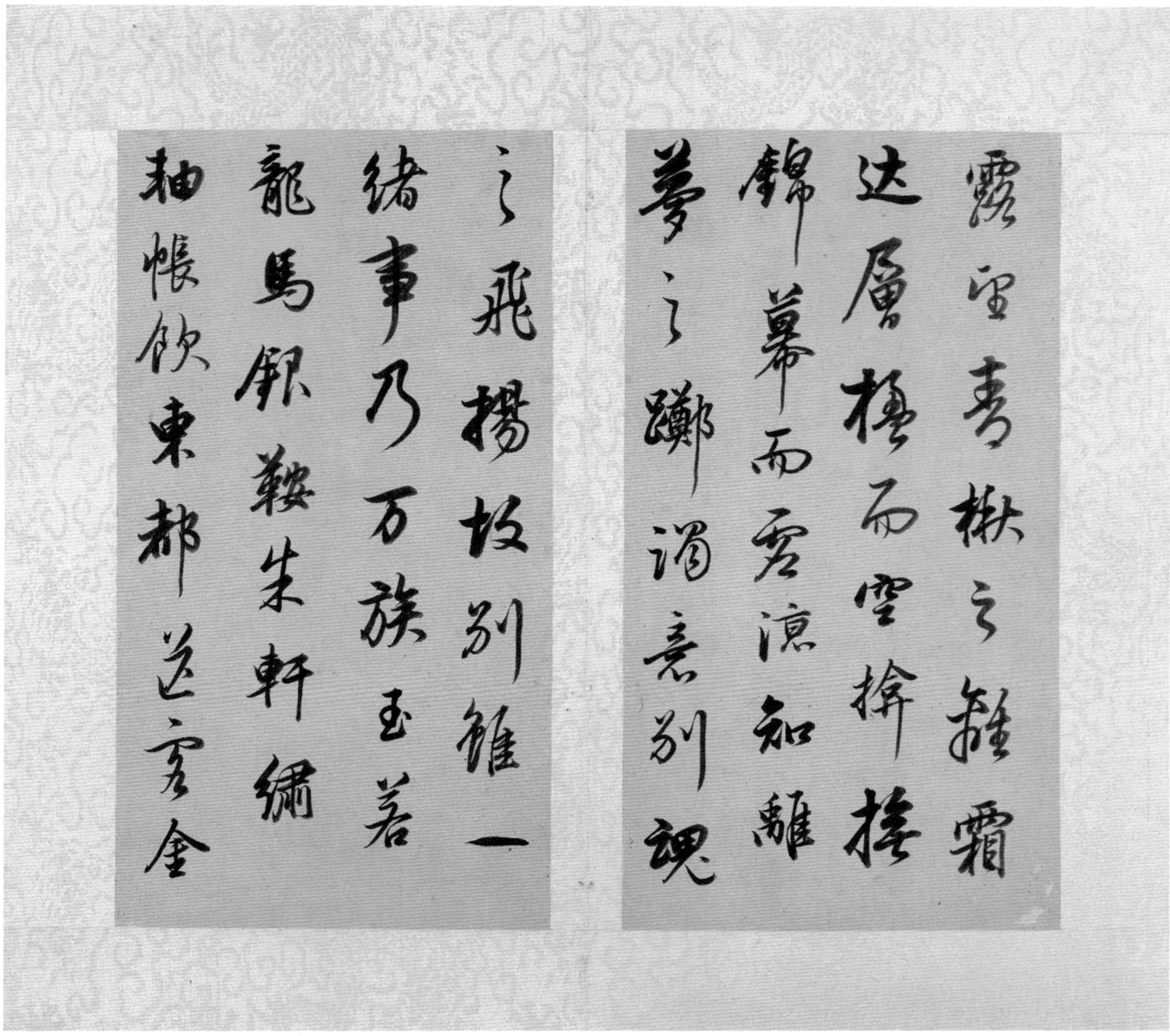

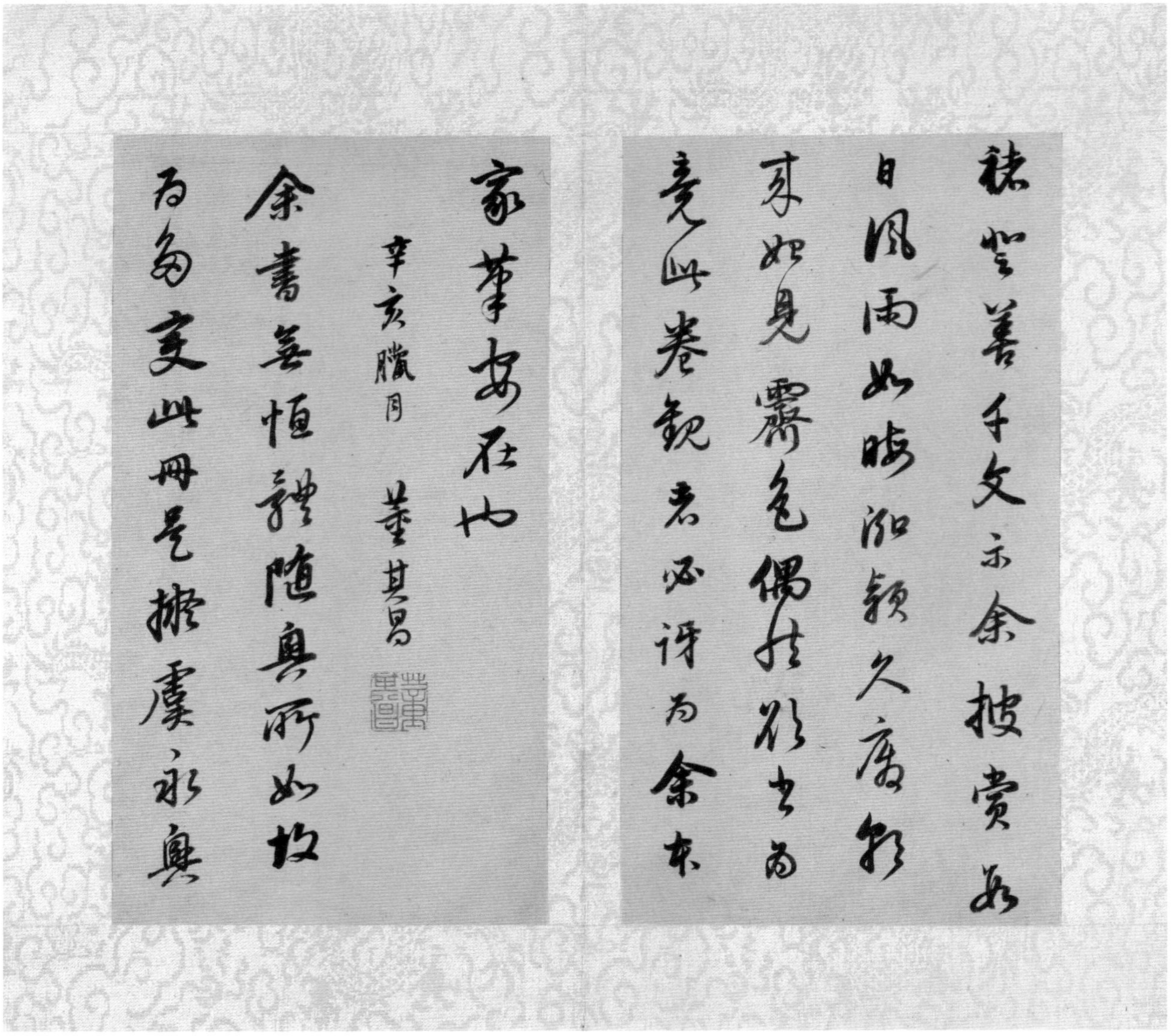

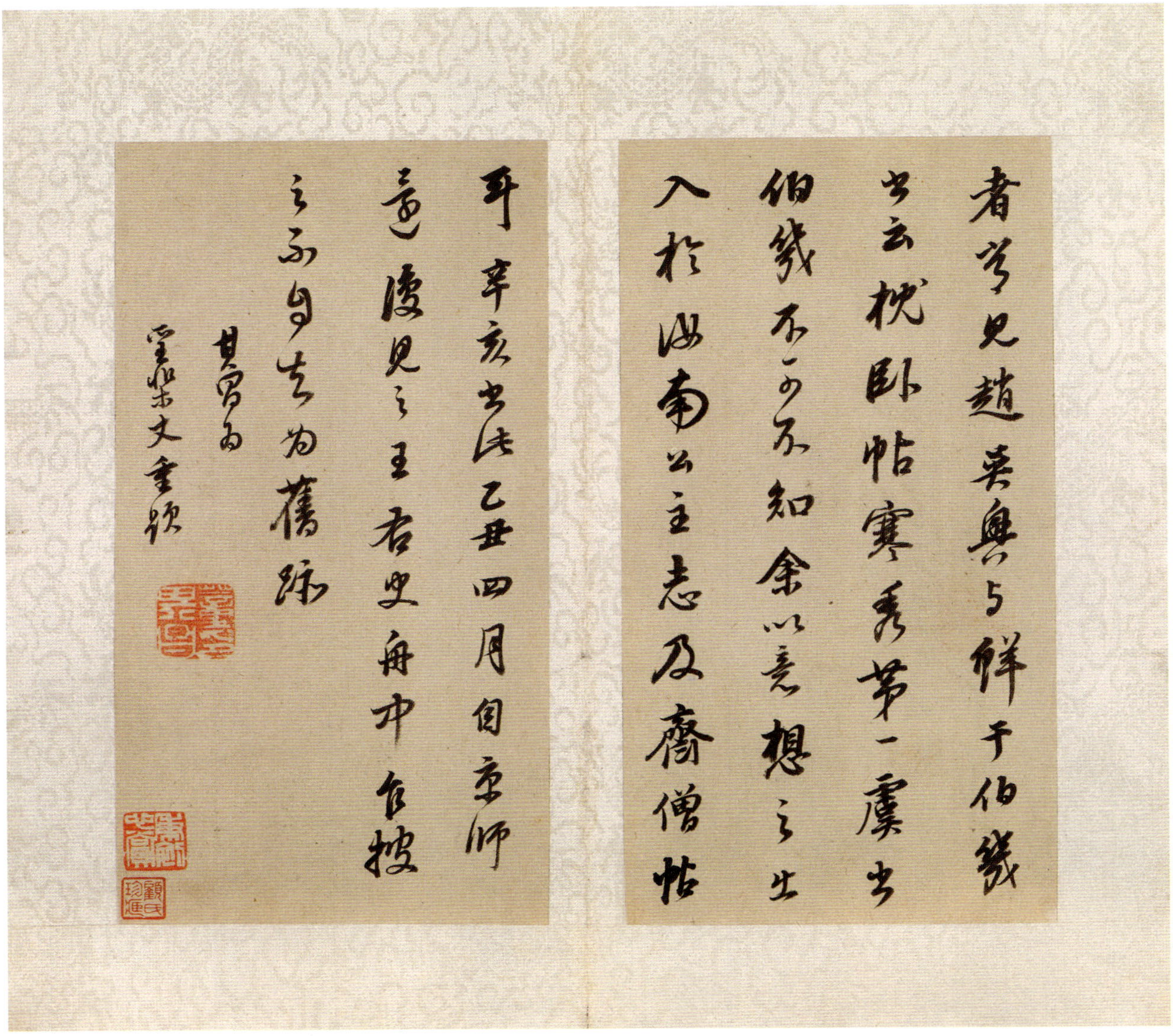
者嘗見趙吳興與鮮于伯幾
書云，枕卧帖寒秀第一，虞書
伯幾不可不知，余以意想之，生
入於海南公主志及齋僧帖
耳。辛亥出使，乙丑四月自京師
還，復見之王右史舟中，爲披
之，如見吾舊緣。
其昌爲
寧柴文重題

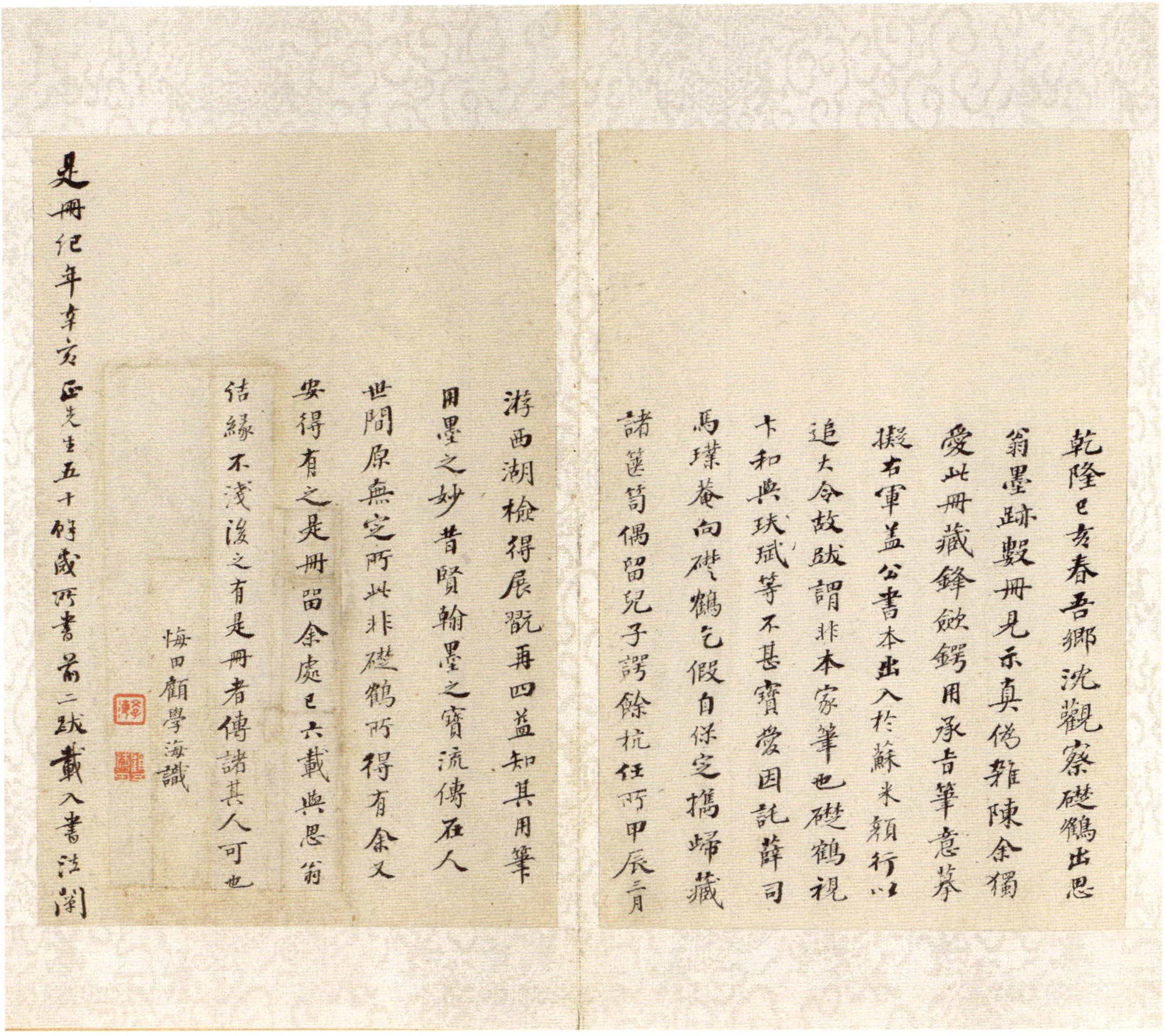
乾隆己亥春，吾鄉沈觀察礎鶴出思
翁墨跡數冊見示，真偽雜陳，余獨
愛此冊藏鋒斂鍔，用承旨筆意，摹
擬右軍，蓋公書本出入於蘇米顏行以
追大令，故跋謂非本家筆也。礎鶴視
卞和與玞碔等，不甚寶愛，因託薛司
馬璞菴向礎鶴乞假，自保定攜歸藏
諸篋笥，偶留兒子諤餘杭任所。甲辰三月
游西湖，檢得展翫，再四益知其用筆
用墨之妙。昔賢翰墨之寶，流傳在人
世間，原無定所，此非礎鶴所得有，余又
安得有之。是冊留余處已六載，與思翁
結緣不淺，後之有是冊者，傳諸其人可也。
梅田顧學海識

是冊紀年辛亥，正先生五十餘歲所書，前二跋載入書法闡

宗可考後十四年復自題而謗之謂筆意多支不自知為舊

踢善得意語也玩其筆墨豐腴同規折矩祐孫遇庭所

謂既追陰絕復造平淡樣矣

玉煙堂所刻別賦此其真弦張司寇曾有照本刻入玉虹樓瀛海仙班帖內蓋此對

貌置照與此本不爽毫髮後自跋設思翁是書真得晉人瀟洒出塵之韻今

獲借觀為述顛末屬

雲兄謹藏之

蘇門朱野楊拭題

悔田又識二十九日

甲辰人日

翻翔董米之法那乃季四家重性密

才復但之分顧取可年宗近屬以高
法子鴻以為戴句之二也戊辰某書題地
游郢之氣邪
學和只先生近于宗會因再覽之
兀堇衆迫山師宋至晉人氣韻六米法邪
三家出其不及也及悔某心之武歡顿之
永玄先生其采以書發 鄉小侄堂泊

此冊為山陰顧氏藏本自乾隆間其先人悔田先生得此冊於沈碓崔觀察至今已及數世後

不輕吕示人今平妹閨克慶貳尹因需次迫於光景不得已而託西席朱渭翁代為轉售渭翁

用玉虹樓瀛海仙班帖內張司寇所臨此冊校對互勘分豪不爽其為重公真蹟無毫渭翁意

欲自留亦同措資匯易迨余留之隱年既非此中解人況與顧克翁同積於河干差委寒

窮之如一更何洗而得之武因念前賢片紙六縑等于星鳳定不易得蓮棚當一切始獲此

冊趙獻堂上家君囑誌以詩仍命初實藏後世子孫觀此冊讀此詩更當加意收存恪凜

祖訓固不僅與思翁結一段翰墨緣已

光緒十有九年嘉平朔日雲浦阿厚初識于爽門工次

復家珍文我家珍展特收某

祖為賞收後伯昆仍一唐但

米書此冊黃音人

此冊為刻去藏本之舊於兄子厚初識

而題此句以明己笑已各月悔以葦推

文記

薛濤箋

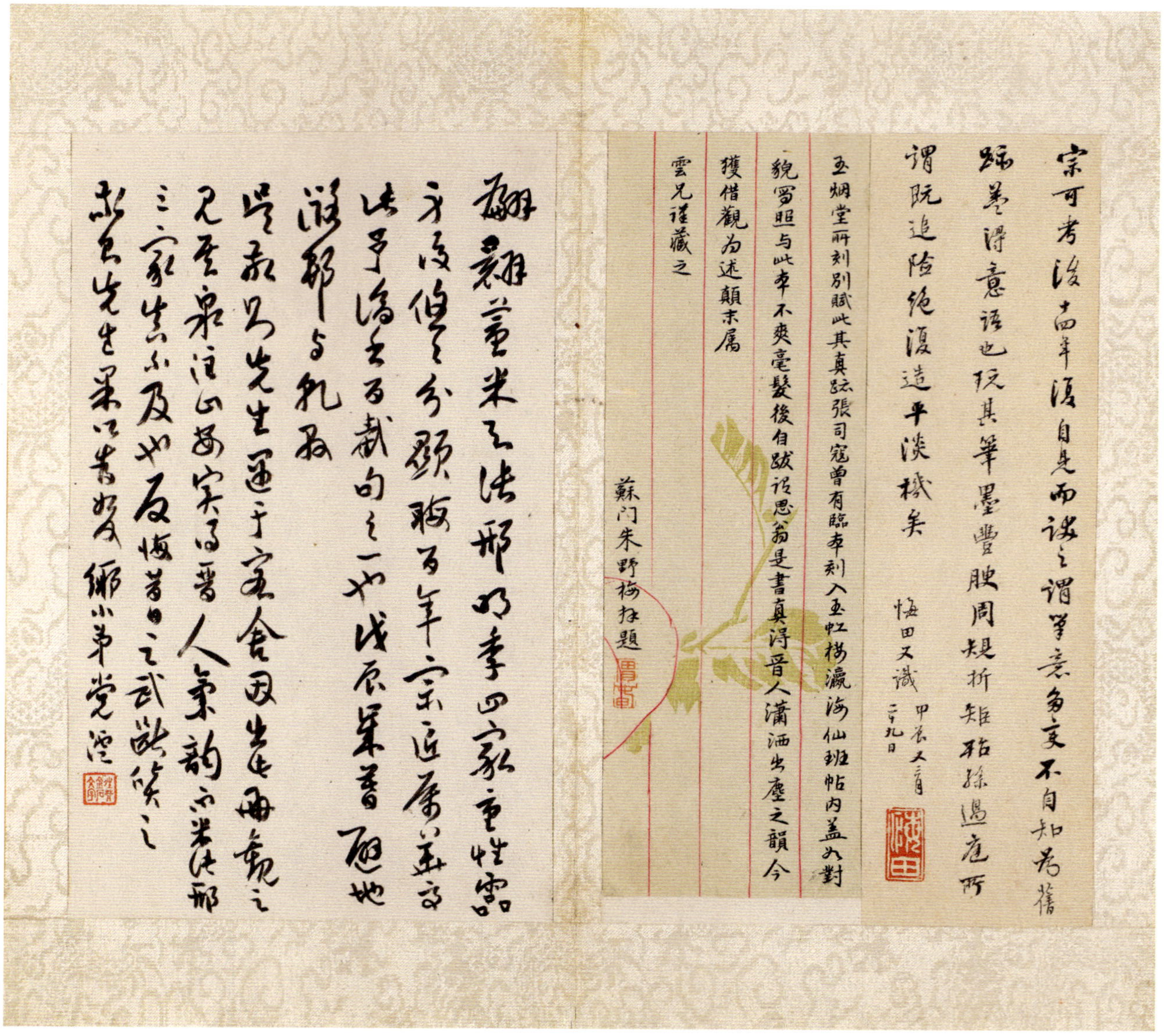

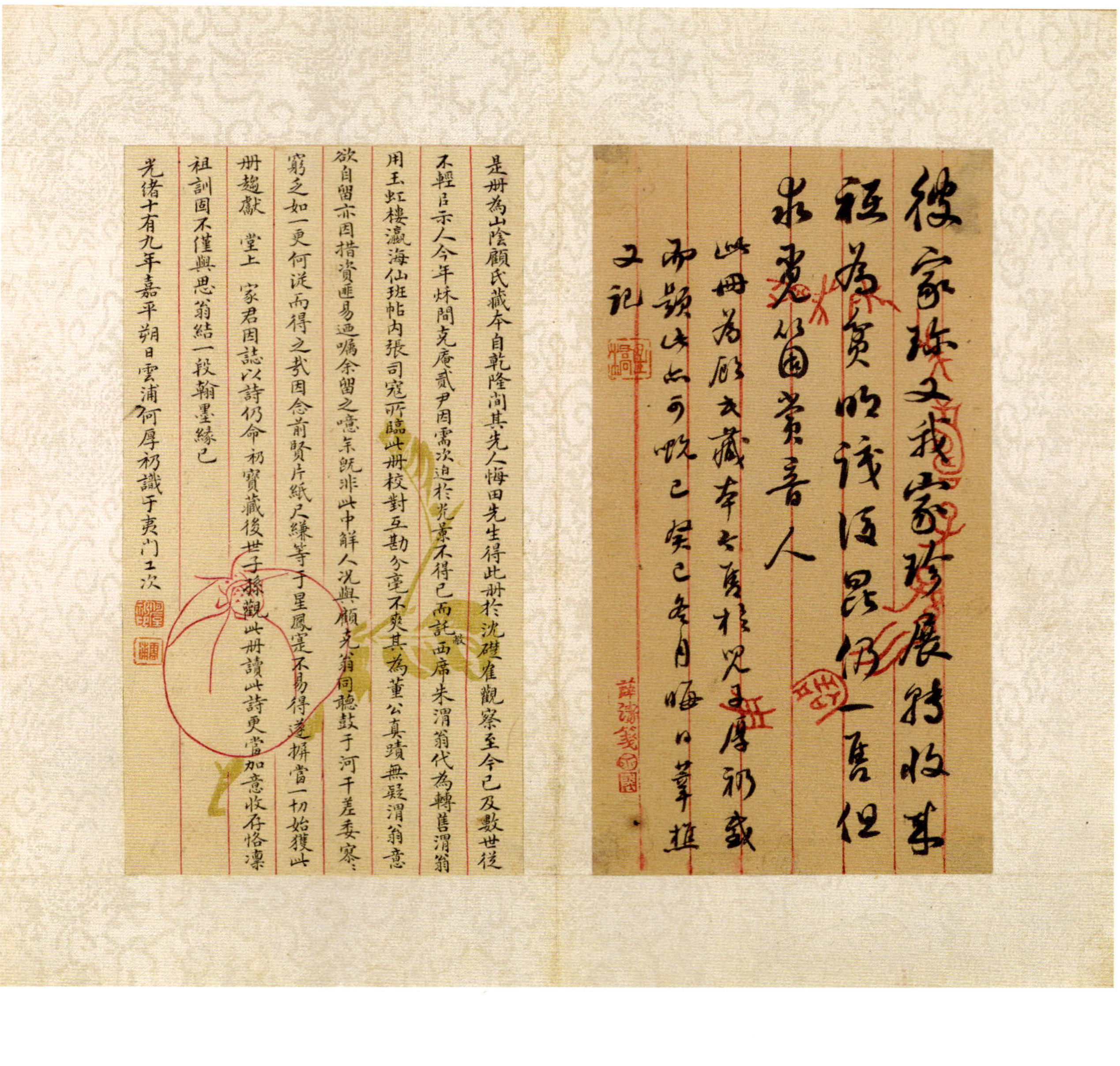

陈继儒《墨梅图》（传）

明

绢本

52cm×244cm

米万钟《风雨云烟图》（传）

明

纸本

43cm×158cm

张瑞图行书

明
纸本
29cm×133cm

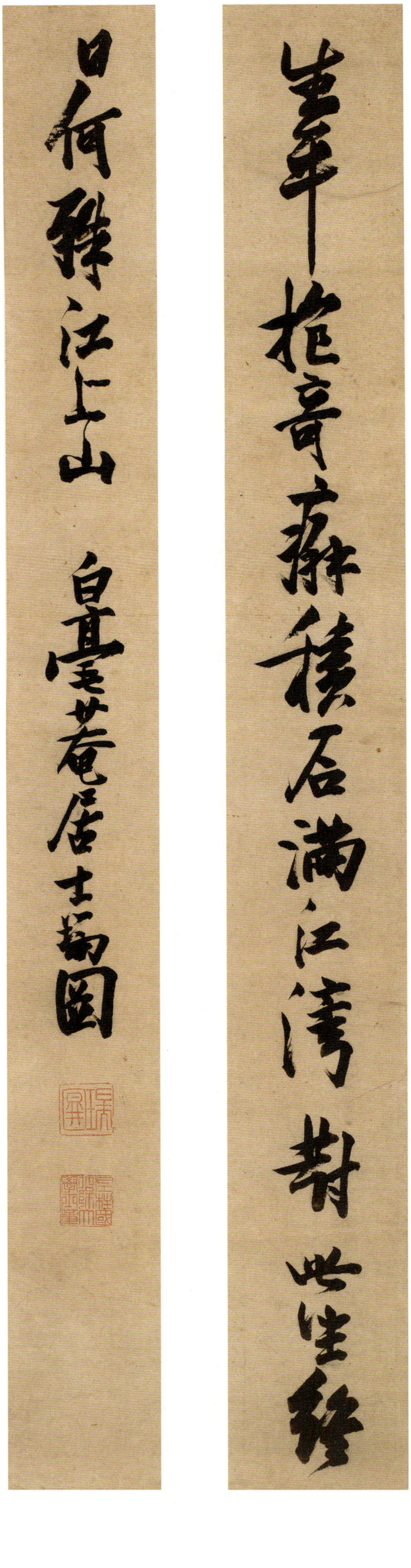

李流芳《仿倪云林山水》（传）

明

纸本

30cm×102cm

凌必正《山水图》（传）

明

纸本

35cm×105cm

蓝瑛《二逸秋憩图》（传）

明

绢本

47cm×154cm

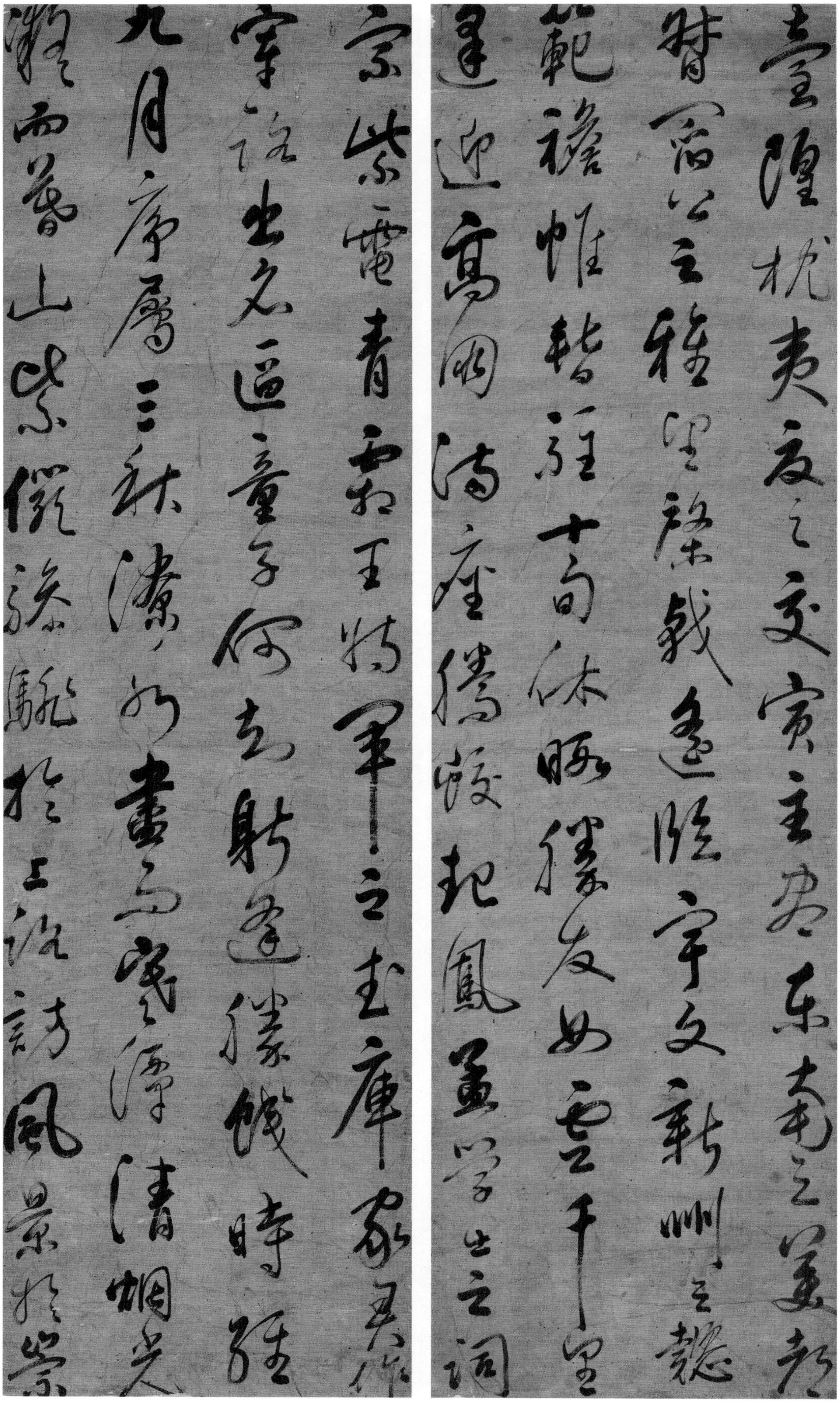

王铎行书《滕王阁序》

明

纸本

51cm×180cm

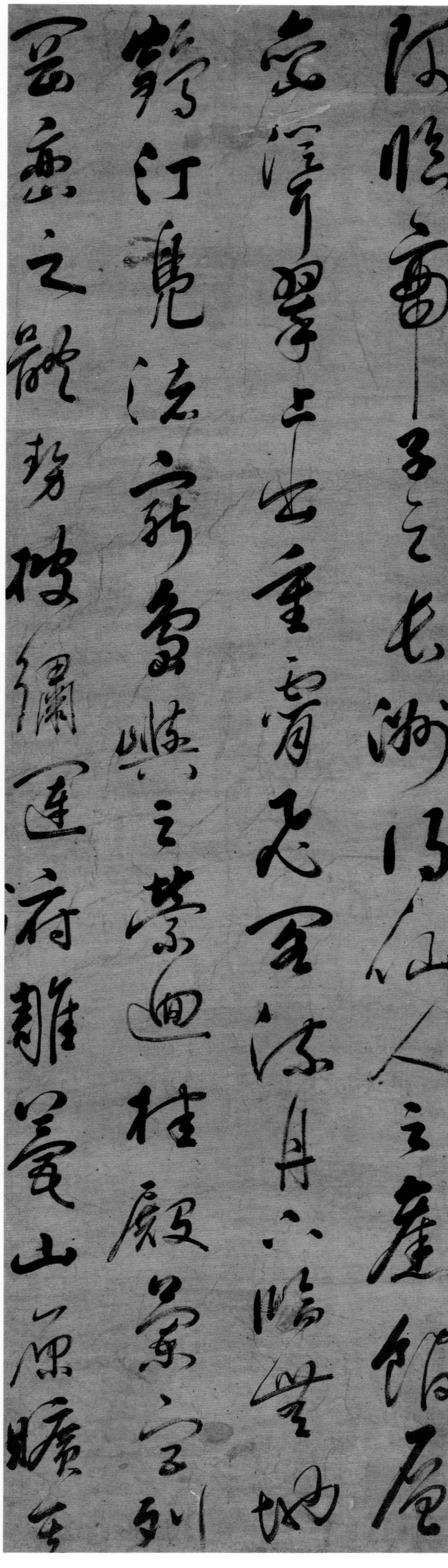
阿临帝子之长洲得仙人之旧馆层
峦耸翠上出重霄飞阁流丹下临无地
鹤汀凫渚穷岛屿之萦回桂殿兰宫列
冈峦之体势披绣闼俯雕甍山原旷其盈

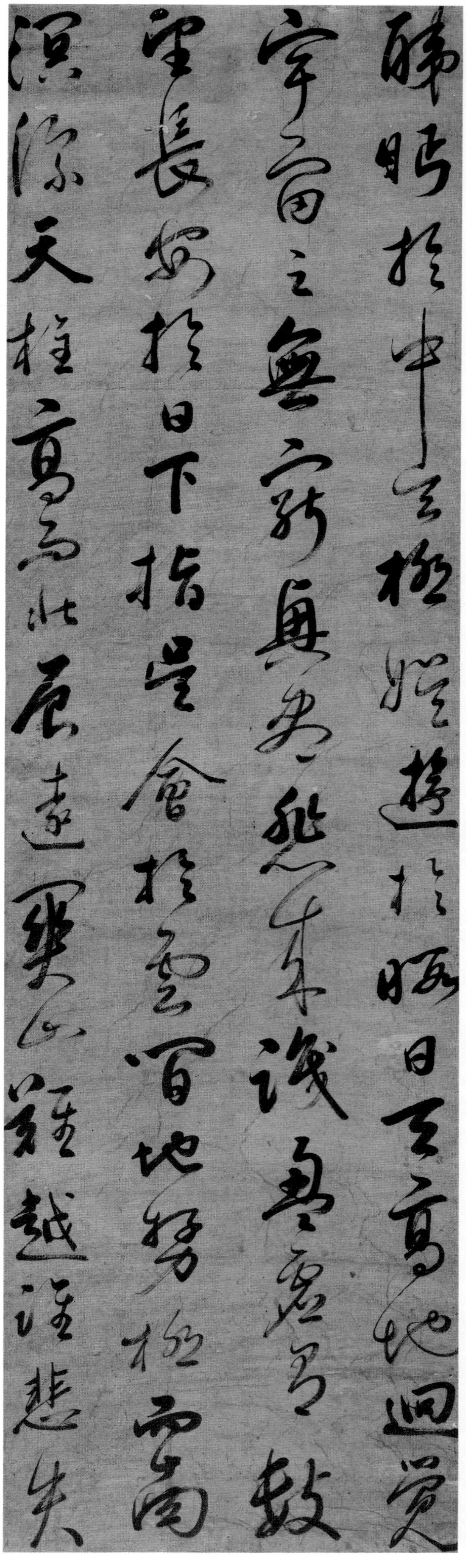
睇眄于中天极娱游于暇日天高地迥觉
宇宙之无穷兴尽悲来识盈虚之有数
望长安于日下指吴会于云间地势极而南
溟深天柱高而北辰远关山难越谁悲失

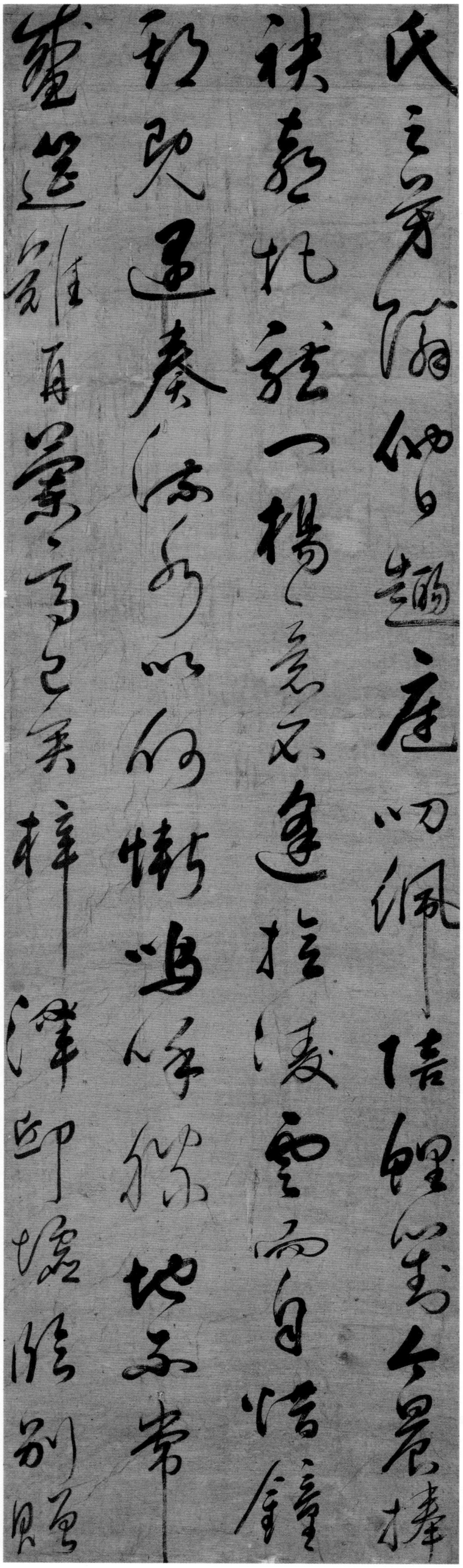

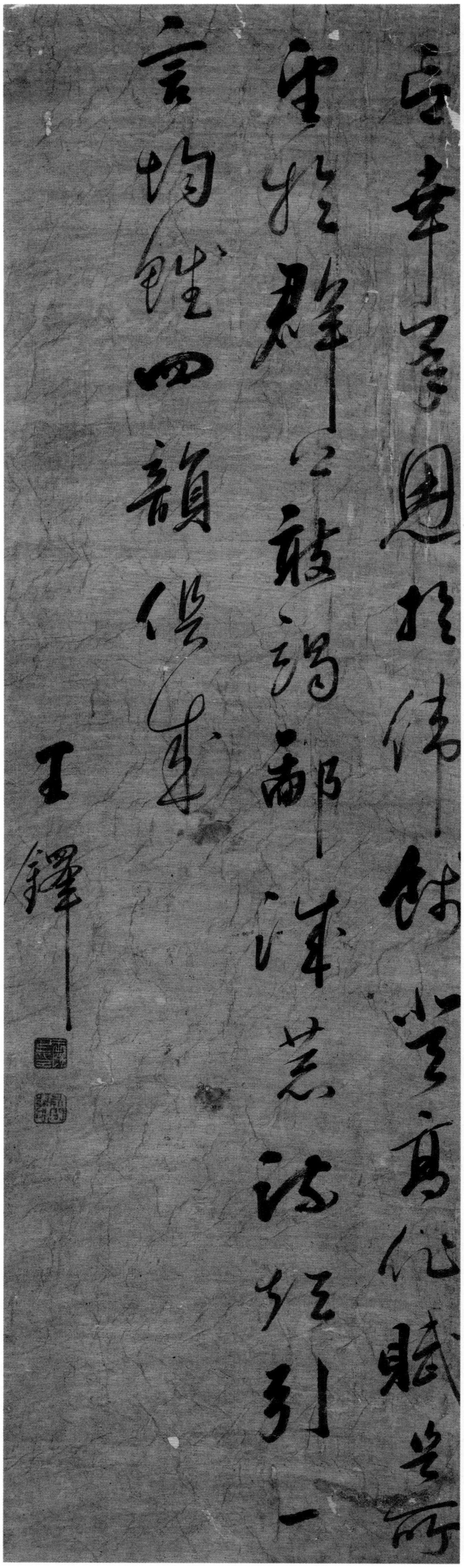

佚名《深山访友图》

明

绢本

95cm×160cm

无名氏《人物》

明

绢本

95cm×160cm

无名氏《小雀谷疏图》

明

纸本

60cm×129cm

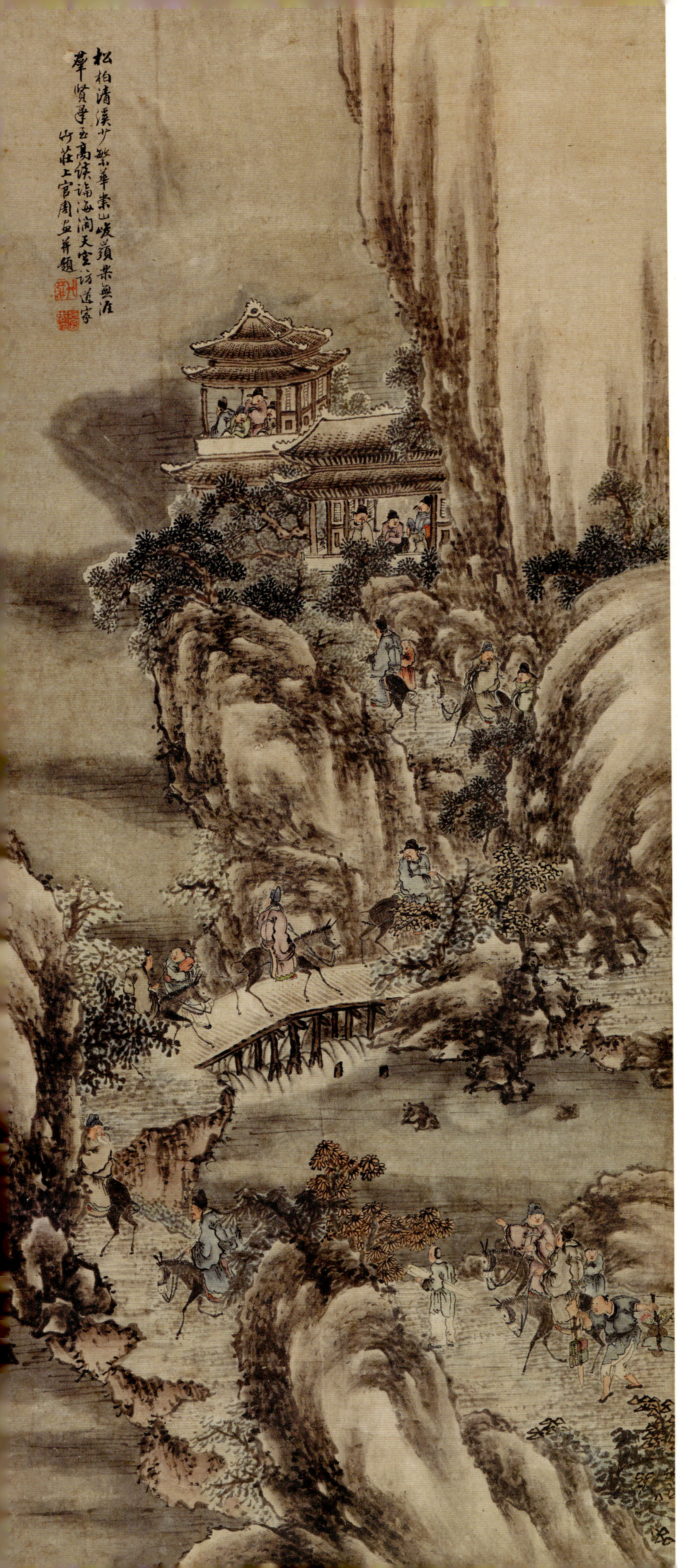

上官周《唐十八学士访道图》

清

纸本

47cm×114cm

上官周《杏花村山水图》

清

绢本

47cm×150cm

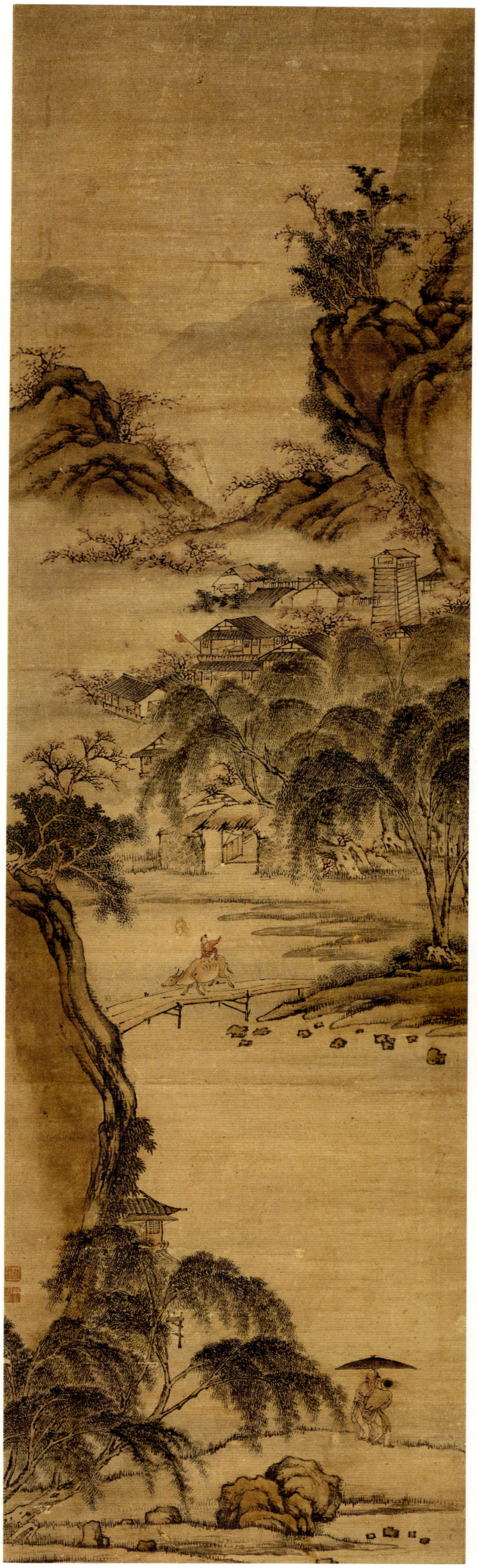

旦石氏《菊蟹图》

清

纸本

29cm×124cm

高其佩《鱼乐图》

清

纸本

28cm×109cm

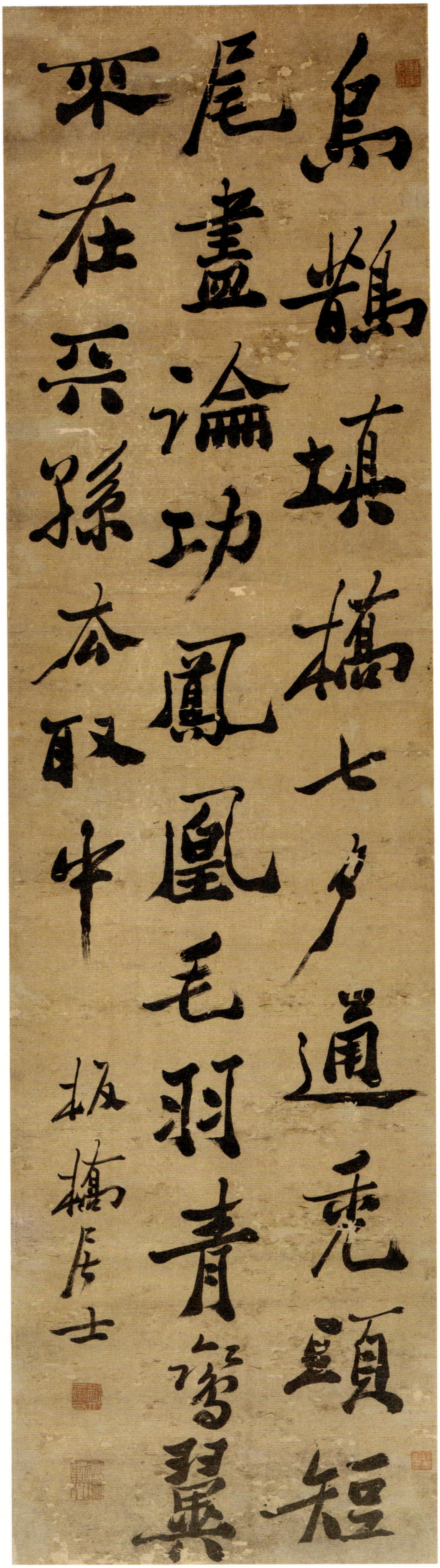

郑板桥行书

清

纸本

44cm×166cm

董邦达《山水图》（传）

清

纸本

41cm×171cm

闵贞《耄耋无忧图》

清

纸本

56cm×116cm

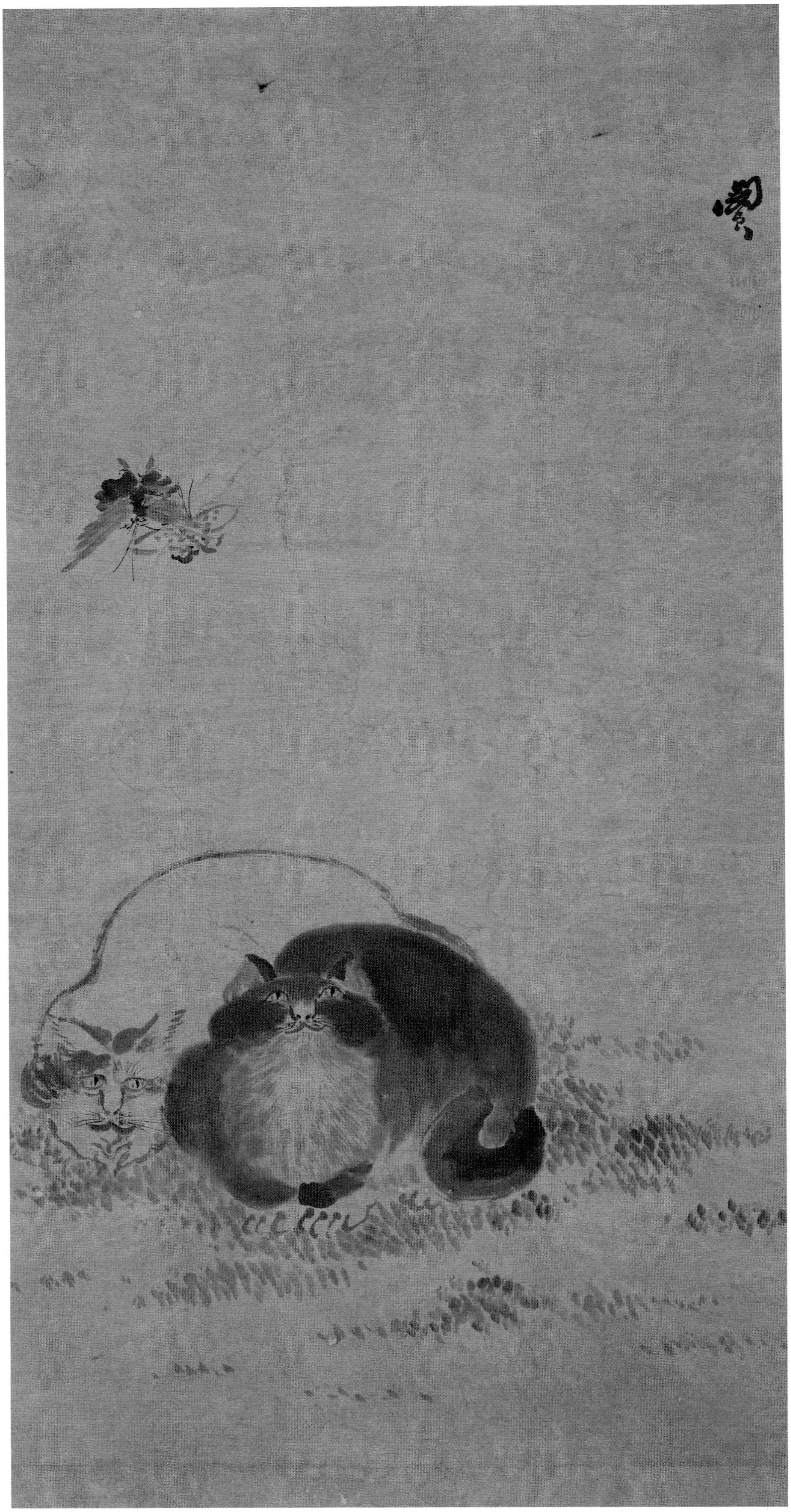

王文治行书对联（传）

清

纸本

27cm×119cm

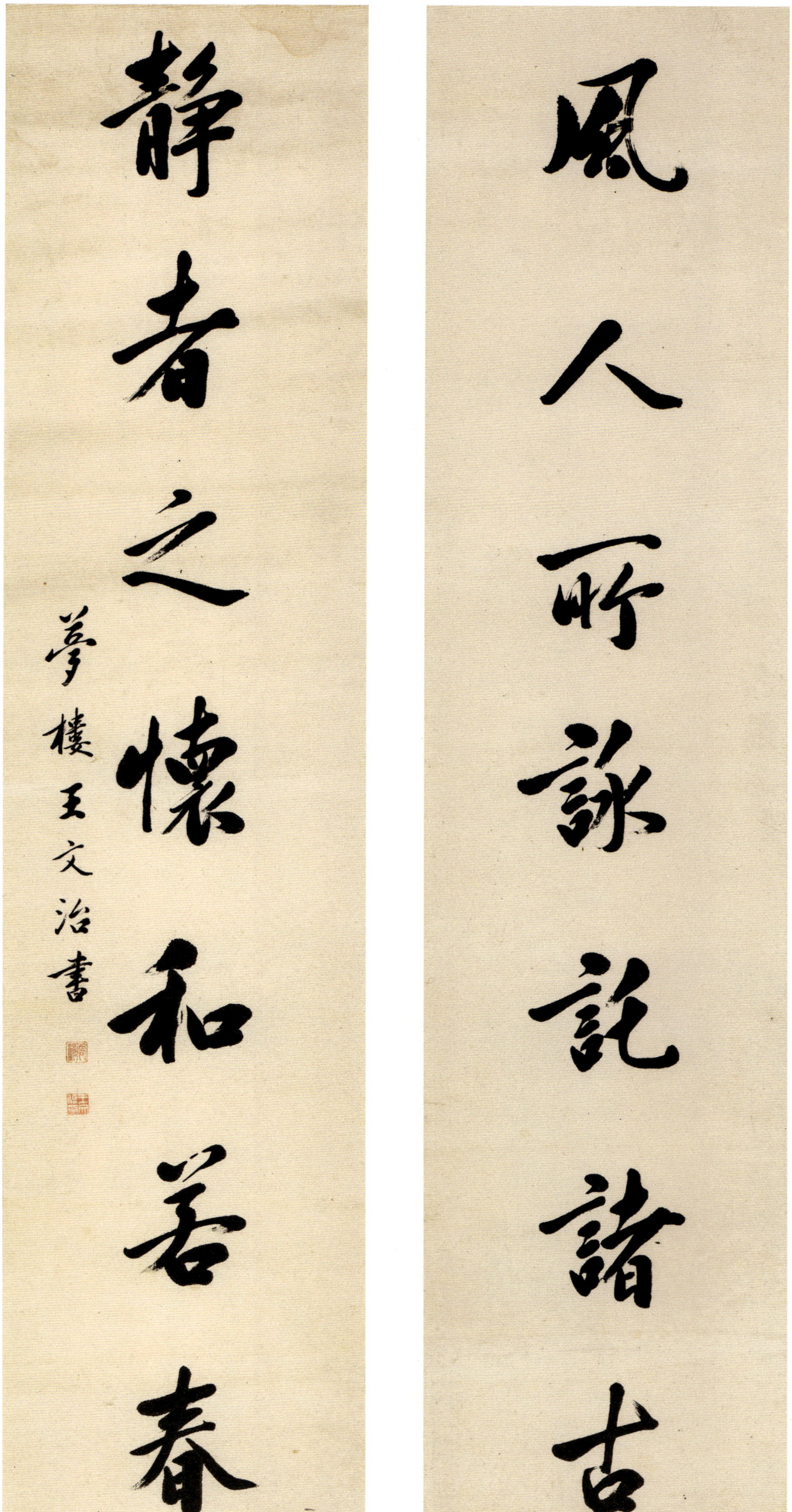

翁方纲行书

清

纸本

60cm×130cm

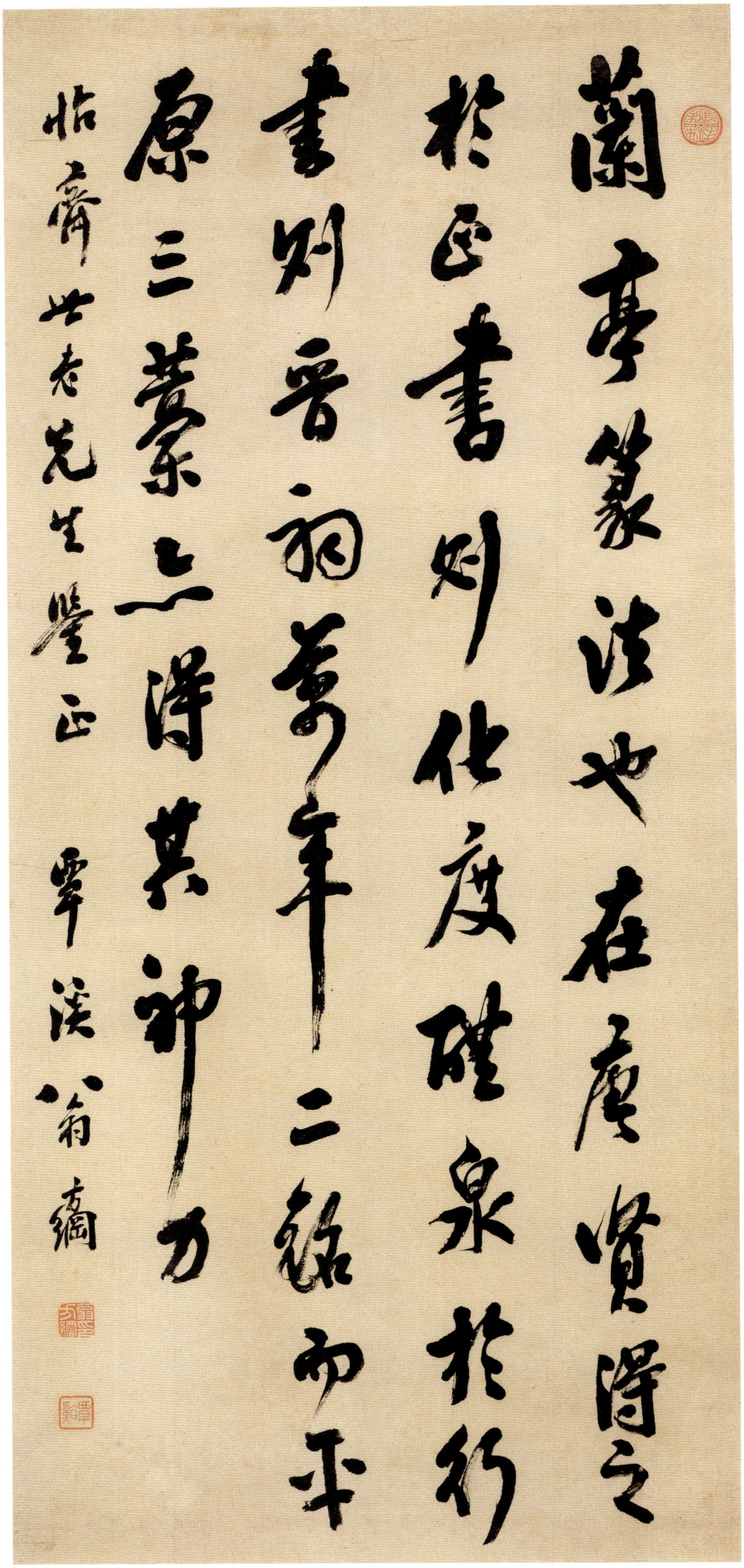

铁保行草

清

纸本

30cm×127cm

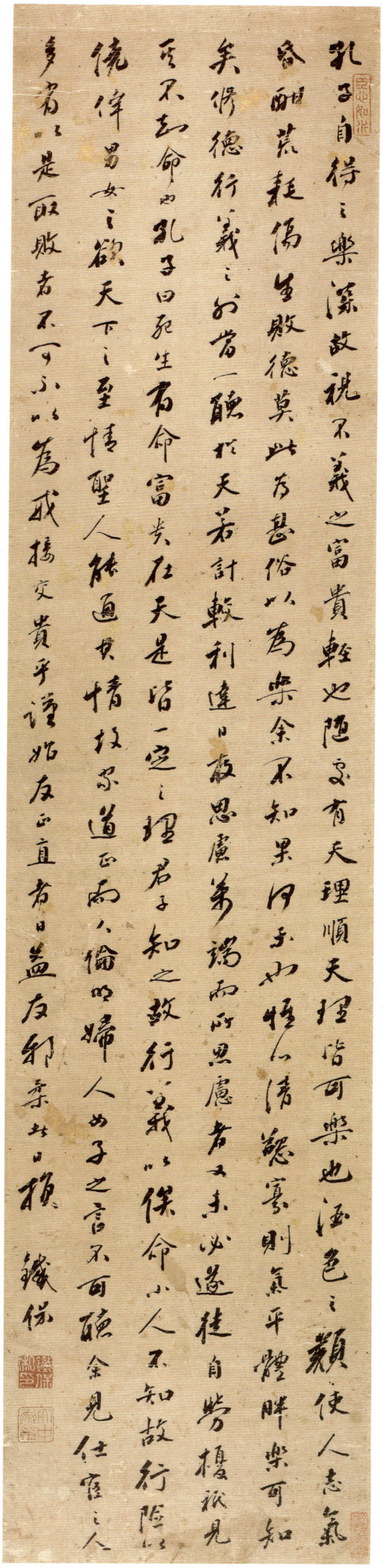

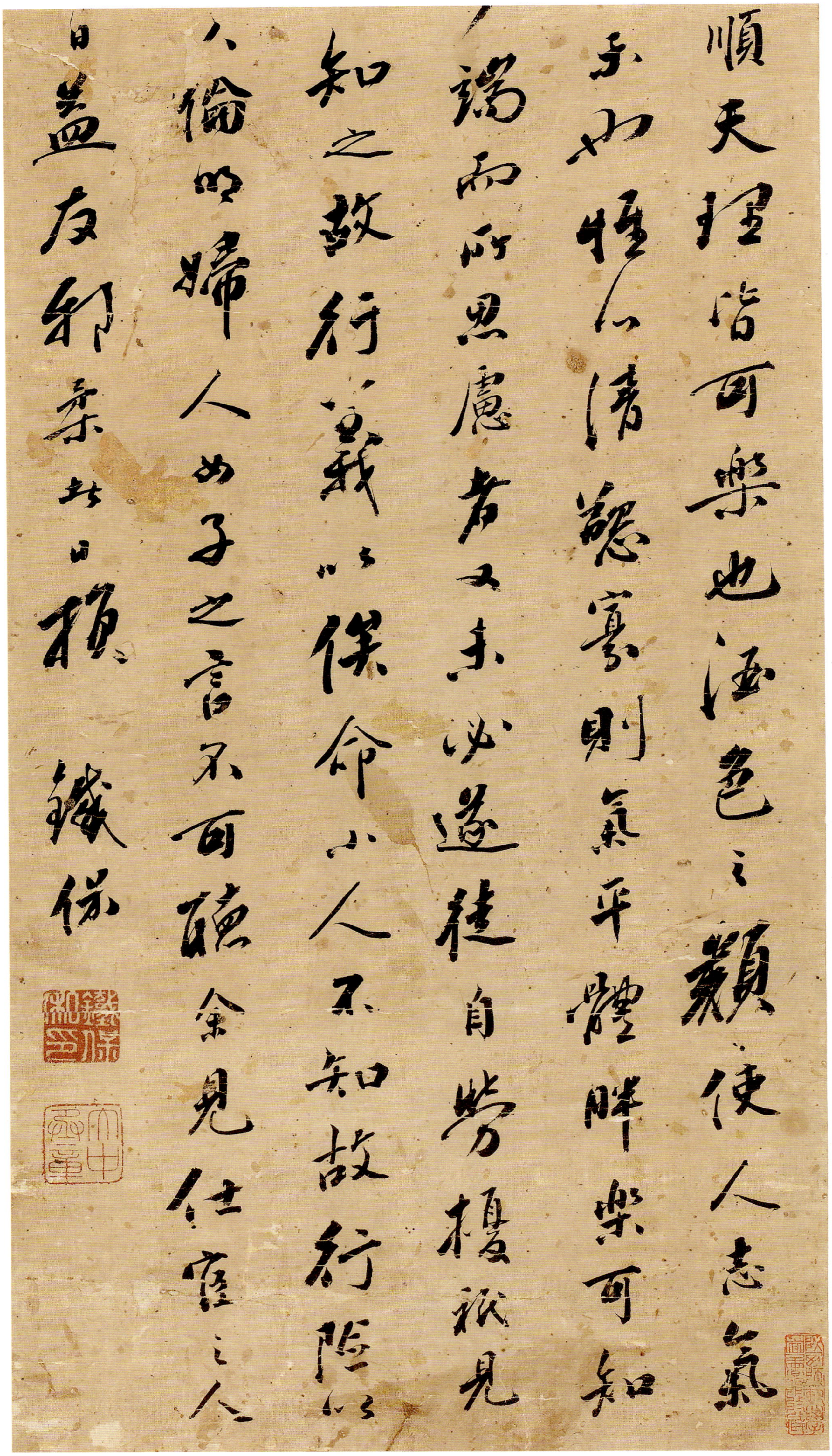
順天理皆可樂也涵色之顏使人志氣
和也性情聰寡則氣平體胖樂可知
端而所思慮者又未必遂徒自勞積祇見
知之教行義以保命小人不知故行險以
人倫昭歸人女子之言不可聽余見仕宦之人
日益友邦桑梓日積
鐵保

汤金钊行书对联

清

纸本

38cm×161cm

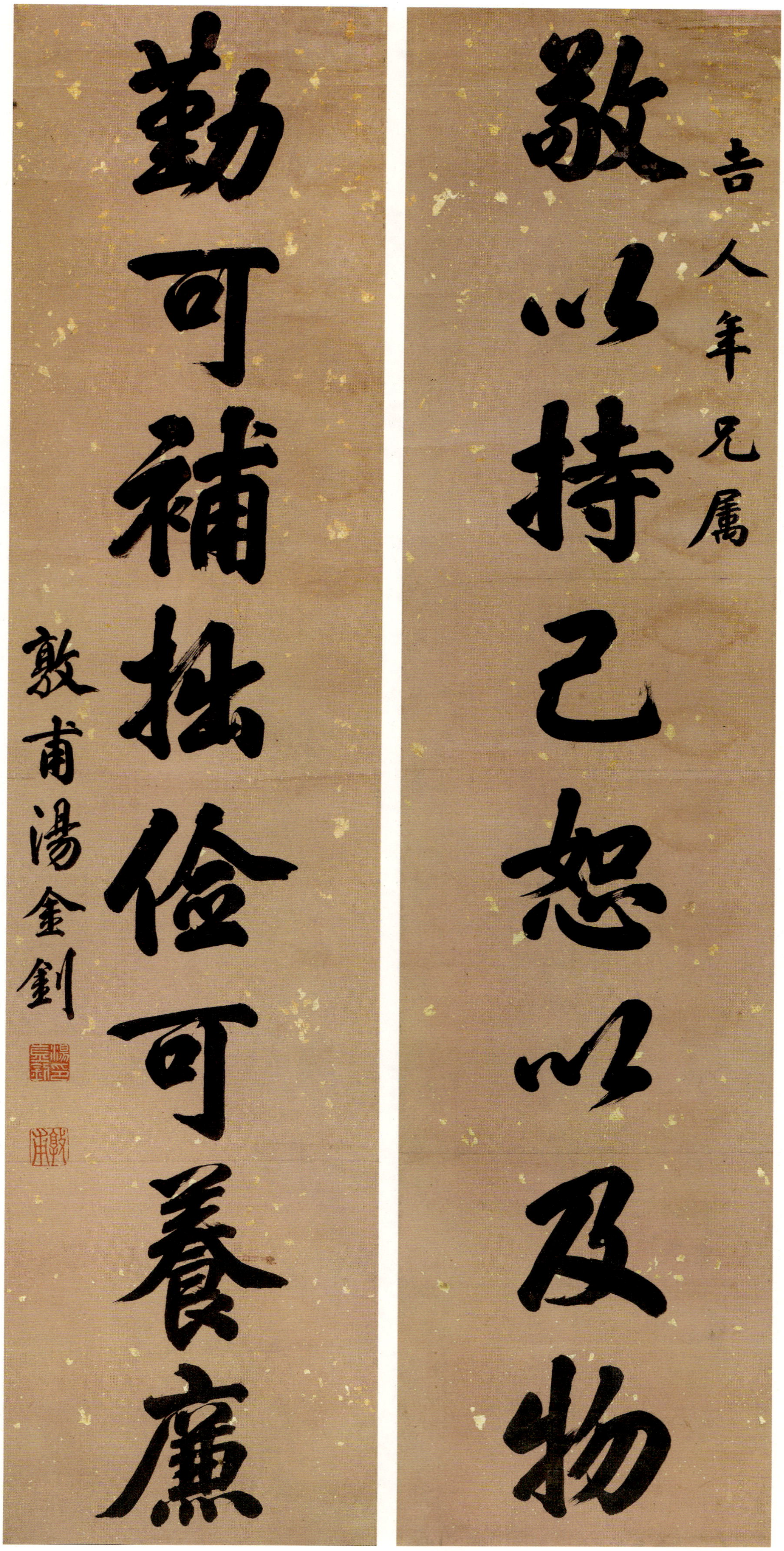
敬以持己恕以及物
吉人年兄属
勤可補拙儉可養廉
敦甫湯金釗

改琦《萼绿华海上添筹图》

清

纸本

41cm×89cm

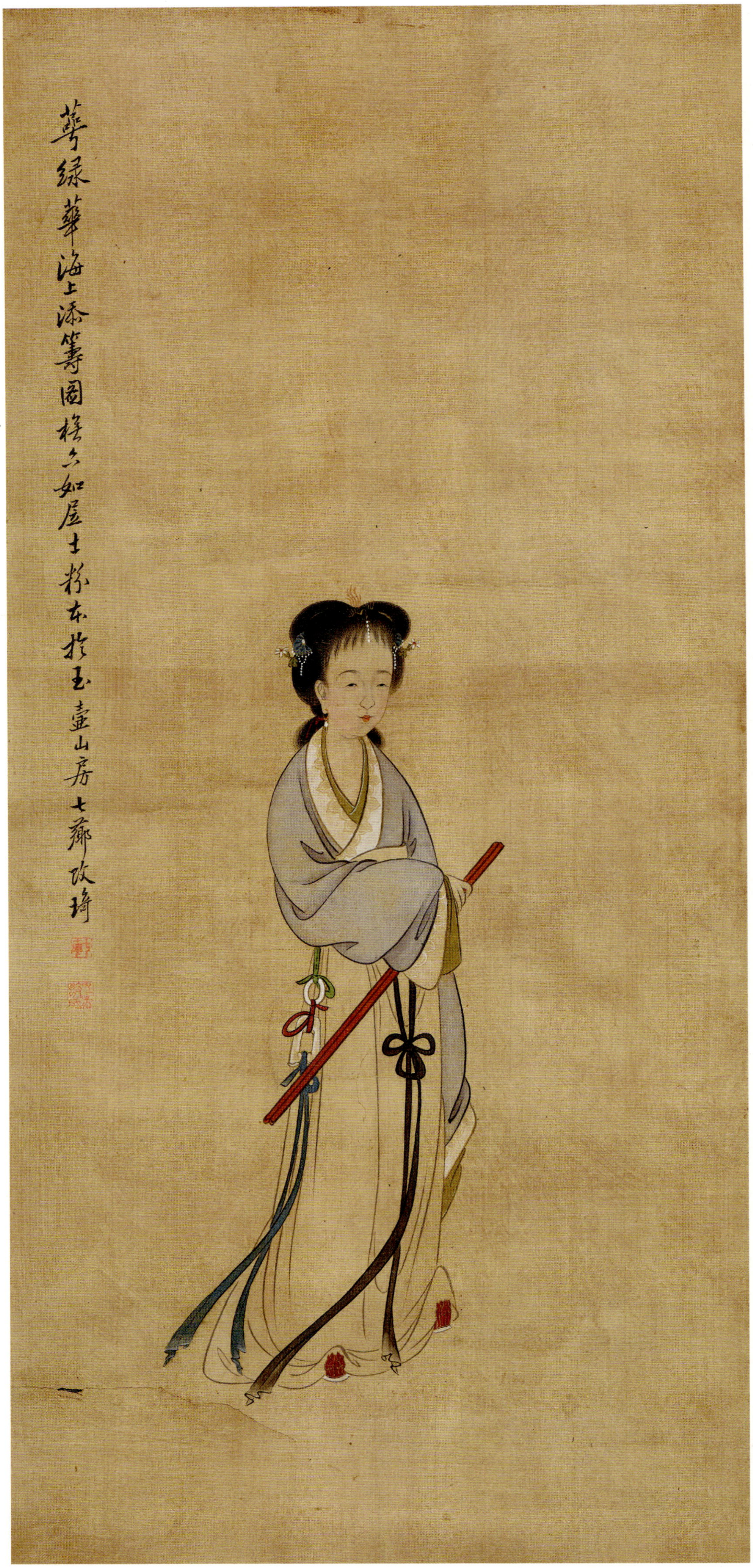

汤贻汾《山隐图》（传）

清

纸本

36cm × 85cm

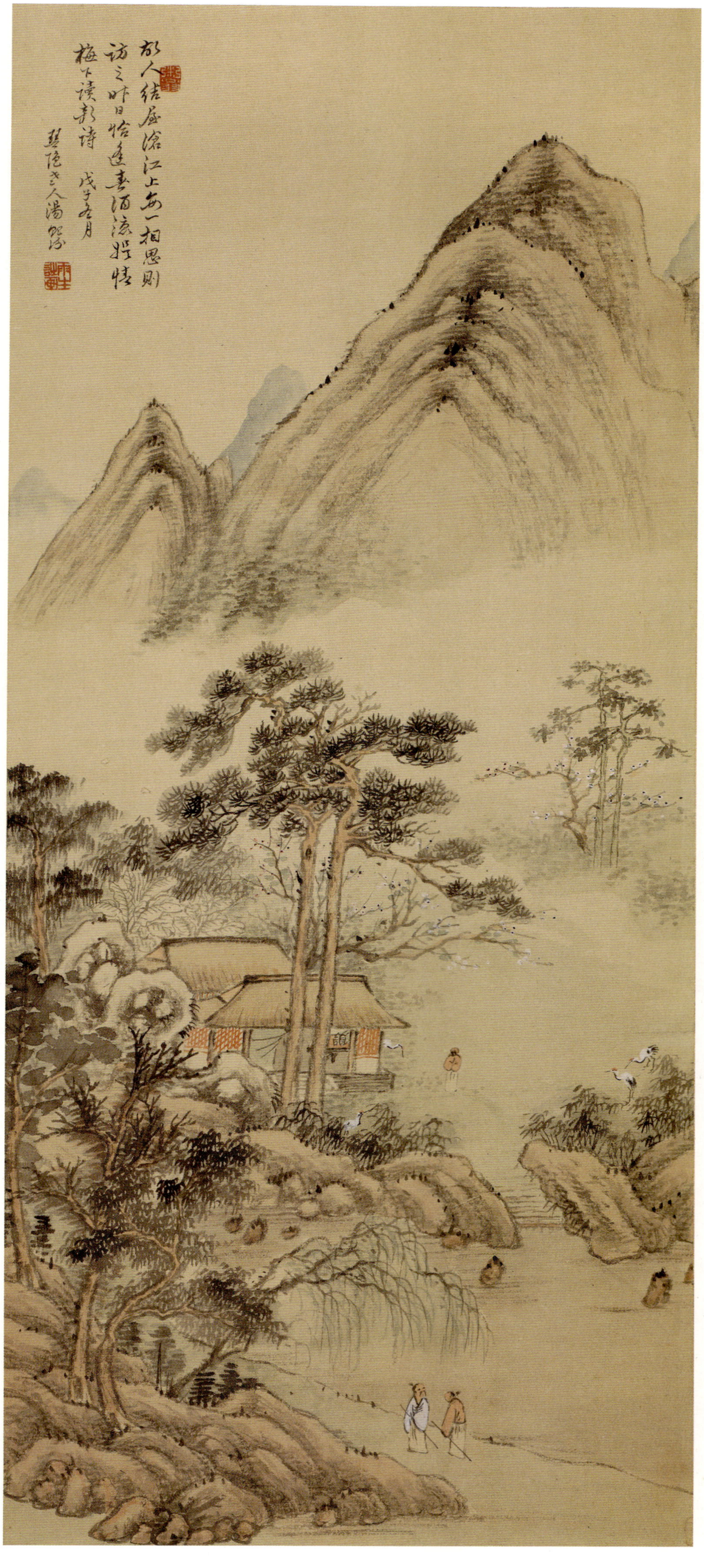

郭尚先《兰花图》

清

纸本

32cm×116cm

张恂行书

清

纸本

50cm×172cm

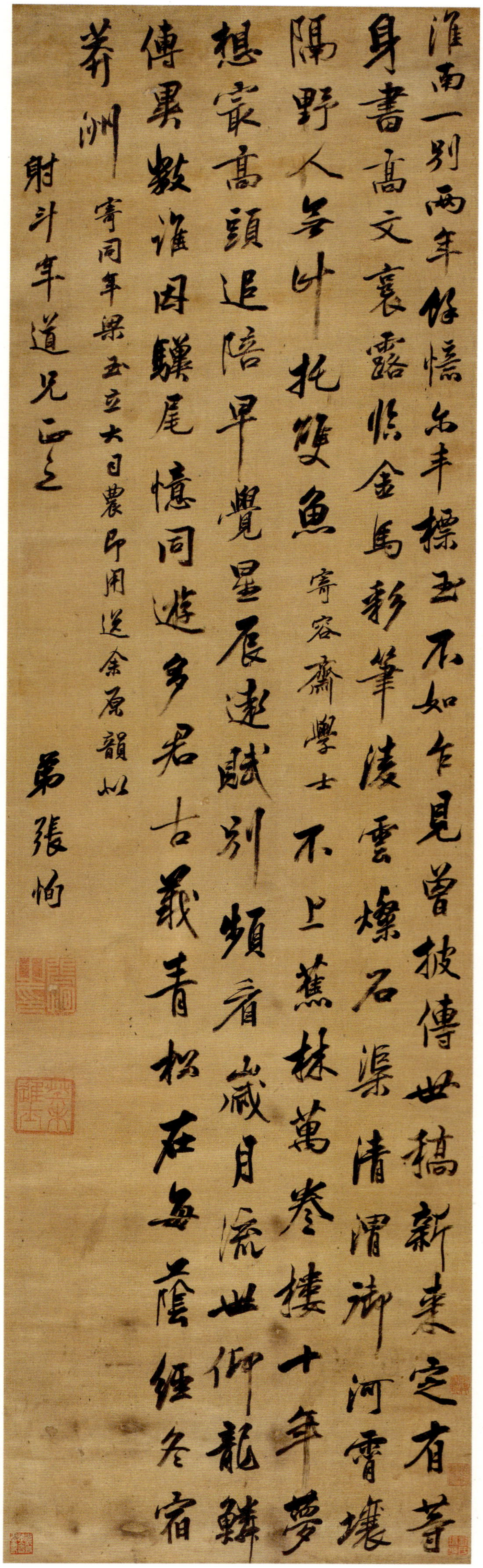

左宗棠行书对联（传）

清
纸本
36cm×145cm

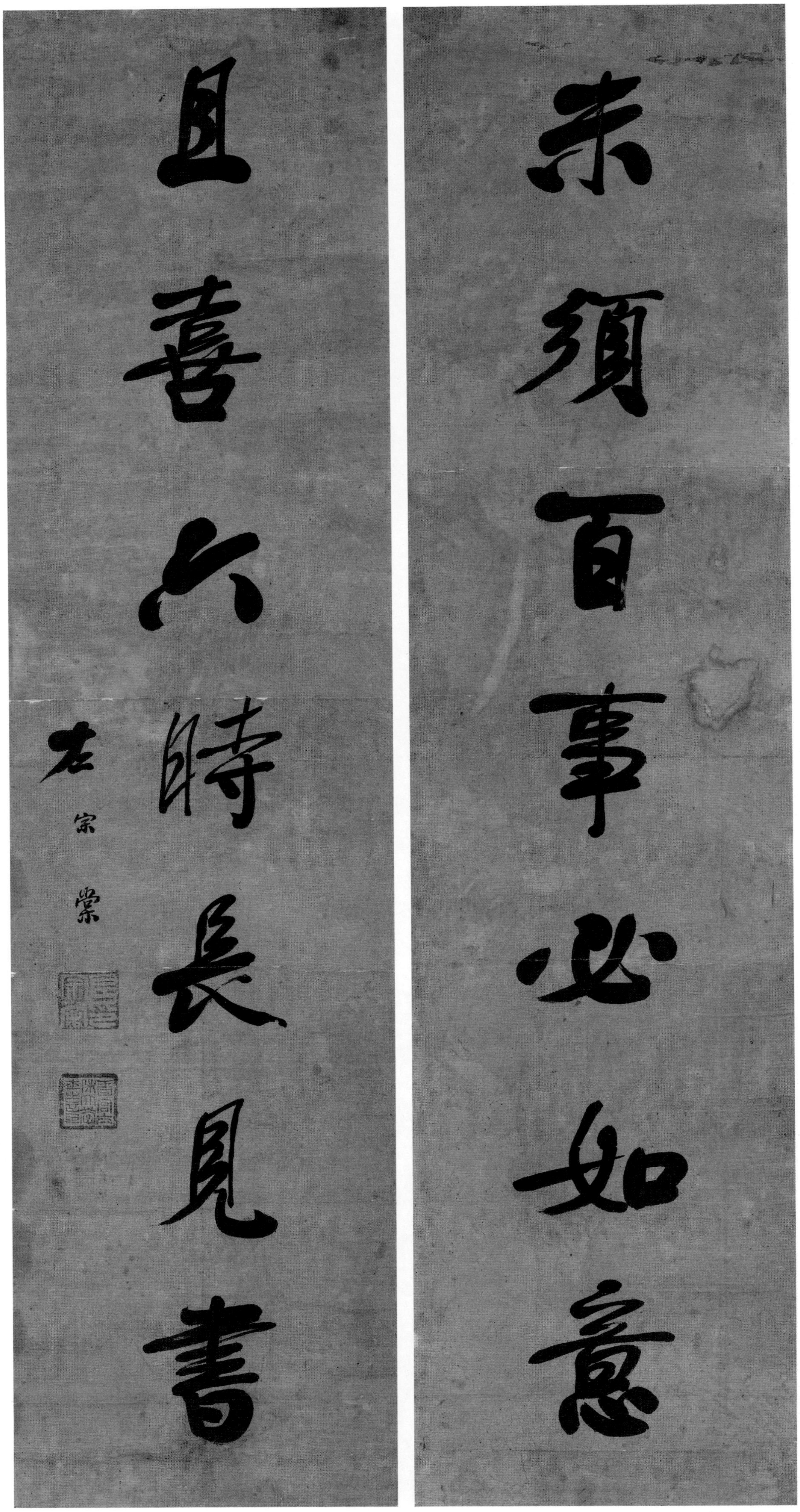

丁裕《狩猎图》

清

绢本

32cm×39cm（各画芯）

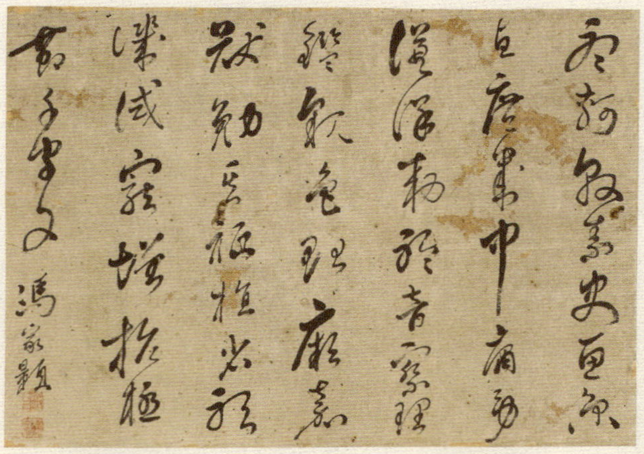

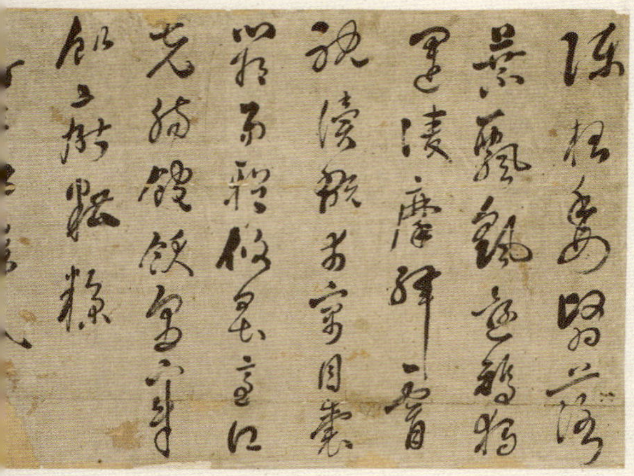

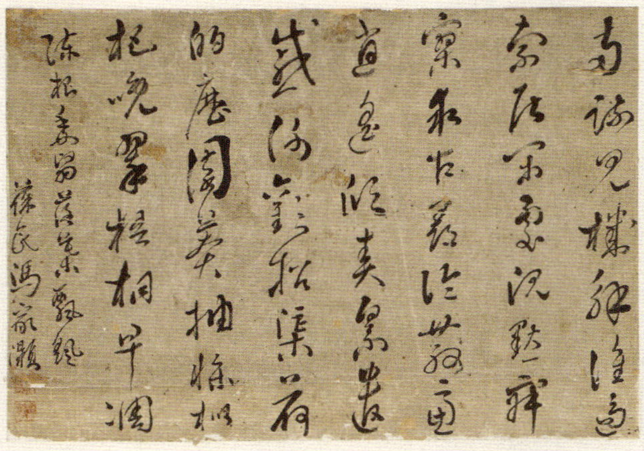

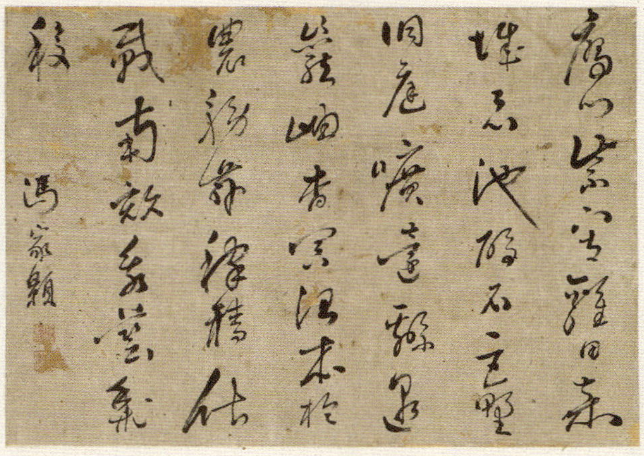

张揆麟《芦雁图》

清

纸本

79cm×111cm

佚名《诰命像》

清

绢本

95cm×158cm

佚名《诰命像》

清

绢本

95cm×169cm

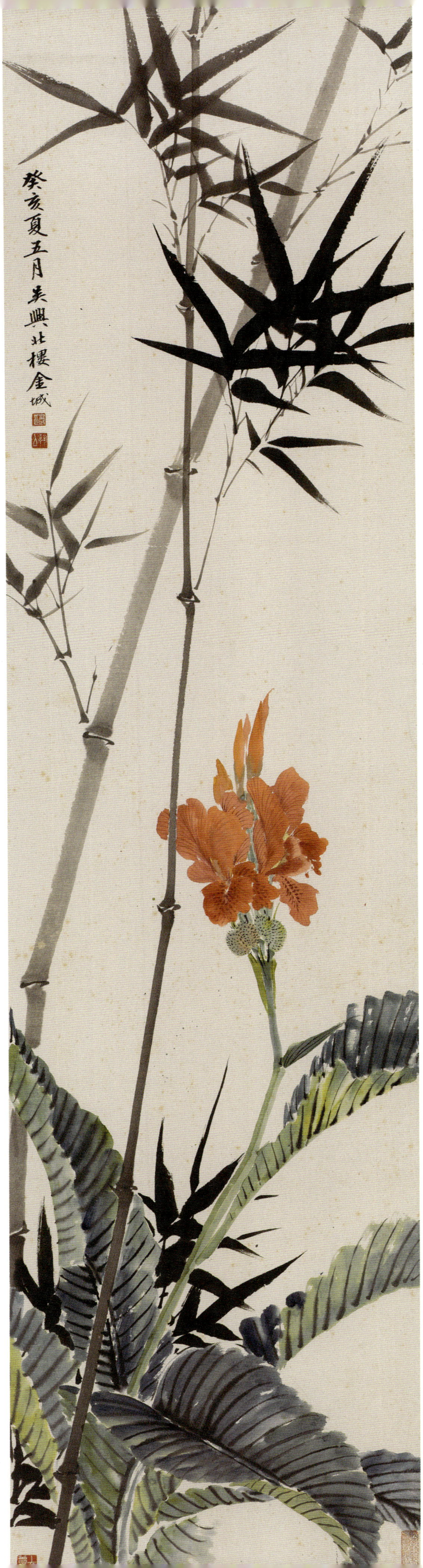

金城《凤尾蕉墨竹图》

近代
纸本
34cm×137cm

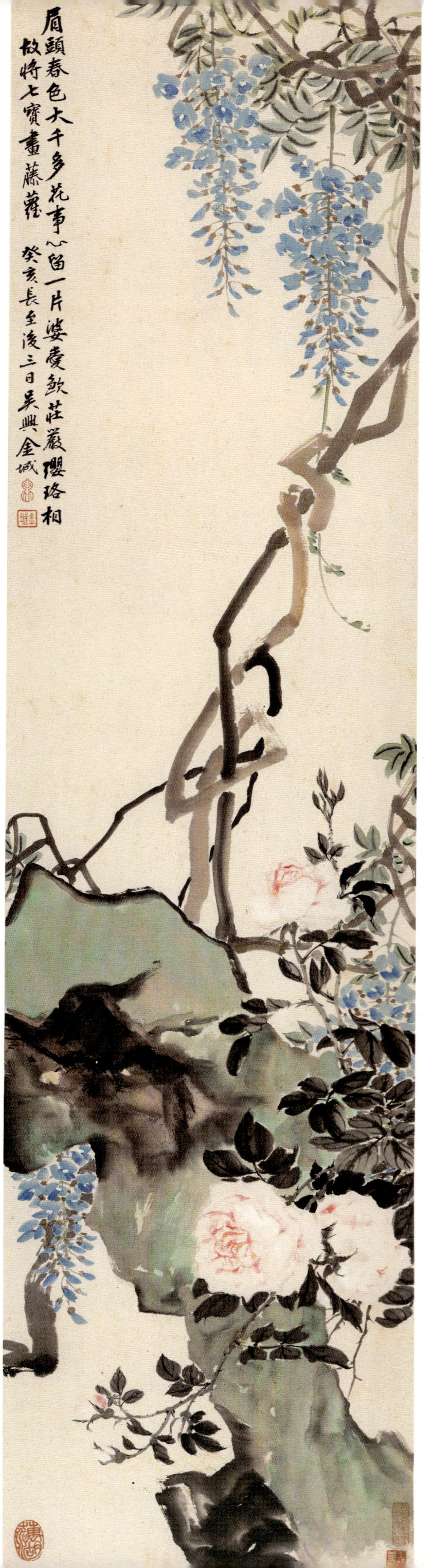
眉頭春色大千多花事心留一片婆娑斂莊嚴瓔珞相
故將七寶畫藤蘿
癸亥長至後三日吳興金城

金城《珠藤月季》

近代

纸本

34cm×137cm

宋伯鲁《山隐图》

近代
纸本
46cm×140cm

李上达《三近草堂读书图》

现代
纸本
28cm×212cm（画芯）

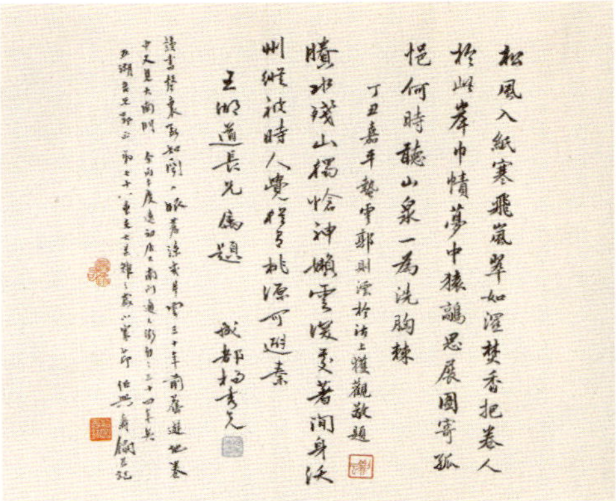

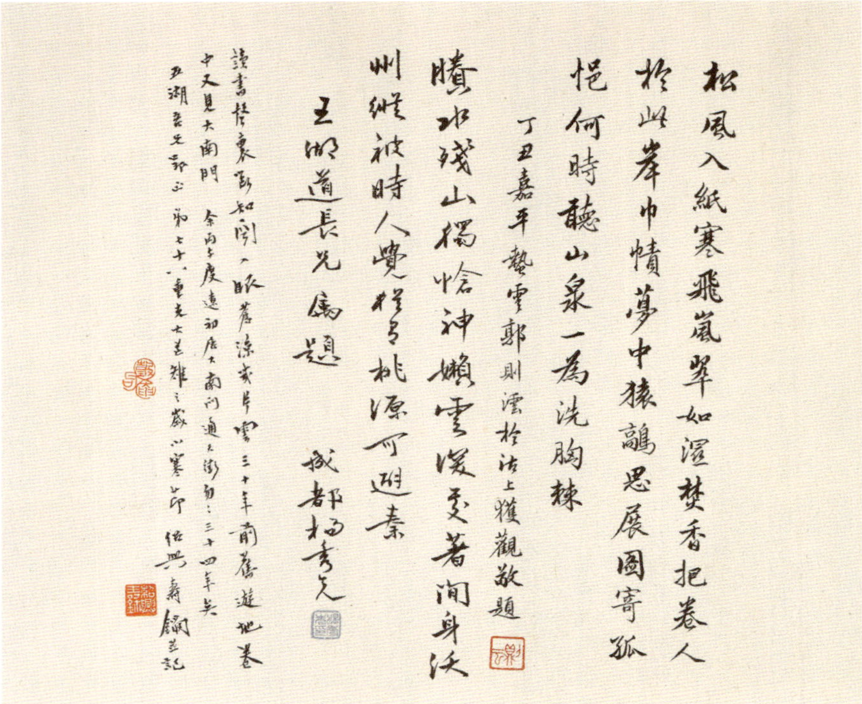
松風入紙寒飛嵐翠如濕焚香把卷人
於此岸巾情夢中猿鶴思展圖寄孤
悵何時聽山泉一爲洗胸棘
丁丑嘉平藝雲郭則澐於沽上獲觀敬題
賸水殘山獨恰神懶雲深處著閒身沃
州縱被時人覺何似桃源可避秦
王湖道長兄屬題
成都楊

后记

陕西师范大学图书馆是『全国古籍重点保护单位』，馆藏古籍文献具有数量大、种类多、价值高以及鲜明的地域特征等特点。图书馆始终重视对古籍文献的整理与研究，1979年，为贯彻执行国家尽快编辑出版《全国善本书目》要求，国内权威古籍整理专家、唐史学家黄永年先生于卷帙浩繁的馆藏古籍中，亲选审定古籍善本516部，编著《陕西师范大学图书馆善本书目》。书目不仅厘定了馆藏古籍的版刻时代，并依其版本精校精刻之优劣，分出甲乙等次，同时对著录少、流传少等不常见的古籍标注其行格序跋、题款藏印等信息，实有『辨章学术、考镜源流』之功。该书目成为馆藏古籍版本鉴定的学术圭臬，使得图书馆的古籍整理工作始终在其指导下科学严谨、规范有序开展。

二十世纪八九十年代，图书馆先后编制有《陕西师范大学图书馆藏千唐志斋藏石拓片目录》《陕西师范大学图书馆藏中国名书画选》《图书馆藏古籍线装丛书子目分类目录》（经史子集四部）等书，进一步厘清馆藏家底，亦为读者使用提供便利。2007年国家提出『中华古籍保护计划』，图书馆在2012年编写了《陕西古籍总目》（陕西师范大学图书馆分册），2019年编著有《陕西师范大学图书馆古籍普查登记目录》，由国家图书馆出版社发行出版，全面公布了图书馆的古籍存藏信息。

为响应习近平总书记『让书写在古籍里的文字活起来』号召，图书馆分别在2016年、2018年和2019年面向全社会读者举办了以展示和挖掘馆藏古籍善本和精品拓片为内容的馆藏珍品展。在对特色馆藏资源爬梳和遴选的基础上，2020年图书馆编纂了《珍典撷英——馆藏精品集萃》（一）（以下简称『《集萃》（一）』），该书第一次以图录的形式结集跨类别的特藏资源，内容包含古籍、碑帖拓片和历代字画三种门类，将藏于『深闺』中的精品送至读者身边，方便其鉴赏。《集萃》（一）以丰富的内容、详实的资料和精美的图片，一经推出，广受好评，也成为图书馆继续深度挖掘馆藏，编著大众喜闻乐见的图录的缘由和动力。

此次《珍典撷英：陕西师范大学图书馆藏精品集萃》是对《集萃》（一）的进一步修订和补充。首先，此次编选的藏品数量较之《集萃》（一）更多，内容更为丰富。古籍类中，《集萃》（一）收录古籍19部，此次精品集萃收录古籍50部，几尽囊括图书馆所有入选《国家珍贵古籍名录》《陕西省珍贵古籍名录》的古籍，拓片类中，补充有汉隶代表作《曹全碑》拓本、三国时期名碑

《谷朗碑》拓片，另有清末民初著名书法家、金石学家杨守敬旧藏《晋祠铭》拓本，千唐志斋主人张钫旧藏《不空和尚碑》等珍稀碑帖。其次，该《集萃》的编纂体例更为合理，将战国陶制文书、敦煌写经、明清圣旨另归为文物一类，其中，战国陶制文书《秦封宗邑瓦书》也是首次以图录的形式公开发表。其三，此次精品集萃的制作更加精美，书影图片丰富且清晰还原度高，书本开阔，版式舒朗，不失为读者案头研读、收藏之佳品。

本书的编写、审稿等工作得到了我校社会科学处、图书馆和出版社的大力支持，沙武田馆长和刘东风社长提出了最初的筹划方案，为本书的启动和出版积极出谋划策，并时刻关注编写进度，这对编者是一种莫大的支持和鞭策。出版社付玉肖编辑从藏品拍摄、文稿编审到设计出版，全程体现出学术编辑的专业和敬业，在此表示衷心的感谢！同时还需特别感谢我校历史文化学院徐涛副教授在书画藏品遴选和鉴定过程中提出的指导性意见；我校美术学院金鑫副教授在藏章鉴赏方面给予的帮助。

图书馆古籍特藏部王昊聪博士负责该书文物篇文稿撰写，陈典平博士负责书中古籍篇文稿撰写，马冠芳、王楣两位馆员分别撰写了本书拓片篇和书画篇的文稿简介，孙茜和胡明丽两位老师对全书进行了统稿和审订。在此书付梓之际，对所有为本书编写辛苦付出的编者、老师们表示深深的感谢！

由于水平所限，本书难免存在疏漏、谬误与不足，敬请读者、同仁和专家们多提宝贵意见。